桥梁地震保护系统

M. C. Constantinou, A. S. Whittaker, Y. Kalpakidis,
D. M. Fenz and G. P. Warn　著

陈永祁　马良喆　编译及校对

中国铁道出版社

2012年·北　京

内 容 简 介

美国从二十多年前开始，“结构保护系统”从构思到研究、试验，再到工程试用，给我们传统的地震工程领域带来了强大的活力。20世纪80年代末，从“被动”到“主动”再到“半主动”的地震保护系统都有了很大的发展。经过了两次产品的原型测试后，被工程师们认可的被动结构保护系统开始得到了广泛的工程应用。地震后破坏和有地震风险地区的桥梁、建筑，纷纷按计算的需要安置上了结构保护系统——橡胶支座、摩擦摆、各种阻尼器和防屈曲支撑。

在经历二十多年的工程应用后，大家认为，需要有个总结归纳，以工程和理论的眼光评价这些经过百花齐放出来的各种结构保护系统的优缺点和可用性。美国联邦高速公路管理局基金会、加州交通管理局和交通部联合投资委托美国国家地震研究中心（MCEER）开展了这项工作，由Constantinou教授及多位专家把这二十多年的经验教训从理论到工程实用总结成这篇报告。

为了更好地介绍这些新成果，我们把该报告翻译成中文，供大家学习、阅读。

北京市版权局著作权合同登记号：01-2012-3852

图书在版编目（CIP）数据

桥梁地震保护系统／（美）康斯坦丁诺（Constantinou，M. C.）等著；陈永祁，马良喆译．—北京：中国铁道出版社，2012.6

书名原文：Performance of Seismic Isolation Hardware under Service and Seismic Loading

ISBN 978-7-113-14871-3

Ⅰ. ①桥…　Ⅱ. ①康…　②陈…　③马…　Ⅲ. ①桥梁工程—抗震设计　Ⅳ. ①U442.5

中国版本图书馆CIP数据核字（2012）第124947号

书　　名：桥梁地震保护系统

作　　者： M. C. Constantinou，A. S. Whittaker，Y. Kalpakidis，D. M. Fenz and G. P. Warn　著
陈永祁　马良喆　编译及校对

策　　划： 许士杰　陈小刚
责任编辑： 曹艳芳　陈小刚　　**电话：** 010－51873193
封面设计： 乔　倩
责任校对： 王　杰
责任印制： 郭向伟

出版发行： 中国铁道出版社（100054，北京市西城区右安门西街8号）
网　　址： http://www.tdpress.com
印　　刷： 北京铭成印刷有限公司
版　　次： 2012年6月第1版　2012年6月第1次印刷
开　　本： 787 mm×1092 mm　1/16　印张：20　字数：494千
书　　号： ISBN 978-7-113-14871-3
定　　价： 70.00元

Notice

This report was originally published in English on August 27, 2007 by the Multidisciplinary Center for Earthquake Engineering Research (MCEER) as part of its technical report series. It was prepared by the University at Buffalo, State University of New York as a result of research sponsored by MCEER through a contract from the Federal Highway Administration and the State of California Department of Transportation. Neither MCEER, associates of MCEER, its sponsors, the University at Buffalo, State University of New York, nor any person acting on their behalf:

1. Makes any warranty, express or implied, with respect to the use of any information, apparatus, method, or process disclosed in this report or that such use may not infringe upon privately owned rights;

2. Assumes any liabilities of whatsoever kind with respect to the use of, or the damage resulting from the use of, any information, apparatus, method, or process disclosed in this report.

Any opinions, findings, and conclusions or recommendations expressed in this publication are those of the author(s) and do not necessarily reflect the views of MCEER, the Federal Highway Administration, the California Department of Transportation or any other sponsors.

About the Author

康斯坦丁诺(MICHAEL. C. Constantinou)

Appointments

- *Chair, Dept. of Civil, Structural and Environmental Eng., Univ. at Buffalo*, 1999-2005.
- *Co-Director, Structural Engineering and Earthquake Simulation Laboratory, University at Buffalo*, 1997-2004.
- *Professor, Dept. of Civil, Structural and Environmental Eng., Univ. at Buffalo 1994-present.*
- *Assoc. Prof., Dept. of Civil, Structural and Environmental Eng., Univ. at Buffalo*, 1989-1994.
- *Asst. Prof., Dept. of Civil, Structural and Environmental Eng., Univ. at Buffalo*, 1987-1989.
- *Asst. Prof., Dept. of Civil and Architectural Eng., Drexel Univ.*, 1984-1987.

Awards

- *Presidential Young Investigator Award, President R. Reagan*, 1988.
- *Best Paper Award, 4th World Congress on Joints and Bearings, ACI*, 1991.
- *Design Award for Engineering, Technology and Innovation, General Services Administration (for design of US Court of Appeals Building, San Francisco)*, 1994.
- *Diamond Award, New York Association of Consulting Engineers (for design of Ataturk International Airport Terminal, Turkey)*, 2002.
- *Grand Award, American Council of Engineering Companies (for design of Ataturk International Airport Terminal, Turkey)*, 2002.
- *Chancellor's Award for Excellence in Scholarship and Creative Activity, SUNY*, 2004.
- *C. Pankow Award for Innovation, Civil Engineering Research Foundation (for design of Torre Mayor Building, Mexico-on behalf of University at Buffalo)*, 2005.

Professional Activities

• *Chair, Subcommittee* 12 *and member of Provisions Update Committee, Development of* 2003 *NEHRP Recommended Provisions for the Development of Seismic Regulations for New Buildings, Building Seismic Safety Council, National Earthquake Hazard Reduction Program,* 2001*-present.*

• *Member, Subcommittee* 12 *and Provisions Update Committee, Development of* 1994, 1997 *and* 2000 *NEHRP Recommended Provisions for the Development of Seismic Regulations for New Buildings, Building Seismic Safety Council, National Earthquake Hazard Reduction Program,* 1993-2000.

• *Member, New Technologies Team, Project ATC-*33 *for Preparation of National Guidelines for Seismic Rehabilitation of Buildings, Applied Technology Council,* 1993-1997. *Development of FEMA Guidelines for the Seismic Rehabilitation of Buildings.*

• *Member, Seismic Isolation Committee, American Society of Civil Engineers,* 1995*-present.*

• *Member, T-*3 *Seismic Design Task Group, AASHTO Subcommittee on Bridges and Structures, Development of the* 1999 *AASHTO Guide Specifications for Seismic Isolation Design,* 1995-2000.

• *Member, ASCE* 7*-Earthquake Loads Task Committee, Development of ASCE Load Standard ASCE* 7-02 *for year* 2002 *and ASCE* 7-05 *for year* 2005, 2000*-present.*

• *Member, Project Management Committee, FEMA Project ATC-*63, 2005*-today.*

• *Member, Subcommittee* 2, *Development of* 2008 *NEHRP Recommended Provisions for the Development of Seismic Regulations for New Buildings, Building Seismic Safety Council, National Earthquake Hazard Reduction Program,* 2006*-today.*

• *Member (by appointment) of bi-national,* 36*-member jury for selection of new Peace Bridge design, Buffalo, NY, August to December* 2005.

Consultant on performance-based engineering and on analysis and design of seismic isolation systems, seismic energy dissipation systems and vibration control systems, 1984-today. Consulted on the following projects: Mesologgi Hospital, Greece; Corinth Canal Bridges, Greece; LNG Tanks, Greece; U. S. Court of Appeals building, San Francisco; San Bernardino County Medical Center Replacement Project; Queensboro Bridge, NY; ISP Chemicals Tanks, Kentucky; University Bridge, Seattle; San Francisco Airport International Terminal; Corinth Canal Railway Bridge, Greece; Rion-Antirion Cable-Stayed Bridges, Greece; Caltrans SRMD Test Facility; JFK Roadways, NY; Beijing Railway Station, China; Hearst Mining Building, Berkeley; Rion-Antirion Approach Viaduct, Greece; Santa Clara Police Facility, CA; Yerba Buena Tower, San Francisco; 196th Street Bridge, Seattle; Woodrow-Wilson Bridge, Washington, D. C.; Ataturk International Airport Terminal, Istanbul, Turkey; Pasadena City Hall, CA; Ingram Micro Building, Santa Ana, CA; AboveNet Building, San Francisco, CA; Univ. Avenue Building, Palo Alto, CA; Bolu Viaduct, Turkey; Museum of the Acropolis, Greece; SouthBay Tower, San Jose, CA; Onassis Center, Greece; CYTA Central Building, Cyprus; Shemya Radar Facility, Alaska; Ashley Phosphate and US 52 Bridges, Charleston, SC; Kourion Structures, Cyprus; Centre Administratif Pictet-Acacias, Switzerland; Orlan Oil and Gas Platform (ExxonMobil), Russia; Piltun Oil and Gas Platform (Shell), Russia; Lunskoye Oil and Gas Platform (Shell), Russia; Willamette River Bridge, Oregon; New de Young Museum, San Francisco, CA; Oakland Cathedral, Oakland, CA,

Baha'i Temple, Chile; Tarabya Hotel, Turkey; Nordstrom South Coast Plaza, Costa Mesa, CA; LNG Tanks, Long Beach, CA; CYTA Building Retrofit Program, Cyprus; George Washington Bridge, WA; Mills Peninsula Hospital, Burlingame, CA; Statue of Hermes, Greece; CPMC Hospital, San Francisco, CA; Washington Hospital, Fremont, CA; Olympic Committee Building, Cyprus; Dafni Railway Bridge, Greece; Erzurum Hospital, Turkey; 11th Avenue Bridge, NYC; Limassol Public Library, Cyprus; Arkuntun-Dagi Oil and Gas Platform (ExxonMobil), Russia; Riviere des Prairies Bridge, Montreal, Canada; Jin Nam 3rd Bridge, Korea; New Yang Soo Grand Bridge, Korea; Gangdong Grand Bridge, Korea; University Building, Cyprus; Heyder Aliyev Cultural Center, Baku, Azerbaijan; San Francisco General Hospital, San Francisco, CA; Sabiha Gokcen Airport Terminal, Istanbul, Turkey; Throgs Neck Bridge, NY.

- **Contributions**. Credited with major contributions in the development and implementation of sliding seismic isolation systems, viscous seismic energy dissipation systems and the toggle-brace and scissor-jack damping systems (60 citations in newspapers and magazines).
- **Publications**. Author or co-author of 200 books, book chapters, refereed journal papers, conference papers and reports.
- **Patents**. Highly Effective Seismic Energy Dissipation Apparatus, US Patent 6 438 905.
- **Research Funding**. Recipient of \$3 million and co-recipient of \$20.2 million research funds.
- **Thesis Advisement**. Visiting and Post-doctoral Fellows: 14, Completed Ph. D. Degrees: 15 (5 in faculty positions), Completed M. S. Degrees: 21, Current Ph. D. students: 1, Current M. S. students: 0.

康斯坦丁诺(*Michael C. Constantinou*)教授写给中国读者的话

The May 2008 Wenchuan earthquake resulted in thousands of casualties, numerous collapsed and damaged buildings, bridges and industrial structures, and had an enormous impact on the Chinese economy. This disastrous earthquake demonstrated the pressing need for performance-based engineering that would have ensured collapse prevention, life safety and even better performance, such as immediate occupancy and operational performance levels. Such higher performance levels are important and most often necessary for critical structures such as hospitals, schools, essential bridges, power stations, essential storage facilities, hazardous facilities, important government structures, emergency centers, museums and structures of historical or architectural significance.

Seismic protective systems, consisting of seismic isolation and damping systems, represent the only practical structural systems that offer to the Engineer the possibility of achieving performance levels of immediate occupancy and operational levels. To achieve these performance levels requires proper application of the technologies of seismic isolation and/or damping systems, proper interpretation of the seismic hazard and a good measure of conservatism and respect for the power of nature.

This document that is translated herein to the Chinese language collects and documents the state-of-the-art in seismic protective system hardware behavior, and seismic protective system design and assessment of adequacy. The authors hope that its proper use in the analysis and design of structures with seismic protective systems will contribute to the reduction of damage in earthquakes and the preservation of life. The authors are also very pleased with the translation of this document to Chinese as in doing so the document has the potential to affect many people in the most populous country in the world.

Michael C. Constantinou

September 6, 2008

致　谢

本报告所涉及的工作得到加州交通管理局65A0174项目和由联邦高速公路管理局设立的基金支持的多学科地震工程研究中心高速公路项目TEA-21、EXT-3A和EXT-3C的资金支持。在此表示衷心的感谢。

笔者对加利福尼亚州交通部的Tim Delis博士和Allaoua Kartoum博士在本报告和桥梁隔震相关资料的准备过程中提供的指导表示感谢。同时也要感谢动力隔震系统公司的Amarnath Kasalanati博士和地震保护系统公司的Anoop Mokha博士在隔震支座方面提供的相关信息和在隔震支座设计步骤上的协助。

译者简介

陈永祁　1966年毕业于北京工业大学土木建筑系结构专业，从事建筑结构设计与施工工作。1976年唐山地震后，考入中国建筑科学研究院工程抗震研究所学习，从师龚思礼、刘锡荟。1981年毕业获得硕士学位后在中国建筑科学研究院抗震所工作。1986年在美国纽约州立大学布法罗分校土木建筑系攻读博士学位。1989年获得工程博士学位。毕业后在美国设计核电站公司（Sargent & Lundy）研究和发展部门工作，任高级工程师。

1998年应中国建筑科学研究院抗震所原副所长韦承基邀请参与并完成北京火车站抗震加固改造、阻尼器工程的计算，并首次将美国Taylor公司的液体黏滞阻尼器引到国内结构工程中应用。

2005年回国创办北京奇太振控科技发展有限公司，推广和发展世界最先进的液体黏滞阻尼器和摩擦摆隔震支座等结构保护系统。

马良喆　1973年9月生于吉林长春。1996年毕业于吉林建筑工程学院土木工程系土木工程专业。2001年进入哈尔滨工业大学土木工程学院攻读硕士学位，从事结构耗能减震方面的研究工作；曾先后就职于北京市建筑工程研究院检测所、中国电子工程设计院，分别从事建筑材料检测、结构构件桩基检测以及工业建筑结构设计等工作。2005年进入北京奇太振控科技发展有限公司，负责耗能减振技术的应用开发，陆续参与多项高层建筑和大跨度桥梁结构的抗震抗风计算分析工作，以及现场工作。

编译者前言

在中国和美国地震工程领域几十年的学习和工作中，译者体会到从工程抗震的角度出发，目前，最有实用前景的是结构保护系统，同时也就希望从工程可靠性的角度去介绍和讨论结构保护系统的理论、试验、地震中的性能表现和工程应用中的一些问题。美国康斯坦丁诺(MICHAEL. C. Constantinou)教授是这个领域里的先驱，做过大量结构保护系统卓有成效的试验，参加或领导过美国规范和指导文件的撰写工作：

ATC-63(Applied Technology Council)(2005 年~现在)；

NEHRP(National Earthquake Hazards Reduction Program)(1993 年~现在)；

FEMA(Federal Emergency Management Agency)(1993 年~1997 年)；

ASCE(Seismic Isolation Committee, American Society of Civil Engineers)(1995 年~现在)；

ASCE-7 规范(Earthquake Loods Task Committee, American Society of Civil Engineers)(1995 年~现在)；

AASHTO LRFD Bridge Construction Specifications (1995 年~2000 年)。

更为可贵的是他参加过大量世界上重要的结构保护系统的工程咨询和指导工作，在美国重要期刊上发表过多达 60 篇学术论文和专著。学习和了解他的文章和想法无疑对我国地震工程的发展会有很大帮助。

这个在美国从 20 多年前开始构思到研究试验再到工程试用的“结构保护系统”给我们传统的地震工程领域带来了强大的活力。20 世纪 80 年代末，无论“被动保护系统”和“主动保护系统”以及后来诞生的“半主动保护系统”都有了很大的发展。在我们土木工程界，这一理论从引入开始经历了一个“百花齐放”的发展阶段。在这个阶段的最初几年内，诞生了很多新的想法，并有很多新的“装置”被试用。专业工程师喜欢用下表来说明这一阶段的发展。

抗震保护系统

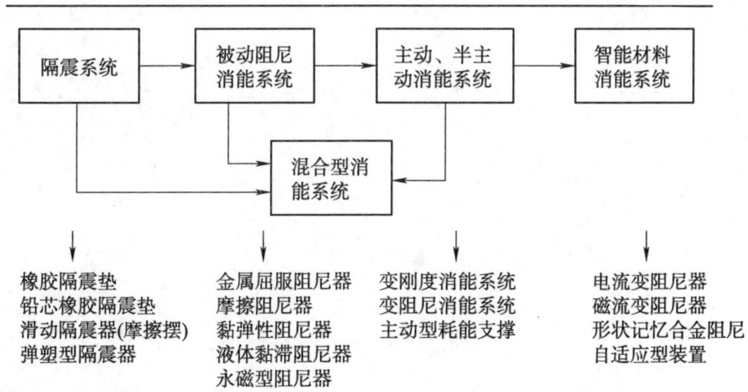

经过 20 多年的发展，目前在美国应用领域，公认的成功技术和产品有：

基础隔震技术，用一个允许一定程度运动并能耗散地震能量的隔震垫将下部结构和上部结构分隔开来，从而有效地隔离并减弱了地面运动。最早发展起来的铅芯橡胶垫技术得到了成功应用，且后来提出的金属摆动摩擦支座技术显示出更快的发展。

液体黏滞阻尼器的耗能技术，一种看上去很像车辆减振器的活塞筒状装置，但其内设硅油，通过活塞在黏滞液体内的往复运动起到耗散地震能量的作用，从而起到保护结构的作用。

防屈曲耗能支撑，由日本 Nippon 公司研制出的金属屈曲约束耗能支撑(UBB)是在结构工程师们早已熟悉的某一构件的基础上改进而来的产品。

对于广大工程师而言，脱离我们早已熟悉的传统钢结构、钢筋混凝土结构，甚至木结构，采用我们并不了解的机械、航空等其他领域已成功应用的产品，并将其用在我们赖依生存的、百年大计的建筑和桥梁上难免会产生各种问题，例如：

- 在我们几乎不用很多维护的传统结构上，加上的这些保护装置是否要我们像维护建筑中空调或电梯一样去常年维护它？要不要定期检查和更换？
- 这些装置是否能像我们结构的其他构件一样，安全可靠地使用几十年，甚至上百年？
- 这些保护装置，是否能和我们传统的结构相匹配、适用？

这些问题对我们要使用结构保护系统的工程师说来，无疑是至关重要的。我想，从康斯坦丁诺的文章和想法中，我们不难看出他的出发点。我们在今后出版的书中，也将介绍和讨论这些问题。本书中的研究课题，无疑把结构保护系统的发展进程，又向前推进了一步。

感谢刘锡荟老师对我们翻译工作的部分指导和帮助。本书参加翻译和校对的还有王静、李小芳等人，特此表示感谢。

目　　录

第1章 引　　言

许多研究表明,隔震系统及附加阻尼装置可以减轻甚至消除强震作用下结构部件、非结构部件以及整个系统的损坏。Naeim 和 Kelly(1999)指出,正是因为恰当地使用了这些保护装置,结构的性能才更为良好。而对这些保护装置的恰当使用必须包括以下几点:对设计地震强度的适当考虑(为隔震支座提供足够的位移能力)、对这些装置的力学性能以及对这些力学性能随时间的变化情况有一个完全的了解、合理的响应分析方法以及考虑到足够的细节问题,从而保证这些保护装置具有它们设计时所预想的功能。

仅有少数的隔震结构经受过大地震的考验。Stewart 等人(1999),Nagarajaiah 和 Sun(2000)和 Kani 等人(2006)记录过隔震结构的良好性能表现,同时 Stewart 认为隔震结构的实际响应与设计计算响应存在或多或少的差异,然而也有两个失效的案例:(1)1999 年 Ducze 大地震中 Bolu 高架桥,因为结构实际位移显著地超过地震隔震支座的位移极限而失效(Roussis 等,2003);(2)在 1993 年 Kushiro-Oki 地震中由于低温条件下隔震支座硬化导致了某桥桥墩的超载而失效(Sato 等,1994)。

大多数针对地震保护系统实用性的研究都是基于对隔震支座和耗能装置力学性能的最佳估计,而没有考虑装置使用期内的老化、加载历史和周围环境对其力学性能的影响。而这些不定因素会对结构保护系统的使用效果带来消极的影响甚至使其失去保护效果。

20 世纪 90 年代中期,Constantinou 等(1999)通过收集和总结数据资料对温度、加载历史以及老化对所选隔震支座力学性能的影响进行了研究。该研究提出一套考虑力学性能的变化效应的分析方法——这些方法被随后编制的一些关于隔震结构设计的规范条文采纳,包括 AASHTO 隔震设计指导规范(AASHTO,1999),ASCE-7-05(ASCE,2005)以及 EN1998(European,2005)。

本报告在 1999 年报告的基础上对相关信息进行了更新,包括:温度、加载历史和老化对隔震支座力学性能的影响及对隔震结构响应的影响。同时对现行的保护系统的设备、分析及设计方法进行了总结。另外,本文试图对隔震支座和阻尼器的热效应、加载以及其老化情况进行一个科学的解释,从而可以预测整个使用周期内隔震结构的响应——而这种预测可依靠试验和观察来证实。

第 2 章　隔震系统和阻尼系统的基本原理

2.1　传统的抗震桥梁结构

按传统方法设计建造的抗震桥梁往往依靠特定桥墩和盖梁等部件的非弹性行为来消耗能量。

对于单弯矩构件(图 2-1),以及锤头状的桥墩和盖梁的构件(图 2-2)来说,非弹性行为应该出现在盖梁下侧的桥柱或者是在桥墩的底部紧靠地基之上的地方。非弹性作用常常引起大规模的破坏并且难以维修,更重要的是,结构上的损坏通常会导致桥梁的关闭,随之带来的是直接和间接的经济损失。

图 2-1　钢筋混凝土单弯矩构件

图 2-2　钢筋混凝土桥墩和盖梁的构造

传统的桥梁在抗震分析和设计时采用基于弹性力的程序。该弹性力满足弹性反应谱和一个大于 1.0 的反应修正系数 R 的规定。其反应修正系数间接考虑到抗侧力系统中的强度、延性以及超静定等因素的影响。通过分析,确定桥墩、横梁和纵梁的尺寸。同时为了使桥梁在达到很大的非弹性变形时不倒塌,在设计中增加了一些规范细则和构造技术(例如:钢筋混凝土柱中箍筋间距)。然而,在传统的桥梁分析中,并没有进行变形能力的详细计算,也没有通过计算得出设计地震中所预计的破坏程度。

2.2　基于性能的地震工程

2.2.1　基于性能的地震工程第一代工具

从 20 世纪 20 年代末期发展起来的美国桥梁以及建筑设计规范中,包含一些传统的抗震设计条文细则。由于这些细则是为了获得某种特定的性能表现,即避免倒塌以及保护生命安全等,它们可以视为基于性能表现设计的雏形。制定建筑规范的工程师们希望采用这些条文设计的建造物能够做到(1)大震不倒;(2)保证在大震中人的生命安全;(3)中震可修;(4)小震不坏。对于桥梁构造也有类似的期望。这些规范的缺点在于,对于性能表现和灾害程度的定义比较模糊。实际上,这些规范没有针对实现某一个表现指标而设立明确的性能评估方法。同时,过去70多年所记录的小型地震、中级地震和特大地震对建筑物和桥梁的破坏情况,也表明上述四种性能目标均未真正实现。为了真正实现四性能目标,人们在每场大地震后找出细则中的不足之处,并加以修正。

由于1971年San Fernando地震对一些重要桥梁和建筑造成了巨大破坏,人们从20世纪70年代中期开始,对重要的桥梁和建筑物的抗震性能提出了更高的要求。从那以后,该细则发展缓慢,但还是有所发展:如添加了少数可直接采用的步骤,从而能够预估某个特定桥梁或建筑物的性能表现或是能够用来调整设计方法来改善结构性能,而不是通过调整影响结构强度的任意重要参数来实现。

1989年Loma Prieta地震和1994年Northridge地震造成的巨大经济损失和重要桥梁与建筑物失效促进了基于性能的地震设计规范的发展。在20世纪90年代初期,设计方面的专业人士、学术界成员以及结构工程师和岩土工程师们意识到,那些基于受力的规范是一个错综复杂甚至自相矛盾的规范,与设计者期望的结构性能无直接关系,在实现社会所需的基本保障方面不够可靠,并在有时候实施起来费用昂贵,且在大部分情况下不能实现既定的性能目标,因此需要一个和以前的规范截然不同的新设计方法。

从20世纪90年代早期到中期,来自联邦应急管理署(FEMA)、应用技术委员会(ATC)以及建筑地震安全委员会(BSSC)的资助,促进了NEHRP房屋抗震加固指导指南和注释(FEMA 273/274,应用技术委员会ATC,1997)的改进,这也就是基于性能的建筑地震工程第一代工具。这个成就是基于性能的地震设计规范发展过程中一个重要的里程碑,并且其明确表述出一些对于基于性能规范十分重要的与地震相关的概念。其中一关键概念是性能目标,这包括所设计建筑物需要抵御的地震危险程度以及设计地震发生时建筑物损害的许可范围的详细说明。NEHRP指南(FEMA 273/274)另外一个重要特点是引入了标准性能水平。它以标准结构反应参数的数值为基础,以此来量化结构物和非结构物的破坏水平,NEHRP指南也规定总共四种线性和非线性的分析方法,每一种分析方法可以用来估计在所给定级数地震下的预计响应参数值,通过参照性能目标内不同目标性能水平,来评估该建筑的预期性能。图2-3给出FEMA 273/274规程中所定义的定性的性能水平,其与某一简单建筑物的整体力-位移关系相对应。该图还给出相应的破坏示意。

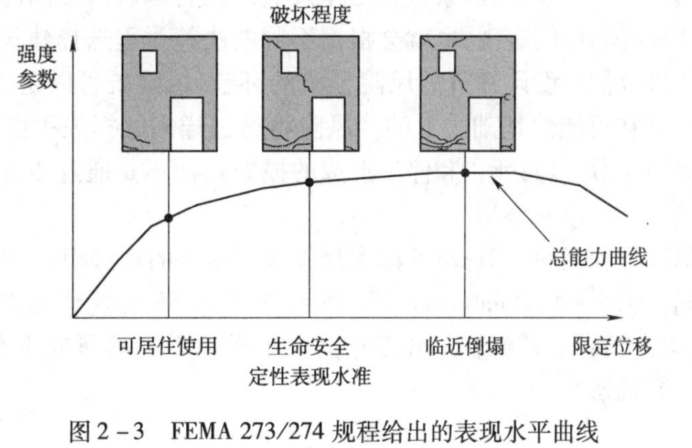

图2-3　FEMA 273/274规程给出的表现水平曲线

其他规程规范包括 ATC-40、混凝土建筑物的评估与优化方法以及基于性能的抗震设计工程 2000 版框架 Vision-2000 进一步发展了 FEMA 273/274 所提出的这项成果。美国土木工程协会在 FEMA 273/274 报告这个版本的基础上将这项成果进一步精炼提高，编入房屋抗震加固暂行标准 FEMA-356 中（联邦紧急管理局 2000）。现在，由 FEMA-356、ATC-40 和 Vision-2000 共同构成了基于性能的建筑结构地震工程发展现状。而关于桥梁建造的相关标准到目前还没有这方面的内容。

Hamburger 等（2004）指出了目前以 FEMA 273/356 为代表的性能设计方法在实际应用中的一些主要的缺陷。这包括：

（1）目前预测结构响应和需求的方法基于的是结构的整体响应，而结构性能评估则基于个别部件的破坏，这样往往会导致性能最差的构件控制了整个结构最终性能预期。

（2）目前规程中被工程师们用来评估结构性能是否满足要求的许多判定准则都建立在主观判断基础上，而不是依靠试验数据或者其他的直接证据，这会导致规范可靠性的问题。

（3）许多结构工程师觉得，与采用传统的规范细则的设计方法相比，这个指导条例过于保守。而且，这个指导条例的可靠性以及是否能够获得所期待的性能表现仍就是个未知数。

（4）FEMA 273/356 中阐述的结构性能表现水准没有与主要的风险承担者本身利益挂钩。风险承担者需要承担由地震损坏带来的潜在维修费用和在建筑物修复过程中的时间损失。

2.2.2 基于性能的地震工程第二代工具

联邦紧急管理局（FEMA）已经与通用技术委员会（ATC）协定发展下一代的基于性能的建筑抗震设计指导条例，也就是众所周知的 ATC-58 项目。这个指导条例将适用于所有新建及改建项目，同时也将涵盖结构及非结构构件。下一代的性能表现指导条例的首要目的在于设计抵御地震作用，同时也推广应用到其他灾害领域，如火灾和爆炸等。当前开发的这个规范框架在原则上也将适用于桥梁建造领域。

对于专业设计人员来说可以利用 ATC-58 对建筑结构性能表现进行预期，对于决策者来说也将具有重要意义。这些决策者（或股东）是互相独立的群体，代表许多阶层并且思维方式迥异（Hamburger，2004）。决策者的群体包括房地产开发商、公司经理、风险控制经理、公共事业机构的领导、贷款人、保险业者、国家机关工作人员以及管理者。不同的决策人会以不同角度看待建筑物所应具有的性能表现，也就会根据不同的决策过程选择建筑物的性能目标。基于性能的设计方法将包括对设计细节的风险预测的环节，风险既可以是以决定性的（场景或事件），也可以是建立在可能性基础之上的。风险将通过详细的损失程度来表现（例如：当某个设备损坏时重修的花费，以及死亡和停工造成的损失），而不是通过传统的度量标准（例如：在以设计地震基础上的生命安全）。

性能表现预测过程和运用在 HAZUS 国家损失预测软件的算法相似，尽管在不同环节中的个别步骤有所不同。图 2－4（Hamburger 等，2004）为 ATC-58 性能预测方法的流程图。这个方法的大部分内容以美国科学基金会出资并由太平洋地震工程研究中心（PEER）（Moehle，2003）提出的过程为基础。

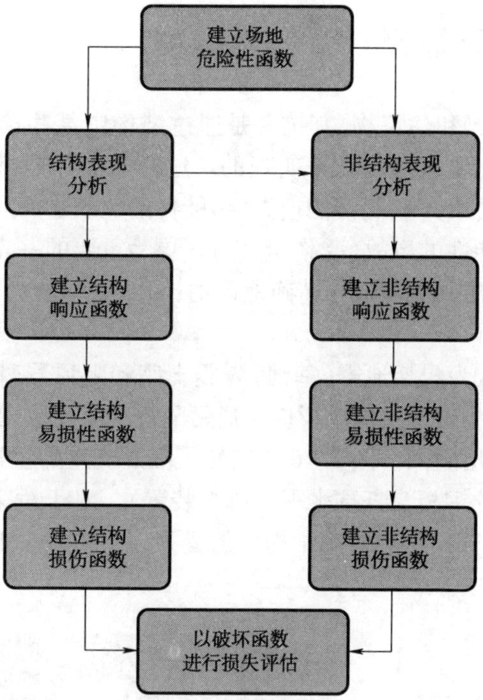

图 2－4　性能预测流程图(Hamburger 等,2004)

PEER 提出的性能表现以概率论的形式为基础,包括如下四个相关的步骤:危险性评估、结构/非结构的构件分析、损害评估以及损失分析或者风险评估。四个步骤中的每一步都各自以一个广义变量为标志:紧测度(IM)、工程需求参数(EDP),损害量度(DM)以及决策变量(DV)。图 2－5 描述了这种方法以及它的概率论理论基础。这些变量是通过条件超越概率来表示的[例如:p(EDP|IM)],而且图 2－5 的方法认为参数间的条件概率是相互独立的。Moehle(2003)和 Hamburger 等(2004)描述了 ATC-58 所采用的基于性能的方法。

接下来的章节介绍了地震保护系统。通过附加隔震支座和/或能量耗散装置构成的系统可以从根本上提高桥梁、建筑物和下部结构的抗震性能。该系统通过损坏大小以及直接和间接的经济损失来衡量。太平洋地震工程研究中心(PEER)和 ATC-58 项目的大部分工作都直接用于桥梁中,而仅有极特别的是针对非结构部件和系统,实际上这些非结构部件和系统仅仅在建筑物和下部基础结构中才能找到。

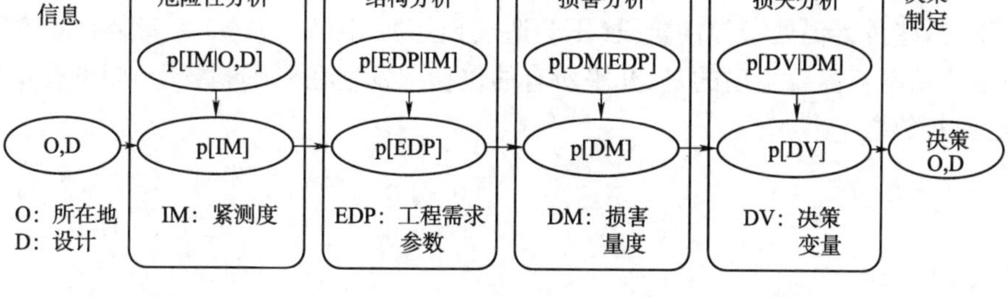

图 2－5　PEER 和 ATC-58 性能方法论(Moehle,2003)

2.3　结构抗震保护系统

按常规方法建造的桥梁和建筑物,其抗震是通过结构中某些选定的构件产生非弹性(非线性)响应对地震产生的能量进行耗散来实现的。这样的非弹性响应以结构的破坏为代价,造成直接的维修损失(主要损失)、间接的损失(可能性的建筑物封闭、变更交通路线或住址以及商业贸易的中断)和可能性的事故(受伤、死亡)。更为重要的一点是,传统的抗震分析和设计方法并没有对结构的变形和破坏进行精确地评估,因此更不会对可能造成的直接和间接的损失和伤亡进行预测。

抗震保护系统,在此认为包括地震(基础)隔震支座和阻尼器(能量耗散)装置,其作用在于减轻地震给桥梁和建筑物带来的振动反应。通常隔震支座安装在桥梁的梁和墩之间以及建筑物的基础和第一个承重层之间。图 2 –6 为安装了隔震支座的桥梁工程,其隔震支座安装在桥墩顶部(隔震支座旁边的钢板为抵抗水平向风力装置)。对于桥梁构造来说,一般采用隔震装置的目的是:(a)减小上部结构和基础结构中的受力(加速度);(b)在桥墩和相邻墩之间实现力的重分配。

(a) 桥梁的立视图　　(b) 摩擦摆隔震支座

图 2 –6　桥梁中隔震支座的典型安装

第 2.4 节对目前应用到桥梁中的隔震系统进行了详细陈述。这些系统都具有的特征包括:(a)能够隔离水平向地震的振动效应;(b)利用本身的消能机理来减少位移量。图 2 –7(a)为桥梁隔震支座对水平向惯性力的影响。在大多数情况下,桥梁的基本振动周期可以延长超过 3 倍,周期的延长可以显著地减小桥梁上层结构的加速度响应[周期的变化情况如图2 –7(a)所示]。结构受力(加速度)的减小显著降低了桥梁的修建成本,并且在设计地震动作用下,这些桥梁仍处于弹性阶段(不会造成损坏)。图 2 –7(b)为安装有隔震系统的桥梁的位移响应情况。需要指出的是,几乎所有的位移都发生在隔震装置上,而没有发生在上部结构、桥墩或相邻墩上。

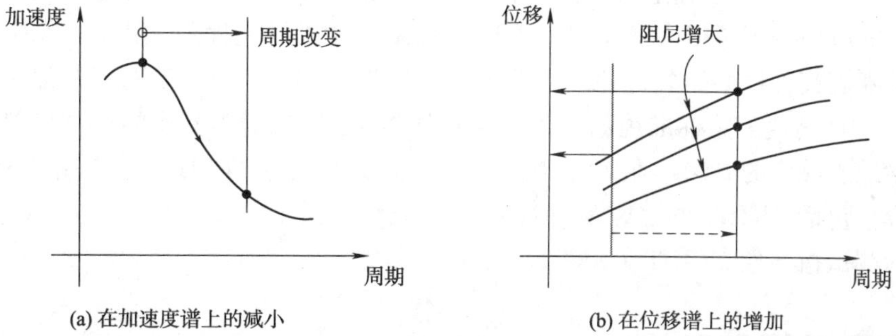

图 2 -7　隔震装置原理

由于采用隔震系统，上部结构位移的增大对桥梁的伸缩缝有着不良的影响。为了控制位移量降低对伸缩缝的要求和隔震支座的花费，如第 2.5 节所述，通常在隔震装置中加设阻尼（能量耗散）。在美国西部应用较多的两类桥梁隔震支座为：铅芯橡胶支座（LR）和摩擦摆支座（FP），它们是通过滞回的能量耗散来实现其功能的。图 2 -8 为支座的侧向剪力与侧向位移的关系曲线。

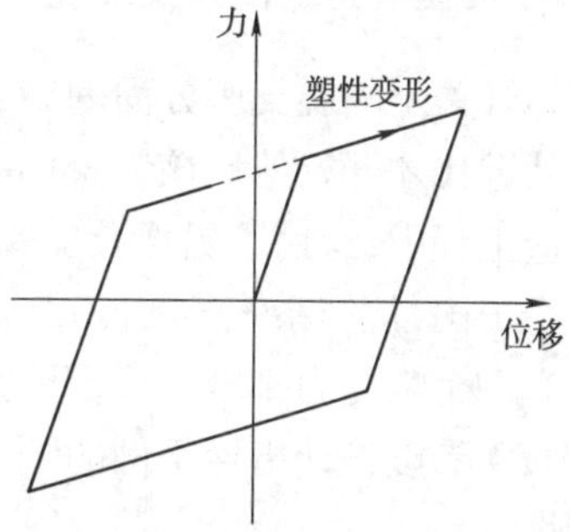

图 2 -8　在 LR 和 FP 支座中的滞回阻尼

采用能量耗散装置（阻尼器）减少了桥体变形量并减轻了地震灾害，保护了桥梁的结构部件。通过特定功能构件的滞回作用或黏滞阻尼特性来实现能量的消耗。阻尼器并不是桥梁中抵抗重力荷载装置的一部分。现代桥梁中所运用的阻尼器在第 2.5 节中有详细的陈述。

阻尼器想要发挥作用，需要获得一定的相对位移或相对速度来耗散能量。在桥梁结构中，仅有几处可以产生这样较大的相对位移，如：(a) 作为隔震混合装置的一部分；(b) 在斜拉桥和悬索桥的构造中。图 2 -9 显示了斜拉桥中安装在桥面和桥塔间的液体黏滞阻尼器。

(a) 桥面和桥塔之间　　(b) 阻尼器的安装

图 2 -9　在斜拉桥中阻尼器的典型安装

在20世纪90年代随着相关规范、资料文献和标准测试办法的出版，地震保护系统在美国桥梁工程中的应用得到了很大的发展。1991年隔震设计指导规程（AASHTO，1991）给出了附加弹性支座隔震装置桥梁的分析和设计步骤。在1999年对这个规范进行了修编并重新颁布，使其与AASHTO高速公路标准规范一致。规范中给出了摩擦隔震支座的设计步骤，介绍了界定隔震桥梁地震反应的方法。在20世纪90年代和21世纪初，促使地震保护系统得到贯彻执行的重要成果包括：HITEC的隔震及消能装置测试指导条文（HITEC，1996）与大型隔震支座和消能装置的测试指导条文（HITEC，2002）。

2.4 隔震装置和系统

2.4.1 隔震装置的简明发展史

尽管关于隔震支座方面的专利可以追溯到19世纪初，但其在美国桥梁和建筑物上的应用却是从近代才开始的。该装置第一次运用在1985年对加利福尼亚州旧金山Sierra Point天桥的改造工程中，运用了铅橡胶支座（第2.4.2节）。

在美国，抗震系统的实际设计与在其他国家有所不同，这是因为在美国抗震系统的设计中要求有一个恢复力来减少或消除地震之后的永久性侧向位移。在本章结尾处给出了少数满足AASHTO隔震设计指导条例的隔震支座的介绍。AASHTO规范中明确要求了这些装置的恢复力特性。

2.4.2 现行的隔震系统

目前在美国应用的隔震支座主要有两种：即合成橡胶支座（低阻尼和高阻尼的橡胶、铅芯橡胶支座）以及滑动支座（球面滑动或摩擦摆支座、平面滑动或是EradiQuake支座）。下文对上述各种支座进行介绍。隔震支座的典型滞回曲线（力－位移关系）如图2－8所示。

合成橡胶、无铅橡胶支座既可以用于低阻尼天然橡胶支座［主要由Andre、Bridgestone、Dynamic Isolation System（DIS：www.dis-inc.com）、Scougal Rubber（www.scougalrubber.com）Seismic Energy Products（SEP：www.sepbearings.com）制造］，也可以用于高阻尼的支座（主要由Andre和Bridgestone制造）。图2－10为由20世纪80年代制作的合成橡胶支座的剖面图。最大的剪应变范围随着其复合程度以及制造商的不同而变化，但通常是在200%和350%之间。由于这些支座的弹性刚度较低，对于正常的工作荷载（如刹车和风荷载）几乎不能提供抵抗力，因此没有被运用在美国的桥梁工程中。

高阻尼橡胶支座中的能量耗散是通过弹性体的特殊叠合来实现的。临界阻尼比通常在7%到14%之间。高阻尼合成橡胶的剪切模量通常在0.35 MPa（50 psi）和1.4 MPa（200 psi）之间。支座加工技术及内部力学特性控制技术通常具有专利。橡胶支座的有效刚度（模量函数、黏合面积和整个橡胶厚度）和阻尼由以下因素决定：

合成橡胶（包括填充物）和硫化程度；

接触压力（能承受的荷载除以黏合面积）；

加载速度；

加载历史；

应变历史；

温度（尤其是在 -7 ℃以下）。

关于合成橡胶和合成橡胶支座的物理性能方面的内容将在第 7 章讨论。

在美国，Dynamic Isolation Systems（DIS：www. dis-inc. com）和 Seismic Energy Products（SEP：www. sepbearings. com）公司制造合成橡胶支座和含铅橡胶支座。图 2 - 11 为铅芯橡胶支座（LR）的切面图，图中所示的为合成橡胶和钢垫片的叠合层以及铅芯部分。

图 2 - 10　人造橡胶支座的剖面图

图 2 - 11　含铅橡胶支座的构造细部

铅芯橡胶支座通常由低阻尼的（无填充物）合成橡胶（100% 的剪切应变情况下剪切模量的范围为 65 ~ 100 psi）和直径约为支座黏合直径 15% 到 33% 范围内的铅芯部分组成。其中合成橡胶部分起到隔震作用，铅芯部分起到能量耗散或者阻尼的作用。根据制造商的不同，LR 支座最大的剪应变范围有所不同，但通常在 125% 和 200% 之间变化。

关于 LR 支座的力学属性的详细内容将在第 8 章中阐述。

摩擦摆支座（FP）由美国地震保护系统公司（www. earthquakeprotection. com）制造。FP 支座的主要构造如图 2 - 12 所示，包括：

凹面盘和滑块容腔（可锻铸铁、钢或是铸钢件）；

滑块（通用 304 奥氏体不锈钢）；

支座材料（高荷载、低摩擦合成体）；

不锈钢覆盖板（通用 316 奥氏体不锈钢）。

摩擦摆支座通过滑块在凹面盘上的滑动实现隔震的功能，通过滑块与复合支座材料和不锈钢覆盖层之间的摩擦实现能量耗散（阻尼）。在图中没有给出不锈钢覆盖层，其附着在凹面盘上。滑动面是 FP 支座至关重要的部分，直接关系到支座的性能。接触面上的摩擦阻力是以下几个参数的函数：

滑片直径（影响对合成材料的限制）；

接触面压强；

滑动速度；

温度；

磨损（由于热变形循环导致的桥梁支座的伸缩）。

双凹槽的摩擦摆支座是由 FP 支座派生而来的，如图 2 - 12 所示。图 2 - 12 所示的支座是一个为地震模拟测试而生产的隔震支座。在原型支座中,合成材料是黏合在铰接滑块上的而不是如图所示的用螺丝拧在滑片上的。有关 FP 支座的力学性能(隔振装置和能量耗散)将在第 4、5 和 6 章中作详细说明。FP 支座在较大的侧向位移时也可以承受较高的竖向荷载。

在美国,EradiQuake 支座是 R. J. Watson 公司(www. rjwatson. com)制造。它由以氨基甲酸酯聚合物弹簧作为恢复力单元的碟形支座构成。通过与 PTFE 不锈钢的表面的滑动摩擦来实现能量耗散。EradiQuake 支座适用于小到中度的地震位移,已运用在美国的中部和东部的隔震桥梁中。图 2-13 为 EradiQuake 支座的示意图。

图 2-12　摩擦摆支座

图 2-13　EradiQuake 支座的内部构造

第 5 章论述了聚四氟乙烯磨光不锈钢表面的力学属性的详细情况。

2.5　能量耗散装置和系统

2.5.1　能量耗散装置的发展简史

能量耗散装置在机械系统上的运用已有 100 多年的历史。与此处讨论相关的首次应用,是在 19 世纪 90 年代。法国人 Army 第一次运用液体黏滞阻尼器来减少大炮的振动荷载。这些阻尼器的很多部件都能够在今天的液体黏滞阻尼器中找到。

能量耗散系统在地震工程方面的首次应用是在 20 世纪 70 年代的新西兰,采用的是低屈服钢装置。直到 20 世纪 80 年代晚期,抗震能量耗散装置才在北美地区首次运用,包括屈服钢和液体黏滞阻尼器。然而,对于隔离冲击和振动的液体黏滞阻尼装置的应用则可以追溯到 20 世纪初期。

在 20 世纪 80 年代后期,随着建筑物用阻尼装置(Whittaker 等,1993)指导条例试用版的出版,消能装置在建筑物、桥梁和下层结构中的运用得到了发展。这个指导条例提供了判断设计运用阻尼器的功效的一个原则。这个指导条例在 20 世纪 90 年代中期被 FEMA 273 和 FEMA 274(ATC,1997)以及随后的 2003 NEHRP(BSSC,2003)和标准的 ASCE/SEI7-05(ASCE,2005)的出版物所取代。

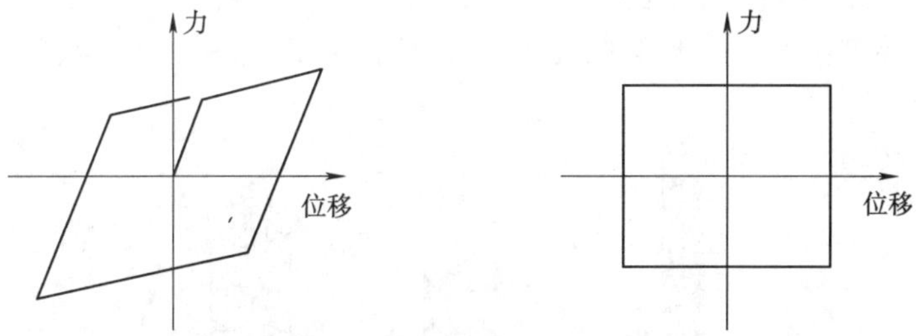

(a) 位移相关阻尼器的滞回曲线

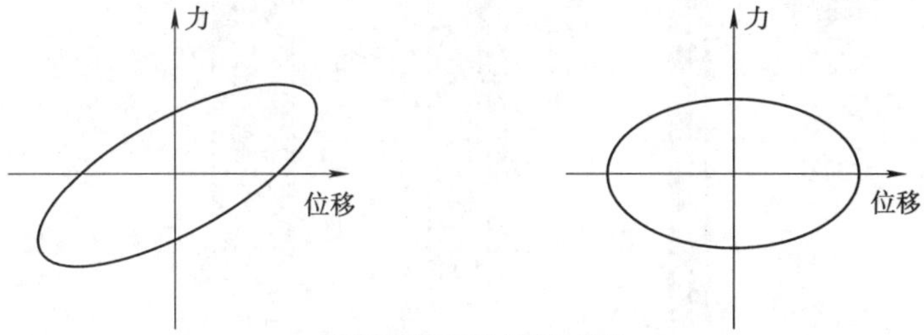

(b) 速度相关阻尼器的滞回曲线

图 2－14 能量耗散装置的力－位移滞回曲线

2.5.2 现行的能量耗散装置和系统

能量耗散或阻尼装置基本上可以分为三类：位移相关型、速度相关型以及其他类型。位移相关型或是滞回系统的实例包括以金属屈服以及摩擦力为基础的相关装置。如图 2－14(a)所示为阻尼器的力－位移的滞回曲线。速度相关型的实例包括由弹黏性的固体材料组成的阻尼器、由弹黏性液体变形来运作的阻尼器(如黏滞阻尼墙)以及迫使液体通过小孔来工作的阻尼器(如黏滞液体阻尼器)。如图 2－14(b)所示为速度相关系统的特性。其他类的系统特征不能通过图 2－14 中所示的任一基本类型来进行分类，包括由形状记忆合金制成的阻尼器、由摩擦弹簧组成的具有自复位功能的装置以及液体恢复力/阻尼的阻尼器。读者可以参考 ATC(1993)、Constantinou 等(1998)、EERI(1993)、Soong 和 Constantinou(1994)，Soong 和 Dargush(1997)和 Hanson and Soong(2001)等来了解这些阻尼器的信息。在本书中仅仅介绍了位移相关和速度相关的阻尼器，下文也仅仅对适合桥梁中应用的阻尼器进行了详细阐述。

在市场上出售的所有能量耗散装置中，仅有两种适合于桥梁应用，即位移相关的无约束(屈曲约束)支撑和液体黏滞阻尼器。应该注意到，防屈曲支撑并不适宜安装在桥梁的膨胀缝和伸缩缝内，因为这种阻尼器通常：(a)没有足够的位移能力；(b)阻止了温度变形。防屈曲支撑适合装在桥梁的基础结构中，以此来增大基础结构的刚度、强度和能量耗散能力。

防屈曲(屈曲约束)支撑示意图如图 2－15 所示。这种支撑型阻尼器是日本在 20 世纪 80 年代研制出来的(Watanabe 等，1988)，并已在美国数个建筑工程中运用。图 2－15 显示了 Nippon Steel 支撑的主要构造，即具有拉压双向屈服特点的十字形截面的焊接钢板(通常为低屈服钢)和外部可采用圆形或方形截面的钢筒。外部钢筒的抗屈曲能力应超过内部十字截面的压屈荷载。在十字形横截面和钢管之间填充一种类似混凝土的材料来延迟十字形横截面的局部压曲。在类似混凝土类材料和十字形截面间采用某种专利材料减小或消除剪力作用,无黏结支撑具有拉压双向等强度特性,其性能在理念上优于中心支撑结构。

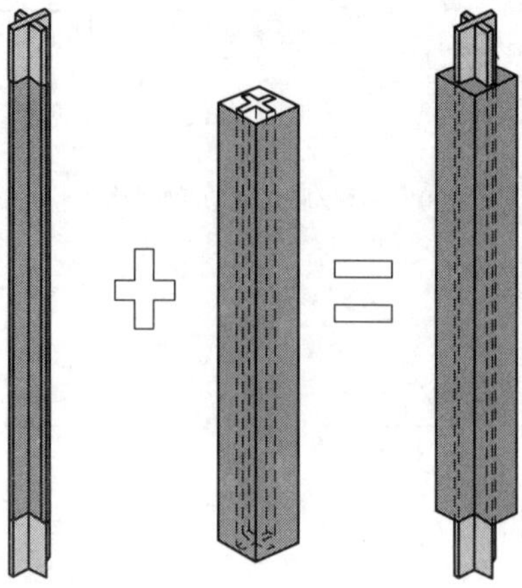

图 2-15　屈曲约束支撑结构示意图

在美国,屈曲约束支撑可由 Corebrace(www. corebrace. com)、Star Seismic(www. starseismic. net)和 Nippon Steel 提供。

在美国,目前液体黏滞阻尼器被广泛地应用于桥梁和建筑物结构中(图 2-9)。这类阻尼器的很多技术最初应用于军事、航空和能源应用领域。

通过迫使液体流过小孔可以获得纯黏滞特性(Constantinou 和 Symans,1992;Soong 和 Constantinou,1994;Hanson 和 Soong,2001)。图 2-16 给出了黏滞阻尼器的内部构造。如图所示,液体从活塞头一侧通过环形小孔以及活塞头上的小孔流向活塞头另一侧。这些小孔的设计拥有专利权。图 2-16 所示的阻尼器包括通长的活塞杆以及两套密封组成。由于这种设计通常十分稳定而且不产生恢复力,所以这个设计目前在隔震和阻尼系统中被广泛采用。具有蓄能装置(Accumulator)的结构将在第 10 章介绍。

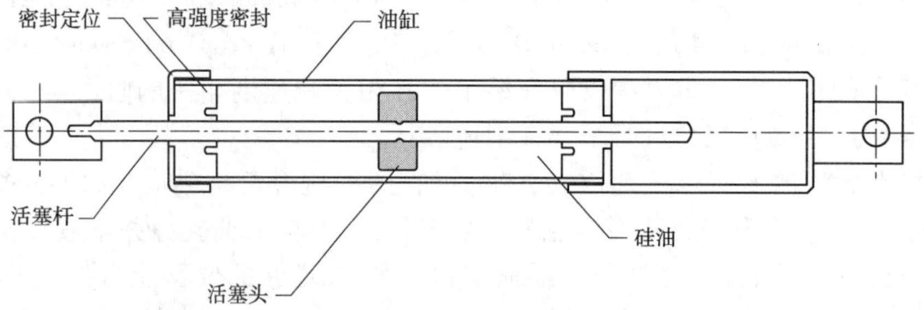

图 2-16　液体黏滞阻尼器的内部构造

如图 2-17 所示为用作混合隔震系统一部分的液体黏滞阻尼器。在这样的体系中,液体黏滞阻尼器用于增加隔震支座的阻尼。阻尼器的冲程必须超过隔震装置在最大考虑地震(Maximum Considered Earthquake)下所能达到的位移量。在本书的第 10 章将就液体黏滞阻尼器的力学性能进行进一步阐述。

图 2－17　混合隔震系统中的液体黏滞阻尼器

2.6　隔震和阻尼器系统的应用

在美国以及国外，用于桥梁和建筑物的隔震和耗能减震装置有很多。到目前还没有一个全面细致的统计。通过 PROSYS 网站可以查到 2000 年以前这些装置的使用情况，网址是：www. nisee. berkeley. edu/prosys/usbridges. html。读者可通过隔震和耗能减震装置制造商的网站了解美国最近这些装置的情况，下列为美国制造商网站：

（1）www. corebrace. com；

（2）www. dis-inc. com；

（3）www. earthquakeprotection. com；

（4）www. jarretstructures. com；

（5）www. scougalrubber. com；

（6）www. sepbearings. com；

（7）www. starseismic. net；

（8）www. taylordevices. com。

在美国工程中采用国际制造商生产的隔震支座以及耗能减震装置，包括：

（1）Alga；

（2）Andre Rubber；

（3）Bridgestone；

（4）FIP Industriale；

（5）Nippon Steel；

（6）Oiles Corporation；

（7）Skellerup。

有兴趣的读者可以访问这些海外供应商的网站来获取他们产品的相关信息。

第 3 章　隔震桥梁的分析方法

3.1 引　　言

隔震桥梁的分析方法有:(a)单自由度或简化计算法;(b)多自由度或反应谱法;(c)时程反应分析方法。其中最后一种方法是最为准确的分析方法,它可以采用很多计算机软件实施完成。

单自由度和多自由度分析方法以隔震支座的线性、弹性单元为基础,其刚度等于在预期位移下支座的有效刚度或割线刚度。利用能量相等的方法即预期位移下每个循环周期所消耗能量,将隔震支座简化为线性黏滞单元来考虑能量耗散的作用。最终的结构反应通过反应谱来计算,且应在阻尼大于 5% 时对反应谱进行修正。由于在分析中需要假设一个预期位移,这些方法通常需要进行迭代,直到隔震支座的假设位移和计算位移相等为止。

接下来的子章节将简要介绍隔震桥梁的分析方法,每部分主要内容如下:

(1)对于高阻尼反应谱的修正;

(2)带有黏滞阻尼装置的隔震系统最大速度和最大力的计算;

(3)反应修正系数;

(4)隔震系统的复位性能。

3.2 对于高阻尼反应谱的修正

桥梁的抗震设计普遍采用 5% 阻尼比的弹性反应谱。采用简化的分析计算办法(单自由度或多自由度方法)需要建立高阻尼的反应谱。具有较高黏滞阻尼的弹性谱有助于分析具有线性黏滞阻尼系统的线弹性结构。而且,由于简化计算分析方法的前提是结构可以采用等效线性和黏性的方法来表述,所以这种方法也可运用于屈服结构或具有滞回性能的结构简化分析中。

建立大于 5% 阻尼比下的弹性谱的典型方法是通过一个阻尼系数或者阻尼衰减因子 B 来折减 5% 阻尼比下的加速度反应谱:

$$S_a(T,\beta) = \frac{S_a(T,5\%)}{B} \tag{3-1}$$

式中,$S_a(T,\beta)$ 为周期为 T 和阻尼比为 β 时的谱加速度。需要指出的是,谱加速度是在最大位移处的加速度,而并不一定是最大的加速度值(它并不包含黏滞力的作用)。因此,它可以通过下式和谱位移 S_d 建立起直接的关系:

$$S_d = \frac{T^2}{4\pi^2}S_a \tag{3-2}$$

各参数含义如上所述。阻尼衰减因子 B 为阻尼比的函数,也是周期的函数。

Lin 等人(2005)最近对不同的研究者确定的 B 值进行了比较。目前普遍采用式(3－1)求取某一范围内周期值和所选地震动对应的系数 B 值,用阻尼比 5% 时的值除以阻尼比为 β 时的值,得到相应的 B 值。根据所选地震动,将求得的结果进行数理统计得到平均值或中性值。其结果受到所选的地震动和采用的对运动进行缩放以便获得一个尤为光滑的反应谱的方法的影响。此外,在规范和条文细则中,对 B 的取值都比较保守,都是围绕和建立在简化表达式基础之上。感兴趣的读者可以参考 Ramirez 等人(2001)文献获得更多信息。

表 3－1 列出了以下的规范和细则中的 B 值:1999 AASHTO(美国国家公路与运输协会,1999),2003 NEHRP 推荐规程(美国地震安全建筑协会 BSSC,2003),2001 加州建筑规范(CBC)(加州建筑标准委员会,2001),Eurocode 8 的草拟稿(欧洲标准化委员会,2005)和 FEMA 440规则(应用技术协会 ATC,2005)。在 FEMA 440 和 Eurocode 8 草拟稿中,采用公式的形式对 B 值进行定义,其余以列表的形式给出了 B 值。FEMA 440 中的公式为:

$$B = \frac{4}{5.6 - \ln(100\beta)} \tag{3-3}$$

式中,β 是一个小数(而不是百分数)。在 Eurocode 8 中的公式为:

$$B = \sqrt{\frac{0.05 + \beta}{0.10}} \tag{3-4}$$

利用公式(3－3)和(3－4)计算出来的表 3－1 中 B 的值,经四舍五入后保留小数点后一位。

表 3－1　在各种规范和细则中阻尼折减因子 B 的值

β(%)	1999 AASHTO 2001 CBC	2003 NEHRP	FEMA 440	Eurocode 8
≤2	0.8	0.8	0.8	0.8
5	1.0	1.0	1.0	1.0
10	1.2	1.2	1.2	1.2
20	1.5	1.5	1.5	1.6
30	1.7	1.7 或 1.8①	1.8	1.9
40	1.9	2.1	2.1	2.1
50	2.0	2.4	2.4	2.3

①1.7 为隔震结构,1.8 为附加阻尼系统的结构。

当阻尼比小于或等于 30% 时,以上规范和细则中 B 值都基本上相等。30% 的阻尼比也是简化计算办法能够采用的上限。相对于近期的一些规范以及细则,1999 AASHTO 和 2001 CBC 对更大阻尼比下的 B 值取得更为保守。

3.3　带有黏滞阻尼装置的隔震系统的最大速度和最大力

设某隔震结构为一个单自由度系统(SDOF),其质量为 m,重力为 W,侧向力与变形的关系具有双线性滞回特征,如图 3－1 所示。该系统包含特征力 Q_d 和屈服后刚度 K_d。对于 FP 系统(见第 6 章),$Q_d = \mu W$ 和 $K_d = W/R_e$,μ 为高速滑动速度下的摩擦系数,R_e 为有效曲率半径。对于 LR 系统,特征力等于铅芯的面积乘以铅芯的(动)屈服强度,屈服后刚度等于支座束缚面积乘以剪切模量,然后再除以支座中橡胶垫的总厚度(假设所有的支座橡胶垫的厚度都是相等的)。

假设给定的光滑反应谱表示的地震动使隔震系统产生的位移为 D。该系统的有效周期和

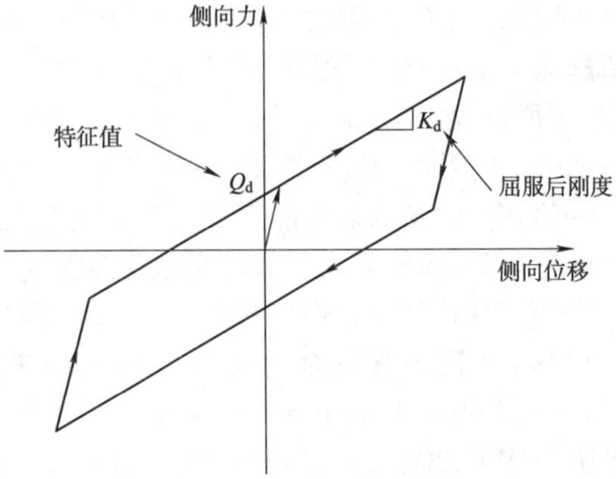

图 3－1　典型隔震结构的理想力与变形关系

有效阻尼如下(1999 AASHTO,2001 CBC):

$$T_{eff} = 2\pi \sqrt{\frac{W}{K_{eff}g}} \tag{3-5}$$

$$K_{eff} = K_d + \frac{Q_d}{D} \tag{3-6}$$

$$\beta_{eff} = \frac{1}{2\pi} \cdot \frac{E}{K_{eff}D^2} \tag{3-7}$$

式中,E 为在位移是 D、周期是 T_{eff} 时,每个循环过程中耗散的能量。对于图 3－1 所描述的性能,每个循环过程中耗散的能量由下式得出:

$$E = 4Q_d(D - Y) \tag{3-8}$$

式中,Y 为系统的屈服位移。

假设某线弹性系统有效周期为 T_{eff},系统动力反应的峰值可以由反应谱得到。根据系统有效阻尼比 β_{eff},可求出衰减因子 B。系统的反应(以谱位移和谱加速度表示)等于 B 除以 5% 阻尼比下的结构反应。然而,由于计算建立在假定位移值为 D 基础上,因此需要重复这个计算过程,直到假设的位移值和计算的位移值相等。上述过程给出了隔震结构的简化分析方法。(考虑到桥梁下部结构的柔度,我们将随后对这种方法进行修正)。应该注意,由于系统的滞回特性,所计算的谱加速度表示最大加速度。同时应注意并没有计算最大速度。这个问题我们将在随后的章节进行讨论。

对于其他简化方法的分析,感兴趣的读者可以参考 FEMA 440(应用技术委员会,2005)。简化方法的分析精度将随后在本章节里谈到。而且 FEMA 440(应用技术委员会,2005)中对几种简化分析方法的精度进行了评估。

假设在这个系统上加上黏滞阻尼装置(这里的 N 表示与方向角 ϕ_j 的序号),每个装置的阻尼力表达式如下(Constantinou 等,1997):

$$F_{Dj} = C_{Nj}|V|^{\alpha}\text{sgn}(V) \tag{3-9}$$

式中,V 为速度,α 为小于或等于 1 的幂指数。为计算附加阻尼装置系统的位移反应,需要考虑阻尼装置对有效阻尼的影响(由于阻尼装置是纯黏性的,因而它们不会影响到系统的有效刚度)。以下分析依据的是 Constantinou 等人(1997)和 Ramirez 等人(2001)的方法,且该方法已被 FEMA 273/274(应用技术委员会,1997)与 NEHRP 2003 推荐条文(美国地震安全建筑协会 BSSC,2003)所采用。

装有液体黏滞阻尼器的隔震装置的有效阻尼由下式得出：

$$\beta_{\mathrm{eff}} = \frac{1}{2\pi} \cdot \frac{E + E_{\mathrm{D}}}{K_{\mathrm{eff}} D^2} \tag{3-10}$$

式中,E_{D} 为黏滞阻尼装置中的能量耗散,可由下式给出：

$$E_{\mathrm{D}} = \sum_{j=1}^{N} \left(\frac{2\pi}{T_{\mathrm{eff}}}\right)^{\alpha} C_{Nj} \lambda D^{1+\alpha} \cos^{1+\alpha} \phi_j \tag{3-11}$$

式(3－11)中,参数 λ 由下式给出(Constantinou 等,1997)：

$$\lambda = 4(2^{\alpha}) \frac{\Gamma^2(1 + \alpha/2)}{\Gamma(2 + \alpha)} \tag{3-12}$$

式中,Γ 为伽玛函数。表 3－2 列出参数 λ 的值。

表 3－2　参数 λ 的值

α	0.00	0.25	0.50	0.75	1.00	1.25	1.50	1.75	2.00
λ	4.000	3.723	3.496	3.305	3.142	3.000	2.876	2.765	2.667

对于位移和谱加速度计算的分析和前述的分析方法一样,但是计算的加速度值并不是最大的加速度值。

Ramirez 等人(2001)曾指出系统的最大速度可以由下式精确地计算出来：

$$V = \frac{2\pi}{T_{\mathrm{eff}}} \cdot D \cdot CFV \tag{3-13}$$

式中,CFV 为表 3－3 中给出的速度修正系数。需要指出的是,按式(3－13)计算出来的速度是一个乘以了修正系数的伪速度。Peckan 等人(1999)的研究成果得到一个与表 3－3 吻合得比较好的 CFV 表达式。

表 3－3　速度修正系数 CFV

有效周期(s)	有效阻尼									
	0.10	0.20	0.30	0.40	0.50	0.60	0.70	0.80	0.90	1.00
0.3	0.72	0.70	0.69	0.67	0.63	0.60	0.58	0.58	0.54	0.49
0.5	0.75	0.73	0.73	0.70	0.69	0.67	0.65	0.64	0.62	0.61
1.0	0.82	0.83	0.86	0.86	0.88	0.89	0.90	0.92	0.93	0.95
1.5	0.95	0.98	1.00	1.04	1.05	1.09	1.12	1.14	1.17	1.20
2.0	1.08	1.12	1.16	1.19	1.23	1.27	1.30	1.34	1.38	1.41
2.5	1.05	1.11	1.17	1.24	1.30	1.36	1.42	1.48	1.54	1.59
3.0	1.00	1.08	1.17	1.25	1.33	1.42	1.50	1.58	1.67	1.75
3.5	1.09	1.15	1.22	1.30	1.37	1.45	1.52	1.60	1.67	1.75
4.0	0.95	1.05	1.15	1.24	1.38	1.49	1.60	1.70	1.81	1.81

Ramirez 等人(2001)创立了一套考虑黏滞力效应后如何计算隔振系统的最大力或基底剪力的理论。这个理论的结果已被收编在 2003 年的 NEHRP 附加阻尼系统结构的推荐条文中(房屋地震安全委员会,2003)。通常情况对于非线性黏滞作用,其基底剪力可由下式得出：

$$V_{\mathrm{b}} = K_{\mathrm{eff}} D\left[\cos\delta + \frac{2\pi\beta_{\mathrm{V}}}{\lambda}(CFV)^{\alpha}(\sin\delta)^{\alpha}\right] \geqslant K_{\mathrm{eff}} D \tag{3-14}$$

其中

$$\delta = \left(\frac{2\pi a\beta_{V}}{\lambda}\right)^{\frac{1}{2-\alpha}} \tag{3-15}$$

在这些等式中，β_V 为黏滞阻尼器提供的有效阻尼的部分：

$$\beta_{V} = \frac{\lambda}{(2\pi)^{1-\alpha}T_{\text{eff}}^{\alpha}K_{\text{eff}}D^{1-\alpha}}\sum_{j}^{N}C_{Nj}\cos^{1+\alpha}\phi_{j} \tag{3-16}$$

对于线性黏滞阻尼器（ $\alpha = 1$ ）：

$$\delta = \tan^{-1}(2\beta_{V}) \tag{3-17}$$

以及

$$\beta_{V} = \frac{\pi}{T_{\text{eff}}K_{\text{eff}}}\sum_{j}^{N}C_{j}\cos^{2}\phi_{j} \tag{3-18}$$

式中，C_j 为线性阻尼器的阻尼常数。最大的加速度值可以由下式得出：

$$a_{\max} = \frac{V_{b}}{W}g \tag{3-19}$$

由式(3－2)和式(3－5)以及 $S_d = D$，最大的加速度可以写作谱加速度 S_a 的函数：

$$a_{\max} = S_{a}\left[\cos\delta + \frac{2\pi\beta_{V}}{\lambda}(CFV)^{\alpha}(\sin\delta)^{\alpha}\right] \tag{3-20}$$

式(3－14)和式(3－20)表明，力的峰值可以由峰值恢复力乘以 $\cos\delta$ 加上黏性力峰值乘以 $(\sin\delta)^{\alpha}$ 求得。

3.4 自复位能力

目前，运用于建筑物的隔震系统都具有很强的恢复能力。然而，在桥梁上却产生了两种对立的隔震系统设计方法：(1)一种是为新西兰、美国和日本的工程师们所运用的设计方法，它要求隔震系统要有很强的恢复力。(2)另一种是意大利工程师所运用的设计方法，在这种设计方法中，隔震系统主要呈现出一种弹塑性特性。

在美国的设计规范中，假定隔震系统在不包括任何黏滞装置时，具有零力节距或特征力且屈服后刚度为双线性滞回特性。2001 年加州建筑规程（加州建筑标准委员会，2001）对最小需求刚度作了如下规定：设计位移为 D 时的力减去设计位移一半时（$D/2$）的力要大于 $0.025W$。对于图 3－1 所示的隔震系统典型特性，可以用以下的两种方式来表示其必要条件：

$$K_{d}D \geqslant 0.05W \tag{3-21}$$

或

$$T \leqslant 28\sqrt{\frac{D}{g}} \tag{3-22}$$

式中，D 为隔震系统的设计位移，周期 T 采用屈服后刚度得出：

$$T = 2\pi\sqrt{\frac{W}{gK_{d}}} \tag{3-23}$$

例如，在加利福尼亚州，给定位移 $D = 300$ mm，由上式可以得出 $T \leqslant 4.9$ s。这个结论已经得到了贯彻。同时，在加州 2001 建筑规程中，如果系统的设计位移比计算需要的位移大 3 倍，即使恢复力不够，也可用于结构中。

1999 AASHTO 隔震设计指导规范(AASHTO,1999)对最小恢复力的规定更为宽松,但是恢复力需要满足周期 T 的限定:

$$K_dD \geqslant 0.025W \tag{3-24}$$

及

$$T \leqslant 40\sqrt{\frac{D}{g}} \leqslant 6\ \mathrm{s} \tag{3-25}$$

而且,如果系统不满足上述条件,AASHTO 则不允许该系统运用于结构中。

在实践中发现,桥梁在地震中的破坏大多是由于产生了过量的位移。基于此,建立了满足强恢复力特征的设计理念。通过满足强恢复力,可以避免产生累积性的永久位移,同时对于所需位移的预计可靠性更高。与之相比,具有低恢复力的隔震系统,虽能够在一定程度上预计出支座传到基底的力大小,然而,由此带来的是结果位移的不确定性和有可能出现显著永久位移。Tsopelas 和 Constantinou(1997)在地震模拟试验中,证明附加恢复力较弱的隔震系统的桥梁模型具有产生显著的永久性变形的可能。而且,第 15.2 节和 Roussis 等(2003)描述了在地震中弹塑性隔震系统的失效案例。

针对隔震桥梁的 Eurocode 8,EN1998-2 草案中(欧洲标准化委员会,2005)给出了另外一种不同的方法,用于确保具有足够的复位能力。规范中将参数位移 D_R 定义为滞回曲线的下降部分与零力轴相交处的位移,这个参数位移由下式给出:

$$D_R = \frac{Q_d}{K_d} \tag{3-26}$$

一般情况下,$D_R \leqslant D - 2Y$,等式成立。Eurocode 8 中规定在设计位移为 D 时的力减去在一半设计位移($D/2$)时的力要大于 $0.025WD_R/D$。根据图 3-1 所示的隔震系统典型的性能,可以用以下两种方法来表达这个要求:

$$K_dD \geqslant W\sqrt{0.05\mu} \tag{3-27}$$

或

$$T \leqslant 28\left(\frac{0.05}{\mu}\right)\sqrt{\frac{D}{g}} \tag{3-28}$$

其中 μ 为特征力与重力的比值:

$$\mu = \frac{Q_d}{W} \tag{3-29}$$

值得注意的是,当 $\mu = 0.05$ 时,式(3-28)与 2001 CBC 给出的式(3-22)相同。当 $\mu \geqslant 0.05$ 时,式(3-28)相对保守,而当 $\mu < 0.05$ 时,则相对不保守。应注意到,为了评估隔震系统的自复位能力,特征力应该在那种类似于达到永久变形之前极为运动缓慢的条件下得出。对于滑动系统(见第 5 章),参数 μ 为零速度或者 f_{min} 时的滑动摩擦系数。类似,对于铅芯橡胶系统(见第 8 章),式(3-29)中的特征力应该是准静态条件下的值,大约为动态、高速条件下的一半或三分之一。

从式(3-27)和式(3-28)中可以认识到特征力在定义自复位能力方面的重要性。同样地,比起 2001 CBC 或者 1999 AASHTO 指导条文,Eurocode 8(欧洲标准委员会,2005)在自复位能力方面提供了一个更为合理的依据。

最近由欧盟资助的一个研究(Katsaras 等,2006)阐述了对自复位能力的规定,并且提议对 Eurocode 进行修改。通过对大量具有双线性滞回特性的单自由度系统的动态分析和对包括永久位移和累计位置在内的位移反应的统计处理,该研究认为,在满足式(3-30)的情况下,隔震系统具有足够的自复位能力(在连续地震及微小的永久位移下没有永久位移的累积)。

$$\frac{D}{D_R} \geqslant 0.5 \tag{3-30}$$

式中,参数 D 和 D_R 如前所述。显而易见,这个要求等价于下式:

$$T \leqslant 28\left(\sqrt{\frac{0.05}{\mu/2}}\right)\sqrt{\frac{D}{g}} \tag{3-31}$$

其中,所有的参数如前所述(μ 为高速下归一化力值)。有趣的是,通过对振动台试验中隔震系统的观测,Tsopelas 等人(1994)提出,具有足够恢复力的系统的特征力(在高速下)和恢复力峰值的比值小于或等于 3.0。这个要求等效于 $D/D_R \geqslant 0.33$,该式也可以写成:

$$T \leqslant 28\left(\sqrt{\frac{0.05}{\mu/3}}\right)\sqrt{\frac{D}{g}} \tag{3-32}$$

其中,μ 为高速下归一化力值。式(3-32)和式(3-31)之间的差异可能是由于 Tsopelas 等人(1994)的测试系统具有速度性相关强度,而 Katsaras 等(2006)分析的系统却没有。不管怎样,这些研究均表明:在将 μ 理解为低速下归一化力时,式(3-28)依旧具有有效性(此时 μ 值大约为高速下 μ 值的 1/2 ~ 1/3)。

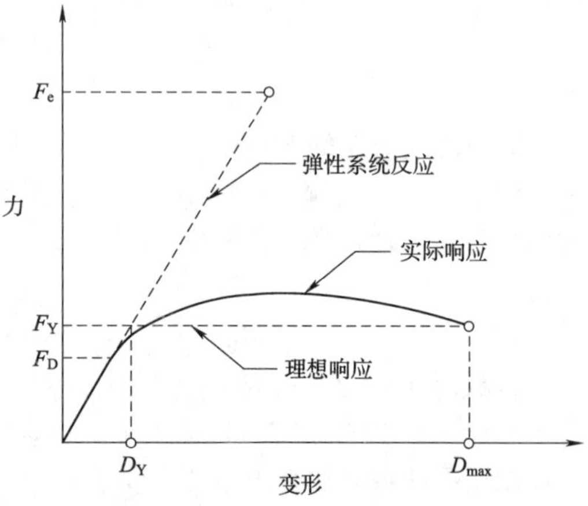

图 3-2　屈服系统的结构响应

3.5　反应修正系数

在给定的所需弹性力条件下,可以用反应修正系数(或称系数 R)计算结构构件设计力的大小。也就是说,首先要基于结构的弹性假设求得所需的弹性力,然后除以 R 得到设计力。图 3-2 描述出屈服系统的结构响应。所需弹性力为 F_e,系统经理想化后的屈服力表示为 F_Y,设计力为 F_D,由下式给定:

$$F_D = \frac{F_e}{R} \tag{3-33}$$

反应修正系数包含两个部分(Uang 和 Bertero,1987;Whittaker,Uang 和 Bertero,1988):

$$R = \frac{F_e}{F_D} = \frac{F_e}{F_Y} \cdot \frac{F_Y}{F_D} = R_\mu \cdot R_s \tag{3-34}$$

式中,R_μ 为系数的延性相关部分,R_s 为超强因子或是强度因子。系数 R 的延性部分代表结构系统的非弹性变形能力。强度因子用于衡量当超过设计强度之后系统的储备强度。

在强度设计中,设计的力大致与框架出现屈服和结构开始发生非线性反应时的力水平相当(图 3-2)。在这种情况下,超强因子源于冗余度、材料的附加强度、构件尺寸偏大、应力硬化、应变速率影响和相关规程对如偏差、构造等的要求。

规范(如加州建筑规范)、技术细则(如 AASHTO 高速公路桥梁标准细则)以及文献资源和指导条例(例如 NEHRP 推荐条例)根据经验给出 R 的值。总体来说,R 的取值仅仅依赖于结构体系的类型,而不考虑基本周期、框架布置、高度和地面运动特征的影响。

1991 AASHTO 隔震设计指导细则(美国州公路交通办公路桥梁委员会,1991)对于隔震结构反应修正系数的定义与非隔震桥梁一致。对于桥梁的下部结构（桥墩、桥柱和排架），这个因子的取值范围在2到5之间（美国州公路交通办公路桥梁委员会，2002）。尽管在1991年的AASHTO指导细则中没有明确说明，但也暗示了运用相同R因子，隔震桥梁和非隔震桥梁的下部结构地震响应相近。因此，1991 AASHTO指导细则推荐，当隔震桥梁的下部结构需要较低的延性时，应减小R的取值。认为当R取值相同时隔震和非隔震桥梁下部结构的抗震性能表现相近好像是合理的，然而，简单的分析表明（Constantinou 与 Quarshie，1998），随着下部结构中非弹性作用的产生，隔震系统效率降低，在下部结构中将有较大的位移需求量。

在1999年版AASHTO隔震设计指导条例中，一个重大的变化就是对于隔震桥梁的下部结构有一个更小的R值，范围从1.5到2.5。下文的注释取自1999 AASHTO指导条例，给出以下相对于1991版所作变化的解释。

前言：

“反应修正系数（R因子）已经减小到了1.5到2.5。这表明因子R中的延性基础部分等于1或是接近1。因子的剩余部分表示为大多数结构固有的材料超强和结构冗余度。降低R值基于以下考虑：（ⅰ）隔震系统的合理性能；（ⅱ）由设计基本地震特征的内在变异性引发的响应变异性。

一般来说，较低的R值确保了在设计基本地震动下下部结构完全的弹性响应，然而，并不能保证在最大考虑地震动作用下（例如：250年10%超越概率），隔震系统的合理响应或下部结构可接受的性能表现。对于重要的桥梁设计，业主可能会考虑到这样的地震。现在加州交通部采用了这种方法用于隔震桥梁的设计……”

第C6章　反应修正系数：

“……指定的R因子的范围在1.5到2.5之间，以延性为基础的部分接近于1，剩余部分代表了大多数结构所固有的材料超强度和结构冗余度。也就是说，总体看来较低的R因子实质上确保了在设计地震中下部结构的弹性特性。需要指出的是按照这个文献所描述的步骤计算出来的反应代表一个平均值，在设计基本地震下这个值有被超过的可能……”

1999 AASHTO指导条例的意图实质上为了隔震桥梁的良好表现，减少隔震桥梁的下部结构的非弹性作用。有兴趣的读者可以参考Constantinou 和 Quarshie（1998）对隔震桥梁建立R值进行的详细研究。

3.6 单自由度的分析方法

第3.3节已对单自由度的分析方法进行了详细的描述，这种方法适用于桥梁下部结构（支座下部的桥梁部分）具有足够刚度，可以视为刚体。这个假设并不总是成立。在一些情况下，下部结构的柔性效应延长了隔震桥梁的有效周期，降低了隔震桥梁的有效阻尼。1999 AASHTO指导条例（美国州公路与运输官员协会，1999）、Eurocode 8的草拟稿（欧洲标准化委员会，2005）对于如何将下部结构的柔性效应综合考虑到单自由度的分析方法中提供了一些指导。

例如，假设如图3－3所示的一个简单模型，图中所示的桥梁结构包括一个重力为W的刚性桥面、一个位移为D、有效刚度为K_{IS}的隔震支座以及隔震装置下水平刚度为K_C的柱子（由弹性性能所得到的刚度，假设柱底与基础固结并且在桥面板的中心轴施加一个力）。如果桥柱截面连续不变，弹性模量为E，转动惯量为I，在忽略剪切变形的情况下，水平刚度可以表示为$K_C=\left[\frac{l^2(h-l)}{2EI}+\frac{l^3}{3EI}\right]^{-1}$。基础刚度可以由水平刚度$K_F$和转动刚度$K_R$表示，忽略基础的惯性效应,这个模型可以用来表示在每一个桥墩处具有相似桥墩和隔离装置的长桥的特性,该模型通过简单的扩展就能适用于具有不同特性桥墩的桥梁。

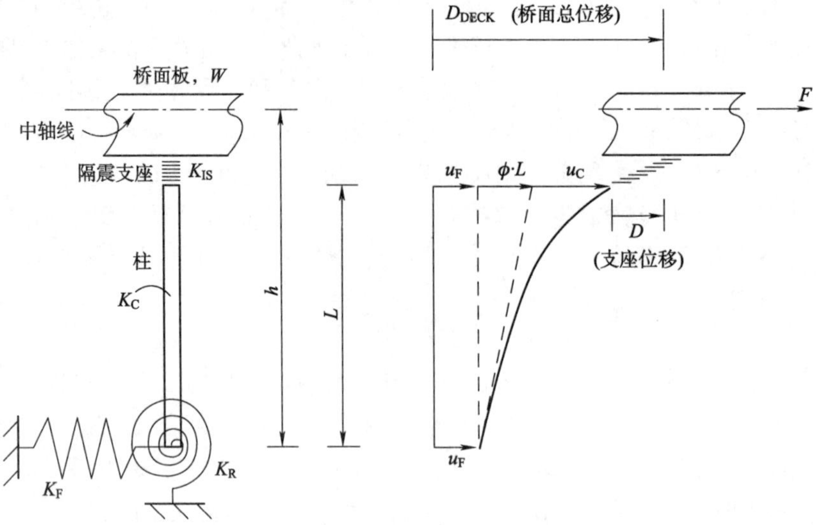

图 3-3　具有柔性基础的隔震桥梁以及其在横向力作用下的变形

惯性力 F 作用在桥面板的中心轴处,此桥面板所产生的全部位移等于 D_{DECK}。系统的有效刚度系数为:

$$K_{eff}=\frac{F}{D_{DECK}}=\left(\frac{1}{K_F}+\frac{hL}{K_R}+\frac{1}{K_C}+\frac{1}{K_{IS}}\right)^{-1} \tag{3-35}$$

如图 3-3 所示,位移分量表示为:

$$u_F=\frac{F}{K_F},\phi=\frac{Fh}{K_R},u_C=\frac{F}{K_C},D=\frac{F}{K_{IS}} \tag{3-36}$$

隔震桥梁的有效周期为:

$$T_{eff}=2\pi\sqrt{\frac{W}{K_{eff}g}} \tag{3-37}$$

有效阻尼为:

$$\beta_{eff}=\frac{1}{2\pi}\left[\frac{EDC}{K_{eff}D_{DECK}^2}\right] \tag{3-38}$$

每个周期的能量耗散 EDC,在忽略桥柱和基础的阻尼的情况下(保守的情况)可以通过式(3-8)计算出来。隔震支座的性能如图 3-1 所示。

桥面板的总位移 D_{DECK} 可以直接通过周期 T_{eff} 下反应谱谱位移除以阻尼比 β_{eff} 所对应的阻尼衰减因子得到。隔震支座的位移 D 可以通过下式进行计算:

$$D=\frac{K_{eff}}{K_{IS}}D_{DECK} \tag{3-39}$$

许多研究的重点都集中在简便算法的精度上,如 FEMA 440(应用技术协会 ATC,2005),Tsopelas 等(1997),Rameirez 等(2001)以及 Pavlou 和 Constantinou(2004)都作过这样的研究。总体来说,这些研究表明,简化分析结果与代表光滑反应谱的一系列单方向地震运动时程响应分析的中间结果相比,其一致性可以接受。然而,当结构受到两个方向的地震作用时,用简便方法得到的支座矢量位移精度仍旧是一个研究课题。这样的研究实例可以在 Winters 和

Constantinou(1993)与 Warn 和 Whittaker(2004)中找到。这样的研究十分困难,这是因为:(a)选择能够代表规范指定反应谱的双向地面运动十分复杂;(b)定义不同地震激励下不同方向上的平均矢量位移也十分复杂。

3.7 多自由度的分析方法

多自由度分析方法大多采用能够进行谱分析的计算机程序来完成。利用单自由度分析方法得到每一个隔震支座的有效水平刚度。分析时采用阻尼比为 5% 的反应谱。在高阻尼下,要对其进行相应的修正。修正时,通常以 5% 阻尼比反应谱为基础,通过隔震桥梁有效阻尼确定相应的阻尼衰减因子 B,将周期大于 $0.8T_{eff}$谱值除以 B 值来进行调整。由于高阻尼导致的结构需求减少仅用于隔震结构的振型;而非隔震振型仍假定阻尼为临界阻尼的 5% 。对于高阻尼下的反应谱修正需要运用单自由度的分析方法计算每一个主方向上的有效周期和有效阻尼。

如图 3-4 所示为应用于隔震桥梁的多自由度方法分析的反应谱。有效周期为 T_{eff} = 2.75 s,有效阻尼为 β_{eff} = 0.3 ,阻尼减少因子 B = 1.8。对于周期大于 2.2 s 的 5% 衰减谱的纵坐标采用 1.8 进行折减。

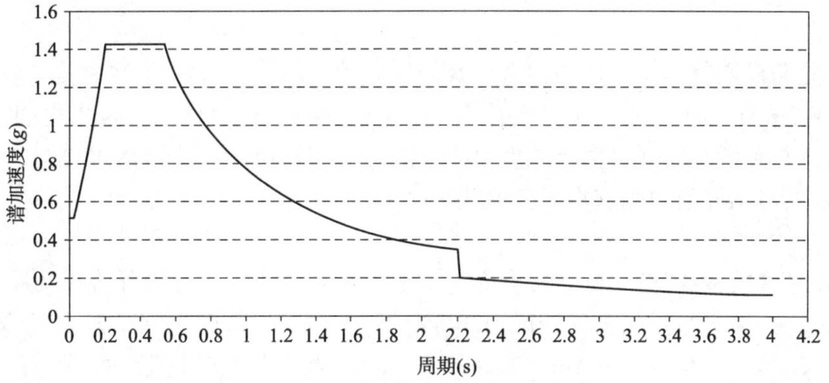

图 3-4 对于隔震桥梁的多自由度方法分析的反应谱

3.8 时程反应分析方法

融合了隔震支座非线性特性的时程反应分析方法是最为精确的分析方法。可采用以下程序进行分析:3D - BASIS 系列软件(Nagarajaiah 等人,1989),SAP2000(CSI,2002),ANSYS(Swanson Analysis Systems,1996)和 ABAQUS(Hibbitt,Karlsson 和 Sorensen,2004)。对于运用 ANSYS 和 ABAQUS 软件分析隔震结构的实例,感兴趣的读者可以参考 Roussis 等人(2003),Clarke 等人(2005)和 Tsopelas 等人(2005)的文献。

第4章 滑动界面内的摩擦

4.1 引　　言

在隔震装置中使用滑动支座,需要同时具有支座在正常使用荷载条件下和地震荷载条件下滑动界面摩擦性能的试验数据,即低速运动和高速运动状态下的数据;并且还要求对滑动界面间的摩擦机理有深入的理解,从而可以正确阐释摩擦产生的结果。

本章对特定的滑动界面中摩擦现象给予物理解释,但只限于与对试验结果宏观上的理解相关的摩擦属性进行了解释。虽然本章着重讨论聚四氟乙烯-不锈钢的滑动界面,但认为含有聚四氟乙烯的合成材料具有相似的特性。本章同时也讨论了双金属滑动界面。

4.2 摩 擦 力

摩擦力是阻碍两物体相对运动的力。我们研究的是固体间的滑动,也就是滑动固体摩擦。同时,由于在结构工程中使用的滑动支座利用了滑动界面摩擦的特性,因此我们对此十分关注。我们这里提到的是宏观层面上摩擦,与之相对的是微观和原子层面的摩擦。

在支座中,滑动界面的摩擦力 F 定义为:

$$F = \mu N \tag{4-1}$$

式中,μ 是摩擦系数,而 N 则是接触面上的法向荷载。我们还要将滑动摩擦系数和静态摩擦系数区分开来;后者被定义为初始运动产生时 F 与 N 的比值,即 F/N。经典的摩擦定律[即库仑(Coulomb)在 Amontons 和 Leonardo da Vinci 的前期工作基础上建立的库仑摩擦定律]认为摩擦系数与滑动速度、接触面积无关。尽管这些定律适用于很多场合,但通常不适用于滑动支座;式(4-1)中使用的摩擦系数就与一些重要的参数有关,包括滑动速度和压力。

4.3 摩擦机理

我们想要了解摩擦的机理,即从微观上寻找导致摩擦的原因。总体来说,本章节仅对滑动支座的摩擦行为从物理角度进行探讨。这些研究主要基于 Bowden 和 Tabor(1950,1964,1973),还有他们在剑桥大学的学生们的工作,以及过去半个世纪中其他学者的工作(美国金属学会,1992)。

早在人们对于原子的摩擦性能认识之前,就有很多关于摩擦机理的假设和研究。由于测量一个原子厚度的薄膜间摩擦力的试验技术直到20世纪80年代才问世,所以对于摩擦在原子级别上的研究,或称为纳米摩擦学(Nanotribology)也是刚刚起步,因而滑动接触的原子机理还不为人知。即便是尽皆知晓,要从原子尺度上预言摩擦力,摩擦学还是无能为力(Krim,1996)。

近年来提出了许多解释摩擦机理的理论。对摩擦的产生,学者们相信这些理论在不同程度上依赖于所特定的条件。其机理包括：

4.3.1 黏着理论

当两个洁净的固体相互接触时，在接触面上将形成紧密的原子键。这些接触区域被称作接触点。所有接触点的总和即形成真实的接触面。与表观接触面相比，真实的接触面要小很多(图 4－1)。根据黏着理论，在接触点上将产生咬合力。也就是说，摩擦力是由接触点上的剪力 s 与真实接触面积 A_r 的乘积决定。即：

$$F_a = sA_r \tag{4-2}$$

在高度真空的环境中，非常洁净的表面上黏着力占摩擦力的主要成分。而当今学者们普遍认为黏着力并非摩擦力中一个完全独立的分量。认为它是一个造成滑动表面粗糙部位形变的分量更合情理。

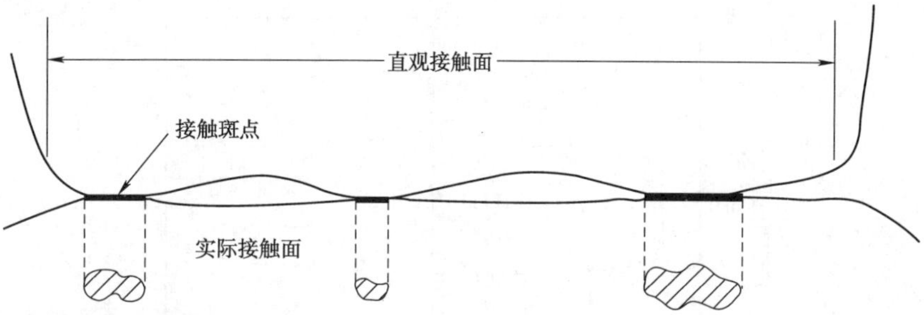

图 4－1　直观接触面与实际接触面视图

4.3.2 犁沟理论

任何表面都具有粗糙性。当表面接触时，粗糙的部分会产生弹性或塑性的形变。摩擦力的犁沟分量是由发生塑性形变时能量的耗散引起的，就如同用一个表面粗糙的硬球划过一个较软的平面。在粗糙处轴力的作用下，较软平面会发生屈服。此时接触斑点形成，糙点会附着在平面上。此时若施加一个剪力，则糙点将横向移动，在软的表面上按其行进路线形成一堵墙(或者是弓形波纹)和一道沟。摩擦力的犁沟分量源于推动这堵墙的损耗。

4.3.3 第三方效应

滑动界面处摩擦脱落的碎屑以及杂质都会增大摩擦力。随着碎屑或杂质的聚集物在摩擦面内的滚动或随着他们嵌入滑动面，会出现塑性变形，从而增大了摩擦力。

4.3.4 黏弹性效应

聚合物，如聚四氟乙烯会表现出黏弹性。当较硬而粗糙的物体在具有黏弹性的物体上滑动时，能量会因为黏弹性形变而消耗。此亦摩擦力的一个组分。

通常认为，摩擦力是若干种机理共同作用的结果。其彼此的权重难分伯仲，在学术界亦是长期争论的焦点。然而，我们认为摩擦是由黏着和形变(包括弹性、塑性和黏弹性形变)共同作用产生的。此外，我们必须认识到：在宏观尺度下，实际接触面积对摩擦力的定性描述起着举足轻重的作用。

4.4 静摩擦力和滑动摩擦力

所谓静摩擦力,是指使物体在宏观尺度上发生初始位移所需的最大力。滑动摩擦力是指在滑动刚刚开始时,速度非常低的情况下的摩擦力。在产生初始运动后,摩擦力通常会发生突降,也就是说,静态摩擦力一般大于滑动摩擦力。

图 4-2 为一由未填充的聚四氟乙烯与镜面抛光不锈钢组成的滑动支座的测试结果。滑动界面上的压强保持在 20.7 MPa 左右(法向荷载除以表观接触面积),初始测试温度为 19 ℃,并在上面施加一个周期的正弦运动,其振幅为 12.5 mm,频率 0.0318 Hz(峰值速度 2.5 mm/s)。图中的纵坐标为摩擦力与荷载的比值,横坐标为滑动偏移量。静摩擦与滑动摩擦系数值的区别显而易见。

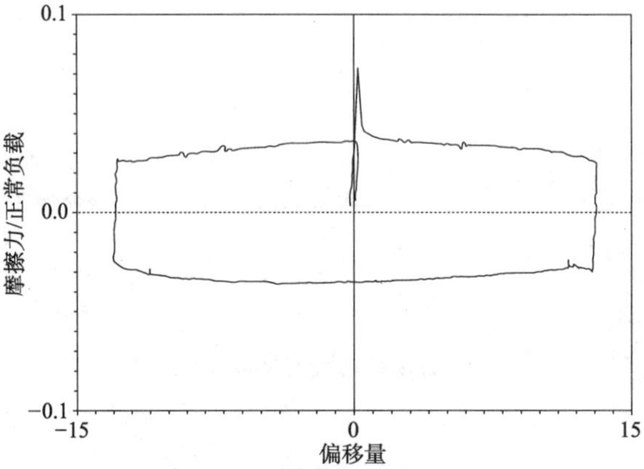

图 4-2 聚四氟乙烯-不锈钢界面摩擦力-偏移的滞回曲线
(压强为 20.7 MPa,峰值速度为 2.5 mm/s)

静态摩擦力是真实存在的,但也可能是所采用的测试技术或所利用的测量系统的产物。在土木工程领域,正弦波或者锯齿波是位移控制测试中常用的手段。不论采用哪种方法,初始运动的产生都需要在极短的时间内完成速度由零到一个较高值的突变。然而,由于在现实设备中,初始运动往往发生在一个准静态条件下,因此这种突变是不可行的。在地震模拟测试中,这已通过对隔震系统所做的观测得以证实(参见 Mokha 等,1990;Constantinou 等,1990;Constantinou 等,1993; Al-Hussaini 等,1994)。也就是说,静态摩擦力确实存在,而且它并没有受到测量方面的影响,因为在地震条件下,滑动摩擦力要比低速时大得多。实际上,随着滑动速度的增加,滑动摩擦力显著增大,此时静态摩擦力已变得毫无意义(Rabinowicz, 1995)。但是在准静态条件下测量静态摩擦力还是很重要的。

静态摩擦力与动态摩擦力的根本区别可通过这样的假设来解释:一是认为实际接触面积突然减小;还有就是,初始滑动后接触斑点上咬合力下降。在聚四氟乙烯试验中,这种差异可能是由于聚四氟乙烯的表面薄层在不锈钢表面上发生了迁移。

4.5 黏滑运动

两物体间相对滑动时,有时会产生突发的运动。在滑动支座的位移控制测试中(例如,施加激励产生位移，同时测量力的大小），摩擦力随时间的振荡表明了黏滑运动的存在。相反，在力控制的试验中，黏滑运动体现在运动停止的过程中。

黏滑特性可能是滑动界面的一种内在属性，或尽管黏滑运动现象可能会受滑动界面摩擦特性影响，但其更多的可能是测试装置惯性作用和柔性的结果。图 4－3 为作者使用过的一个测试装置；图 4－4 是这个装置的简化图，其特点是具有惯性和有限刚度，两者都会影响摩擦力的测量结果。

图 4－5 给出由未填充的聚四氟乙烯－镜面抛光不锈钢组成的滑移界面所受的轴向荷载和运动时程，图 4－6 是摩擦力－位移的滞回曲线。在上部板的滞回过程中，采用反作用压力传感器测量摩擦力大小，从而避免了大质量物体的惯性对测量结果的影响。除了在运动反向的瞬间（位移最大的位置）出现摩擦力的波动外（体现了黏滑运动的存在），其他时刻摩擦力都是平滑变动的。这其实是滑动界面支撑部分柔性作用的结果。支座含有柔性单元，从而许可旋转运动，而非旋转运动则被限制。

当用作动器压力传感器测量摩擦力时，记录的滞回曲线表现出明显的由惯性导致的振荡。我们试图通过记录运动物体（底部板）的加速度来修正惯性产生的影响，可是，虽然这一方法成功地去除了大部分振荡；但问题也随之而来，在试验的初始阶段，这一修正的数值却表现出剧烈的振荡。在此要注意，不要把这些振荡误判为黏滑运动的结果。

观察图 4－6 中的上部板运动，重点是在运动反向时摩擦力的小幅振荡。我们发现，实际我们测量的并不是滑动界面的摩擦力，而是代表支座和压力传感器弹簧的弹力（如图 4－4 所示）。在运动反向时刻，滑动界面历经了短暂的静止状态（运动改变方向）。在运动再次发生时刻，静态摩擦力发挥了作用。图 4－7 是力与位移的关系图。图中 A 点即是这一现象的表现。随后，随着偏移的增加，摩擦力平滑下降；其后由于滑动速度的增加，摩擦力再次增长（聚四氟乙烯－不锈钢滑动界面的特性）。此时弹簧并不能够相应地改变它的位置，而是沿图中表征自身刚度的虚线运动。图中阴影部分所表示的多余能量就是滑动界面支座部分的动能。也就是说，在到达 B 点（动能消耗殆尽）以前，支座部分都是处于运动状态的。这导致弹簧力的突降和随后的增大。

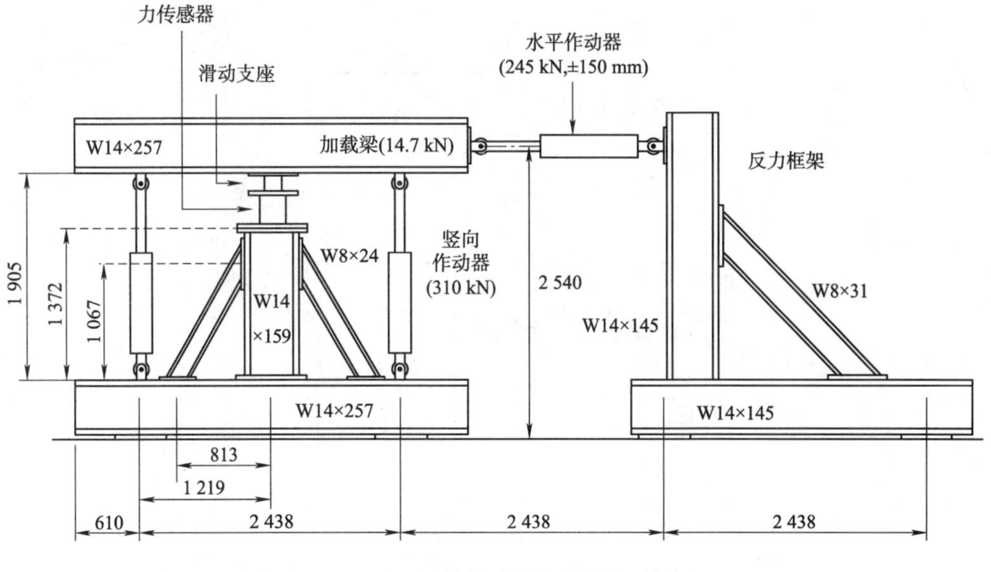

图 4－3　运用于测量滑动支座的设备（单位：mm）

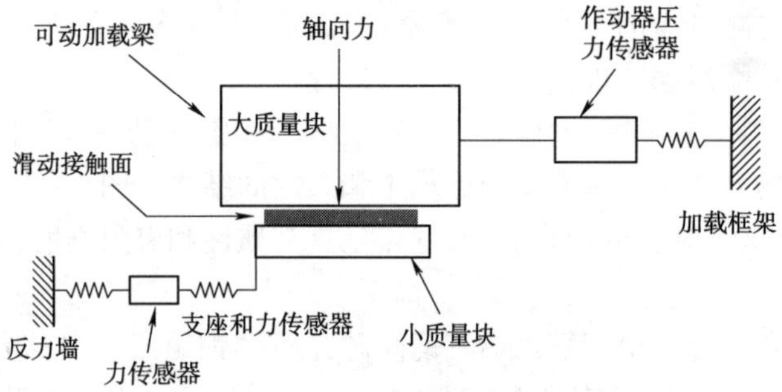

图 4－4　测试系统的简化示意图

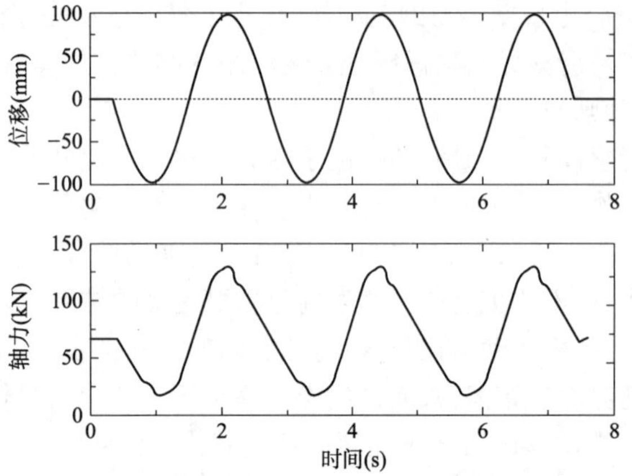

图 4－5　测试滑动支座上施加的运动和轴向荷载时程

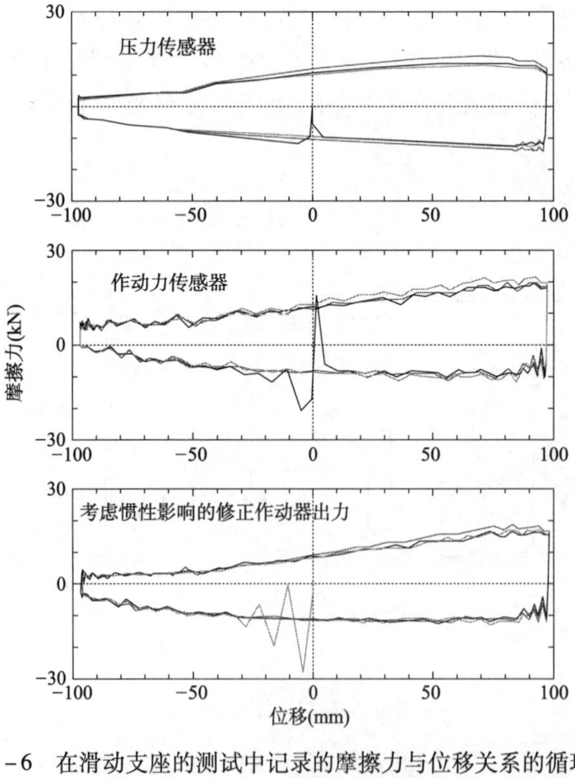

图 4－6　在滑动支座的测试中记录的摩擦力与位移关系的循环圈

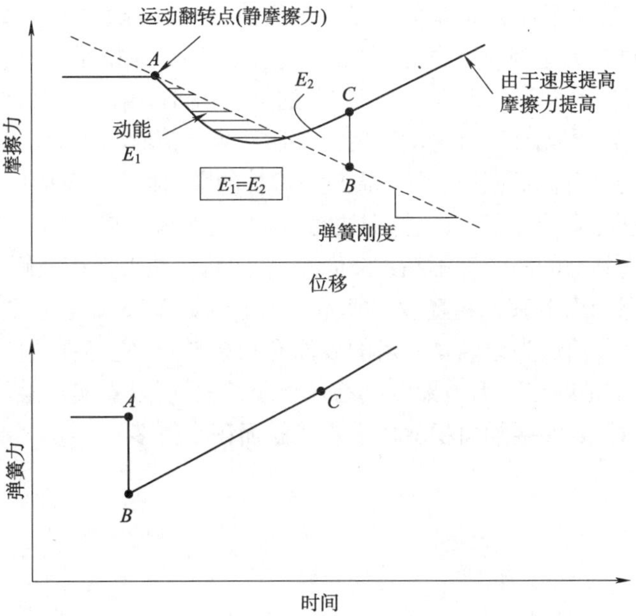

图 4－7　反向运动之后摩擦力和弹簧力与位移的关系

这一现象的产生源于滑动界面处的实际摩擦特性、滑动支座的有限刚度和其下的压力传感器(即试验装置)的共同作用。弹簧力突降的程度取决于其自身刚度、静态与动态摩擦力的差值以及滑动摩擦力随速度的增长率。要注意,如果摩擦力没有随着速度增加而增加,但表示弹力的 *AB* 段出现更厉害的下挫,则表示产生了相同的试验结果。

直到最近,对黏滑运动的这一经典解释一直都是这一特性的唯一理解。Yoshizwa 和 Israelachvili(1993)的研究找到另一种揭示黏滑运动本质的理论。当滑动界面处由一薄层聚合物液体覆盖时,这一薄层可能在类液态和类固态之间转变;也就是说这一薄层流动特性的突变导致了黏滑运动。

虽然黏滑运动现象和间歇运动现象(由动态力驱使的摩擦振荡)相似,但二者本质上是不同的。Den Hartog(1931)在他的论文中指出,带有任意多间歇的运动是可能的——只要满足动态平衡要求,这一现象就能实现;而和摩擦力的变化没有关系。黏滑运动只有在摩擦力特性变化时才会出现。不过 Den Hartog 的分析基于的是假设摩擦力不变。Makris 和 Constantinou(1991)指出,当摩擦力随着滑动速度降低而下降时,摩擦振荡现象出现次数减小。

4.6　聚四氟乙烯与抛光不锈钢间的摩擦

在这一节,我们将对聚四氟乙烯－抛光不锈钢滑动界面的宏观摩擦特性进行简要的描述,并试图给出其特性的物理解释。应当注意的是,不锈钢与聚四氟乙烯或与以聚四氟乙烯为主的材料所组成的滑动界面是目前最常用的滑动支座滑动界面。

4.6.1　滑动速度和压力的关系

图 4－8 描绘了摩擦系数(摩擦力比法向荷载)与滑动速度和荷载间的关系。测试在常温(约 20 ℃)下进行,滑动界面洁净,未使用润滑剂。零速度对应的摩擦力为静态摩擦力(符合定

义)。在滑动初始后,滑动摩擦力立即呈现出一个低值,即 f_{min} ,随着速度增加,其值不断增加。当速度很高时,滑动摩擦力达到一个稳定值 f_{max} 。随荷载增加,摩擦系数减小。当荷载达到一定限度时, f_{max} 的下降百分率也随之减小。值得注意的是,测试时,滑动支座做的是往复简谐位移运动,滑动摩擦力是在第一周循环中且滑动速度第一次达到峰值时测到的。滑动摩擦系数随着循环次数增多,接触面温度升高而减小。关于温度对摩擦的影响将在本章的后续部分讨论。

在讨论这一现象之前,下面几点应特别注意:(a) 聚四氟乙烯被做成大而薄的垫片,一般直径在 250 mm 以上,其上的凹凸都不超过 2 mm。然后将一块大面积坚硬的不锈钢压在上面。(b)采用高度抛光不锈钢,其表面粗糙度的算术平均值约为 0.05 μm。(c)相对不锈钢而言,聚四氟乙烯非常柔软。我们认为聚四氟乙烯的表面有很多糙点,它们在法向压力作用下产生变形,与不锈钢形成多个接触点。因为聚四氟乙烯十分柔软,所以真实接触面积非常大(比较而言,金属与金属接触时,真实接触面积就比表观接触面积小得多)。

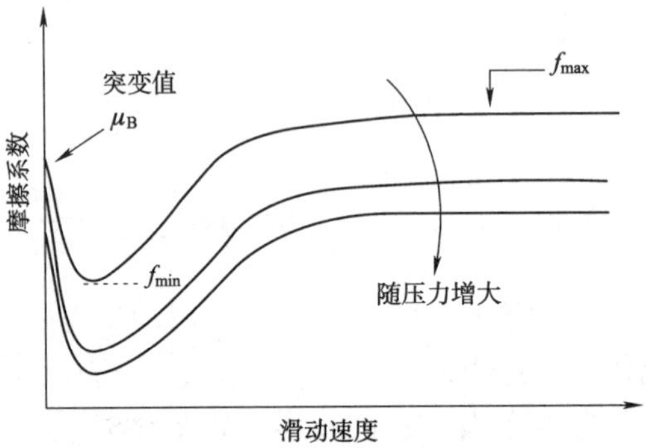

图 4-8　PTFE 抛光不锈钢表面的摩擦系数与滑动速度和常规压力的相关性

滑动界面处的摩擦力主要来自于黏着力,而犁沟效应并不明显。尽管聚合物普遍倾向于产生内部剪力,但聚四氟乙烯却是少有的另类,滑动只发生在其表面(Tabor,1981)。我们之前写过:

$$F = sA_r \tag{4-3}$$

式中, s 是接触面上剪切强度。根据一级近似,剪切强度与真实压强(作用于真实接触面上的压强)有线性关系:

$$s = s_o + \alpha p_r \tag{4-4}$$

摩擦系数为:

$$\mu = \frac{F}{N} = \frac{(s_o + \alpha p_r)A_r}{p_r A_r} = \frac{s_o}{p_r} + \alpha \tag{4-5}$$

其中,前文已对所有的参数作了定义。我们将利用关于真实接触面的研究结论(Bowden and Tabor, 1964)来讨论式(4-5)。假设糙点发生弹性形变,则真实接触面积与荷载的 η 次方($\eta<1$)成正比:

$$A_r = kN^{\eta} \tag{4-6}$$

当荷载增加时,主要发生塑性形变,此时的真实接触面积为:

$$A_r = \frac{N}{p} \tag{4-7}$$

其中, p 为聚四氟乙烯在内部压力作用下,抵抗塑性流动的阻力。如果产生塑性形变,真实的压力保持不变(= p),并且真实接触面积和荷载成正比。从而,仅考虑聚四氟乙烯糙点的弹性和塑性形变,就能解释为什么摩擦系数随着荷载的增加而减小,并最终达到一个几乎恒定的值(Campbell and Kong, 1987; Mokha 等, 1988; Taylor, 1972)。图 4 - 9 描绘了由式(4 - 5)到式(4 - 7)确定的真实接触面积,压力和摩擦系数与法向荷载的变化关系。

尽管这个理论解释了测试中摩擦系数与法向荷载间的关系,但仍存在有争议的地方。具体如下:

(1)滑动界面是由大的高抛光不锈钢表面和大的光滑表面的柔软物质组成。这是一种大面积弹性接触的理想情况(Rabinowicz, 1995)。

(2)聚四氟乙烯基本处于流体静压力的环境中,这种环境会大大增加其对塑性流动的阻力。

(3)随着时间的增加,真实接触面积也将增加,聚四氟乙烯将表现出黏弹性特性。

应当注意的是,摩擦力的试验结果是在滑动支座承压后几分钟到几个小时后测得的,此时接触面积已经非常大了。

因此,可以假设支座的真实接触面积近似等于表观接触面积。即 $A_r = A_o$, $p_r \approx \dfrac{N}{A_o}$ 。式(4 - 5)此时可写为:

$$\mu = \frac{A_o s_o}{N} + \alpha \tag{4-8}$$

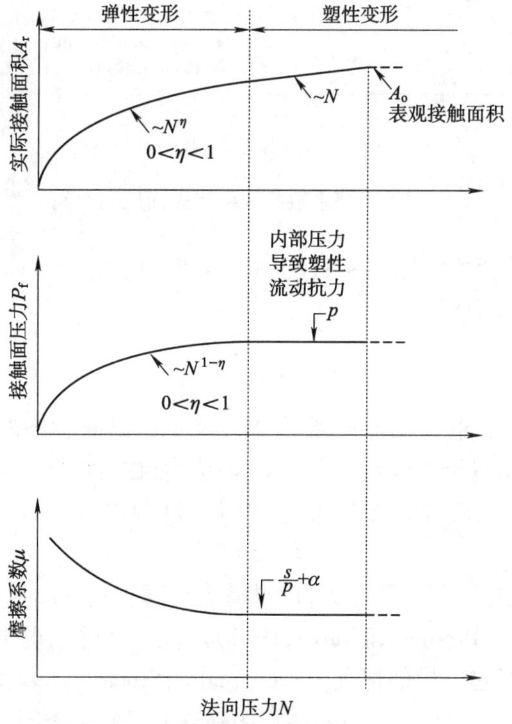

图 4 - 9　随着常规荷载的增加,实际接触面积、接触面积的压力以及滑动摩擦系数的变化情况

与式(4 - 8)中的其他参数比较,α 很小,因此式(4 - 8)表示 $1/\mu$ 基本上与荷载成线性关系,这与试验结果一致。图 4 - 10 的数据来自于 4 个不同的试验(Thompson 等,1955; Mokha 等,1988; Campbell 等,1991; Hwang 等,1990)。这些试验都是研究慢速情况下(图 4 - 8 中的

f_{min})，滑动摩擦系数的倒数与压强 (N/A_o) 之间的关系。试验中使用的是未经润滑的聚四氟乙烯和抛光不锈钢。其中不锈钢的表面粗糙度之算术平均值为 0.05 μm 或更小。这些数据清晰地表明滑动摩擦系数的倒数同荷载之间存在线性关系。

Hwang 等(1990)首先观察到了这一线性关系，并引用了 Taylor(1972)和 Long(1974)关于静摩擦的研究数据和一些关于比较粗糙的不锈钢(粗糙度的算术平均值高达 0.25 μm)的试验数据。试验表明，在图 4－10 所囊括的速度和压强的值域中，这个线性关系都是成立的。(试验中所使用的不锈钢粗糙度之算术平均值最高到了 0.25 μm；聚四氟乙烯样品的面积则在 887 mm^2 到 50 670 mm^2 之间。)

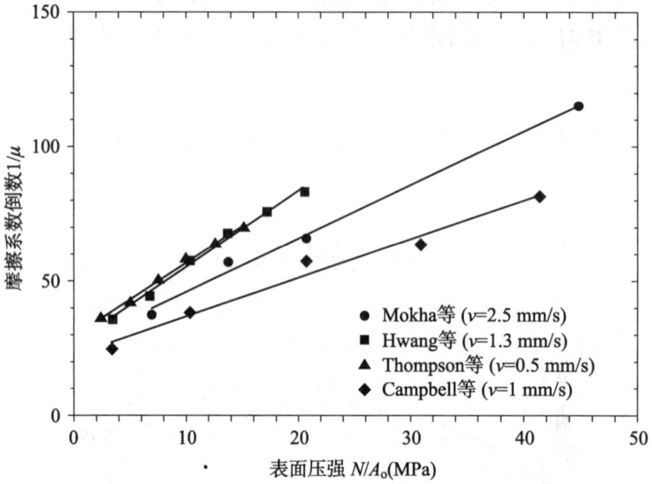

图 4－10　滑动摩擦系数的倒数和表面压强之间的关系

现在来看看其他的学者关于摩擦系数和荷载关系的研究。Taylor(1972)，Long(1974)与 Campbell 和 Kong(1989)观测到：

$$\mu = Q\left(\frac{N}{A_o}\right)^{\eta-1} \tag{4-9}$$

其中，参数定义见前文，求得的 η 一般很小。例如，Taylor(1972)给出 η 值为 0.58，Long(1974)认为是 0.50，而 Campbell 和 Kong(1982)则认为，在常温下，其值在 0.13 到 0.45 之间。黏着理论很好地预言了弹性接触的效果，根据式(4－5)和式(4－6)，并令 $\alpha=0$，有：

$$\mu = ks_o N^{\eta-1} \tag{4-10}$$

其中，参数定义见前文。这一理论认为，当糙点为球面时，$\eta>0.67$，并且，当糙点具有复杂形状时，其值会趋近于 1(Bowden 和 Tabor，1964)。但在特殊情况下，即不锈钢高度抛光、常温、速度极低时(黏着摩擦起主导的情况)，Campbell 和 Kong(1989)的报告称 $\eta=0.13$。显然这个值超出了 $0.67\leqslant\eta\leqslant1.0$ 的范围，与非糙点的弹、塑性形变理论相悖。

结论：式(4－8)与试验数据一致，并且符合黏着理论。这一结论表明支座的真实接触面积近似于直观接触面积。

在开始讨论滑动速度对摩擦系数的影响之前，我们有必要谈谈为什么在滑动速度很低的时候，摩擦系数很小。例如，在图 4－10 给出的试验数据中，摩擦系数的值在 0.01 到 0.03 之间。学者们曾经认为这一结果源于低速时黏着效果不好。而实际上低速时接触点应该更牢固，因而静态摩擦较大。在滑动时，有一层极薄的(量级在几百埃，一埃为一厘米的一亿分之一）聚四氟乙烯会附着在不锈钢的表面。这层聚四氟乙烯呈现出高度的导向性和晶体性。由于低速时，切向的摩擦力更易克服这一薄层的剪力（Makison 和 Tabor，1964；Sarkar，1980）。

摩擦系数随滑动速度的增大而增大。当速度到达我们所关心的地震能造成的速度时（500 mm/s 或者更大），摩擦系数大约是最低速时（图4－8 中的f_{min}）的5 到6 倍。在这种强烈荷载作用下，产生的热量也是可观的。当温度升高的一定程度后，聚四氟乙烯将发生局部融化，摩擦力也会大大降低。因此图4－9 中还应该添上一段，即速度到达一定程度后，摩擦系数下降。

摩擦生热并不会导致摩擦力增加，这已被高温下进行的低速测试所证明（Bowden 和 Tabor，1964）。更确切的说是聚四氟乙烯的黏弹性以及其大量迁移从而引起摩擦力的增大（Makison 和 Tabor，1964）。当速度增加时，需要更大的剪切力来克服增大的黏力。当剪力超过聚四氟乙烯的晶体间作用力时，聚四氟乙烯分子就会发生迁移。此时，随着速度增长，摩擦力增长缓慢。这可能是因为聚四氟乙烯内部应变率小于附着在不锈钢表面的薄层的原因。

4.6.2 温度效应

图4－11 描绘了不同温度下滑动速度与摩擦系数间的关系。此处的温度是试验开始时滑动界面处的温度，或者是装置中远离滑动界面处的温度。图4－11 的结果是作者亲自测试得出的，更多的细节会在第4.8 节介绍。这些结果都和 Campbell 等（1991）从低速滑动试验中得出的结论大致吻合。

静态摩擦系数和低速时的滑动摩擦系数（图4－11 中的μ_{min} 和f_{min}）受温度的影响非常大。对未填充的聚四氟乙烯而言：50 ℃时，它们的值只有－40 ℃时的1/7。产生这种剧烈变化的原因在于温度变化引发了聚四氟乙烯黏弹性的改变。要注意的是，在图4－11 中，摩擦力的值是在第一次达到相应的滑动速度时测量的（本测试中为圆周运动）。因此相对于环境温度的改变而言，滑动摩擦产生的热量可以忽略。

摩擦时产生的热量与摩擦系数、平均压强及滑动速度成正比。因此，当滑动速度很大时（例如500 mm/s）产生的热量是速度很小时（≤1 mm/s）的几千倍。当速度很大时，滑动产生大量的热从而抵消了低温对聚四氟乙烯黏弹性的影响。其效果就是，当温度从20 ℃下降到－40 ℃时，最大摩擦力（图4－11 中的f_{max}）只上升了50% 左右。

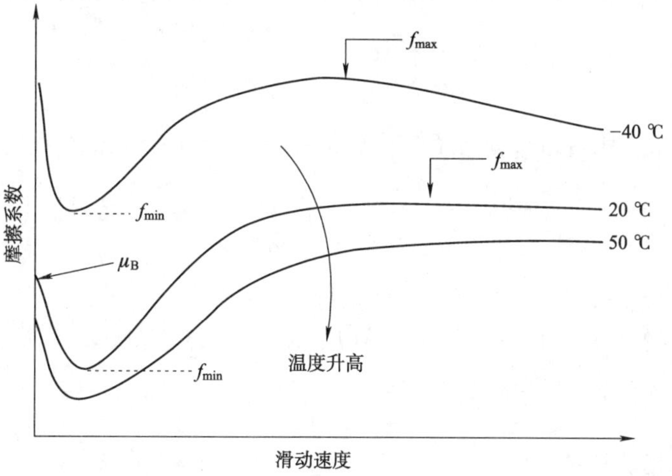

图4－11 温度对PTFE 抛光不锈钢表面摩擦性能的影响

4.6.3 加载时间（荷载停歇）的影响

由于聚四氟乙烯具有黏弹性，因此荷载停歇时间会影响真实接触面积的大小进而影响摩擦力（Bowden 和 Tabor，1964）。通过试验发现，将一个钢球压在一个塑性物体上，随着荷载停留时间从 6 s 到 1 000 s，真实接触面积和摩擦力都持续增长。

有记载的聚四氟乙烯的荷载停歇测试时间长达 594 d；Paynter（1973）在他的论文中提到了英格兰 Glacier 公司所做的长达 120 h 的荷载停歇测试。公布的测试结果只包含了静态摩擦力在负载停歇的 24 h 内迅速增加，之后趋于平稳，其他并未涉及。Paynter（1973）认为这种增长是异常的（Campbell和 Kong，1987，也如是说），因为另一种观点认为增加荷载停歇与增加荷载会有相同的效应，即摩擦力减小。他认为此时摩擦力之所以增大，是因为聚四氟乙烯的晶体结构发生了变化。

Mokha 等（1990）对大量的样品进行了荷载停歇测试。测试时间从半个小时到 594 d 不等。结果：静态摩擦系数几乎不变。同时，作者们也对停歇时间从几分钟到 120 h 等不同情况做了试验。结果显示，静态摩擦力在长时间测试中出现的波动与负载停歇没有关系。而且还发现：无论荷载停歇如何变化，在新样品上做的第一次试验，测得的静态摩擦力都要大一些；而其后的数据都要小一些。对此可能的解释是，第一次试验后在不锈钢表面会附着了聚四氟乙烯薄层。

由此得出结论，聚四氟乙烯在很短的时间内就完成了随时间推移而产生的形变，有可能是几分钟或数小时，其实际接触面积不再发生变化。前面关于低速状态下摩擦力与荷载关系试验的结论也证实确实如此。

然而，聚四氟乙烯随时间推移而产生的形变是否总在很短的时间内完成呢？如果答案是肯定的，那么为了设计的方便，可以认为实际接触面积即为表观接触面积。这样也就能够解释在低速状态下，摩擦力与法向荷载关系试验的结果以及荷载停歇对静态摩擦力影响细微的原因了。

在有限压力条件下，对聚四氟乙烯形变率的研究将为此提供答案。我们假设聚四氟乙烯能够用开尔文黏弹性体材料合理地模拟（Shames 和 Cozzarelli，1992）。此时，它的一维特性表述如下：

$$\sigma = E(\varepsilon + \tau\dot{\varepsilon}) \tag{4-11}$$

式中，σ 为应力，ε 为应变，E 为杨氏模数，τ 为迟滞系数，$\dot{\varepsilon}$ 表示 ε 关于时间的导数。

在三维线黏弹性理论中，在纯剪力和纯张力条件下通常单独地考虑黏弹性特性。将应力张量和应变张量分别写成偏张量和球面张量的形式，并给出各自的黏弹性本构关系。此时，应力张量 σ_{ij} 写成：

$$\sigma_{ij} = s_{ij} + \frac{1}{3}\delta_{ij}\sigma_{kk} \tag{4-12}$$

式中，s_{ij} 是偏应力张量，σ_{kk} 是球面应力张量；当 $i = j$ 或 0 及其他情况时，σ_{ij} 的值为 1。小应变张量 ε_{ij} 写成：

$$\varepsilon_{ij} = e_{ij} + \frac{1}{3}\delta_{ij}e_{kk} \tag{4-13}$$

式中，e_{ij} 是偏应变张量，e_{kk} 是球面应变张量。

三维黏弹性体本构方程的一般表达式类似于式（4－11）。

$$s_{ij} = 2\{Q\}e_{ij} \tag{4-14}$$

$$\sigma_{ii} = 3K\varepsilon_{ii} \tag{4-15}$$

式中，$\{Q\}$ 是微分算子：

$$Q = G\left\{1 + \tau\frac{\partial}{\partial t}\right\} \tag{4-16}$$

式中，K 是体积模量，而 G 是剪切模量。注意到在式(4－14)至式(4－16)中，我们认为该物体在体积上具有弹性压缩性，在多维度形变上具有开尔文黏弹性。这种特性看似奇异，但在数学上是可行的。

现在考虑在一个开尔文黏弹性材料的柱体上进行蠕变测试。在 $t=0$ 时刻，沿 1 方向对此物体施加一个应力 σ_0，此后保持该力恒定。对于单轴压缩的情况，除了 σ_{11} 外其他的应力为零。则 1 方向的应变为：

$$\varepsilon_{11}=\frac{\sigma_0}{E}\left\{1-e^{-\frac{t}{\tau}}\right\} \tag{4-17}$$

参数定义如前所述。从上式可以看出，柱体形变与时间相关，与负的时间及迟滞系数比值成幂指数关系。

再来考虑开尔文黏弹性材料在限定条件下的容器中被压缩的情形。根据条件有 $\varepsilon_{22}=\varepsilon_{33}=0$。这一条件模拟了具有较大体积参数(厚度小，直径大)、被固定在凹槽中的样品被压缩的情况。式(4－11)到式(4－16)的一个解是：

$$\varepsilon_{11}=\frac{3\sigma_0}{4G+3K}\left\{1-e^{-\left(1+\frac{3}{4}\frac{K}{G}\right)\frac{t}{\tau}}\right\} \tag{4-18}$$

参数定义如前所述。从公式可以看出，形变的速率与时间跟 $(1+0.75K/G)/\tau$ 的乘积的负数存在指数关系。其中的参数和泊松率相关，因此可近似为：

$$1+0.75\frac{K}{G}=\frac{3(1-\nu)}{2(1-2\nu)} \tag{4-19}$$

对于聚四氟乙烯，$\nu=0.46$ (du Pont，1981)，此时式(4－19)的值约等于 10。也就是说，此受限体的蠕变方程与 $1-\exp(-10t/\tau)$ 成正比。比较发现，在限定环境下聚四氟乙烯的蠕变比非限定环境下快的多。聚四氟乙烯是否被固定会使蠕变的试验数据产生巨大的差异(Kauschke 和 Baigent，1986；Campbell 和 Kong，1987)。

我们已经证明，在受限情况下，聚四氟乙烯蠕变相当快。因此支座的实际接触面积有可能在极短的时间内达到其表观接触面积。进而，我们能够合理地解释如下现象：(a)荷载停歇对静态摩擦系数的影响并不显著；(b)低速下的滑动摩擦力与法向荷载成反比。

4.7 双金属滑动界面内的摩擦

滑动支座和隔震系统的其他设备也用到了双金属滑动界面。它由不锈钢和涂抹了固态润滑液的青铜组成。下面的章节将给出其应用的介绍，并对相关的研究和评论作出总结。

在南非 Koeberg 核电站的滑动隔震系统中，使用了铅润滑的青铜与不锈钢接触滑动界面(Polust，1979；Lee，1993)。之所以选用这两种材料是考虑到了两种金属的相容性。1971 年，Rabinowicz 根据金属固态和液态的溶解性制作了金属结合的相容性表(参见 Rabinowicz，1995)。Rabinowicz 证实了两种能相互溶解或者形成合金的金属之间存在很强的结合力。在廉价易得的金属中，只有钢和铅不具有液态相溶性，且固态相溶性也极低，因此他们之间的黏力很小。为了防止金属之间的相互侵蚀，选取了不锈钢和铜做介质：当出现滑动时，铅会从铜块的凹槽中被挤出，从而铅和它的氧化物能对滑动界面起到润滑作用。根据 Pavot 和 Polust 的报告(1979)，在(表观)压强从 2 到 15 MPa 之间，速度由低到高并且荷载停歇多至 30 d 的条件下，二者的摩擦系数在 0.15 到 0.22 的范围内。在使用中，(表观)压强的范围是 2 到 8 MPa，而且装置的设计是以滑动界面的摩擦系数在 0.15 到 0.25 之间,并遵守库仑定律等假设为基础的。通过对 60 个使用了 14 年的隔震支座重新测试(Lee,1993),发现静态摩擦系数较最初有所增加:最初时数值在 0.2 左右,而现在是 0.4。由于没有发现显著的侵蚀,这一增长可能是由于蠕变导致了实际接触面积的增加。

希腊 Corinth 运河上的两座高速公路桥安装有隔震系统,其支座使用的是不锈钢和 DU 材料接触的滑动界面(Constantinou,1998)。DU 材料是将青铜粉烧结在钢质衬底上。在此材料的多孔结构上覆盖了一层铅和聚四氟乙烯的混合物。滑动时,铅和聚四氟乙烯会从多孔的青铜中挤出从而起到润滑滑动界面的作用。此滑动界面可承受巨大的压力,并呈现出较低的滑动摩擦系数和很高的静态摩擦系数 (Taylor, 1972)。DU 材料支座在汽车、机械等其他荷载停歇很短的工业设备中有着广泛的应用。DU 材料支座的制造商曾警告说荷载停歇对静态摩擦系数的影响非常明显。例如,Garlock Bearings 公司表示(1987)几个小时到几天的负载停歇会使静态摩擦系数增大 50 到 200 倍。静态摩擦系数的增加可能还是源于蠕变效应造成的实际接触面积的增加。

钢对钢、青铜对钢和钢对青铜的滑动界面都被用作桥梁的伸胀支座。通常配备的润滑剂包括滑脂和石墨(交通研究会,1977)。钢对钢和铜对铜的滑动界面会变形出冷焊现象:即同种金属相互粘附。侵蚀则是钢对钢和钢对铜的滑动界面中常见的问题(交通研究会,1977;Jacobsen, 1977)。由于钢和铜之间强烈侵蚀性,以至于提到钢对铜的滑动界面会付诸实用都会令人有些难以置信(军标, 1976; 英国标准化组织,1990)。英国标准化组织(1990)将碳素钢或者低合金钢同铜、黄铜或青铜接触所带来的额外腐蚀性评级为一般到严重。

涂有润滑剂的青铜 - 钢滑动界面现在被广泛应用在桥梁的转动装置上。滑动界面中的青铜涂有各种形态的石墨。石墨突出青铜表面大约 1.5 mm。运动时它会扩散到负载和运动装置上,从而起到圆滑接触面的作用。在 20 多年前,就开始在滑动支座上使用这种滑动界面(交通研究会,1977)。虽然这种滑动界面在不运动时能很好的储存润滑剂,但是最终钢制部分还是会和青铜部分直接接触。此时就会产生显著的腐蚀和摩擦。交通研究会(1977)也报道过这种案例。其中重点提到了几个电镀钢和润滑青铜所构成的滑动界面被腐蚀的例子。这些案例并非出乎意料,因为镀锌钢在与青铜接触时,额外腐蚀被评级为一般到比较严重(英国标准化组织,1990)。

在能量耗散装置上,使用过或推荐使用过一些双金属的滑动界面(Soong 和 Constantinou, 1994; Soong 和 Dargush,1996;Constantinou 等,1997)。它们要么是采用石墨作润滑的青铜与不锈钢接触滑动界面,要么就是黄铜与钢接触的界面(Grigorian 和 Popov,1993)。根据英国标准化组织(1990)的建议,后者极可能产生强烈的腐蚀,因此美国国家公路与运输协会标准(1997)强烈地反对其使用。而前者在抗腐蚀性方面要可靠得多,因而能够有效抗拒荷载停歇所导致的静态摩擦力的剧增(见前文)。

无论是现场观测、试验室试验还是工业用数据,都说明荷载停歇会促使双金属滑动界面的静态摩擦系数急剧增加。这可能是由于长期负载使得双金属间本来很小的真实接触面积变大的原因。

4.8 摩擦生热

4.8.1 理　论

为了保证滑动的持续,就需要对滑动物体做功以克服摩擦力,而所做的功在克服摩擦力的同时也转变成了热,其直接的表现就是温度的升高。由此,我们将在 Carslaw 和 Jaeger 奠基性工作(1959)的基础上试图量化滑动界面上温度的升高。

图 4-12 描述出我们所关心的滑动界面。物体 1(聚四氟乙烯)是静止的,而物体 2(不锈钢)按照已知轨迹运动。假设二者完全接触,那么接触面就是聚四氟乙烯的表面,即接触面就是热源。设其产生的总热量为 q,q_1 表示流入物体 1 的热量;q_2 表示流入物体 2 的热量。假设 $q_1=0$ 而 $q_2=q$,也就是说,所有的热量都被物体 2(不锈钢)吸收了。大范围的关于聚四氟乙烯-不锈钢滑动界面的试验和计算都表明 q_1/q 是很小的,假设是合理的。(参见美国金属学会,1992 for a review of frictional heating calculations)。这是因为不锈钢的导热和散热性要比聚四氟乙烯强很多。表 4-1 列出了二者的热力学特性(资料来源于美国金属学会, 1992)。更多的信息可以从 Linde(1993)处获得。

Carslaw 和 Jaeger(1959)分析了表面被灌以持续热量 q 的半无限固体的问题(图 4-13)。温度增量的解如下,其中 x 是深度,t 是时间,要注意的是这个解是针对一维空间问题的。

$$T(x,t) = \frac{2q}{k}\left\{\sqrt{\frac{Dt}{\pi}}\exp\left(-\frac{x^2}{4Dt}\right) - \frac{x}{2}erfc\left(\frac{x}{2\sqrt{D}\cdot\sqrt{t}}\right)\right\} \tag{4-20}$$

式中,k 是固体的热导系数,D 是固体的热散系数,而 $erfc$ 是误差补足方程。在表面上($x=0$) 温度的增量是:

$$T_s = \frac{2q}{k}\sqrt{\frac{Dt}{\pi}} \tag{4-21}$$

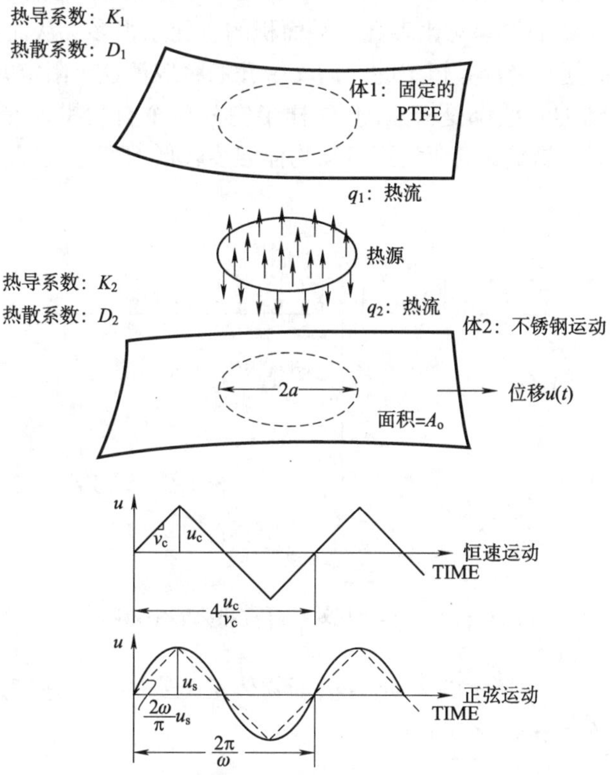

图 4-12　在滑动接触中两物体示意图

表 4－1　聚四氟乙烯和不锈钢的热力学特性

材料	热导率 k						热散率 D
	W/(m · ℃)①						m^2/s
	0 ℃	20 ℃	100 ℃	300 ℃	600 ℃	1000 ℃	20 ℃
未填充的聚四氟乙烯	—	0.24	—	—	—	—	0.010×10^{-5}
18% 铬，8% 镍钢	16.3	16.3	17	19	26	31	0.444×10^{-5}
15% 铬，10% 镍钢	—	19	—	—	—	—	0.526×10^{-5}

①$W=1\ N\cdot m/s$。

在运用此方法[特别是式(4－21)]求解如图 4－12 所示的问题时，我们发现：

(1)该方法针对的是整个自由面受热的半空间体问题，而这里是具有有限维数和深度的受热体问题。尽管如此，但当考虑较大接触面积的摩擦生热问题时，该方法有效。在求解厚板在一个面上受热的问题过程中，为此提供了依据(Carslaw 和 Jaeger,1959,P113)。尽管方程太复杂失去了其实际运用的价值，但是对于影响表面温度升高的主导因素把握还是很准确的。

(2)摩擦产生的热量并不是一成不变的，从总体上看，它表现出对时间和空间的依赖性。这是由于摩擦力与运动轨迹和法向荷载有关造成的。为了简化问题，我们用一个平均值来表示摩擦产生的热量，因此对于温度增量的估算值也是一个在表观接触面上的平均值。

(3)我们认为物体 2 的振幅对比表观接触面积的直径小很多。从而，我们可以假设，平均来讲，在物体 2 运动期间其受热是恒定的。后文中我们将取消这个限定并讨论大振幅的情况。

(4)我们认为运动的间歇都是极短的，这样半空间整个自由平面受热的解才是有效的。如果间歇时间过长，那么热量就会流失到运动物体温度较低的部分，热量会以辐射和对流的方式流失，直到达到平衡。

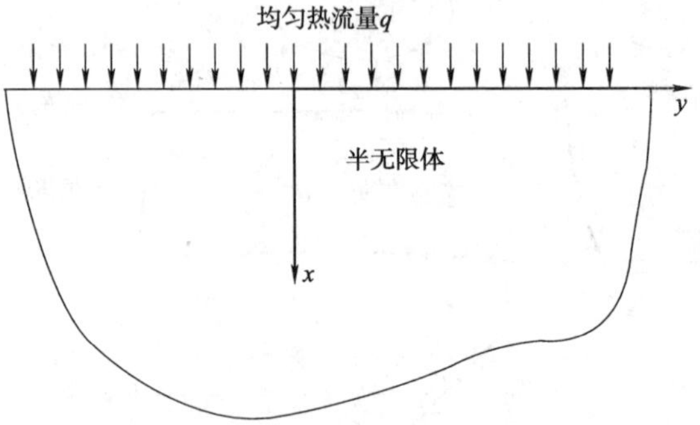

图 4－13　在 $x=0$ 处具有常热流的半无限体

现在来考虑图 4－12 中所示的运动情况，即物体按恒定的测试速度运动(锯齿偏移)。时间 t 表示总摩擦时间(对于 $u_c < a$)，即：

$$t=\frac{4u_c}{v_c}N \tag{4-22}$$

式中，u_c 为偏移峰值，v_c 为恒定速度，N 为周期数。进而，平均产生的热量就等于 N 个周

期 $[=4NF_f u_c/(A_0 t)]$ 里耗散的热量，也就是：

$$q_{av}=\frac{F_f v_c}{A_o}=\mu p v_c \tag{4-23}$$

式中，F_f 为摩擦力，μ 为滑动摩擦系数，而 p 为表观压强（假设恒定）。将式(4－22)和式(4－23)代入式(4－21)中得到：

$$T_s=2.26\sqrt{N}\frac{\mu p u_c v_c}{k}\sqrt{\frac{D}{u_c v_c}} \tag{4-24}$$

式中参数定义见前文。无量纲量($u_c v_c/D$)称为 Peclet 数:平面运动速度与热耗散率的比值。现在来考虑图 4－12 中物体按正弦运动的情况。

$$q_{av}=\frac{2\mu p u_s \omega}{\pi} \tag{4-25}$$

$$t=\frac{4\pi N}{\omega} \tag{4-26}$$

将式(4－21)和式(4－25)、式(4－26)联立，得到

$$T_s=1.8\sqrt{N}\frac{\mu p u_s^2 \omega}{k}\sqrt{\frac{D}{u_s^2 \omega}} \tag{4-27}$$

当用等效的匀速运动替代正弦运动（图 4－12 虚线部分）后，就会用到式(4－27)。如果令式(4－24)中 $u_c=u_s$ 且 $v_c=2u_s\omega/\pi$（用匀速运动代替正弦运动的合理方法），我们就可以用式(4－27)进行计算。

式(4－24)和式(4－27)与摩擦学家计算温度突变（真实接触面积上的温度升高）的公式在形式上相似（美国金属学会，1992）。然而，式(4－24)和式(4－27)是基于表观接触面积，因而结果表示的是滑动接触面上温度升高的平均值。在估算平均磨损和为比例模型建立缩放理论中，可以用于评估摩擦热对不锈钢覆盖层的结构影响。此外，还可以用来和不锈钢板内部靠近表层部分处的测量温度进行比较（尽管内部实际温度会比表面的平均温度低）。同时，我们认为温度增量的最大值和最小值相对平均值来说差异不是很大，因为被聚四氟乙烯抛光的不锈钢滑动界面的实际接触面积与表观接触面积相近（参见第 4.6 节）。

当振幅(u_c 或 u_s)比表观接触面的半径 a 小时（理论上，要求小很多），式(4－24)和式(4－27)才成立。只有在这种情况下，每一个点的摩擦时间才能等于物体 2 的运动时间。

更令人感兴趣的是，如果振幅比表观接触面积半径大会怎么样呢？这是滑动隔震支座中较常见的情况。为了阐释这两者之间的区别，我们现在令图 4－12 中物体 2 以匀速 $u_c=u_s$ 运动，其运动方程为 $u=v_c t$ 。此时物体 2 上的任意一点暴露在热源下的时间要小于 $2a/v_c$（表观接触面积为方形时的值）。我们将证明平均接触时间为 $\pi a/(2v_c)$ 。再令 $u_c>a$，那么在每个半周期内物体 2 与热源接触的时间是 $\pi a/(2v_c)$，其余的时间热量吸收为零，即可以等效为一个间歇式热源，如同给热源装上了开关。此时利用基于持续热流假设的式(4－24)或式(4－27)计算时，将得到一个保守的温度升高估计值。

为了解决这个问题，我们从研究物体 2 上每个点暴露在周期热源下的平均时间入手。假设这个周期热源的方程式是 $y^2+z^2=a^2$，物体 2 沿 y 轴匀速运动。那么平均受热时间可表示为：

$$t_{av}=\int_{-a}^{a}\frac{(a^2-z^2)\mathrm{d}z}{v_c}=\frac{\pi a}{2v_c} \tag{4-28}$$

式中所有的参数前文已定义过。此时运动的距离为 $\pi a/2$ 。

那么平均热功率就等于摩擦力与运动距离的乘积除以热源的面积(πa^2),再除以暴露在热源下的运动时间,也就是:

$$q_{av} = \mu p v_c \tag{4-29}$$

式中所有的参数前文都已介绍了。我们再次假设产生的热能全部被物体 2 所吸收。

图 4-14(a)描绘了两个物体的配置情况以及周期匀速运动的图线。图 4-14(b) 中标出产生热量的时间段。图 4-14(c)将时间轴的起始点移动到第一次产生热量的位置,以便简化计算。我们假设在间断期间 t_o 产生的热量为零(即假设物体 2 不与空气产生热交换)。实际上热量会因对流和辐射而流失,但我们假设可以忽略这些因素的影响。

Carslaw 和 Jaeger(1959)给出了各向同性半无限体在 $x=0$ 处受常热流 q 作用 T 时间的解。如果 $t<T$,其解见式(4-20);如果 $t>T$,那么温度的增量为:

$$T(x,t) = \frac{2q\sqrt{D}}{k}\left\{\sqrt{t}ierfc\left(\frac{x}{2\sqrt{D}\cdot\sqrt{t}}\right) - \sqrt{t-T}ierfc\left[\frac{x}{2\sqrt{D}\sqrt{t-T}}\right]\right\} \tag{4-30}$$

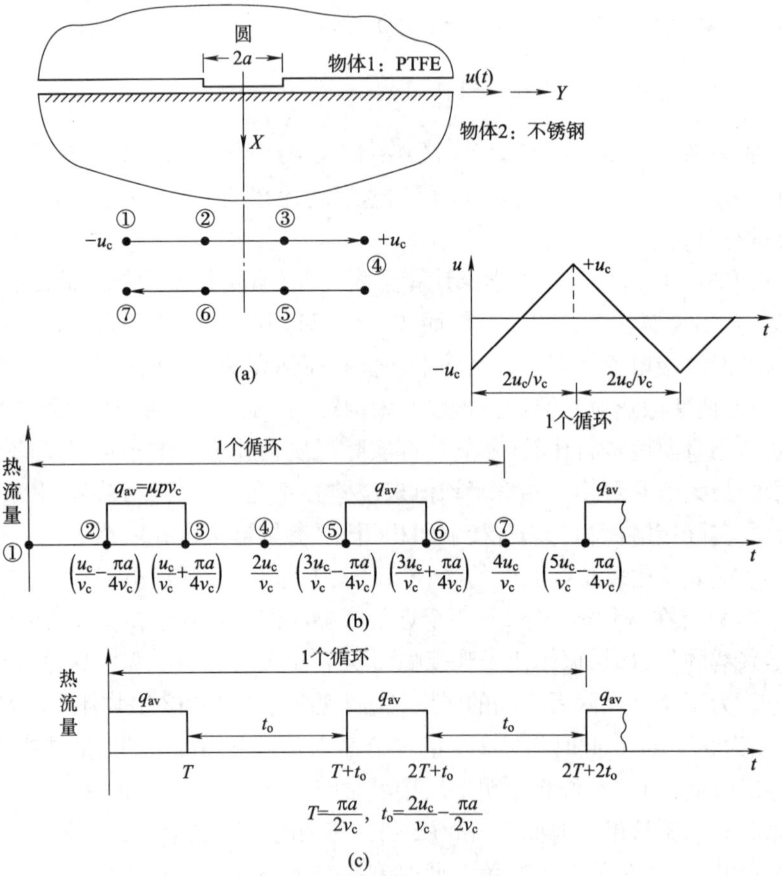

图 4-14　大振幅匀速周期运动下热流输入的时程图

其中

$$ierfc(x) = \int_x^{\infty} erfc(\zeta)\mathrm{d}\zeta = \frac{\mathrm{e}^{-x^2}}{\sqrt{\pi}} - xerfc(x) \tag{4-31}$$

参数定义见前文。当 $x=0$ 时,方程的值为 $1/\sqrt{\pi}$。因此根据式(4-30)得到 $x=0$ 处温度增量的简化式为：

$$T_s = \frac{2q\sqrt{D}}{\sqrt{\pi}k}[\sqrt{t} - \sqrt{t-T}] \tag{4-32}$$

此时，利用式(4－32)就可能建立图4－14(c)所示的间歇式热源方程：

对于 $t = 2T + t_o$(第一周期)

$$T_{s1} = \frac{2q_{av}\sqrt{D}}{\sqrt{\pi}k}[\sqrt{2T+t_o} - \sqrt{T+t_o} + \sqrt{T}] \tag{4-33}$$

对于 $t = 4T + 3t_o$ (第二周期)

$$T_{s2} = \frac{2q_{av}\sqrt{D}}{\sqrt{\pi}k}[\sqrt{4T+3t_o} - \sqrt{3T+3t_o} + \sqrt{3T+2t_o} - \sqrt{2T+2t_o}] + T_{s1} \tag{4-34}$$

对于 $t = 6T + 5t_o$ (第三周期)

$$T_{s3} = \frac{2q_{av}\sqrt{D}}{\sqrt{\pi}k}[\sqrt{6T+5t_o} - \sqrt{5T+5t_o} + \sqrt{5T+4t_o} - \sqrt{4T+4t_o}] + T_{s2} \tag{4-35}$$

对于 $t = 8T + 7t_o$ (第四周期)

$$T_{s4} = \frac{2q_{av}\sqrt{D}}{\sqrt{\pi}k}[\sqrt{8T+7t_o} - \sqrt{7T+7t_o} + \sqrt{7T+6t_o} - \sqrt{6T+6t_o}] + T_{s3} \tag{4-36}$$

对于 $t = 2nT + (2n-1)t_o$ (第 N 周期)

$$T_{sn} = \frac{2q_{av}\sqrt{D}}{\sqrt{\pi}k}\{\sqrt{2nT+(2n-1)t_o} - \sqrt{(2n-1)(T+t_o)} + \sqrt{(2n-1)T+(2n-2)t_o} - \sqrt{(2n-2)(T+t_o)}\} + T_{s(n-1)} \tag{4-37}$$

参数定义如前所述。在式(4－30)的基础上，可以得出用于计算 $x>0$ 处温度上升情况的方程，类似于式(4－33)到式(4－37)，但更为复杂。另外，利用 Duhamel 定理，可以从恒定热源问题的解[式(4－20)]推导出热源为 $q(t)$ 时，半无限物体表面温度的通解。(Carslaw 和 Jaeger，1959)：

$$T(x,t) = \frac{\sqrt{D}}{\sqrt{\pi}k}\int_0^t q(t-\tau)\exp\left(-\frac{x^2}{4D\tau}\right)\frac{d\tau}{\sqrt{\tau}} \tag{4-38}$$

总的来说，滑动支座内滑动界面的温度增量依赖于以下因素：

(1)接触面上产生的热量。通常，热量可表示为：

$$q = \mu p\dot{u} \tag{4-39}$$

其中，$\dot{u}$ 为物体2的速度(见图4－12)。需要注意的是，式(4－39)中所有的变量可以是时间的函数。

(2)热量在物体1和物体2上的分配。对于未填充的聚四氟乙烯－不锈钢滑动界面，可以假设所有的热量都被不锈钢吸收了。

(3)暴露在热源下的时间。

(4)热源间歇时间。

在振幅很大、方向单一的周期运动中(如支座测试时设计的运动)，热源是周期性间歇的(图4－14)。但在地震时，实际的运动是多方向的。这种情况下热源的间歇时间会比单方向的时间长。为了说明这一点，我们假设一个运动由六个部分组成，运动速度恒为 v_c，每部分的运动时间是 u_c/v_c，其中 u_c 是各个部分的长度。图 4-15 展示了沿单一方向 y 轴运动的轨迹。图 4-15 还给出了滑动支座的示意图，其中小圆（半径为 a）表示聚四氟乙烯的表面，大圆表示不锈钢，箭头表示其运动方向。热能在不锈钢上的 A 点（起始点）和 B 点（最右边，经过了两次）的输入见图 4-15。注意到当接触面位置改变时，热量被不锈钢上新的区域所吸收，并造成各个位置的热源周期不相同。

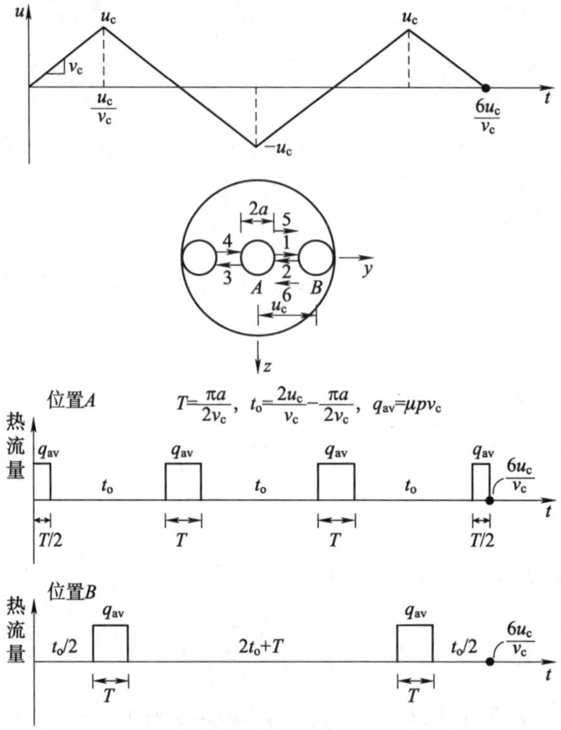

图 4-15　单一向周期匀速运动的不锈钢上不同位置的热输入

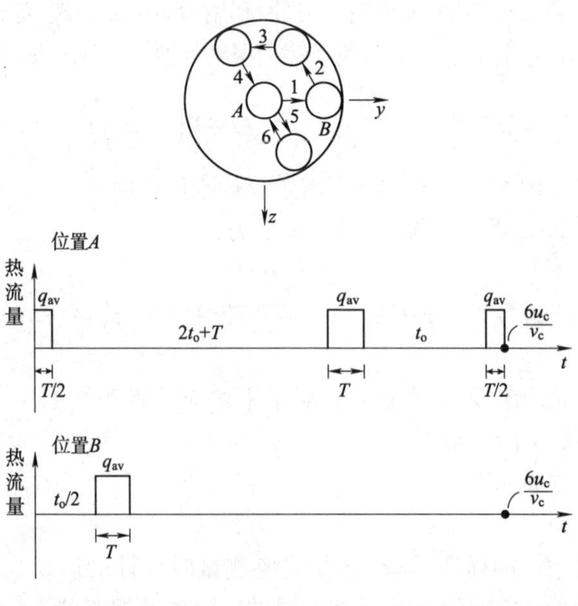

图 4-16　作多向匀速运动时不锈钢上不同位置的热输入

我们再假设一个运动还是由六个部分组成，运动速度恒为 v_c，每部分的运动时间是 u_c/v_c，其中 u_c 是各个部分的长度。但运动是多方向的(图4－16)。注意到热源除了 A 点经过了两次外，在图中标示的其他位置都经过了一次。热能在不锈钢上 A 点和 B 点的输入见图4－16。显而易见，图4－16的间歇周期要比图4－15表示的长。

4.8.2 摩擦生热导致温度升高的试验结果

为了测量滑动支座表面温度上升的情况，学者们做了一系列的试验(wolff，1999)。试验中测试平面滑动支座所用的设备如图4－3所示。滑动面由未填充的聚四氟乙烯和抛光不锈钢构成。表观接触面的直径为92.25 mm。在距不锈钢表面1.5 mm深处埋设了一些热电偶，其中一个安装在支座的中心位置，接触面正下方。为了提高测试仪器的灵敏度和在高速运动下获得可靠的数据，试验中使用了T型热电偶，其导线直径为0.025 mm。

测试中，进行5个周期的正弦运动，其振幅为25.4 mm($u_s/a = 0.27$)或者96.5 mm($u_s/a = 1.01$)。由于频率的变化，峰值速度从40 mm/s到320 mm/s不等。振幅较小的测试中，表观支座压力为13.8 MPa；较大的测试为12 MPa。

如图4－17所示为四次较小振幅测试时($u_s = 25.4$ mm)，中心位置处热电偶的测试结果。在小振幅测试环境下，热流主要是持续的(不间断的)作用。正如式(4－20)和式(4－21)预测的一样，测试温度随时间单调增加。通过式(4－20)和式(4－30)，可以计算出测试结束后温度的变化。相应的热功率可以通过式(4－25)和测量的摩擦系数得出。同时，取不锈钢的特性参数 $x = 1.5$ mm，$k = 16.3$ W/(m·℃)以及 $D = 0.444 \times 10^{-5}$ m^2/s。在式(4－30)中，T 是测试时间(例如频率为0.25 Hz时，测试时间为20 s)。测试结果与之前的分析预测非常吻合。

值得关注的一点是：尽管四次测试的峰值速度有8倍的差距，但各自的最高温度却相差很小。其原因有二：一是参见式(4－27)，当其他条件一定时，温度的升高与频率的平方根成正比(此试验中的频率为0.5、1.0和2.0 Hz，故滑动摩擦系数相差不大)。二是温度是在距离表面1.5 mm深的地方测量的。尽管深度不大，但高速情况下温度随深度的下降还是很明显的。详情见图4－14装置的温度测量数据。

虽然表面的峰值温度不能直接测量，但是可以通过分析进行预测(图4－17)。在高速运动时表面峰值温度的预测值要比1.5 mm深处的测量值高得多。

图4－18给出了3次较大振幅测试($u_s = 96.5$ mm)时，得到的温度记录。在这种情况下，由于热源的间歇性，认为温度会出现上升和下降的连续波动。试验的结果也确是如此。

在预测温度随时间的变化时，反复使用了式(4－20)和式(4－30)，并将计算结果反复迭代。将测量出的摩擦系数代入式(4－25)，可以得出热源功率。按照第4.8.1节中的理论，可以计算出热流持续时间和间断时间。对于不锈钢，使用的热力学参数为 $k = 16.3$ W/(m·℃)和 $D = 0.444 \times 10^{-5}$ m^2/s。

在讨论理论预测的准确度过程中，我们发现：

(1)总的来说，温度峰值和温度的变化趋势都与预测大体相当。

(2)理论的温度峰值出现时间与实测的出现时间有一定差异。这是因为式(4－28)得出的暴露在热源下的时间是一个平均时间。

(3)在热流为0的间歇时段内，理论计算的温度时程和实际测得的有所差异，而且频率越大，差异越明显。对此，一种解释是理论解的保守性，其忽略了由热辐射和侧向热传导(该解

为仅在 $x=0$ 处有热流的半空间模型）所带来的热损失。另一种解释与实验装置的局限性有关：随着位移接近峰值位移，不锈钢板被举起，导致热电偶发生移动和可能的滑动界面接触减少。测试频率越高，这一情况也越严重。

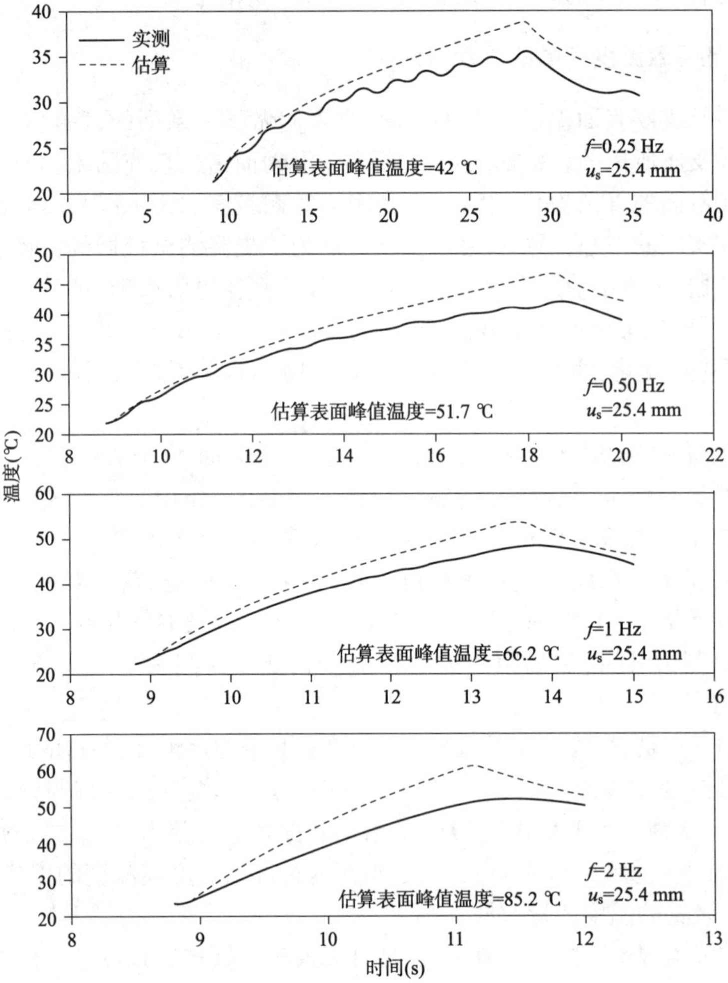

图 4－17　在小振幅测试中记录及预测的中间电热偶处（深度为 1.5 mm）温度时程

4.8.3　双向滑动时温度增量计算的实例

上文提到的用于计算摩擦生热导致温度上升的解析解，也适用于任意的热流时程（虽然仍局限于在 $x=0$ 处有热流的半空间模型），或利用式（4－38）的卷积或者反复使用式（4－20）、式（4－21）、式（4－30）和式（4－32）。第二种方法其实和第一种等价：第二种方法是将时间分段，再将每段时间里的增量相加；而第一种方法是将时间微分，再对无限多个量取积分。下面将使用第二种方法来计算，如图 4－19 所示，大型滑动支座接触面上的温度升高，该支座承受竖向动荷载并做高速双向运动。

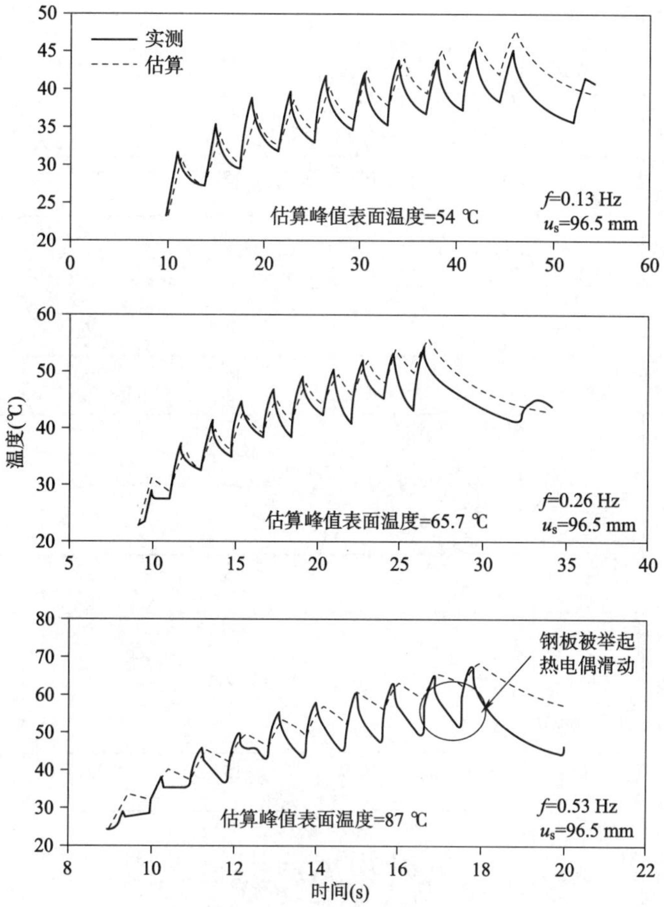

图 4－18　在大振幅测试中记录和预计中间电热偶处
（深度为 1.5 mm）温度时程

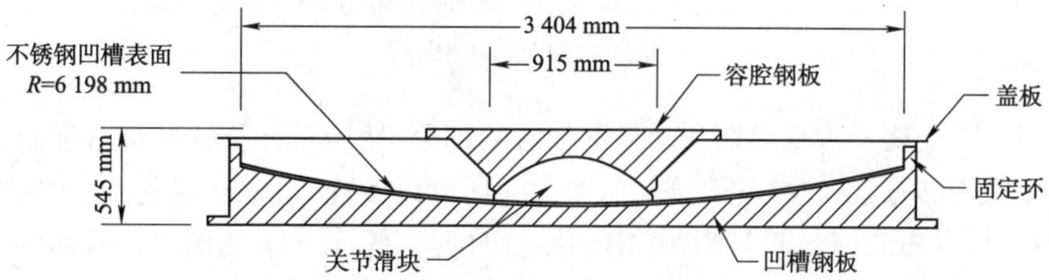

图 4－19　加利福尼亚州 Bennicia-Martinez 桥的 FPS 支座

算例针对的是某个用于加利福尼亚州 Benecia-Martinez 桥抗震修复的 FP 支座（Mellon 和 Post，1999）。图 4－19 为该支座的示意图。图 4－20 给出了竖向荷载和由桥梁动态分析得到的支座双向滑动时程。该测试是在圣迭戈的加州大学的测试中心（Caltrans Seismic Response Modification Device Test Facility）进行的（Benzoni 和 Seible，1999）。测试时，采用单向运动，速度控制在测试设备所能提供的最大峰值速度以内。为了建立等效的单向运动，只考虑那些能量和热量输入最集中的部分。特别值得注意的是，在双向运动和等效单向运动中的温度增量时程的计算是建立等效单向运动的关键。

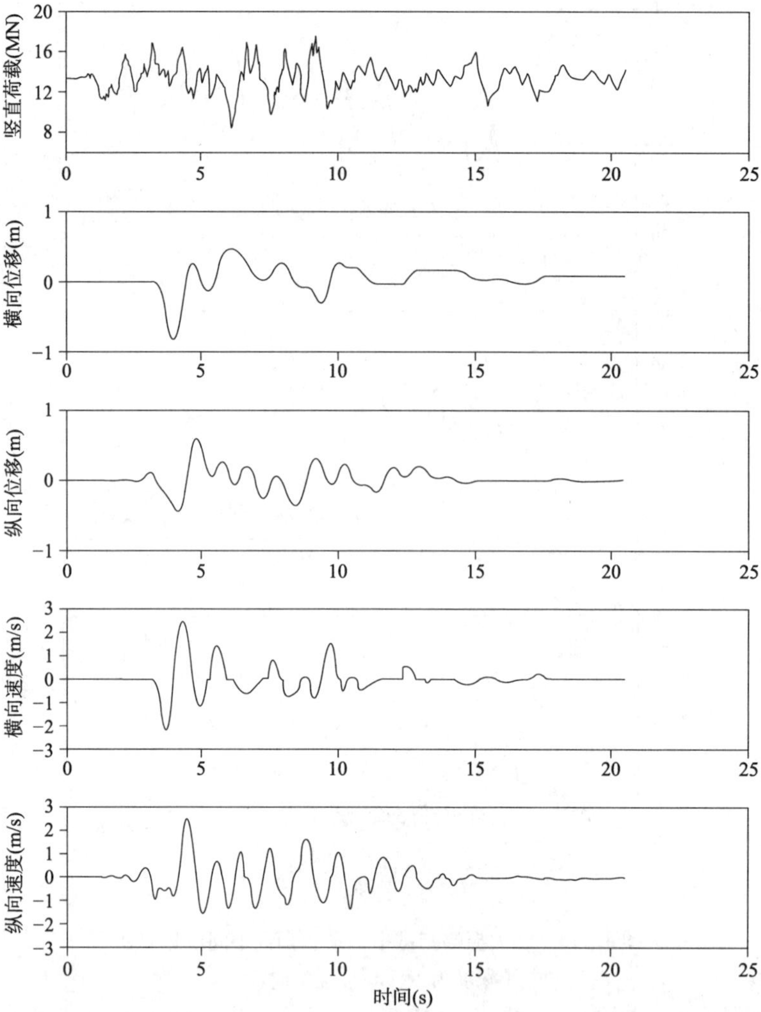

图4-20 加利福尼亚州 Benicia-Martinez 大桥的 FP 支座竖向荷载和双向水平运动的时程

为了计算,首先要弄清楚哪块滑动最常接触的部分,然后再计算这些部分所获得的热量。图4-21显示了双向运动的移动轨迹。从图中我们可以发现,最常经过的位置就在支座的中心位置附近。可以用式(4-39)来计算滑动界面的热功率,其中 p 为瞬时表观压强、$\dot{u}$ 为瞬时速度向量的幅值,而 μ 为滑动摩擦系数。采用名义摩擦系数(=0.06)求得热输入时程,如图4-22(a)所示。该时程针对的是瞬时表观接触面。下一步计算在选定的面积上的热时程,即支座中心位置附近的热时程。

在选定固定面上的热时程取决于位移时程和表观接触面的大小。通常情况下,选定面积上的热时程与瞬时接触面积上的热时程类似;区别在于,当接触位置移出选定面时会出现短暂的热流为零的情况。那么怎么确定功率为零的间歇呢?可以参考以下几种方法:

(a)基于计算出的每一次热源通过的平均时间[类似于式(4-28)]。这个工作很繁琐,因为速度是变化的,而且对平均时间的定义也很困难。

(b)将零输入的间歇期简单定义为矢量位移 u_r 大于 a 的时间段,其中 a 表观接触面的半

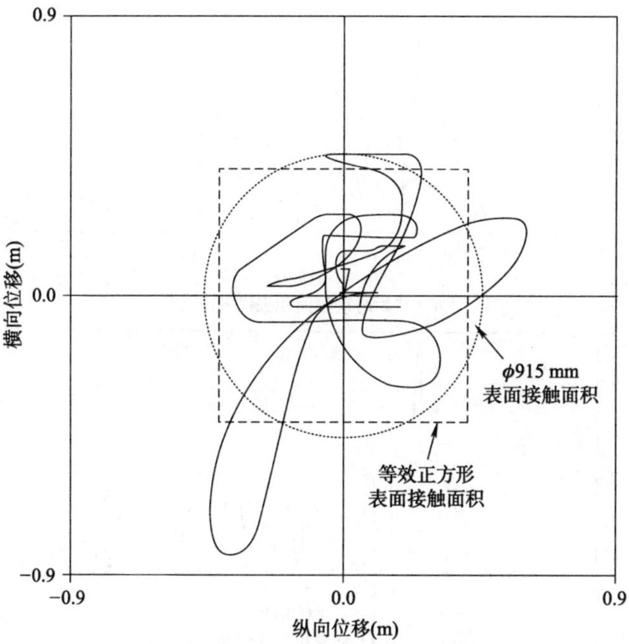

图 4－21　在双方向运动和实质和等效的接触面的位移路径

径。这种做法相对保守，因为它忽略了随着 u_r 接近 a，不断减小的表观接触面的宽度的影响。

(c)使用等面积的正方形区域代替圆形作为直观接触区域，其一边始终和运动方向垂直。此时，零功率的条件是：

$$u_r > \frac{\pi^{1/2}a}{2} \tag{4-40}$$

我们更倾向于方法(c)，因为它操作起来比较简便。注意到，当速度恒定为 v_r 时，由式(4－40)推导出的平均暴露时间为：

$$t'_{av} = \frac{\pi^{1/2}a}{v_c} \tag{4-41}$$

这个时间比由式(4－28)计算的时间要大，而且精确性相对差些。$t'_{av}/t_{av} = 1.1284$，因此对于持续热源，温度的增量值会被高估 $\sqrt{1.1284} = 1.06$ 倍。该方法稍有些保守。

按照式(4－40)计算支座中心位置的热时程，结果如图 4－22 所示。应当注意到，图中零输入间歇不是很多，这是因为和振幅相比较，接触表面积还是很大的。从图 4－22(c)可以发现，热源持续作用时间 $t > 7$ s。

利用式(4－38)的卷积可以计算温度的增量。然而，更为简便的方法是先将实际的热时程替换成一系列矩形热脉冲(可利用电子数据表)，如图 4－22 所示，然后反复利用式(4－21)和式(4－23)。在这种情况下，矩形脉冲的面积与实际的热源脉冲相等。对每一个矩形热源脉冲使用式(4－21)和式(4－23)并将结果累加，从而得到接触面上温度的增量。图 4－23 给出了温度增量随时间的变化。计算中使用的热力学参数为 20 ℃下(平均温度条件)，$D = 0.444 \times 10^{-5}$ m²/s、$k = 18$ W/(m · ℃)。

图 4－23 显示了计算出的 1.5 mm 深处的温度增量。计算时，将每一个矩形脉冲代入到式(4－20)和式(4－30)中。1.5 mm 处的温度要比表面温度低得多，该温度并没有多少实际意

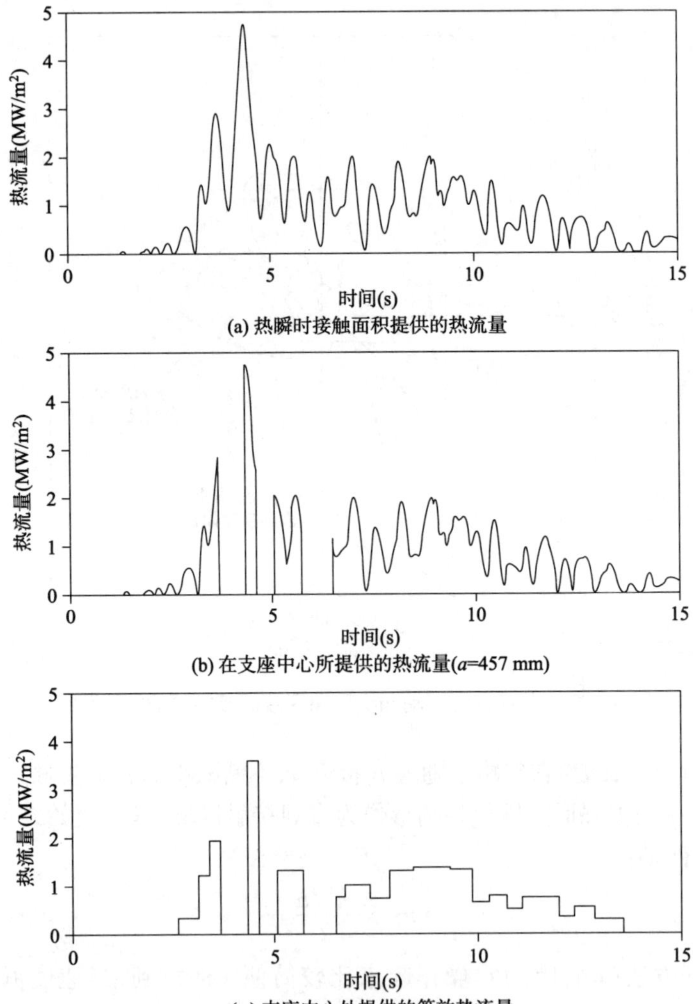

(a) 热瞬时接触面积提供的热流量

(b) 在支座中心所提供的热流量(a=457 mm)

(c) 支座中心处提供的等效热流量

图 4－22　热流时程

义。然而，表面处的温度却非常重要，因为它才是真正接触面上的温度，通过它来评估支座材料磨损的可能性。但在测试中，用热电偶只能测到不锈钢表面下方一小段距离处的温度。

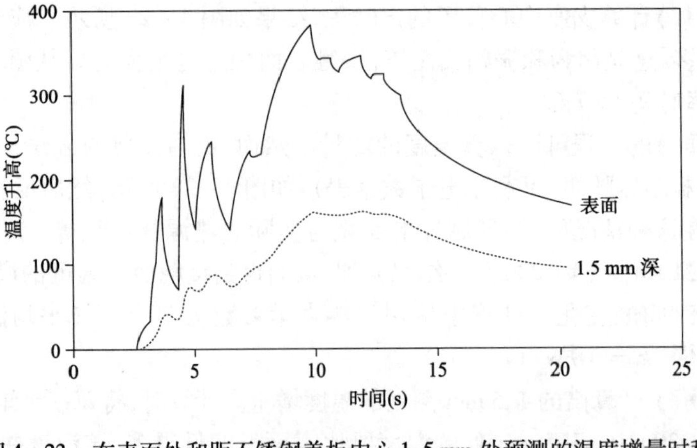

图 4－23　在表面处和距不锈钢盖板中心 1.5 mm 处预测的温度增量时程

4.8.4 轴向荷载变动时，选择单向运动模拟双向运动摩擦热效应的实例

地震时，使用中的支座会承受轴向负载变化的双向水平运动。大多数情况下，这些支座由于太大而不能进行双向、高速、变荷载的测试。图 4-24 所示的支座是为近海平台设计的可以承重 75.4 MN 的负重型 FP 支座（Clarke 等，2005），无法对该支座进行高速测试。图 4-25 为经过尺寸折减的相同型号的支座模型，我们用这个模型来做恒定轴向负载下单向的正弦运动测试。其中一个在高速下的支座测试是为了取代原型支座在最大考虑地震下的温度升高和热时程。通过比较高速正弦运动的原型测试和最大考虑地震下支座双向高速响应的热流时程和温度增量，表明了二者的等效性。

以下计算基于的原理都已在前文中介绍过。对于这些支座而言，在最坏情况下的峰值偏移量也还是小于其接触面积直径的一半，因此热量主要被支座的中心所吸收，而且不存在热输入为零的间歇。计算都是基于最大地震的动态分析结果。众所周知，温度升高的极端情况就是发生地震时，同时支座的所有摩擦属性都取其上界值：在高速运动时，摩擦系数为 0.095（其下界值为 0.040）。

图 4-26 描绘了极端情况下该支座的位移记录。图 4-27 为计算得到的图 4-26 所示支座的轴向荷载与相对速度。图 4-28 给出支座的热时程和与之等效的热时程。等效时程由代表热量的矩形脉冲组成，原则是矩形脉冲的面积之和与一段时间内热流的面积相等。

利用式(4-38)，通过数值计算得到不锈钢表面的温度增量。图 4-28(c) 给出了假设热导率为 22 W/(m·℃)、热散率为 $4.44\times10^{-6}\ m^2/s$ 时 $x=0$ 处的结果。为了重现 FP 支座产品在单向正弦运动下的温度变化，采用在半无限体表面作用恒定热源的方法进行分析。令式(4-20)和式(4-22)中的 $x=0$，便得到该问题的解。利用图 4-28(c) 中的温度升高的时间（16.7 s，从 $t=7.4$ s 到 $t=24.1$ s）、表面处 $x=0$ 和上文给出的热导率及热散率来反算出与实际最符合的稳态热流值。在后文中，我们把这个值称为恒热源等效功率，记作 q_e。取 $q_e=0.89\ MW/m^2$，式(4-21)能够很好地描述支座表面温度的增量。因而我们可以建立等效的单向正弦运动，需要注意的是恒热源等效功率由式(4-25)给出。

此处选择的位移振幅为 240 mm，小于缩小模型上的接触面的半径（520 mm）。然后假设 $q_e=0.89\ MW/m^2$、滑动摩擦系数为 0.05、接触压强为 $30.8\ N/mm^2$、频率为 0.60 Hz，通过式(4-25)得到运动的频率。计算等效的单向正弦运动时，基于摩擦系数为 0.05，但温度增量时程时，基于摩擦系数为 0.095。这是因为支座原型测试是在室温下进行的，并且没有久置，这种情况下摩擦系数应该在 0.05 附近。

荷载的频率是 0.6 Hz，峰值速度为 0.90 m/s($0.240\times0.6\times2\times\pi$)，一共经历了 10 个完整的周期。要注意，从温度刚开始上升到温度开始持续下降，一共经历了 16.7 s（图 4-29）。图 4-29 中给出了模型中温度增量的时程以及 PF 支座产品在双向震动下计算得出的温度增量。温度增量为不锈钢覆盖层的表面温度测量值。图 4-29 显示这两组数据吻合的很好，而且从温度增量的角度来说，位移幅度为 240 mm、频率为 0.6 Hz、持续时间为 16.7 s 的单向正弦运动基本与足尺寸支座在极限地震条件下的运动等效。

为了计算恒定热源作用下，不锈钢表面下方温度与时间的关系，使用到了式(4-20)。图 4-30 给出了 16.7 s 测试中 $t=5$ s（3 个周期）、8.3 s（5 个周期）和 16.7 s（10 个周期）时的数据。计算时用 q_e 替代等式中的 q，并假设 $q_e=0.89\ MW/m^2$，不锈钢的热传导和热扩散系数与

前文相同。从图中可以发现,不锈钢表面以下温度增加值下降的很快;而表面温度随时间增加很快。30 mm 以下几乎就没有温度增加了。由于不锈钢覆层的铸件的厚度远远大于30 mm,可以认为铸件底部的温度增量为零。需要注意的是,不论是 FP 支座产品,还是比例模型,它们接触面的直径(分别是 1 752 mm 和 520 mm)都比热传导厚度(30 mm)大得多。这一结果也佐证了测试最开始时假设热源作用于半空间的整个表面是正确的。

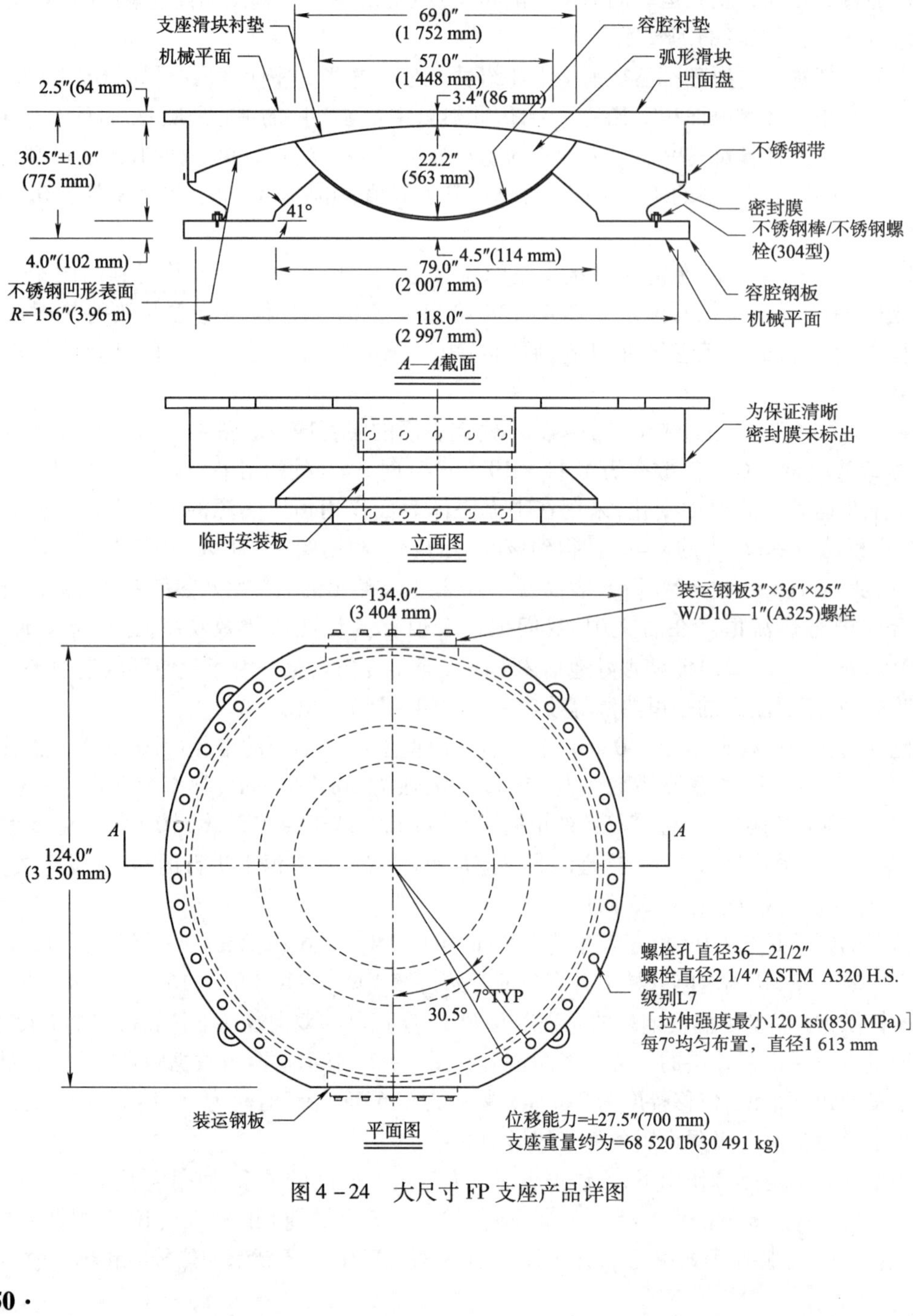

图 4-24　大尺寸 FP 支座产品详图

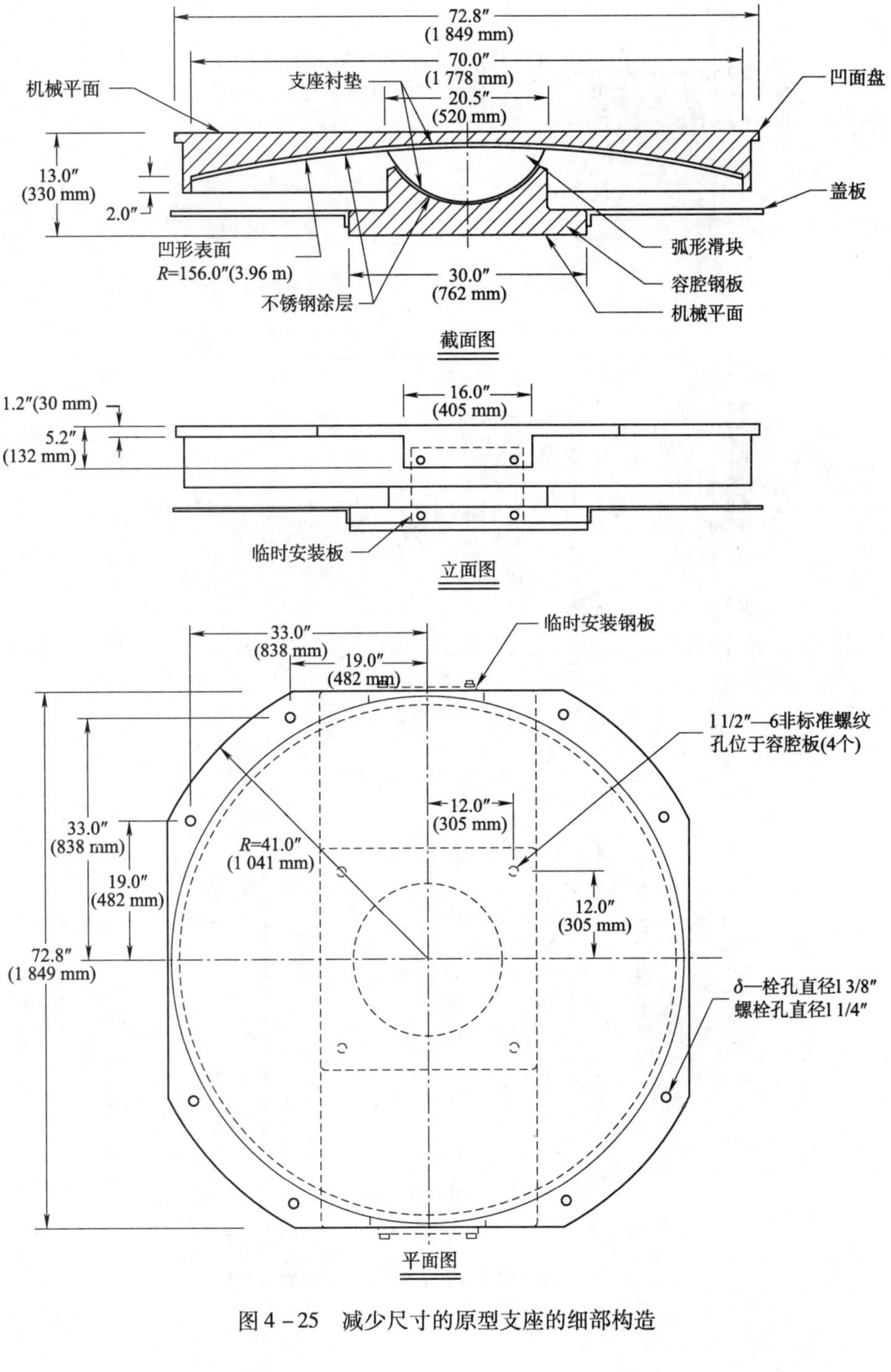

图 4－25　减少尺寸的原型支座的细部构造

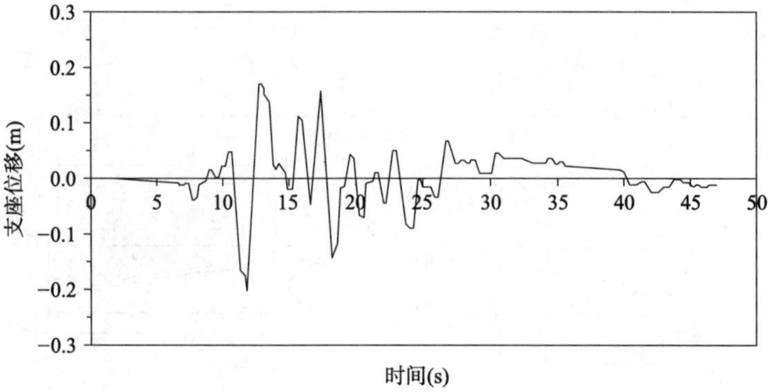

(a) 支座位移时程，X方向

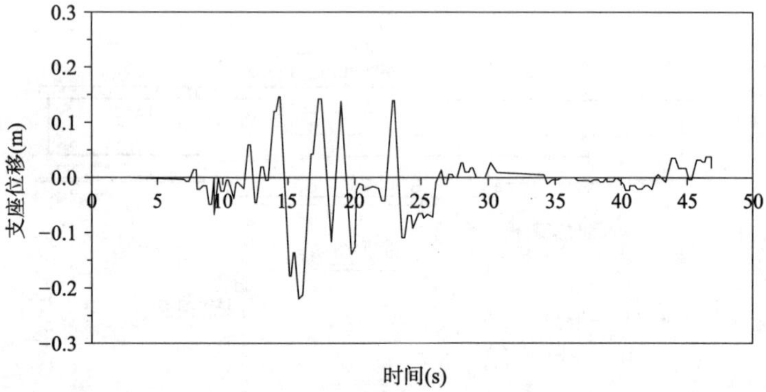

(b) 支座位移时程，Y方向

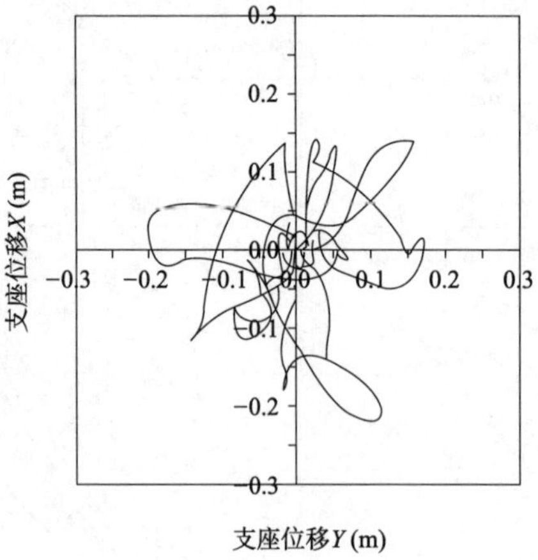

(c) 支座位移轨迹

图 4－26　对于大型 FP 支座位移时程的数据

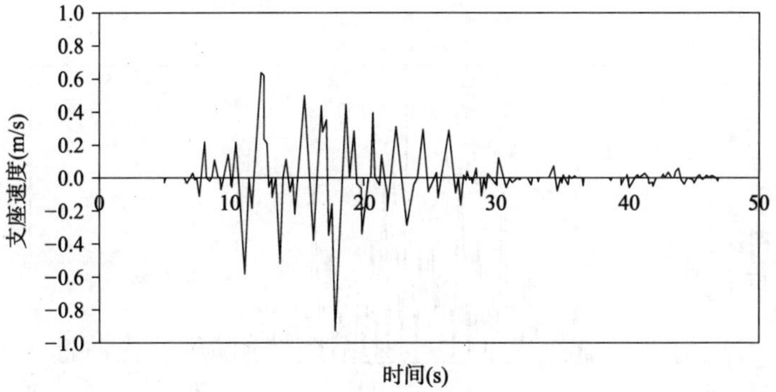

(a) *X*方向速度时程

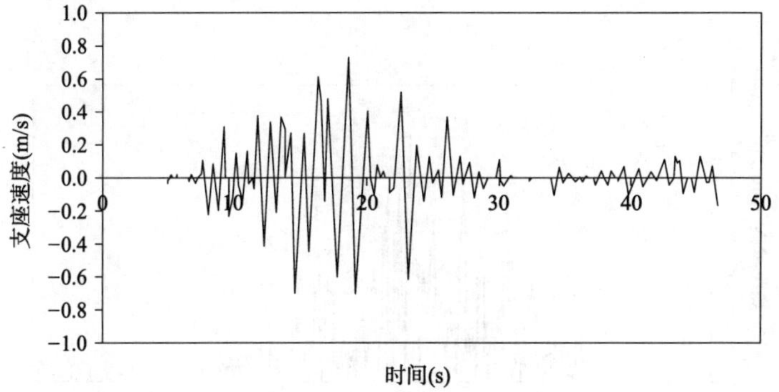

(b) *Y*方向速度时程

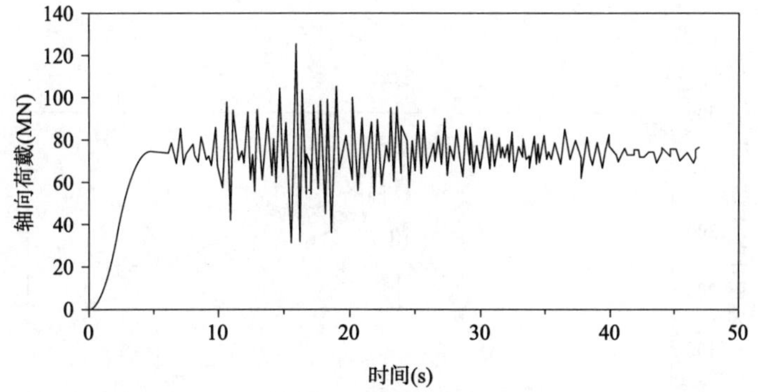

(c) 轴向荷载时程

图 4－27　满尺寸的 FP 支座的速度和轴向荷载的时程数据

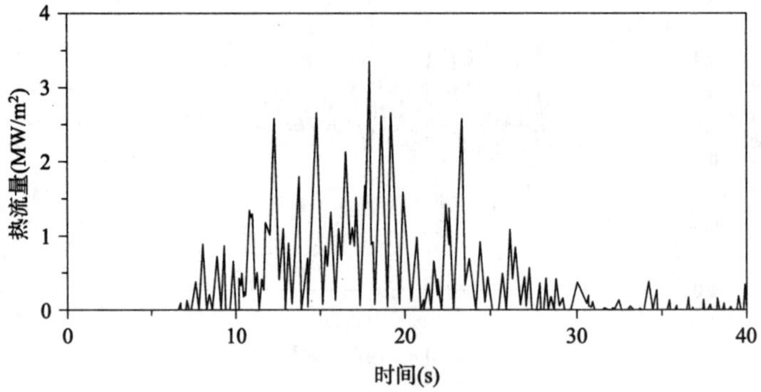

(a) 支座中心处热流量时程

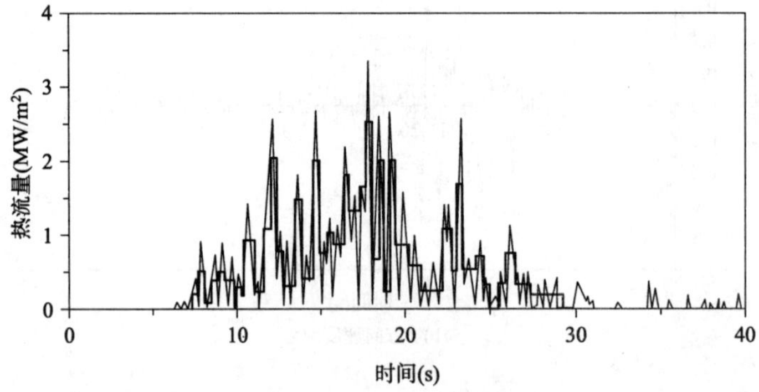

(b) 支座中心处等效热流量时程

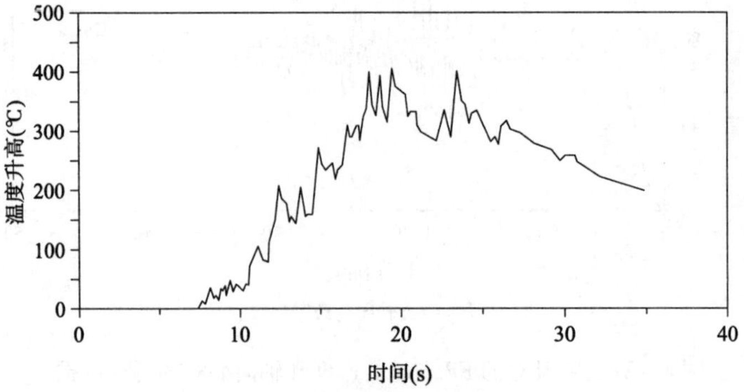

(c) 温度升高时程

图 4－28　满尺寸的 FP 支座的热流量和温度时程的数据

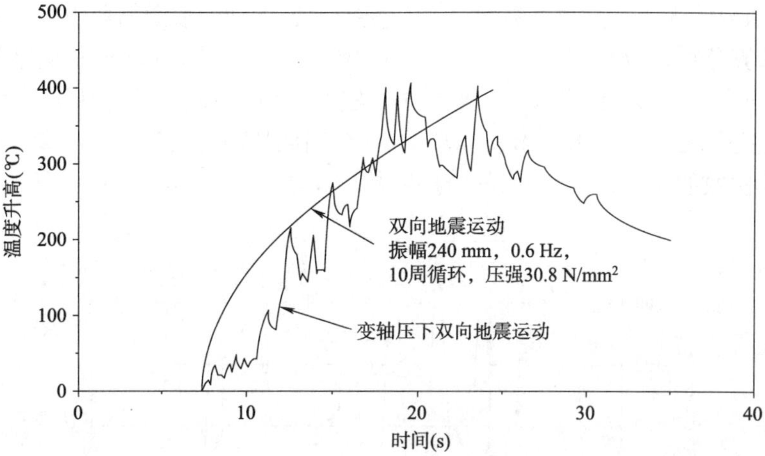

图 4－29　双向地震动最差工况和 10 个循环的原型测试得到的温度时程

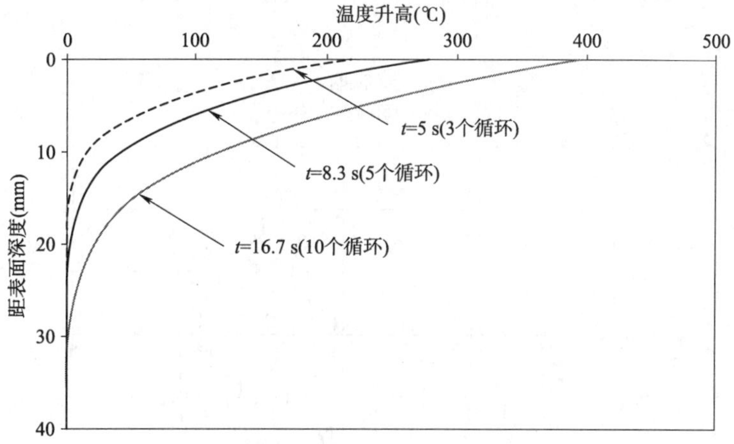

图 4－30　不锈钢覆盖层表面以下温度的升高

4.8.5　关于摩擦热的总结

本节介绍了计算滑动支座接触表面上和表面下很小深度处温度增量的理论。这一理论中很重要的几个假设包括:摩擦面上产生的热量,100% 的被不锈钢吸收（即组成滑动支座的材料具有完美的绝热性能）;热传导是一维的,忽略由热辐射所散失的热量,整个过程完全符合半空间条件(尤其适用于大接触面和高速运动);还有就是,真实接触面积基本上和表观接触面积一致。最后一个假设基于第 4.6 节的理论,其适用于由聚四氟乙烯或者类似物质与高度抛光的不锈钢构成的接触面。

尽管试验室中测量的温度来自于表面浅层处,而不是来自不锈钢表面,但这一理论对各种试验中温度增量的预测还是很好的。不管怎样,试验数据与得出的理论值的相关性还是增强我们利用这一理论预测聚四氟乙烯－不锈钢滑动界面由摩擦热导致的温度升高的信心。值得注意的是:在高速地震运动下,尽管在不锈钢表面下很小深度处温度的增量就急剧地减小,但认为在其表面的温度增量还是很大的。因此通过在不锈钢浅层植入电偶测得的温度与接触面上的温度会有偏差。

摩擦生热导致滑动接触面上温度大幅增加,而摩擦系数又与温度有关,所以摩擦热反过来又影响了摩擦系数的大小。摩擦系数定义为在模拟地震运动的数圈循环中测得的摩擦系数的平均值,它对计算分析十分有用。例如,图 4－31 中记录了对图 4－25 所示支座测试得到的位移与速度和侧向力与位移之间的关系。测试时,支座的竖向荷载为 6 540 kN(产生的表观压强为 30.8 MPa)并进行了如第 4.8.3 节所描述的 10 个周期的简谐运动(图 4－29)。从图中可以看出,随着循环次数的增加,滑动表面的摩擦系数减小了。

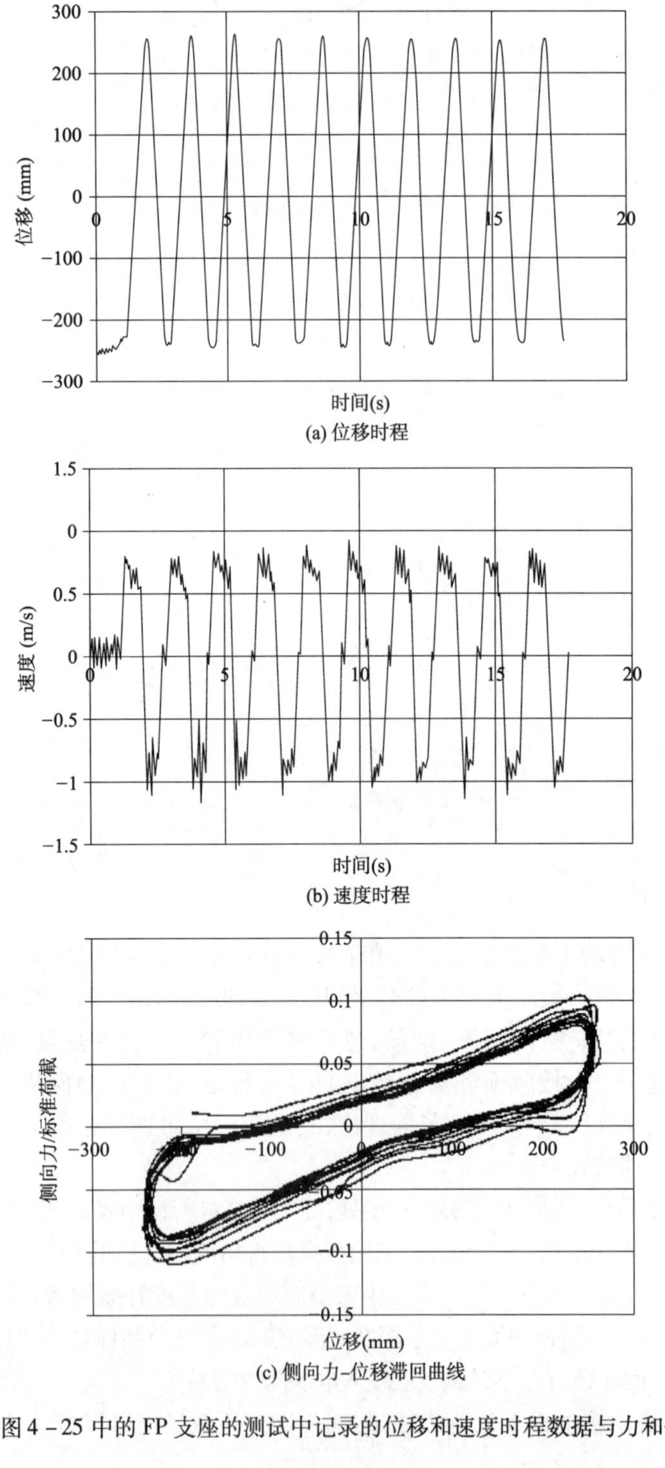

图 4－31　对图 4－25 中的 FP 支座的测试中记录的位移和速度时程数据与力和位移的循环圈

4.9 施加过润滑剂的滑动界面的摩擦

在聚四氟乙烯－不锈钢滑动界面上添加润滑剂会降低摩擦系数。润滑剂通常以脂状储存在滑动滑动界面的凹口里，并受到静水压力的作用。当出现滑动时，润滑剂会从凹口中流出，起到润滑接触面的作用。凹口的工艺对于延长润滑剂的寿命至关重要（Campbell 和 Kong，1987）。凹口一般占据表观接触面积的30%左右。而脂状润滑剂主要是由油和化合液所组成（占80%强），还有稠化剂（一般是脂肪酸盐，占10%），其余的是添加剂（抗氧化剂、抗腐蚀剂等，占10%弱）。

在没有使用润滑剂的聚四氟乙烯－不锈钢滑动界面上，低速滑动时，所承受的摩擦力主要由接触斑点的剪力构成，高速滑动时，摩擦主要源于第三方效应（聚合物以及摩擦产生的碎屑）和聚四氟乙烯的黏弹性形变（见第4.3节）。对于这些滑动界面而言，真实接触面积（即接触斑点的面积）还是大致上等于表观接触面积（参见第3.6.1和第3.6.3节）。

对于带有凹口的、填有润滑剂的聚四氟乙烯－不锈钢滑动界面而言，凹口处的（30%的表观接触面积）接触斑点完全被润滑剂分隔开来。对于表观接触面的其他部分，情况还不是很清楚。但有理由假设大部分的负载是由那些被一层薄薄的润滑剂所隔开的接触斑点所承担。不管怎样，摩擦力大大减小了。对于一系列的表观压强和滑动速度而言，在常温下，高度抛光的不锈钢的滑动摩擦系数一般为0.02甚至更小。

4.10 滑动支座的老化

过去在桥梁上使用的非抗震性支座主要由摇轴、铰轴还有滑动板块所组成。所有这些形式的支座都存在着诸如支座变平、摇杆倾斜以及严重的接触面腐蚀等问题。其中最常见的就是接触面的腐蚀，该问题通常是由于在伸缩处用材不当造成的，这也是很多工程师认为滑动滑动界面的抗老化能力不强的主要原因。

在这一节里，我们将着重讨论那些具有不同特性，面临不同老化问题的新型滑动支座；新型滑动支座通常由一个滑动界面和一个旋转器件组成，后者的作用是保证滑动界面的完全接触。而且，在各种各样的支座中旋转器件也呈现不同的形式，例如：盆式支座、球型支座、圆盘支座、摩擦摆支座中的铰接滑块或人造橡胶支座（Campbell 和 Kong，1987；Mokha 等，1988；Constantinou 等，1993）。滑动界面的形式也多种多样，但在这里我们只对那些已在隔震支座中运用的滑动界面感兴趣，即：

（1）使用或未使用润滑剂的聚四氟乙烯与抛光不锈钢滑动界面；

（2）在摩擦摆支座中，各种形式的合成材料（一般含有聚四氟乙烯）与抛光不锈钢滑动界面；

（3）某些双金属滑动界面，如经过铅、聚四氟乙烯或石墨润滑等润滑过的不锈钢与铜接触面。有一些报道给出了非抗震桥梁上使用的新型滑动支座的现场性能的资讯（例如：Lee，1981；Manning and Bassi，1996；交通研究会，1989）。还有一些出版物介绍了一些与滑动支座相关的基本信息（例如：Campbell 和 Kong，1987；Kauschke 和 Baigent，1986）。虽然这些资料并不是针对某些具体的支座失效或发生问题的报告，但从中我们还是可以归纳滑动支座故障的主要类型。

(1)橡胶被挤出:在盆式支座中,大量的问题都是由于橡胶被挤出造成的。通常导致挤出的原因包括支座设计不良、安装不当,支座旋转的测算错误或者使用不当(例如,在活载能够引起较大的轴向荷载波动的环境中使用该支座)。

(2)由于过量转动导致的金属与金属接触:引起过量转动的原因主要是安装不当或者对桥梁运动估计不足。

(3)聚四氟乙烯的变形和挤出:当聚四氟乙烯既没有粘牢也没有嵌牢,或者镶嵌深度不够,或聚四氟乙烯突出部分过长,或者不锈钢表面不平整时,会出现这种问题。

(4)侵蚀:在没有良好的防腐措施下,经常会出现外层金属件被腐蚀的现象。在一些情况下,不锈钢与其支承钢板间也会出现裂缝腐蚀的现象。其实防止这一现象发生的方法很简单,那就是保证不锈钢四周焊接的连续性。在德国,人们用镀铬钢替代不锈钢,但其表面很快会出现侵蚀小坑。作者也曾在室外暴露一年左右的镀铬钢上发现了这一情况。目前还没有发现滑动支座中不锈钢(特别是 ASTM 240,304 号或更好性能的钢材)被侵蚀的报告。但作者还是在一些针对金属腐蚀的研究中找到了不锈钢腐蚀的记录(例如:Davison 等,1987)。作者也曾发现在室内环境中暴露 9 年的 ASTM 240,304 号钢局部有轻微的腐蚀现象。在此期间支座经历过大量的测试,之后被拆卸储存。腐蚀使得表面的粗糙度增加,进而会影响摩擦系数。(本书后续章节将对腐蚀问题进行更深入的讨论。)

(5)污染:有报道曾经提到过因为铁屑或水泥屑的污染,支座的摩擦力剧增甚至卡死(Lee,1981;Tyler,1977;Campbell 和 Fatemi,1989)。这种情况既在通过人为地引入污染物的试验室测试中出现过,也在支座未安装前进行了拆卸的现场出现过。实际上即便是工作在充满尘埃的环境下,支座也是很难被污染的,即便有灰尘散落在不锈钢板上,也可能会被移动的聚四氟乙烯部分清扫掉。尽管如此,但也不能排除在使用时污染物进入滑动界面内,尤其是进入到使用了润滑剂的支座中的可能性。

(6)总滑动行程:在其寿命期内,承受着巨大活荷载的桥梁支座经历了达数公里的总行程。滑动中,磨损会减小聚四氟乙烯的有效厚度,同时会降低支座的使用寿命。除此之外,支座的总滑动行程也会影响滑动摩擦系数。试验室研究得出的结论不一。德国的研究(概括在 Kauschke 和 Baigent,1986)表明当润滑过的聚四氟乙烯支座滑动 20 km 以后,低速下的摩擦系数显著增长。最近由 Campbell 和 Kong(1989)所做的关于润滑过的聚四氟乙烯支座的研究也表明,在滑动了 0.5 到 0.75 km 之后会出现相似的结果。作者对没有润滑过的由聚四氟乙烯或聚四氟乙烯混合物与高抛光不锈钢组成的支座进行了研究(后文中会有详述),结果表明在滑动了 0.5 km 之后,低速(0.4 mm/s)和高速(160 mm/s)下的摩擦系数变化不明显。

这些报道主要针对是由聚四氟乙烯和不锈钢构成的滑动界面,因为迄今为止这类滑动界面使用的最为广泛。Lee(1993)针对在南非 Koeberg 核电站中使用的隔震支座,给出了双金属滑动面的摩擦特性。该滑动界面由不锈钢和用铅做润滑的青铜组成。在使用 14 年之后,所有 1 829 个支座中的 60 个被卸下并做了测试。这些支座并没有明显的腐蚀或污染,而且在使用过程中,也没有发生任何运动;但是在测试时,初始(静态或启动)摩擦系数平均增加了 68%。看起来这是由支座的静置所造成的。这一假设被在伊利诺伊州进行的现场观测所证实,其观测对象是施加石墨润滑的铜支座(Jacobsen,1997)。

对于滑动隔震支座来说,研究荷载停歇(荷载但不运动)的影响是很有意义的。这一情况在建筑物中会经常出现,但在桥梁上也会出现滑动支座长期不动的情况,特别是那些安装在柔性桥墩上的支座。因为柔性桥墩自身的形变就可以包容温度和交通荷载引起的形变,也就不需要滑动支座的滑动。有报道(Mokha 等,1991)称,对经历了两年荷载停歇的聚四氟乙烯-不锈钢滑动界面所做的测试表明静态摩擦系数并没有增加。这个测试的结果和 Lee 的测试结果存在明显的差异,其原因可能是由于两种滑动界面截然不同的摩擦机理,即双金属滑动界面对荷载停歇的作用更敏感,而聚四氟乙烯-不锈钢滑动界面则不然。后文我们还会重申此点。

总的来说,我们将滑动支座的潜在问题归纳为以下几类:

(1)那些可以通过明确的设计要求、质量控制、选材、工艺和组装来克服的问题,这包括:外部腐蚀、裂缝腐蚀、双金属接触腐蚀、聚四氟乙烯挤出、施工时(拆卸、安装)的污染还有那些与盆式支座挤出相关的问题。

(2)对支座性能没有影响,但会减少使用寿命的问题。这包括导致聚四氟乙烯有效厚度减少的滑动界面的磨损,还有转动部件的磨损。在特定情况下的某些类型的支座中,转动部件可能是最为薄弱的部分。Mayrbaurl(1986)描述了纽约曼哈顿大桥上所用支座的替换品的测试结果。这些支座平均每天要承受 500 辆火车所带来的滑动、转动以及抬拉。工作状态下的测试表明盆式支座的转动部件性能不合格。尽管盘式支座表现良好,但是通过对等同于现实环境下工作 6 年的测试数据进行外推发现,其转动部件的预计使用寿命只有 13.5 年。这一结果与滑动界面的期望使用寿命存在天壤之别:相同时间内,滑动界面只出现轻微的磨损。

(3)可能会发生的某些影响滑动界面摩擦性能的因素,这既包括那些已知的也包括那些存在可能性的因素。由于有这些因素存在,在隔震结构的分析和设计中不得不考虑它们的影响。这些因素包括:(a)不锈钢的侵蚀;(b)支座使用中对滑动界面造成的污染;(c)累积行程;(d)荷载间歇。对于这些因素所带来的影响,后文将作更详细的分析。

回顾试验室里用来了解滑动支座寿命的方法也是很有意义的。下面我们将这些方法分类:

(1)对支座产品在现实荷载条件下进行测试,但荷载的变化速度比现实情况快。对曼哈顿大桥支座所做的测试(Mayrbaurl,1986)就是一个典型的例子。测试时,支座上的荷载每小时 360 个循环,而实际为每小时 20 个循环。因此,只要做几个月的测试就能获得等同于现实环境下工作 6 年的数据。这样测试很浪费时间且价格昂贵,只可能在少数情况下进行。只要能认真分析测试获取的数据,这种测试所产生的价值还是不可估量的。然而使用加速变化的荷载会加速疲劳(特别是转动部分的疲劳)和磨损。反过来也就是说,加速测试并不能完全模拟时间所带来的影响。

(2)对支座产品或者比例模型在人工模拟的条件下进行测试。很多学者都使用这种方法来做测试,从而了解腐蚀、行程、荷载停歇以及温度对滑动支座摩擦系数的影响。这种测试也被视为确定隔震支座性能修正系数的步骤。由于需要人为地创造测试条件,测试变的更为复杂。存在的困难包括:(a)需要了解构成支座的材料的基本特性;(b)为了对结果作出解释,需要进行繁琐的分析;(c)有时候人工模拟的环境并不能真实反映实际情况。关于此类测试方法的另外一个问题就是,是否可以通过加速测试的结果推导出支座的寿命。例如:为确定支座寿命与聚四氟乙烯磨损的关系所进行的试验。避开那些在确定具有代表性的荷载及运动时程时会遇到的显而易见的问题不谈,让我们仅仅假设测试时的行程为一特定值。此测试的一个直接结果就是磨损程度和摩擦系数的测量值,另一个可能是磨损速率(即:单位路程的磨损度)或磨损系数(Predicting Dearing Wear,1968)。这些数据能用来预测与试验相比在实际工程中经受更大行程之后支座的情况吗?磨损速率和磨损系数能保持不变吗?在本书作者们看来,在缺乏坚实的物理分析基础支撑下,这种试验结果的外推是武断的。

(3)作者注意到,发布的隔震支座测试要求中包含了一些人工老化的方法。纽约州在标题为环境老化的章节中规定,支座老化测试要先将支座暴露在盐雾室(根据 ASTM B117)中 1 000 h。这项测试的目的被描述为"……为了证实所选支座在盐雾环境下的性能,比如安装在某承受盐渍的桥面伸缩缝下的支座,其长期处于含盐环境中……"。测试企图创造一个能加速滑动支座中不锈钢表面腐蚀的环境,但是盐雾并不能真正地模拟 30 年使用过程中的环境变化。诸如荷载、运动、温度以及更重要的,空气中和路面上的各种化学成分等因素所带来的影响都没有考虑在内。作者曾发现经受了盐雾测试的不锈钢样品,其性状依旧相当好,但作者们也曾收集过相关资料(下文会做介绍),表明在苛刻环境中,即便是抗腐蚀性能做好的不锈钢也会收到侵蚀。仅凭单个、简单的老化测试无法有效评估支座真实的抗老化性能;可能这种评估仅能增加工程师使用所选产品的信心。

4.11 小　　结

摩擦是一种极其复杂的现象,它的确切机理还不太清楚。然而,一些机理还是被认为可以用来解释摩擦力产生的原因。摩擦现象中十分重要的一点是:固体物质相互接触时,实际接触面积一般小于表观接触面积,而且实际接触面积的大小取决于相接触的物质、荷载还有时间。

针对由聚四氟乙烯或相似的软材料与高度抛光不锈钢组成的滑动界面,我们认为实际接触面积和表观接触面积几乎相等。为了支持这个理论,我们给出了蠕变率的理论推导、摩擦力与法向荷载之间的关系、负荷停歇与静态摩擦之间的关系。通过该理论,可以得出除了短暂的几分钟到几小时的间歇可能会影响静摩擦力外,荷载间歇不会影响静摩擦力。本章对聚四氟乙烯 - 不锈钢滑动界面的宏观特性进行了描述,同时对诸如滑动速度,表观支座压强以及温度等的影响作了讨论。除此以外,还发现所谓的黏滑现象其实是测试装置柔性作用的结果,而不是滑动支座的内在特性。

随着时间的推移,隔震支座的力学特性可能会发生变化。其变化幅度依支座的类型、材料,设计与安装方法、加载历史以及环境等因素的不同而不同。某些情况下,这些变化可能相当大,以至于可以影响支座的使用寿命。

滑动支座也存在诸多问题,如腐蚀,双金属接触,聚四氟乙烯挤出,污染和转动部分失效。目前,已有大量知识和经验指导我们设计、选材、制造和安装支架,从而预防或减少这些潜在的问题的发生,然而这也需要运用详细的规范要求和严格的质量控制。尽管如此,我们必须认识到滑动支座是一种复杂的结构装置,它对制造质量要求非常严格。

不锈钢被腐蚀、使用中滑动界面被污染、运动时程以及荷载间歇都会使滑动支座的力学性能(尤其是摩擦系数)发生变化。

本章的重点放在了摩擦热的问题上,给出了滑动界面上温度增量问题的解析解,并通过试验证实了理论解的正确性。

第5章　PTFE与抛光不锈钢界面的摩擦特性

5.1 引　言

本章论述了未填充的PTFE材料和以PTFE为基的合成材料与抛光不锈钢材料间接触的摩擦特性,列举了表面压力、滑动速度、温度、加载时间、不锈钢腐蚀、污染、行程和磨损对摩擦特性的影响。本章提供的资料均收集于文献或者经作者整理而得,其中许多资料针对的都是无润滑的情况。

文中大多数资料是由作者在纽约州立大学布法罗分校(以下简称布法罗分校)和Campbell教授在皇后大学、金斯顿、安大略湖和加拿大的科研小组整理过的(Campbell and Kong,1989; Campbell and Fatemi,1989; Campbell等,1991)。尽管在这些试验中使用的机器设备差异极大,但是试验试样的尺寸是相近的。

在皇后大学,使用了单一滑动接触面的试验装置。在滑动平台下面使用了滚轴,利用液压油缸施加竖向荷载,测压元件监控接触面上的摩擦力,不包括惯性效应和支撑滚轴的摩擦力。通过在液压油缸和滚动接触面之间设置球形支座,来施加同心法向荷载。PTFE试样的直径为75 mm。

在布法罗分校,使用了两台不同的设备来进行试验,第一台设备如图4-3所示,这台设备能够施加可变的法向荷载、能够扭转和水平移动支座。通过反力构件压力传感器,这台设备能测试出单一的水平作用力,并将惯性的影响从作用力的监控记录中去除。包含一个旋转元件(带有软圆盘的标准圆盘支座)的被测试滚动支座确保载荷的同心施加以及便于旋转。PTFE试样的直径为95 mm,厚度为3.2 mm,并挖有1.6 mm深的凹陷。这里使用的支座与在地震模拟器试验中使用的支座相同(Tsopelas等,1994)。作者整理的大部分资料在第二台设备上得到的,这台设备允许做长期加载和低温下试验。如图5-1所示,该装置有两个分别由圆盘支座支撑的滑动接触面,以此来承受一个镶有不锈钢的活动板。将这两个滑动接触面和活动板放在装满小塑料袋子的泡沫塑料箱子中,塑料袋子中装有固体二氧化碳(干冰),就可以进行低温下的试验,试验中在不锈钢覆盖层下面的活动板中植入热电偶,以此来监控试验温度。

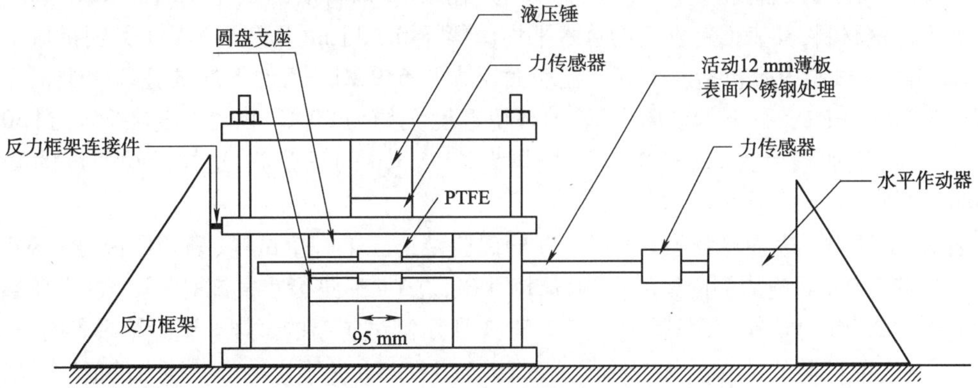

图5-1　滑动支座测试装置布置图

在图 5－1 所示的试验装置中，摩擦力来自于两个滑动接触面（假设这两个面上的摩擦力相等），总的摩擦力除以 2 就得到一个接触面上的摩擦力。摩擦力通过作动器的压力传感器来量测，量测得到的摩擦力包括了活动板的惯性力。由于惯性力引起的误差可以忽略，因此对于惯性力没有任何修正：在最小法向载荷和最高滑动速度下的试验中，惯性力引起的误差大约占摩擦力的 2% 。图 5－1 所示的装置也用来测试用于制造摩擦摆支座的合成 PTFE 材料。我们把这种材料定义为 1 号合成 PTFE 材料，这与 Constantinou 等在 1993 年的地震模拟器试验中使用的材料相同，也曾在许多摩擦摆支座的建筑应用中使用。试验中采用 Constantinou 等在 1993 年试验中使用的摩擦摆支座的两块盖板，来代替图 5－1 所示装置中的两个盘式支座。盖板包括了带有球形空腔的标准柱和摩擦摆支座的铰接滑块；但是，铰接滑板被加工成扁平状以便承受试验装置的活动板。滑板的直径是 50 mm 且表面覆有 0.25 mm 厚的合成材料。这个厚度大约是建筑结构中摩擦摆支座装置中所用厚度的三分之一（例如，美国上诉法院、希腊的 LNG 坦克工厂和旧金山国际机场候机大厅三个工程），这种材料与近年来在桥梁摩擦摆支座中使用的材料不同。

5.2 加载时间对静摩擦力的影响

通常情况下，PTFE 支座在发生滑移前已经承受了一段时间的荷载。1989 年 Campbell 和 Kong、1991 年 Campbell 等在他们所有的试验中都使用了长达 12 h 的加载时间。AASHTO（美国国家公路和交通管理者协会，1992 年）标准规范也要求 12 h 的加载时间，至于 12 h 加载时间要求的起源已经无从查起，但是这可能与 1971 年在 Glacier 支座厂得到的资料和 1973 年 Paynter 的研究报告有关系。Paynter 基于他个人与 Glacier 支座厂技术主管的交流提供了一个简要的描述。这种加载时间用在 Glacier DZ 材料（报告说是纯 PTFE 材料）和抛光不锈钢材料间的接触面测试上，抛光不锈钢表面粗糙度的算术平均值为 0.05 μm 到 0.10 μm 之间，表面压力水平为 28 MPa。报告称，24 h 的加载时间对摩擦特性有影响，但没有指出影响的程度。我们注意到，这个试验中不锈钢材料表面粗糙度近似等于皇后大学和布法罗分校试验所采用的表面粗糙度的两倍。

作者曾开展了大量的试验来评定加载时间对 PTFE 支座静摩擦力的影响，在此之前，Mokha 等曾在 1990 年针对加载时间对这类支座摩擦力性能的影响发表过文章。Mokha 等（1990 年）发现加载 30 min 与加载 594 d，其静摩擦力几乎完全相同。在下面的试验中，我们使用了图 5－1 所示的试验装置，直径 95 mm 未填充的 PTFE 材质的试样，ASTM A240，304 型号的抛光不锈钢材料，其表面粗糙度的算术平均值等于 0.03 μm（Ra 或 CLA）（美国机械工程学会，1985 年）。试验内容包括三个试样在表面压力为 6.9 MPa 条件下的试验和一个试样在表面压力为 20.7 MPa 条件下的试验，试验的环境温度大约为 20 ℃，相对湿度在 25% 到 30% 之间。在侧向，施加频率为 0.031 8 Hz 和振幅为 12.5 mm 的正弦波，这样滑动速度的峰值为 2.5 mm/s。

表 5－1 列出了表面压强为 6.9 MPa 时的试验结果。第一个试样（确切的说是一对试样）在竖向加载 0.2 h 后施加侧向运动，然后保持承压，过 1 h 后进行重复试验，这个过程在累积加载时间达 167.0 h 内重复七次，随后按照表 5－1 所示测试了新的试样。试验结果表明，对于新试样（不是先前试验的试样），加载时间从 0.2 h 到 118.4 h 并不影响静摩擦力的值。当然在得到的结果中，摩擦力大小有些变化，但是静摩擦力并没有随加载时间的增长而有系统性的增

加，相反地却有所减小。

表 5－1　6.9 MPa 表面压力下加载时间对未填充 PTFE 材料和抛光不锈钢材料间静摩擦力影响的试验结果

试 样	累积加载时间(h)	静摩擦力系数	备注
1	0.2	0.116	试验按照列出的顺序进行，没有接触面的卸载情况
	1.2	0.056	
	6.5	0.050	
	19.7	0.052	
	45.9	0.062	
	164.7	0.068	
	167.0	0.066	
2	118.4	0.095	在第二个试验之后第三个试验之前迅速做了两个高速试验
	128.9	0.031	
	153.3	0.073	
3	0.3	0.092	

从试验结果还可以看出，在第一次试验之后静摩擦力显著减小，这一点可以从表 5－2 的记录得到完美的证明。这可能是由前面试验中的 PTFE 薄膜吸附在不锈钢板上造成的。

在 20.7 MPa 的表面压力下测试了一个试样，试验结果如表 5－2 所示。先对试样加载 0.2 h 然后再进行试验，在接触面没有被卸载的情况下，对其他的加载时间重复了这个试验过程。试样的性能与在表面压力 6.9 MPa 下观测到的性能很相似，也就是说，在第一次试验后的其他试验中，摩擦力比较低。其后，对试样卸载并让其有整夜的时间去恢复但未清理接触面，对试样进行了 24.2 h 再加载，然后测试其摩擦力，得到了一个与第一次试验相近的较高的摩擦力。然后再对试样进行卸载，清理掉吸附在滑板上的 PTFE 薄片后让其整晚恢复，重新加载 50.2 h 后进行试验，量测得到的静摩擦力系数为 0.073，高于第一次试验中加载 0.2 h 后得到的摩擦系数 0.057。

表 5－2　20.7 MPa 表面压力下加载时间对未填充 PTFE 材料和抛光不锈钢材料间静摩擦力影响的试验结果

累积加载时间(h)	静摩擦力系数	备 注
0.2①	0.057	①新试样的第一次试验
1.2	0.039	
6.0	0.043	
16.2	0.025	
29.4	0.030	
24.2②	0.047	②与第一次试验使用同一个试样，但是对接触面卸载并允许整夜恢复，再加载前没有清理接触面
118.7	0.045	
139.8	0.031	
50.2③	0.073	③与前面试验用的试样相同，对接触面卸载并允许整夜恢复，再加载前对清理了接触面
118.9	0.045	

图 5 - 3 给出第一次试验及卸载后的两次试验结果。从图中可以看出，由于采集数据的速度比较低（每秒钟记录 30 个点或者在单个运动循环期间记录 1 000 个点的摩擦力），第一次试验中摩擦力的峰值可能没有记录到。不管怎样，图 5 - 3 所示的三次试验中静摩擦力数据都在第一次试验记录值的 ±30% 范围内。这个范围可能是摩擦力性能自然变化或测量误差的结果，而不是加载时间的影响。（表 5 - 1 的数据同理。）

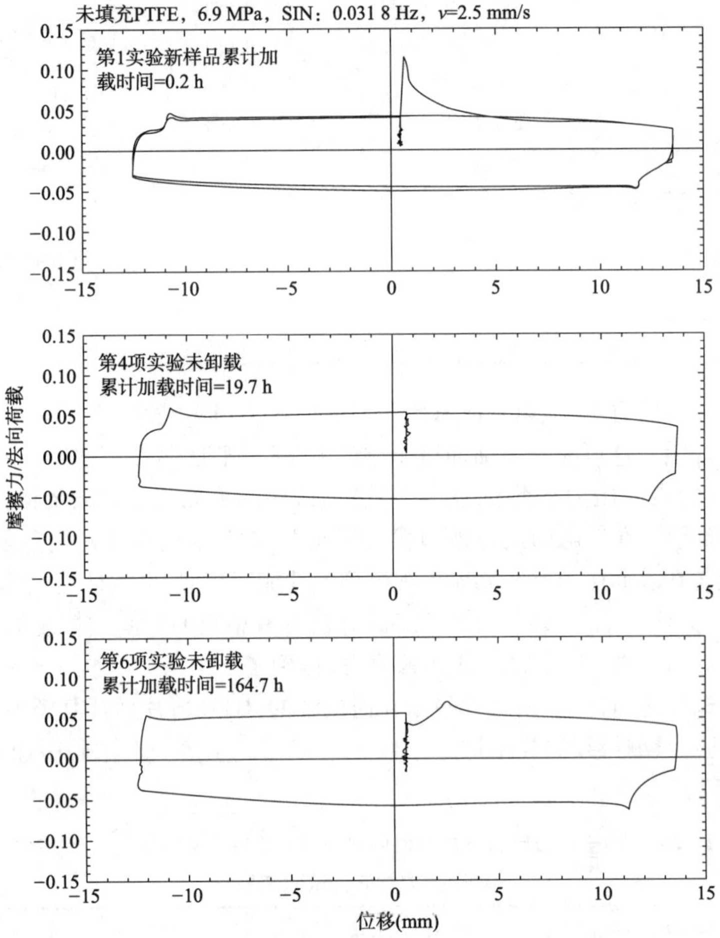

图 5 - 2　表观压强为 6.9 MPa 时，摩擦力比法向荷载随位移变化曲线

本文列出的试验数据和 1990 年 Mokha 等两次试验的资料表明，当考虑到在不同试样试验或相同试样的不同试验中摩擦力性能的自然变化和可能的测量误差时，PTFE 材料与抛光不锈钢材料接触面上的静摩擦力不受加载时间的影响。第 4 章给出了对这种现象的一个合理解释，但是不能认为这个问题已经解决。因为在这一点上，我们注意到这种解释不是建立在直接观测的基础之上（因为它应该建立在真实接触区域的测量基础上），更准确的讲，它是一个假设，不但解释了滑动摩擦力与法向载荷（压力）的倒数有关，还解释了加载时间对静摩擦力没有明显的影响。

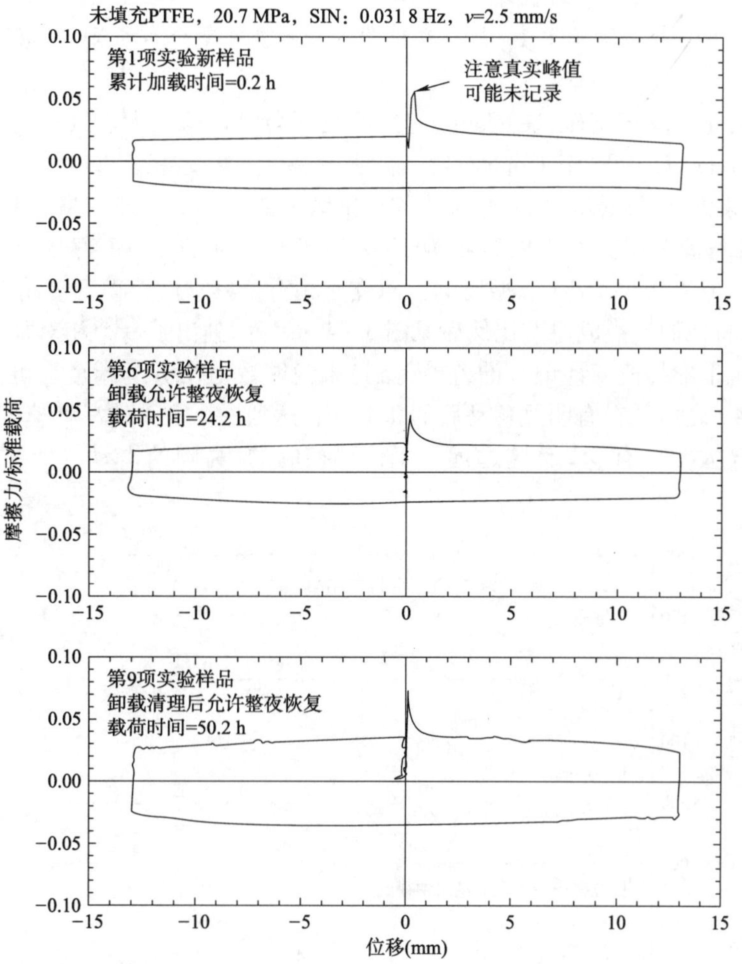

图 5 - 3　表观压强为 20.7 MPa 时，摩擦力比法向荷载随位移变化曲线

5.3　表面压力和滑动速度的影响

关于在一个很大滑动速度范围内 PTFE 与抛光不锈钢材料间的摩擦系数，发表的资料还很有限。在 1989 年 Campbell 和 Kong 的试验中，滑动速度仅限于 20 mm/s 或更低。很明显，因为这个速度范围与温度及交通引起的桥梁支座运动相关。

1977 年 Tyler、1988 年和 1990 年 Mokha 等与 1997 年 Bondonet 及 Filiatrault 都进行了高滑动速度下的试验，速度达到 0.8 m/s，表面压强范围是 5 ~ 45 MPa，PTFE 试件的面积为 12 500 到 507 000 mm^2。试验时，施加特定的位移振幅为 d 和频率为 ω 的正弦变化或常速度（锯齿状位移）运动。这就要求在运动起始阶段能迅速达到一个很大的滑动速度。例如在正弦试验中，需要施加的位移为 $d\sin\omega t$，速度为 $\omega d\cos\omega t$，加速度为 $-\omega^2 d\sin\omega t$。但是在时间 $t = 0$ 时，装置是不动的，这就要求在极短的时间间隔内达到速度 ωd。因此，在试验的开始就需施加一个很大的加速度冲击（急拉），这个加速度的大小在很大程度上决定于有效的液压能，作者曾经提高此加速度到 $\omega^2 d$ 的几倍（2 ~ 13 倍之间，详细信息参考 1988 年 Mokha 等的试验数据）。例如,在一个采用频率为2.0 Hz和振幅为70 mm(正如1997年Bondonet和Filiatrault所做的某些试验)的试验中,加速度 $\omega^2 d = 1.1g$ 并且在试验的开始加速度会有所超出,可能已大大超过了 $2.0g$。

对于正在使用的隔震支座,在运动的起始阶段不会出现这么大的加速度。图5-4给出1993年Constantinou及1996年Tsopelas等人测出的一个隔震支座运动时程例子。试验测试某个143 kN的桥梁模型。该模型由4个位于弹性桥墩顶部的FPS支座支撑,测试模型比例为4:1,测试时间也缩短一半。输入的激励为1952年Taft运动的N21E部分,峰值加速度值为 $0.71g$,峰值速度值为0.54 m/s(原型比例),对支座相对位移求微分得到滑动面上的滑动速度和相对加速度,将他们转换成原型比例后见图5-4。另外,列出了一个相对加速度的记录(从安置在滑动面上下的加速度计记录的差值得到)来说明数值微分的精度。可以看出,滑动发生在试验开始4 s之后。在有明显移动后的0.1 s内,达到一个很大的滑移速度,约200 mm/s,但是相对加速度大约仅有 $0.2g$,这远远小于位移控制的,高频的滑动支座试验的起始加速度值。

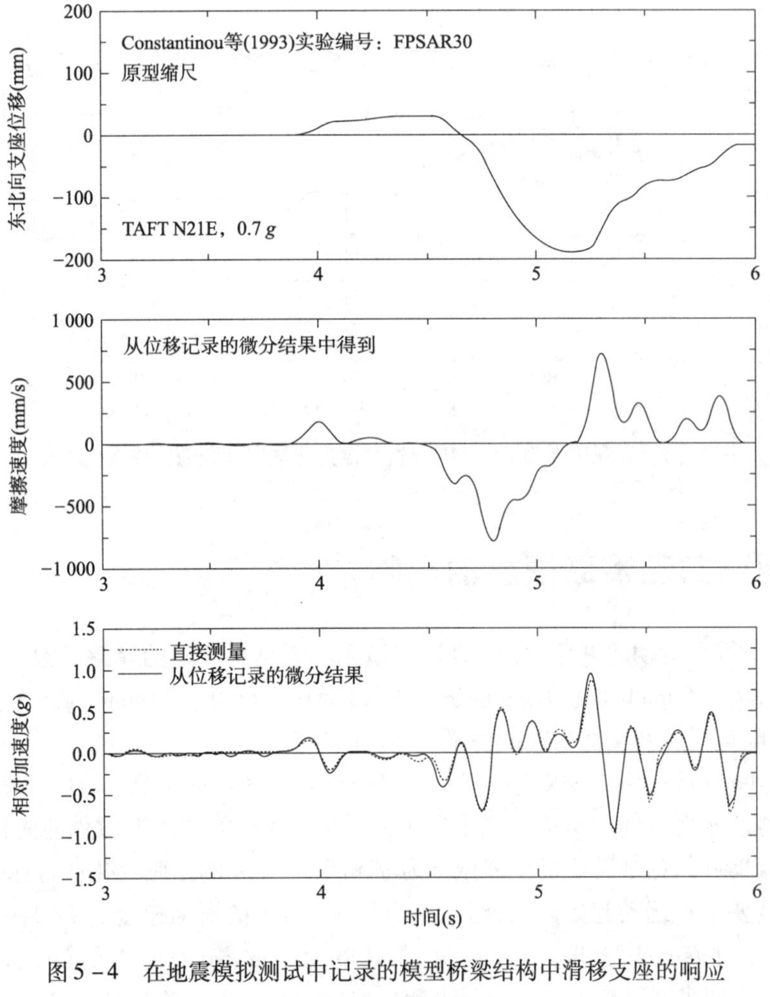

图5-4　在地震模拟测试中记录的模型桥梁结构中滑移支座的响应
(Constantinou等,1993)

尽管在图5-4中不是很明显,但隔震支座的接触面在 $t=4$ s前就已发生了相对运动。图

5－5 给出了支座在 2～4 s 内的响应。在 2 s 时有了大约 0.5 mm 的滑动位移(在比例模型上用精度为 0.025 mm 的仪器实际测得的值为 0.14 mm)。从这段时间内的剪切力－位移图上,可以清楚地看出静摩擦系数约为 0.08,高速下滑动摩擦系数约为 0.10。滑动起始于准静态条件。

第二个例子来自于 Tsopelas 等人在 1994 年和 1996 年用配置了不同滑动隔震系统的相同桥梁模型做的地震模拟器试验。采用 1971 年旧金山地震 Pacoima Dam 记录中 S16E 部分,图 5－6和图 5－7 给出了试验中 4 个扁平 PTFE 支座之一(隔震系统由这些支座和橡胶恢复力装置组成)的响应记录。地震历史记录在原型比例中的峰值加速度为 0.6g(峰值速度为 0.73 m/s),地震记录包含了一个具有近源地震特征的高速振动(记录地点基本上处于地表破裂带上)。

在准静态条件下(放大视图 5－7),在 t =5.8 s 的时发生初始运动(以约 0.02g 的峰值相对加速度,在大约 0.1 s 内达到 12 mm/s 的峰值速度),也就是说,最大静摩擦力发生在相对加速度非常低的时候,随后,瞬间停止之后,获得了高速运动条件。但是这些数据显示从试验机的支座正弦试验中测得的最大摩擦力的高初始值并不稳定。更准确地说,主摩擦力是滑动条件下的摩擦力,它与滑动速度有关。

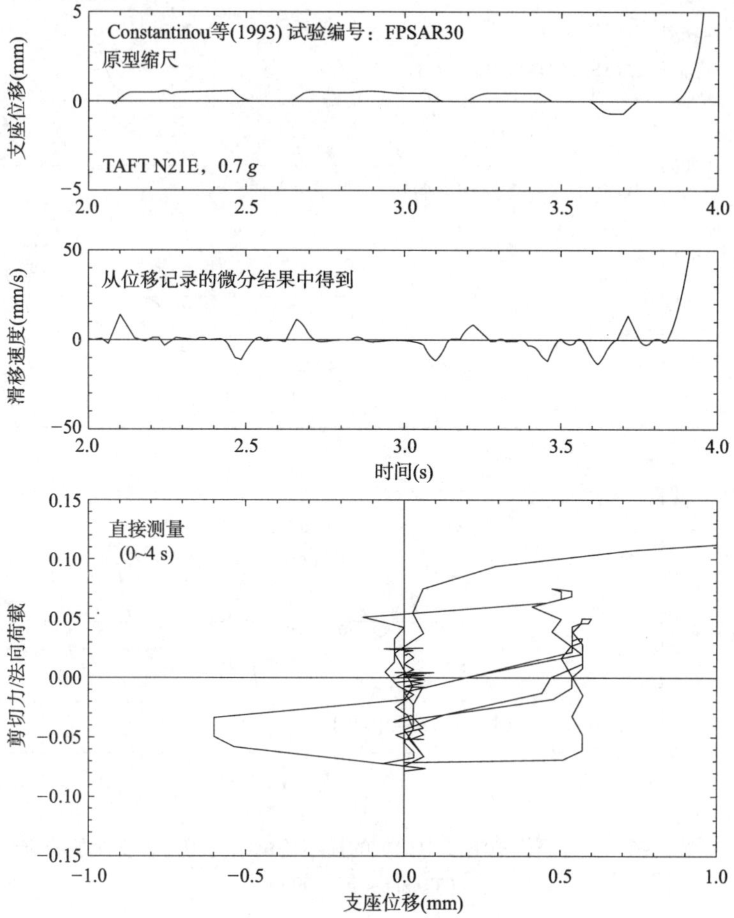

图 5－5　在地震模拟测试中记录的模型桥梁结构中滑动支座的响应
(Constantinou 等,1993)

表面压力和滑动速度对摩擦系数的影响如图 4 - 8 所示。注意图中静摩擦系数(表示为 μ_B)指的是某一速度下的值,即准静态条件下运动起始时的值。在很低的滑动速度条件下,滑动摩擦系数在图 4 - 8 中表示为 f_{min}。Mokha(1988 年、1990 年)和 Constantinou(1990)年分别提出,在约 20 ℃条件下,未填充和玻璃填充的 PTFE 材料与抛光不锈钢材料(表面粗糙度为 0.03 到 0.04 μm Ra)间的 μ_B/f_{min} 比值在 1.3 到 4.4 范围内。此外,从 Campbell(1991 年)的试验获得的资料表明 PTFE 与抛光不锈钢材料间的 μ_B/f_{min} 比值在 2.0 到 7.0 范围内。Mokha 在 1990 年、Campbell 在 1991 年给出了编织 PTFE 材料的摩擦性能数据,其中 μ_B/f_{min} 的取值范围在 2.0 到 3.0 之间。然而使用在 FP 支座中的合成 PTFE 材料的摩擦性能数据(第 5.4 节)表明,这个比值更小,通常在 1.2 左右。虽然已经在很多试验中(例如:Mokha,1990 年;Constantinou,1993 年;Al-Hussaini,1994 年)观测到了这个现象,但是我们仍然不能对 PTFE 材料、未填充 PTFE 材料和编织 PTFE 材料间观测到的差异给出解释。

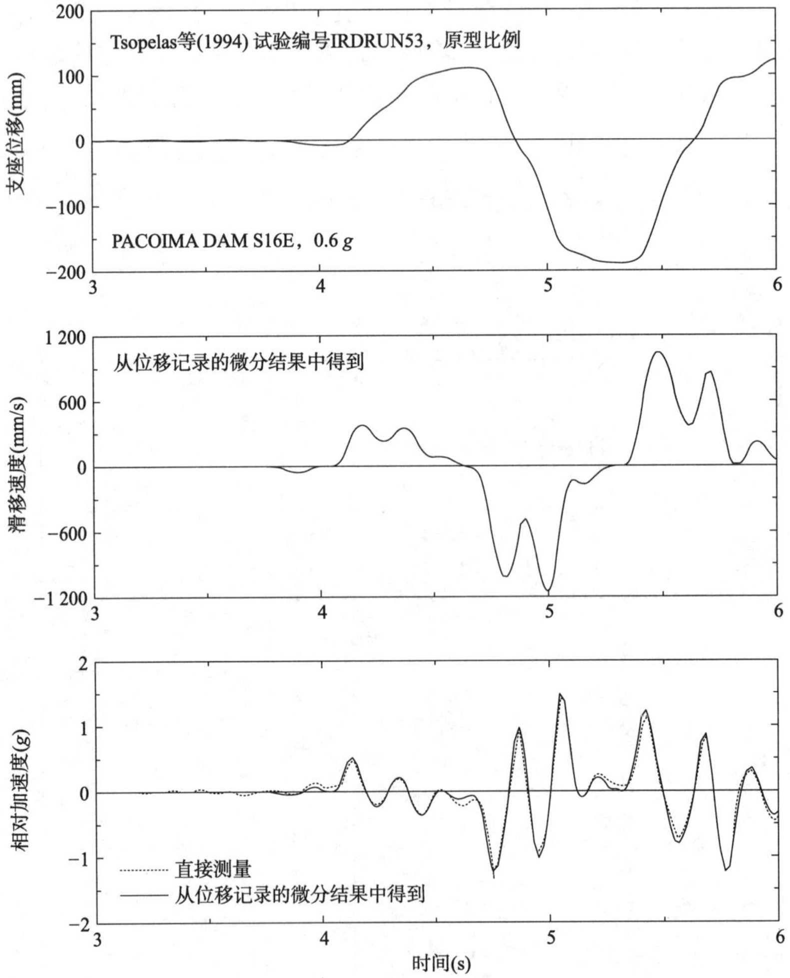

图 5 - 6　在地震模拟测试中记录的模型桥梁结构中滑移支座的响应

(Tsopelas 等,1994)

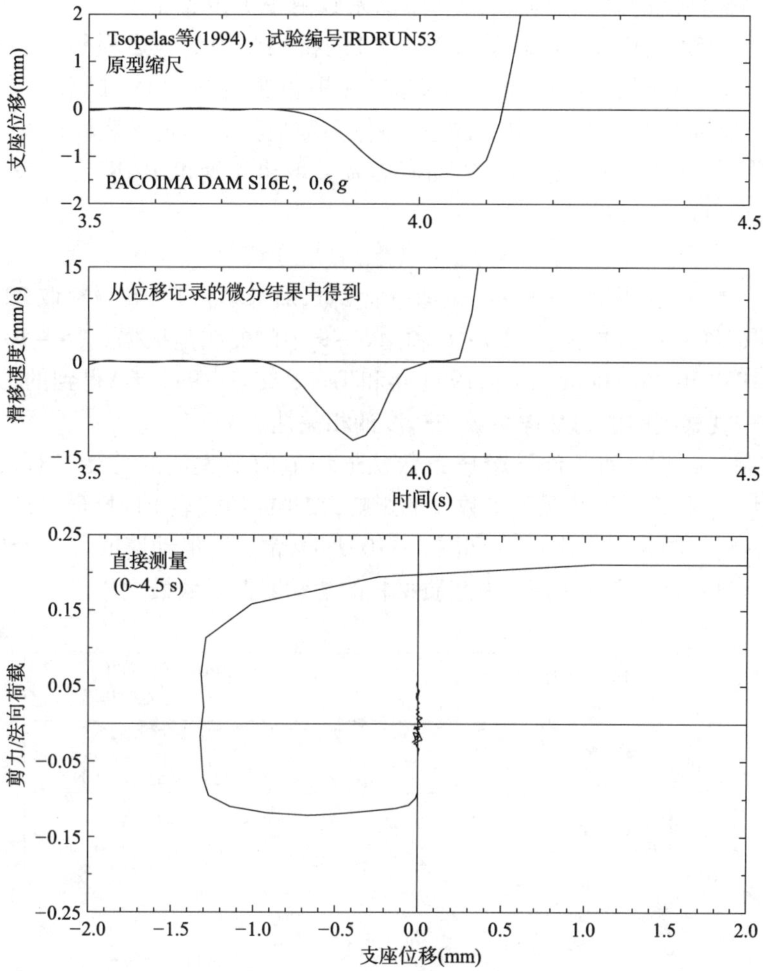

图 5－7　在模型桥梁结构的振动台试验中记录的滑移支座的响应截图
（Tsopelas 等,1994）

关于高速滑动下 PTFE 支座的摩擦性能的文献,已发表的还不多。据我们所知,Tyler 在 1977 年首次发表了这方面的研究成果。尽管他研究的重点是(不现实)高速运动下的最大静摩擦系数,但是他发表了滑动摩擦系数的研究成果。这一成果与 Mokha 在 1988 年及 1990 年在更大条件范围内的试验结果基本一致。

图 5－8 给出 Mokha 在 1988 年获得的 20 ℃时(试验开始阶段的温度)未填充 PTFE 材料与抛光 ASTM A240,304 型不锈钢材料(表面粗糙度为 0.03 μm Ra)间滑动摩擦系数的试验数据。数据显示了摩擦系数与表面压力和滑动速度的相关性,但是摩擦系数的值不是绝对的,更恰当地说,这里给出的摩擦系数是从试验的第一个循环得到的;众所周知,由于摩擦热的影响,摩擦系数会随着高速下移动的增加而减小。此外,试样尺寸对摩擦系数也有影响(通常在很大试样的试验中得到较低的值)。最后,一些未知因素使得记录的摩擦力存在变异性,例如不锈钢的类型(作者曾研究了 304 型不锈钢和 316 型不锈钢之间的细微差别)和湿度。

图 5－9 给出在 Constantinou(1993 年)和 Tsopelas(1994 年)试验中,FP 支座中使用的合

成 PTFE 材料摩擦性能的试验数据。滑动摩擦系数由一个设置了 FP 支座（Constantinou 等，1993 年）或平板滑动支座（Tsopelas 等，1994 年）的桥梁模型的地震模拟试验给出。数据是从位移控制的试验（圆圈表示）或地震运动试验（黑色圆点表示）中提取出来的，所有试验中，支座的法向荷载约为 35 kN。再次注意，摩擦系数值具有一定代表性但并不绝对。

一般地，对于给定的表面压力值，滑动摩擦系数取决于速度 v，用公式表示如下（Mokha 等，1988；Constantinou 等，1990）：

$$\mu = f_{max} - (f_{max} - f_{min})e^{-av} \tag{5-1}$$

式中，f_{max} 和 f_{min} 的定义如图 4-8 所示，a 是一个参数，对未填充 PTFE 材料取 20 ~ 30 s/m，对合成 PTFE 材料取 100 s/m 或更大。图 5-8 和图 5-9 中的曲线是根据式（5-1）和相应的参数值（Mokha 等，1988 年；Constantinou 等，1993 年和 Tsopelas 等，1994 年）得到的，式（5-1）很好地描述了试验中观察到的滑动摩擦系数与速度的相关性。

参数 a 控制了高速滑动条件下摩擦系数从最小值向最大值的转变过程，图 5-10 说明 f_{max}/f_{min} 分别为 2.5 和 5 两种情况下参数 a 的影响，较小的值代表 PTFE 合成材料，较大值代表未填充 PTFE 材料。图 5-8、图 5-9 和图 5-10 表明，常温下滑动速度大于 150 mm/s 的试验足以得到所有 PTFE 材料和以 PTFE 为基质材料的滑动摩擦系数最大值。

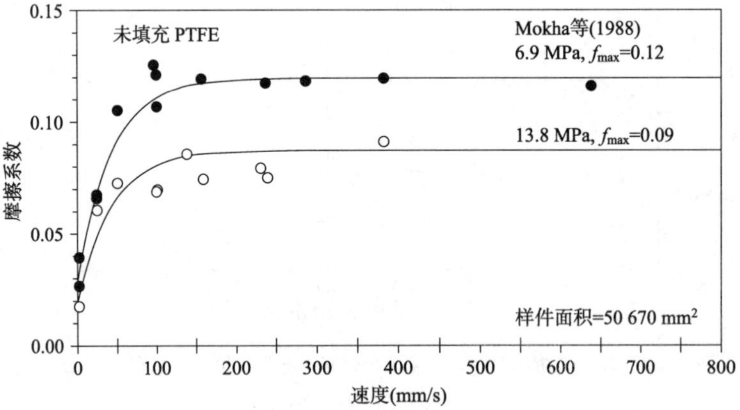

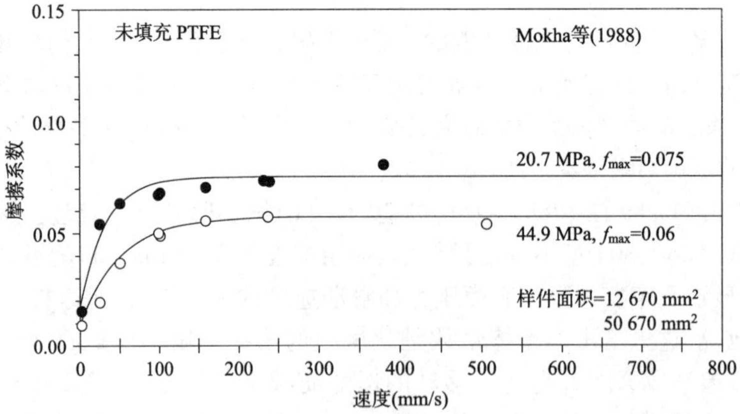

图 5-8　未填充 PTFE-抛光不锈钢（0.03 μm Ra）间的摩擦系数（环境温度 20 ℃）

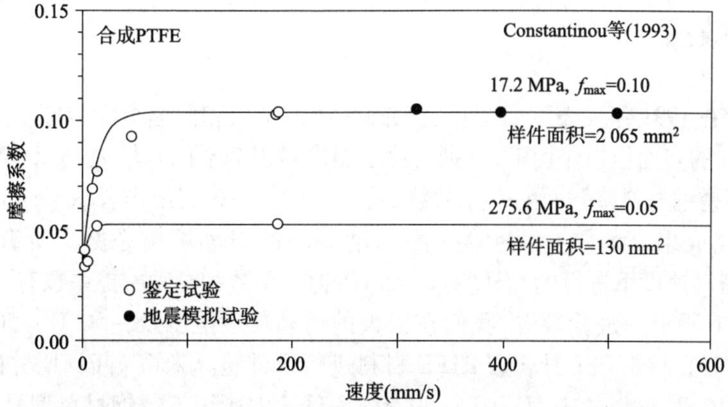

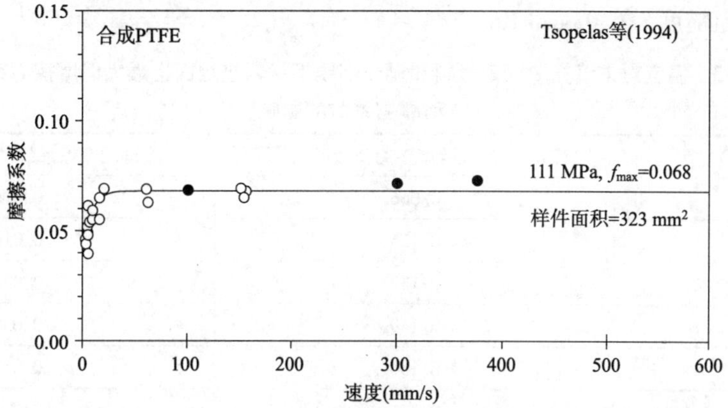

图 5－9　合成 PTFE－抛光不锈钢间的摩擦系数，环境温度 20 ℃
（法向荷载约为 35 kN）

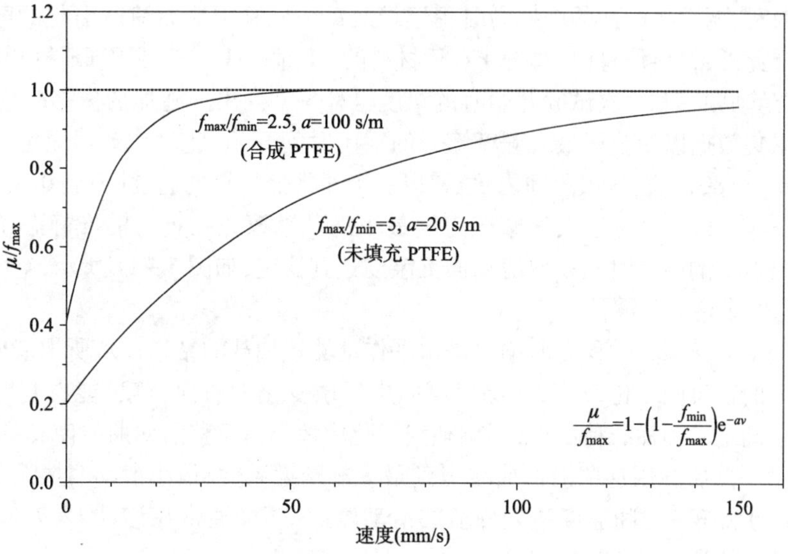

图 5－10　参数 a 对摩擦系数随速度变化的影响

5.4 温度效应

Campbell 等在 1991 年发表了温度对最大静摩擦力系数和低速滑动摩擦系数影响的研究成果。在 20.7 MPa 的表面压强作用下,分别讨论了温度对未润滑的未填充、玻璃填充和编织 PTFE 材料与高抛光不锈钢材料接触面的摩擦系数的影响。表 5-3 列出作者从 Campbell 等给出的图表中提取的研究成果。参数 f_{min} 为第一圈运动循环的滑动摩擦系数。所有的试验都是在 1 mm/s 的峰值滑动速度下进行的。温度对最大静摩擦力系数和滑动摩擦系数有显著的影响。

利用图 5-1 所示的试验装置,我们在很大的滑动速度范围及 -50 ℃ ~50 ℃ 的温度范围内对未填充的 PTFE 材料和 1 号合成 PTFE 材料进行了试验。未填充 PTFE 材料的表面压强为 20.7 MPa,合成 PTFE 材料的表面压强为 69 MPa。试验中所用不锈钢材料型号为 ASTM A240,304 型,其表面粗糙度为 0.03 μm Ra。

表 5-3 温度对未填充 PTFE 材料和抛光不锈钢材料接触面上最大静摩擦力系数和滑动摩擦系数的影响

温度(℃)	最大静摩擦力系数	滑动摩擦系数(v =1 mm/s)
20	0.066	0.016
10	0.125	0.016
0	0.132	0.020
-10	0.149	0.039
-15	0.154	0.057
-20	0.136	0.074
-25	0.157	0.086

在文献 Constantinou(1999)的附录 A 中列出了本次试验的试验结果,附录的每页都附加了位移荷载时程,两个接触面的摩擦力时程记录及每个试验中法向荷载引起的摩擦力与位移的关系曲线。此外,材料信息(未填充 PTFE 材料的 UF 值及 1 号合成 PTFE 材料的 C_1 值)、表面压力、谐波运动频率和每次试验开始时的温度也都一一列出。施加的位移时程见图 5-11,时程记录从采集数据以便获得最大静摩擦力的空闲时间开始,此时作动器无可见运动。随后持续记录了 60 到 80 s。在这段时间内,位移以一个非常低的滑动速度(不到 0.8 mm/s)达到幅值 u_0 。在这一阶段,可以对最大静摩擦力和最小滑动摩擦力在真正的准静态条件下进行测量。然后留出 10 s 的空闲时间以使滑动面上温度达到稳定,如图 5-11 所示,空闲时间过后就是 2.25 到 3.25 个谐波位移波。

试验中记录的摩擦力时程有所偏移是水平作动器预加载的结果。从所加谐波最后一圈在零线位置留下的正负归一化摩擦力(除以试验中轻微变化的法向荷载)能够判断出预加载荷的大小。一旦确定了预加载荷的值,则调整归一化摩擦力-位移滞回曲线使其具有对称性,如图 5-12 所示。然后利用这些滞回曲线得到最大静摩擦系数,最小滑动摩擦系数(f_{min} ,速度低于 0.6 mm/s)和第一时间速度达到峰值的滑动摩擦系数(通常在移动 12.7 mm 或 25.4 mm 之后),如图 5-12 所示。

1999 年 Constantinou 等发表了未填充 PTFE 材料在约 -40 ℃ 下试验的一整套结果(试验 UF-TEST58 到 UF-TEST62),其中第 58 号试验是对一个全新的具有干净不锈钢圆板的 PTFE

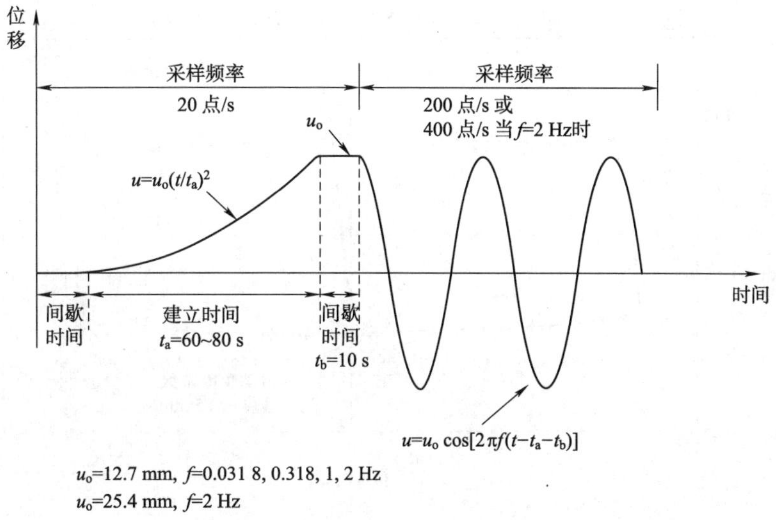

图 5－11　用于测定温度对摩擦性能影响的位移加载时程

试样进行的。在 1995 年 2 月 1 日下午 4 点对该试样施加了 147 kN 的法向荷载并持续保持，直到 1995 年 4 月 14 日对其进行试验（加载时长为 311 h）。在该天上午 10 点，试验装置周围的保温箱内填满了密封的装着固体二氧化碳（干冰）的小袋子。在经过 5 h 的温度调节后，温度稳定在 －42 ℃，而后开始第 58 号试验。在试验结束时，温度增加到了 －32 ℃。试样在温度重新达到 －39 ℃的一个多小时内未受到扰动，随后进行了第 59 号试验（注意试验过程中保温箱填满了密封的干冰袋，其中一些直接放在运动的板上试样周围 30 mm 宽的带状区域以外的地方），这个过程总共重复 9 次试验后再装上一个新的试样。

为了在高温下做试验，在试验装置的周围或直接在移动板上安装了加热元件。

1995 年 1 月和 2 月期间对未填充的 PTFE 材料做了试验。在此期间，试验室的平均气温为 22 ℃，相对湿度为 20%。1995 年 4 月和 5 月对合成 PTFE 材料做了试验，当时的平均温度是 22 ℃，相对湿度是 25% ~40%。而为了进行低温试验，保温箱内的相对湿度则极低。

从 Constantinou 在 1999 年的试验结果可以看出，在温度极低的高频试验中，第一圈循环内位移滞回曲线在运动反向时表现出较高的摩擦力。在激励谐波运动的开始阶段，摩擦力达到一最大值。在部分试验（例如：试验 UF-TEST 59 到 UF-TEST 62）中，谐波运动初期的摩擦力基本为常量并且与激励运动的特征无关（例如，在这些试验中峰值速度在 25 mm/s 到 320 mm/s 之间变化）。尽管在运动的起始阶段受到动态条件的影响，但这个观测结果可以理解为短暂停止（10 s）后的最大静摩擦力（见图 5－11）。在随后的论述中，并没有使用到运动起始阶段（连同运动的每个反向）的摩擦力值。更确切地说，基于以下原因，我们使用了第一峰值速度瞬间的摩擦力值（见图 5－12）。

（1）给出的值确实是某小行程后某一速度下的滑动值。

（2）使用式（5－1）来描述滑动摩擦系数与速度的相关性具有设计方面的意义。但是在低温下，滑动摩擦力的最大值 f_{max} 并不会出现在高滑动速度下，而是出现在相对较低的滑动速度下（见图 4－11），在低滑动速度下谐波运动起始阶段的摩擦力基本上跟滑动摩擦力的值相等（例子见试验 UF-TEST 60）。

（3）重点主要在于确定不同温度下参数 f_{max} 与参考温度 20 ℃时值的比值，这个比值将被

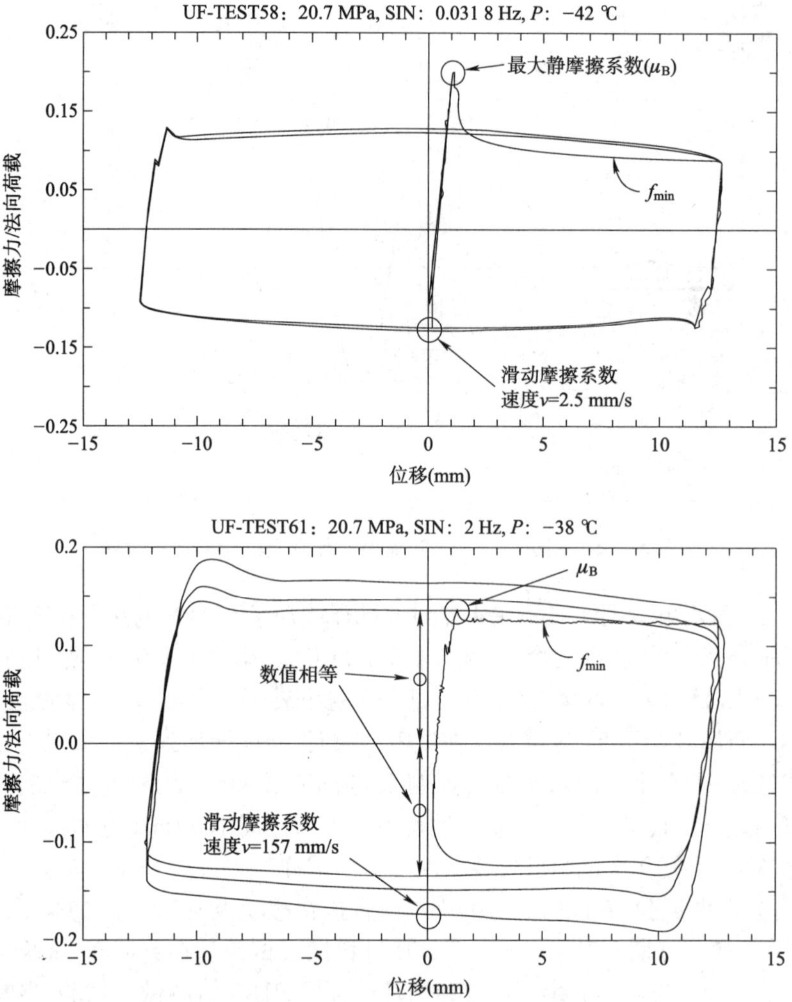

图 5－12　摩擦性能测定实例

用来确定温度特性修正因子 λ 。我们将利用 f_{max} 在不同温度下的取值来确定这个比值，这是一个稳妥的方法。例如，－40 ℃时的修正因子 λ 是由－40 ℃和 20 ℃时两个 f_{max} 值的比值得到的。根据附录 A 中 Constantinou 等人 1999 年取得的关于未填充 PTFE 材料研究成果，f_{max} 在－39 ℃时取值为 0.178（速度为 80 mm/s 的 60 号试验），在 22 ℃时取值为 0.113（速度为 320 mm/s 的 43A 试验），两个 f_{max} 值的比值为 0.178/0.113 ＝ 1.58，这就是报告中修正因子 λ 的值。或者，我们用反向运动中 f_{max} 的值：f_{max} 在－40 ℃时取值为 0.189（62 号试验），在 22 ℃时取值为 0.118（43A 试验），得到 λ ＝0.189/0.118＝1.60，基本上与前面的值相同。

图 5－13～图 5－15 给出温度对未填充，未润滑 PTFE 材料摩擦特性影响的数据。图 5－13列出了不同试验中测得的最大静摩擦系数。温度变化的范围从－40 ℃到 50 ℃；取每次试验开始的温度，并就近取为 10 的倍数。对于每组的第一次试验，在靠近数据点的位置列出了以小时为单位的加载时间。后续的每个试验都是在不到 1 h 的加载时间后进行的。

图 5－14 给出每次试验开始时，三个不同速度下测得的最大静摩擦力，最小滑动摩擦力

f_{min} 和滑动摩擦力随温度变化的情况。图 5 – 14 说明了温度对低速下摩擦力系数 f_{min} 及最大静摩擦力系数具有显著的影响，对高速度下摩擦力系数的影响有限，后者明显是摩擦热在起作用。图中的摩擦力值与 Campbell 等人在 1991 年提出的结果一致，见表 5 – 3。例如，在图 5 – 14 中，在很低的速度下滑动摩擦系数的值(f_{min})20 ℃时为 0.016 到 0.03，– 25 ℃时为 0.09，Campbell 等在 1991 年给出的 f_{min} 值分别为 0.016 和 0.086。

针对每次试验开始时的不同温度（就近取为 10 的倍数），图 5 – 15 给出了量测得到的摩擦系数值随滑动速度变化的情况。当把同温度下的数据点用一条曲线连接起来时，就形成了一幅清楚的温度效应图，如图 5 – 15 所示。例如温度在 20 ℃到 – 40 ℃之间时，我们看到最大静摩擦力系数和低速滑动摩擦系数 f_{min} 有 4 ~5 倍的增加，但是高速滑动摩擦系数 f_{max} 仅增加了 1.6 倍。注意在足够大的速度下，由于摩擦热的原因，试验开始时的温度对摩擦力的影响变小。

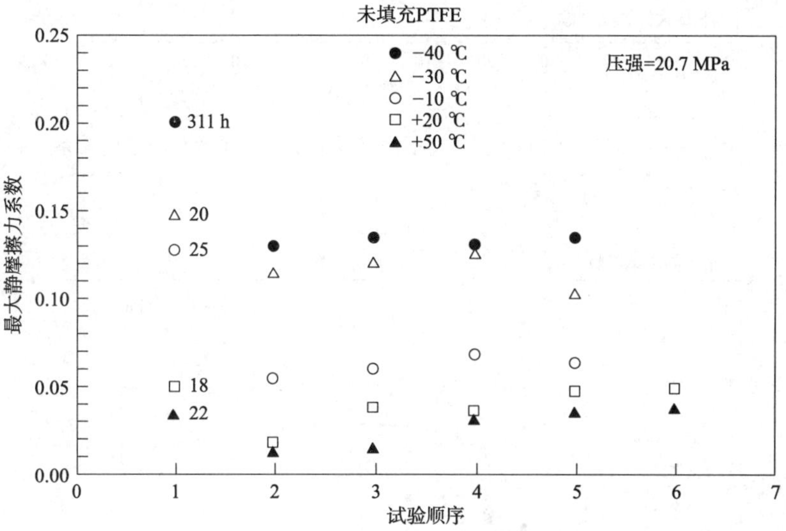

图 5 – 13　未填充 PTFE – 抛光不锈钢界面上最大静摩擦系数与温度和试验次序的关系

既然我们现在有了预测摩擦热引起温度上升的理论（第 4.8 节），进行一些代表性的计算是非常有意义的。现在来看 – 40 ℃时测定 f_{max} 的试验。图 5 – 15 中，数据点对应的速度约80 mm/s。在这次试验中，施加的位移振幅为 12.7 mm，频率为 1 Hz。在 1/4 个运动周期后开始记录 f_{max} 的值，也就是 t =0.25 s 时。该运动等价于一个速度恒为 v_c =0.051 m/s 的运动。取μ =0.18，p =20.7 MPa 和相近的 – 30 ℃时钢的热力学性能（见表 4 – 1，详情参考文献 Lide，1993），利用式（4 – 21）和式（4 – 29），计算得到表面温度会上升 16 ℃。对同样的温度和最高速度（频率 2 Hz，振幅为 25.4 mm 的试验）进行重复计算，我们取 t =0.125 s，v_c = 0.20 m/s，μ =0.16，可以得出表面温度上升值约为 35 ℃：温度上升的幅度已经影响到了摩擦力特性。

图 5 – 16 ~ 图 5 – 18 给出了温度对合成 PTFE 材料摩擦力特性的影响数据。与未填充 PTFE材料的结果对比后，得到以下两个结论：

（1）最大静摩擦力几乎与低速度下的滑动摩擦力相同（f_{min}）。

（2）一般地，与未填充 PTFE 材料相比，温度的影响要小得多。

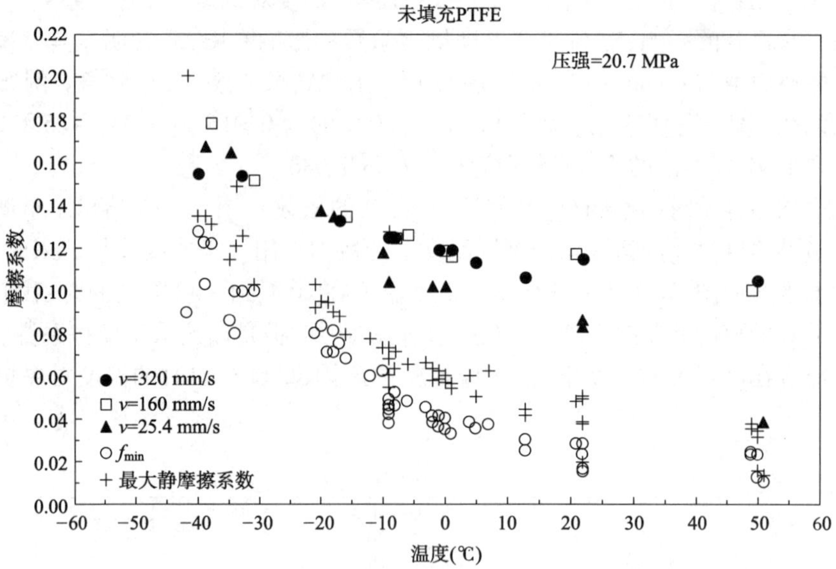

图 5-14 未填充 PTFE-抛光不锈钢界面上摩擦系数与温度的关系

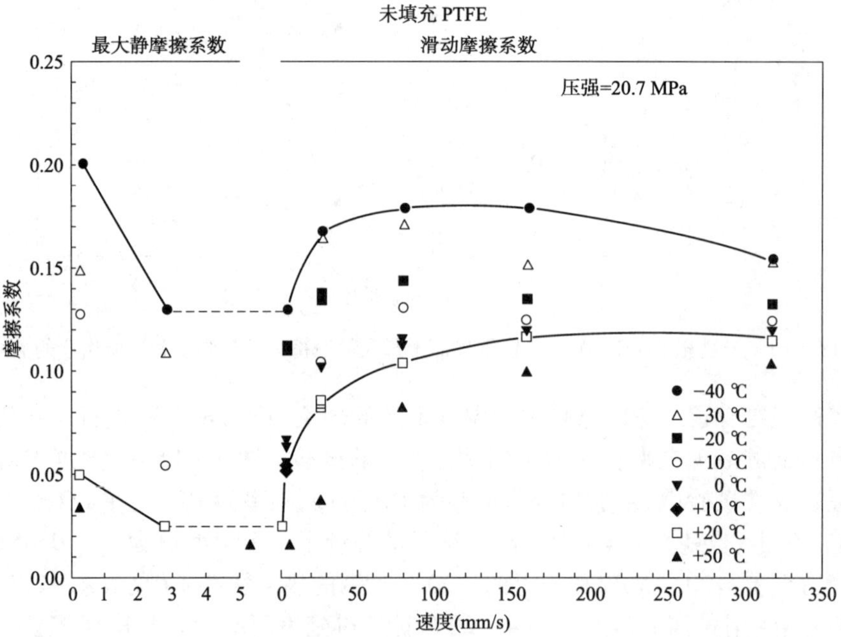

图 5-15 不同温度下,未填充 PTFE-抛光不锈钢界面上摩擦系数与滑动速度的关系

对温度影响较小的解释与生成的热流有关。合成材料的摩擦系数大约是未填充 PTFE 材料摩擦系数的一半,而表面压力却是未填充材料的 3.3 倍还多。假设施加的运动是一样的,那么在合成材料试验中的热流(图 4-29)大约比未填充 PTFE 材料中的热流大 1.7 倍,但通过不锈钢圆盘内的热电偶测得的温度却比未填充 PTFE 材料试验中同样运动的记录小得多。因此,必然有大量的热流进入合成材料,然而对于未填充 PTFE 材料来说,生成热几乎全都被不锈钢表面所吸收。这个问题的主要原因一定是合成材料的厚度太小(0.25 mm,

这是基于温度试验后面的磨损试验而选择的厚度)。对于合成材料的试验结果应该这样来看,温度对较厚材料(如那些用到桥梁中的材料)的影响可能会大于图 5－16～图 5－18 所显示的结果。

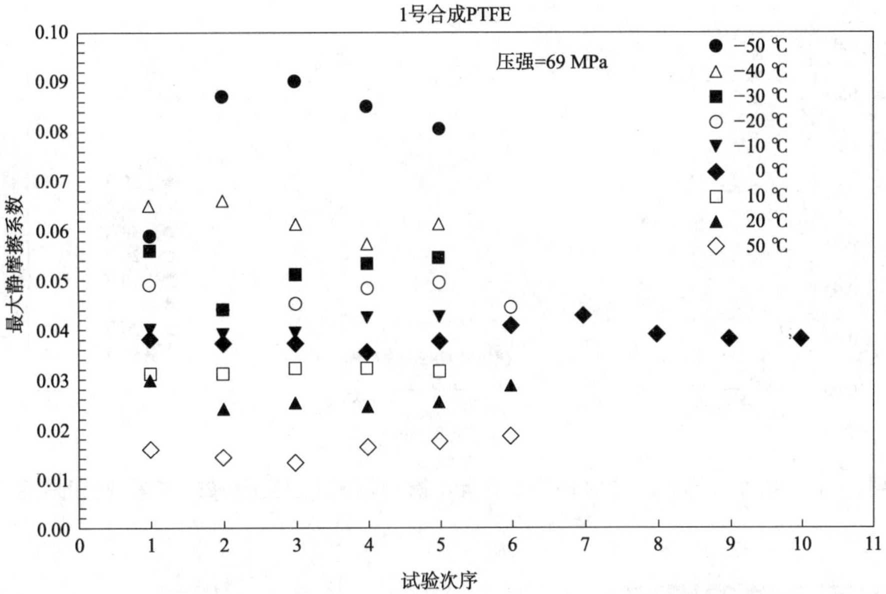

图 5－16　合成 PTFE－抛光不锈钢界面上最大静摩擦系数与温度和试验次序的关系

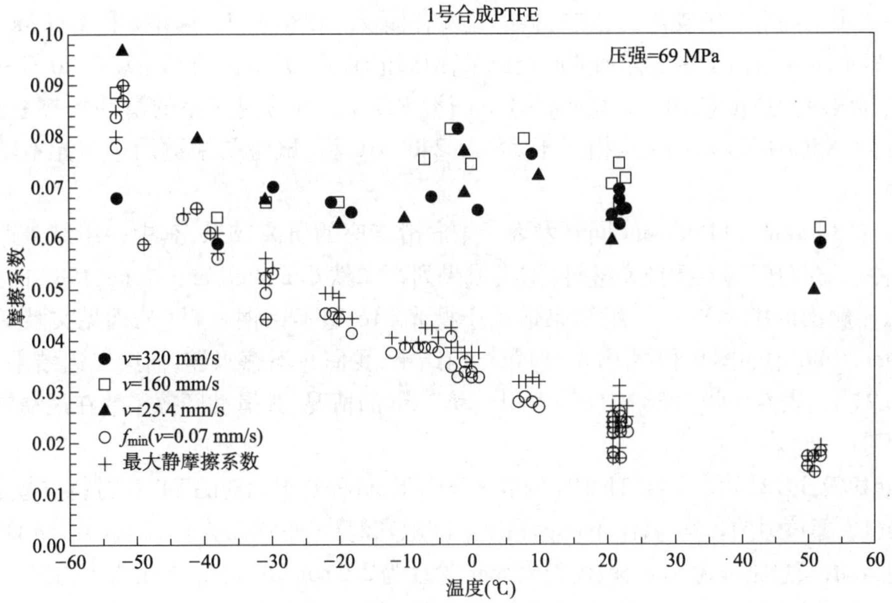

图 5－17　合成 PTFE－抛光不锈钢接触面上摩擦系数与温度的关系

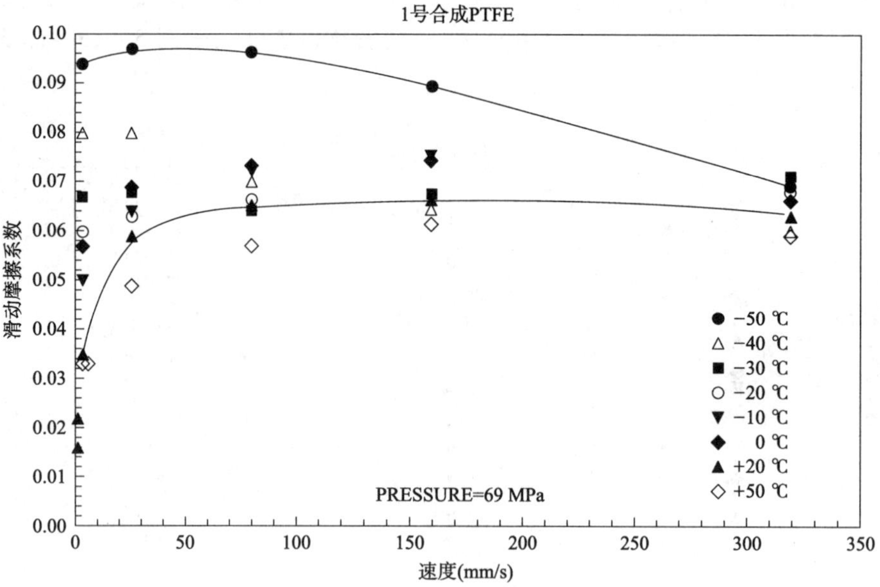

图 5-18　在不同温度下,合成 PTFE-抛光不锈钢接触面上摩擦系数与滑动速度的关系

5.5　累积运动的影响

回顾关于累积运动对 PTFE 材料和不锈钢材料接触面上摩擦系数影响的文献,会得到互相矛盾的结果。1987 年 Campbell 和 Kong 的资料包含的两幅图(图 21 和图 23)显示在低速度下滑动摩擦系数随累积运动增加而有显著的增加,在 20 km 的运动后增加了 3 倍。结果来源于德国并适用于润滑过的支座,这在资料中并没有提及。1986 年 Kauschke 和 Baigent、2002 年 Eggert 和 Kauschke 给出了更为详细的此类成果,他们记录了 20 km 的累积运动在 20 ℃ ~ -35 ℃ 的温度范围内对低速度(0.4 ~ 2.0 mm/s)下润滑 PTFE-不锈钢支座的滑动摩擦系数影响。不锈钢材料(X5CrNiMo 1810 型)相当于 ASTM 240,316 型,试验结果适用于抛光不锈钢和粗糙不锈钢。

1986 年 Kauschke 和 Baigent 同时发表了未润滑支座的研究成果,其中一组结果适用于聚甲醛(一种乙缩醛塑料)与 PTFE 材料(这类成果列在文献 Campbell and Kong,1987 的图 7 中,没有考虑接触面的类型),另一组结果适用于抛光 316 型不锈钢材料(分别见文献 Kauschke and Baigent,1986 中的图 9 和图 10)。对第一组结果,我们并不感兴趣,而第二组结果,其适用于温度为 21 ℃、表面压强为 30 MPa 和累积运动 2 km 的情况,其滑动摩擦系数在运动中变化很小(0.05 到 0.06)。

Long(1969,1974)发表了在 24 MPa 的表面压强下,行程对未润滑的 PTFE 材料与抛光不锈钢材料间接触面摩擦力的影响,其中不锈钢采用高度抛光(算术平均值为 0.05 μm)。试验时,施加等速周期运动,其总路程为 5 km、振幅为 25 mm、速度为 2.5 mm/s。Long 在报告中指出,静摩擦系数应该被理解成运动反向后的摩擦力。除了运动起始阶段的较大值(最大静摩擦力值)之外,报告中的值大体上与滑动摩擦系数相同。Long 指出,0.017 大小的最大静摩擦力系数在很短的运动(50 m)后降到了 0.010,随后稳定在 0.008,在运动了 5 km 后降到了 0.007。

Long(1969,1974)的研究成果与源自德国的研究成果(由 Kauschke 和 Baigent 在 1986 年发表)主要在两个方面不同:

(1)在近似相同的表面压力(24~30 MPa)和滑动速度(2.0~2.5 mm/s)下,摩擦力的值却有很大的不同(在德国试验里约为 0.05,在 Long 的试验里约为 0.01)。如此大的差距可能是试样尺寸不同造成的(在德国试验中典型的直径为75 mm,在 Long 的试验里约为20 mm),但更可能是由不锈钢的成分和表面条件不同引起的。Long(1969)取得并测试了德国不锈钢材料,发现与他测试的材料的相比,该材料表面粗糙度(算术平均值约为 0.18 μm)较高且摩擦力也高的多。

(2)Long 的研究结果表明随着运动的增加摩擦力减小,而源自德国的结果却表现出相反的趋势。对于这个不同并没有明了的解释,可能的原因是不锈钢成分、表面粗糙度和摩擦热的影响。试验过程中,滑动面上是否有温度监控和是否采取了措施来防止温度上升还不能确定。(例如通过开展间断性试验。)

抛开这些不同之处,在 2~5 km 的运动范围内,两组结果在低速度下的摩擦力系数都显示了相当小的变化(不管是增加还是减少)。Campbell 等人在 1991 年给出了在不同表面压力和不同温度下,未填充 PTFE 材料与高度抛光不锈钢材料间摩擦力的试验结果。该结果表明在低速短暂的运动之后,摩擦力系数有显著的增加。试样的直径为 75 mm,周期性常速度运动的振幅为 12.5 mm,速度为 1 mm/s。一般来说,摩擦系数的初始值很高(最大静摩擦系数值),接着降低并保持在稳定值,直到累积运动约达到 10 m 后开始增加。例如,在温度为 20 ℃、表面压力为 20.7 MPa 的条件下,摩擦系数稳定在 0.015 运动了 10 m,随着运动增加到 15m,系数也逐渐增加到了 0.025。此外,在 −10 ℃的温度下,摩擦系数稳定在 0.030,累积运动了 5 m,但在累积运动了 25 m 后迅速增加到 0.072。这种增加对于如此短的距离来说有些偏大。正如 Kauschke 和 Baigent 在 1986 所指出的一样,这些结果与 Long(1969,1974)和源自德国的观点相矛盾。很明显,累积运动的影响还需要作进一步的研究。

为了提供更多关于累积运动影响的资料,我们进行了两组接触面 500 m 累积行程试验,一个是未填充 PTFE 材料,另一个是合成 PTFE 材料。试验装置如图 5−1 所示,采用振幅为 6.4 mm、速度为 0.8 或 2.4 mm/s 的周期性的常速运动。速度的范围与前期研究中的试验条件一致(在德国和 Long 在 1969 的试验中为 2.0~2.5 mm/s,在 Campbell 等 1991 年的试验中为 1 mm/s)。此外,它也与现场观测(Muller-Rochholz 等,1986a,1986b)和计算相一致。

从给出计算的范例来讲,这样做很有意义。支座的移动主要是由交通引起,其次是由温度变化引起。极端的温度变化极少出现,因此在累积运动的计算中不予考虑。然而,对于这样的计算来讲,更具代表性的温度变化为在一定时期,特定地点的平均高温与平均低温的差值。根据美国大量的可用资料,大多数地区每月平均高温与平均低温的差别大约为 20 ℉。有理由认为,这个值大约也就是一天中的温度变化。以一个代表性的 100 ft(30.5 m)的横跨钢梁桥为例,在 30 年服务期内温度引起的累积运动大约是 90 m,与交通引起的累计运动相比无足轻重。

估算由交通引起的支座运动有一定的困难,但是对特定类型的桥梁我们能够得到一个合理估计值。钢梁桥(工字梁)的梁纵深 d 与跨度 L 的比值通常设计成 1/30 。(这里跨度等于静载荷作用下两个反弯点间的距离)。此外,在设计中,梁在活载荷(包括侧向均布载荷及冲击荷载)作用下其最大挠度 Δ ,大约为跨度的 1/1 000 (Xanthakos,1994)。为了得到支座的平均运动,我们不考虑侧向均布载荷及冲击荷载的影响,取 $\Delta/L=1/1\,500$ 进行计算。最大支撑转角 θ 和最大挠度之间的关系为 $\theta=\alpha\Delta/L$,其中 α 对于单跨桥约为 3.0,对于连续的多跨桥取值要低些(例如,对于一个两跨相等的桥 α 取值近似为 2.5)此外,支座运动的振幅为 $u=\theta d/2$。

取 $\alpha=3.0$,那么对每次车辆通过桥梁时平均支座运动振幅的保守估计为:

$$u=\frac{L}{30\,000} \tag{5-2}$$

累积运动 u_T 为

$$u_T=\left(\frac{L}{15\,000}\right)\times C\times H \tag{5-3}$$

式中,C 为每小时内通过的车辆数量;H 为总时间。此外,对运动速度 v 的估计可以通过假设横穿跨度 L 的时间为 L/v_T,其中 v_T 为通行的平均速度。因此

$$v=\frac{v_T}{15\,000} \tag{5-4}$$

我们考虑桥的典型跨度为100 ft(30.5 m)、平均交通速度为60 km/h,计算得到 $u\approx1$ mm 和 $v\approx1$ mm/s。为了估算累积运动,我们假设 30 年的服务期,每小时通过 10 次(这是交通满负荷时通过的次数),计算得到 $u_T=5.3$ km。这个估算在很大程度上取决于假设的每小时通过的次数。此外,这个运动的一部分可以被看作是支座本身的变形(而不是仅有滑动)。虽然如此,平均来讲,运动的速度达到 1 mm/s,累积运动大一些,达到了几公里。欧洲结构支座标准 EN1337(European,2004)规定一个滑动支座的长期摩擦试验,支座的累积运动为 10.2 km。该试验采用的是小比例试样(接触区的直径为 75 mm),并作为滑动支座检验程序的一部分。试验中表面压力为 30 MPa,峰值速度在 0.4 到 3.8 mm/s 之间,温度在 35 ℃ ~ −35 ℃之间,98% 的运动是在 21 ℃ 的环境下进行的。在德国进行过更大累积运动的试验,试验条件如同 EN1337 试验,同样的温度和运动时程,但是总的运动行程超过了 20 km。感兴趣的读者可以参考 Eggert 和 Kauschke 在 2002 年的文章以得到润滑的 PTFE 材料与不锈钢材料的试验结果。

累积运动对摩擦力影响的试验采用了周期性 0.8 mm/s 的常速运动,运动里程约为 260 m,随后还附加了一个 240 m 速度为 2.4 mm/s 的运动:速度与钢梁桥平均条件下的期望值一致,但是累积行程代表的是这类桥 3 年的服务期限。首先做了合成 PTFE 材料的试验,表面压力为 69 MPa。图 5−19 给出了按以下方法得到的试验结果。

(1)施加三个循环的周期性 0.8 mm/s 的常速运动,然后测量滑动摩擦力。试验每隔 5 ~ 25 m 的累计运动进行一次,摩擦力的测量值在图中用方形符号表示。每次试验都在运动中断后迅速进行,从而保证滑动面的温度高于开始时的 24 ℃。通过植入不锈钢板的热电偶测得的温度在 28 ℃左右。

(2)高速试验每隔 25 m 的累积行程进行一次,试验中位移时程记录如图 5−11 所示,$u_0=12.7$ mm,频率为 2 Hz。该试验容许测量极低速度情况下的滑动摩擦力系数 f_{min} 和 160 mm/s(如第 4.4 节所述)下的滑动摩擦力。得到的摩擦系数在图中分别用圆圈和三角符号表示。部分试验是在一定的空闲时间后进行的,这样通过热电偶监测到的温度约为 24 ℃(黑色符号),其余的试验不存在空闲时间,所以每个试验开始的温度都比较高,一般约为 28 ℃。

经过试验和随后的 125 m 的累积行程后,发现部分通过液压油缸(见图 5−1)施加的法向载荷没有直接转移到试样上。中断试样的循环运动但不对其卸载,然后松开反作用框架的连接(见图 5−1),结果液压缸内的压力传感器的测量值下降了 15%(从 146.7 MPa 降到了 124.7 MPa)。因此,在 125 m 累积运动中,测得的摩擦力值大约是真实值得 83%,也就是说,高速

摩擦系数的初始值不是0.064而是0.075，如图5-19所示。通过将法向载荷增大到一适当值，并连接载荷板与反作用框架，重新开始试验来修正之前出现的问题。通过增加法向载荷法修正过的数据表明，滑动摩擦系数在极低速度下和某代表性高速下，随着累积运动的增加而减小并在500 m的累积运动后趋于稳定，f_{min}的初始值为0.075，并稳定在了0.052，也就是减少了约30%。

在20.7 MPa的表面压力下，对未填充的PTFE材料试样进行了相似试验，结果见图5-20。在这种情况下，测量得到了一个极低速度范围内和160 mm/s速度下的滑动摩擦力。所有的结果出自初始温度为24 ℃的试验（施加了空闲时间，直到热电偶测得的温度约为24 ℃）。图5-21给出高速条件下，行程在0.5 m、254 m和510 m后的三条归一化的摩擦力与位移循环曲线（图5-11，频率为2 Hz）。

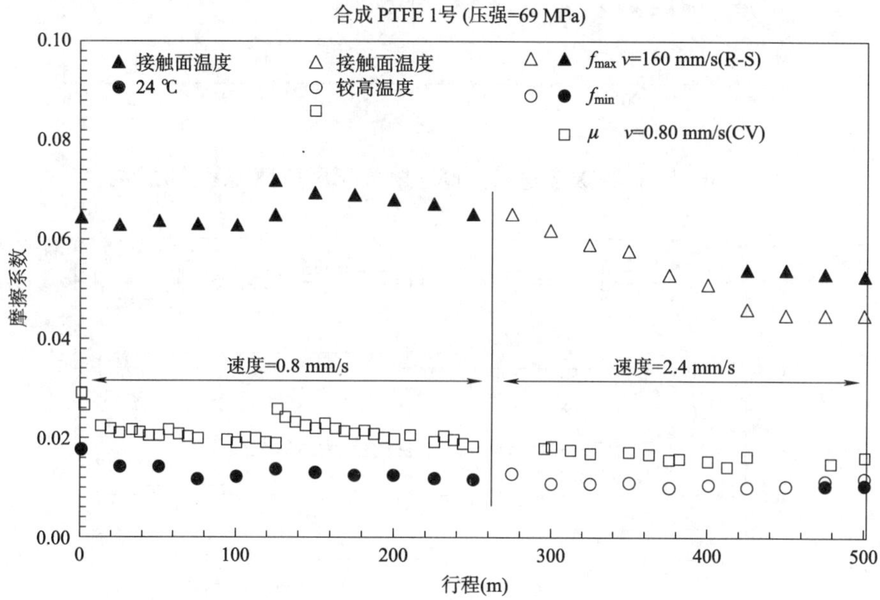

图5-19　累计运动对合成PTFE-抛光不锈钢间摩擦系数的影响

图5-20的结果表明，大体上滑动摩擦系数随着累积运动的增加而减小，并且在经过300 m的运动之后显示出缓慢的增长。低速滑动摩擦系数在0～40 m的运动范围内出现波动，高速滑动摩擦系数的初始值为0.125，但是在40 m的运动后就下降到0.100（有趣的是，在510 m的运动之后也得到这个值），低速摩擦力系数在不到15 m的运动中显示出快速的增加，这与Campbell等人在1991年得到的研究结果一致。

总的来说，对于未填充的PTFE材料与不锈钢之间低速摩擦力的有效资料要么是出自德国的结果，即2 000多米的累积行程中摩擦力轻微增加，要么是出自英国（Long，1969）的结果，即在5 km的运行过程中，摩擦力减少。二者的不同可能是所用不锈钢圆盘的表面粗糙度和成分不一样造成的。这里给出的针对未填充PTFE材料和合成PTFE材料的试验结果表明，高速和低速下滑动摩擦力在累积行程达到0.5 km后，一般都会减小。

在1～2 km的累积运动之后，高速摩擦力可能会增加并超过初始值。如果我们认同高速摩擦力系数的变化趋势与低速摩擦力系数的变化趋势（这在未填充的PTFE材料中有所体现，见图5-21）相同这一观点，那么高速摩擦力系数值在运行2 km后就应该有20%的增长。这个结论是建立在1986年Kauschke和Baigent发表的德国资料基础上的。

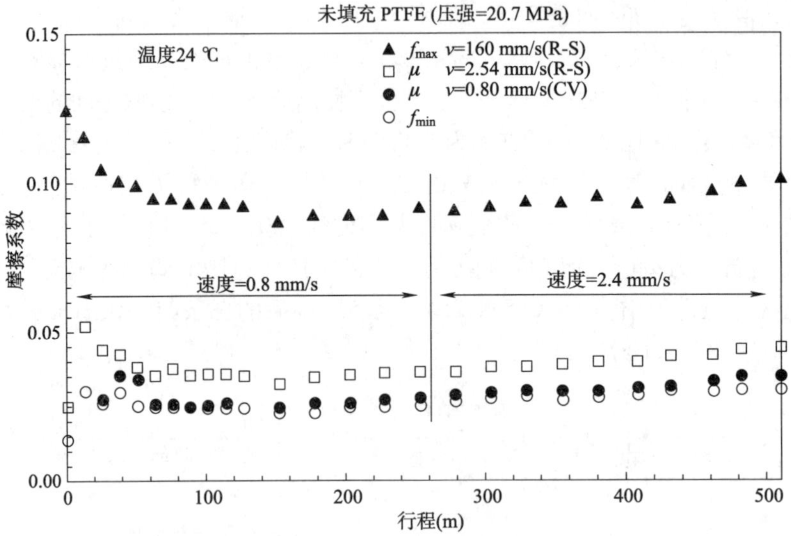

图 5－20　累计运动对未填充 PTFE－抛光不锈钢间摩擦系数的影响

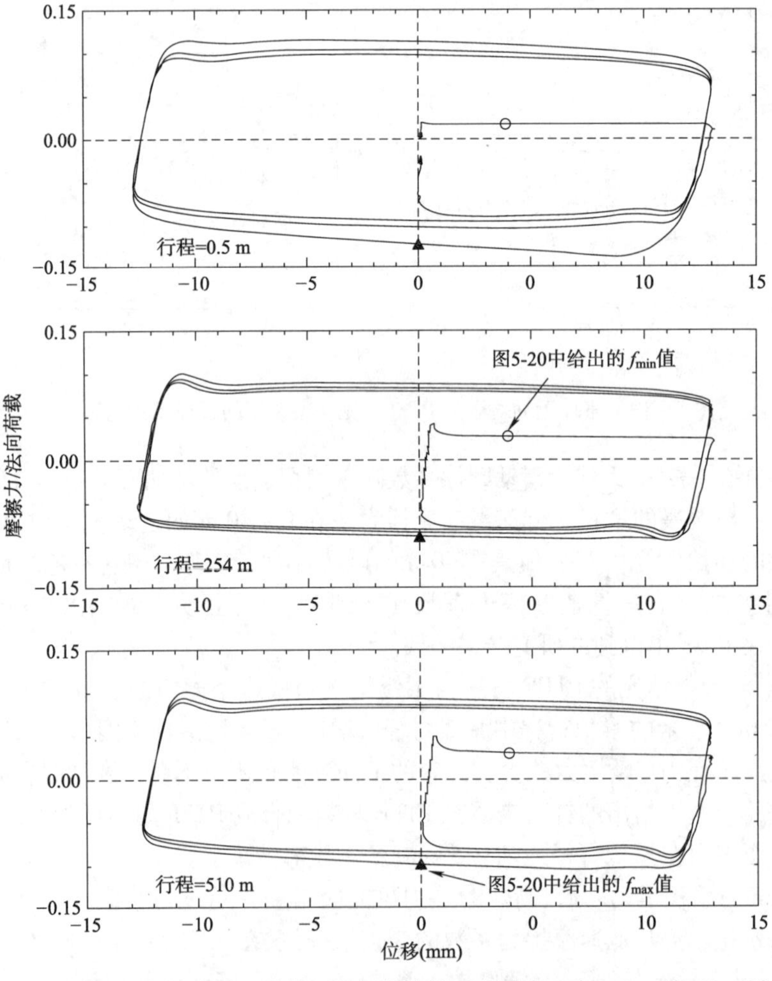

图 5－21　未填充 PTFE－抛光不锈钢的接触面在累计运动 0.5 m 到 510 m 后得到的摩擦力/法向荷载与位移的关系，试验装置见图 5－11，运动频率 2 Hz

试验中观测到一些值得介绍的现象，在未填充的 PTFE 材料试验中，行进了 0.5 km 后，PTFE表面出现了非常小的黑色颗粒，通过擦拭表面可以去除这些黑色颗粒。这些颗粒要么是从不锈钢表面刮擦下来的细钢颗粒，要么是残余的用来抛光圆盘的研磨剂，或者二者兼有。似乎这些颗粒随着行程的增加而增多并最终导致了摩擦力的增加，如果真是这样，那么可以通过使用高抛光、高强度的不锈钢材料，并清扫所有研磨剂残余来减轻其对摩擦力的影响。或许这就是英国试验与德国试验中观测到不同的摩擦力变化趋势原因。

由于合成 PTFE 材料是深色的，所以在合成 PTFE 材料的试验中看不到这一现象。但是对合成物的磨损测试中观测了这一现象。这种材料非常薄，厚度只有 0.25 mm。图 5－22 展示了试验前后这种材料的照片，最右边的圆盘是试验前的材料，中间的是累积运动仅有几米的高振幅运动试验过的材料，材料均匀的分布在表面上（在拍照之前移去了边缘上的薄层），左边的圆盘是在运行了 500 m 后的合成物（同样在拍照前去除了边缘薄层），材料不再均匀分布。在低振幅、长行程试验过程中，这种磨损是材料颗粒的迁移和随后的颗粒与合成物基质的重结合造成的。对于合成材料（似乎也适合编织 PTFE 材料），这种机理似乎是在小振幅运动中减小磨损的基本原理。

第 5.10 节主要叙述了关于滑动支座磨损的现有成果。

图 5－22　合成 PTFE 材料对照图 500 m（左），短程高振幅（中）和试验前（右）

5.6　不锈钢表面粗糙度的影响

不锈钢的表面粗糙度对摩擦力有影响。如前文所述，表面粗糙度作为造成德国（Kauschke 和 Baigent 在 1986 发表）与英国试验结果（Long 在 1969 年及 1974 年发表）不同的原因时有所提及。1972 年 Taylor 论述了表面粗糙度在很低速度下对未填充 PTFE 材料和不锈钢材料间摩擦力系数的影响。试验条件为表面压力 35 MPa，速度 0.02 mm/s，温度 20 ℃。他认为用标准磨光不锈钢材料和用镜面磨光不锈钢材料得到的摩擦力系数有 3～5 倍的差距。Long（1969）和 Taylor（1972）的研究成果似乎是今天为什么在 PTFE 滑动支座中几乎全部使用镜面磨光不锈钢材料的原因。

尽管现如今广泛使用镜面抛光的不锈钢（表面粗糙度的算术平均值约为 0.03 μm），但如果我们假定腐蚀效应等价于粗糙度的影响，那么粗糙度对摩擦力（特别是对高速摩擦力）影响的数据还是很有意义的。第 5.7 节主要论述不锈钢材料的腐蚀，这里我们假设随着时间的流逝，不锈钢发生腐蚀，当然也依赖于周围环境，进一步假设腐蚀均布于整个不锈钢表面。因此，我们把腐蚀与表面粗糙度联系在一起并假设腐蚀与增加表面粗糙度是等效的。

对由未填充的 PTFE 材料、合成 PTFE 材料分别与表面粗糙度分别为 0.03、0.30 和 0.50 μm Ra 的不锈钢材料(ASTM 240,304 型)构成的滑动界面进行试验。最低的粗糙度代表了镜面磨光过的不锈钢片(或 8 号),中间的粗糙度代表轧制不锈钢片,最大粗糙度代表用铁刷处理过的轧制不锈钢片。

试验采用图 5-11 所示的运动,运动前的加载时间一般少于 1 h,每次试验开始的温度为 24 ℃,表观接触压力为 20.7 MPa(未填充 PTFE 材料)和 69 MPa(合成 PTFE 材料)。

图 5-23 和图 5-24 展示了在达到预定速度的瞬间(比如行程达到图 5-12 所示激励运动的振幅)的滑动摩擦力系数测量结果。对于每一个粗糙度,均测试一个新的未填充 PTFE 材料的试样,但因只有一个合成 PTFE 材料试样,所以所有试验都使用同一个样件。在大部分试验过程中,没有对试样进行卸载,也没有清理滑动面,也就是说,在不锈钢材料上都包有前面试验的 PTFE材料。但是在重复进行选定的试验前(特别是对高粗糙度的情况),都对滑动面进行了清理,此时得到的试验数据在图中用带阴影的符号表示,而其余的数据用中空的符号表示。

图 5-23 和图 5-24 所示结果表明滑动摩擦力随着粗糙度的增加而增加。在极低速度情况下,这种增加十分明显,并且大致上与 Taylor 在 1972 年的观测结果一致。摩擦力的增长可能是由以下原因引起的:

(1)由于粗糙的不锈钢划过 PTFE 材料而增加了摩擦力中犁沟的成分;

(2)滑动面上阻碍滑动的磨损粒子数量增加的影响。

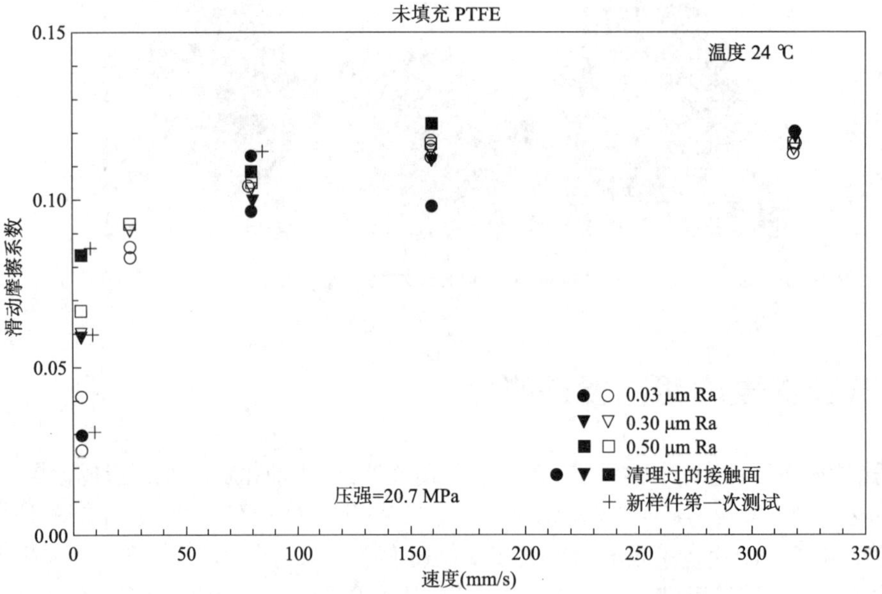

图 5-23　不锈钢表面粗糙度对未填充 PTFE 摩擦力的影响

由图 5-23 和图 5-24 可以看出,表面粗糙度对滑动摩擦系数的影响随着滑动速度的增加而减小。这种现象对于未填充的 PTFE 材料尤为明显。未填充 PTFE 材料的高速滑动摩擦力 f_{max} 几乎不受粗糙度的影响。这与决定高速滑动下摩擦力的第三介质颗粒(磨损碎片)有关。第三介质颗粒的影响是有限的,而且摩擦系数在超过一定的速度值后会达到一个常量(不考虑摩擦热的影响)。高粗糙度会产生更多的磨损颗粒,但是在高速滑动下它对摩擦力的影响会减小。

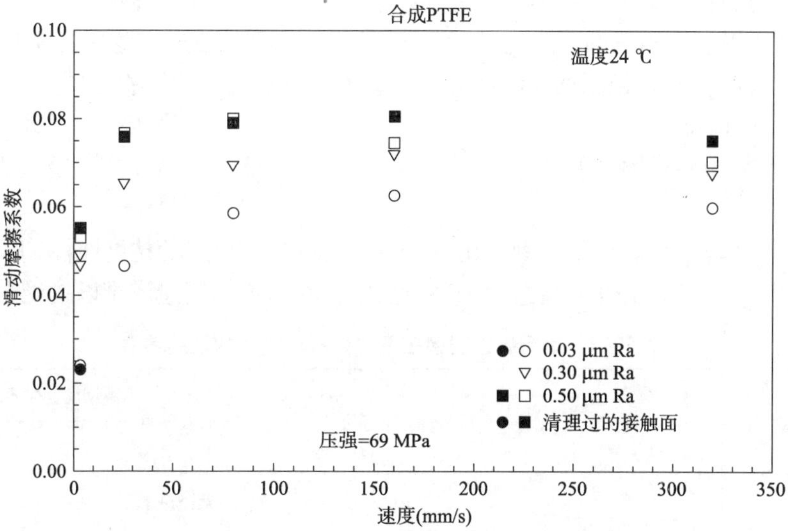

图 5－24　不锈钢表面粗糙度对合成 PTFE 摩擦力的影响

如图 5－24 所示，在高速滑动情况下，表面粗糙度对合成 PTFE 材料滑动摩擦系数的影响比对未填充 PTFE 材料滑动摩擦系数的影响要大。为了找到该情况的原因，对这些数据进行了细致的分析。例如，在试验进行的一段时期内，试验室的相对湿度为 20% 或 45%。然而，即便当忽略一些数据时，粗糙度的影响仍旧处于图 5－24 所示的水平上。由于材料不同的结合特性（大部分磨损碎片与材料基质重新结合），第三介质颗粒对未填充 PTFE 材料滑动面的影响可能没有那么显著。当然，其他一些机理（如刮擦）也许也能够解释该现象。

5.7　不锈钢腐蚀的影响

不锈钢作为一种合金，它包含铁，至少 10% 的铬以及 10% ～15% 的具有一定抗腐蚀性的其他元素。主要分为五类：铁酸盐不锈钢，奥氏体不锈钢，马氏体不锈钢，沉淀硬化不锈钢和双相不锈钢，其中 AISI（美国钢铁协会）的 304 型和 316 型奥氏体不锈钢用在滑动支座中（Davison 等，1987）。

不锈钢的腐蚀保护机制与大多数的金属不同，包括碳钢的腐蚀保护机制。与其他的金属不同，不锈钢并不形成一个氧化层而是形成一个钝化膜，维持这个钝化膜就可以使不锈钢表现出杰出的抗腐蚀性。只要有氧气存在，那么钝化膜就会迅速生成。

不锈钢中对抗腐蚀性起重要作用的基本元素是形成钝化膜的铬和钼。钼和铬在腐蚀条件下，共同维持钝化膜的稳定。此外，由于碳与铬会发生反应，所以碳对抗腐蚀不利。

AISI 304 型奥氏体不锈钢具有很好的延展性、易加工性、可用性及良好的抗腐蚀性，因此它是最常用的不锈钢。含有钼的 316 型不锈钢和低碳的 316L 特殊型不锈钢具有更好的抗腐蚀性，更适于使用在含氯化物较多的环境中的滑动支座。

不锈钢的腐蚀形式有很多种（Davison 等，1987），但最常见的形式是与局部钝化膜中断有关的蚀损斑。通常正是氯化物的作用才出现蚀损斑。不锈钢整体腐蚀的现象非常少见，如果有这种情况发生，一般说明选择了错误型号的不锈钢。

1987 年，Davison 等给出了关于不锈钢抗腐蚀的资料，但是国际镍业公司（1970）给出了最完整的关于滑动支座抗腐蚀的数据。它特别收集了奥氏体不锈钢材料在大气环境中抗腐蚀的资料。资料主要以定性描述的形式记录了不锈钢长期暴露在已知环境中的性能。表 5－4 列出了国际镍业公司(1970)记录的 304 型和 316 型奥氏体不锈钢的性能信息。

表 5－4 中的信息显示：

(1)大气环境中不锈钢的腐蚀是可能的，而且当锈斑侵蚀了小部分不锈钢表面后腐蚀是特别明显的；

(2)在任何环境下 316 型不锈钢都比 304 型不锈钢具有更好的抗腐蚀性；

(3)明显地，由于氯化物的存在，化工环境能给 304 型不锈钢造成难以接受的腐蚀。

表 5－4　奥氏体不锈钢在不同大气环境下的性能信息

地 点	环 境	持续时间(年)	不锈钢腐蚀情况	
			304 型	316 型
New York City	工业城市	26 23	无锈斑 —	— 无锈斑
Niagara Falls, NY	化工区	6	生锈，有蚀损	轻微锈斑 轻微蚀损
Panama Canal	热带	8	—	无锈斑 无蚀损
Bayonee, NJ	工业区① (有保护)	12	坑深 0.18 mm	坑深不到 0.025 mm
Bayonee, NJ	工业区 (无保护)	12	无锈无蚀损	无锈 无蚀损
Kure Beach, NC	海洋环境	15	15% 的表面有锈斑	15% 的表面有极轻微锈斑

①类化工环境。

表 5－4 中列出的数据包含了当试样暴露在工业环境中时，有保护和无保护的两种情况。有保护的试样存放在室内，因此雨水不能冲刷掉试样上积攒了 12 年多的堆积物。无保护的试样暴露在室外，因此雨水会定期地冲掉堆积物。那些放在室内的试样发生了腐蚀，而那些暴露在室外(经常冲洗)的试样却没有腐蚀：积攒的堆积物耗尽了不锈钢被覆盖部分的氧气，并且阻止了钝化膜的修复。

这个发现提出这样一个问题：滑动支座是否应该密封来阻止污染物？由于以下几个原因，作者坚信支座应该密封：(1)阻止污染物，过多的污染物耗尽不锈钢的氧气；(2)保护表面不受氯化物侵蚀。此外不锈钢表面应该朝下安装以阻止来自支座内部的污染(例如，从支座中碳钢部分掉下来的铁锈屑)。使滑动支座在长期使用中不受腐蚀的理想情况就是使用 316 型(最好是 316L 型)不锈钢，并让不锈钢表面朝下，再装一个能挡污染却允许空气通过的密封件。

316 型不锈钢的优越性在很多环境中都得到了验证，Romanoff(1957)记录了关于地面下裸露放置约 18 年的 37 000 个试样腐蚀的大量数据，尽管这与滑动支座没有直接的联系，但是这些资料具有相当高的价值。304 型和 316 型不锈钢在含有 2% 氯化钠的土中暴露放置了 14 年后腐蚀程度有很大的不同：316 型的试样没有腐蚀，但是 304 型的试样却有明显的蚀损斑。

尽管在不锈钢腐蚀方面有了大量的资料信息，但是仍然缺少与摩擦系数相关的腐蚀资料，特别是缺少与高速摩擦系数的腐蚀资料。为了在这方面提供一些量化的资料，我们不得不将不锈钢的表面情况与一些相关量联系起来，比如表面粗糙度。这样一来，图 5－23 和图 5－24 展示的资料就可以用来估计腐蚀对摩擦力的影响。

作者得到了布法罗分校滑动支座试验中的资料。这些支座表面镶嵌了 304 型奥氏体不锈钢材料，通过焊接与碳钢盘连在一起。在长达 9 年的时间里对支座进行了详细的测试并分拆存放在试验室里。其中一个支座（总共 4 个）的不锈钢板在距边缘 20 mm 的地方出现轻微的锈斑，锈斑覆盖面积大约为不锈钢表面的 15% 。其原因是由于碳钢圆盘磨损带来的铁颗粒污染了不锈钢圆盘的四周。不管怎样在接触时，有轻微蚀斑的表面会比完好的不锈钢表面更粗糙些。经测量，暴露 9 年以后腐蚀不锈钢板表面粗糙度的算术平均值约为 0. 30 μm，表面未腐蚀部分和其他三个支座的表面，粗糙度算术平均值约为 0. 03 μm。

我们假设算术平均值为 0. 3 μm 的表面粗糙度代表了 304 型不锈钢在工业化或城市（不是化学）环境里但不受污染也不直接接触盐的条件下暴露 30 年的表面情况。注意假设可能很保守，因为：(1) 暴露在这样一个环境里 26 年的不锈钢表面没有锈斑（见表 5－4）；(2) 即使出现锈斑他们也只占表面的一小部分，也不会像我们假设的那样出现均布的腐蚀。此外我们假设算术平均值为 0. 5 μm 的表面粗糙度代表 304 型不锈钢在化工环境里的表面情况。

在这些假设的基础上给出了表 5－5。表中列出了 304 型不锈钢在不同环境条件和不锈钢圆盘的安装方法下表面粗糙度的假设值。在这些数值中，只有 0. 3 μm（表格中带有下划线的部分）是有据可查的。表格中的数值可能是很保守的，但这是估计腐蚀对摩擦力影响的一个起点。此外，表中的数值还反映了他们在不锈钢腐蚀原理的研究中所理解的环境条件和安装方法的影响。

表 5－5　未润滑支座中暴露 30 年的 304 型奥氏体不锈钢（原始表面粗糙度算术平均值为 0. 03）
表面粗糙度推荐值（算术平均值，单位 μm）

环　境	滑动支座中不锈钢圆盘的安装方法			
	密封面朝下	密封面朝上	未密封朝下	未密封朝上
农　村	0. 10	0. 30	0. 30	不可接受①
工业区/市区	0. 30	0. 40	0. 40	不可接受
海　边	0. 40	0. 50	0. 50	不可接受
工业区/化工区	0. 50	>0. 50	>0. 50	不可接受

①安装方法不可接受，因为这种安装方法会带来潜在的巨大污染。

表 5－6　针对提高在不同环境下暴露放置 30 年的未填充 PTFE 材料和合成 PTFE 材料与 304 型奥氏体不锈钢材料间高速摩擦力系数（f_{max}）的建议因子

环　境	滑动支座中不锈钢圆盘的安装方法		
	密封面朝下	密封面朝上	未密封朝下
农　村	1. 10	1. 20	1. 20
工业区/市区	1. 20	1. 30	1. 30
海　边	1. 30	1. 40	1. 40
工业区/化工区	1. 40	>1. 40	>1. 40

通过表5－5中的表面粗糙度值和图5－23及图5－24中的摩擦系数得到了表5－6,该表列举了关于提高在不同环境下暴露放置30年后的未填充PTFE材料和合成PTFE材料与304型奥氏体不锈钢材料间高速摩擦力系数的因子。在速度近似为75 mm/s时使用了图5－23和图5－24中的数据(带有下划线的值),速度超过75 mm/s后,因子应减小(接近1.0)。

316型奥氏体不锈钢表现出来的抗腐蚀性比304型不锈钢优越,因此,对于316型不锈钢材料,调整腐蚀性对摩擦力影响的比例因子应该比表5－6中列举的值小,我们可以采用表5－6中所列数值与1.0的中间值。

5.8 污染效应

滑动表面的污染将导致摩擦力的增加,大量试验研究已经证明了这个现象。这明显是由于第三方介质作用和不锈钢磨损引入了附加摩擦力的结果。

Long(1969)称在有意用将灰尘撒在PTFE表面后,未填充PTFE材料支座仍然符合性能要求。除了指出支座的累积运动达5.7 km之外,并没有量化地给出其符合要求的性能或污染的量。污染物可能是轻的且非常小的颗粒,以便能够被软PTFE所吸附。Long (1969)指出在支座承担载荷时,不大能污染到滑动面,因此不得不将支座分解并引入污染物。他指出当干水泥灰尘作为污染物引入到支座时,最大静摩擦力系数有相当大的提高(大约6倍,从0.017提高到0.100)。

1977年Jacobsen发表了与Long相似的研究结果,Jacobsen的试验是在未填充的PTFE材料和不锈钢材料间的接触面上进行的(不锈钢的型号和表面情况没有给出),试验的表面压力为6.5 MPa,速度很低并保持不变(4 mm/s)以在运行950 m后得到0.05的摩擦力系数的静态值(最大静摩擦力系数值)和0.06的滑动摩擦力系数值。同样的试样,用沙粒(数量没有给出)污染后在4.3 MPa的表面压力下进行试验,在运行870 m后静摩擦力系数的量测值为0.27,滑动摩擦系数的量测值为0.14。在未填充PTFE材料的另一个试验中,表面压力大小为4.1 MPa,未污染接触面的静摩擦力系数大小为0.08,而用沙粒污染后,其静摩擦力系数值为0.29。

Jacobse还发表了编织PTFE材料与青铜间接触的试验结果。在13.8 MPa的表面压力下,未污染试样的静摩擦力系数为0.065,用沙粒污染试样的静摩擦力系数为0.125。在运行了130 m以后,滑动摩擦力系数减小到了未污染试样的摩擦力系数值,这可能是因为沙粒进入了PTFE材料的编织纤维内,减弱了污染的影响。

1977年Tyler在很大的滑动速度(375 mm/s)下分别对污染的和未污染的、润滑过的、有凹纹的PTFE材料与不锈钢材料间的接触面进行了试验,采用水泥灰尘进行污染,但是没有给出数量,发现滑动摩擦系数有10～15倍的增长。

Campbell和Fatemi(1989)、Campbell(1993)等发表了污染对润滑过的、有凹纹的PTFE支座摩擦力影响的系统研究成果。试验的表面压力为30 MPa,加载时间为12 h,激励运动的速度为1 mm/s,水泥灰尘形式的污染以不同的浓度引入(以单位接触面面积上污染物的重量给出),试验结果记录了200个运动循环的初始(静或最大)摩擦力系数和滑动摩擦力系数。根据记录,对于严重污染的接触面,摩擦力有非常大的增长。例如0.239 mg/mm^2的污染可以使初始摩擦力系数(最大静摩擦力系数)增长15倍,对于直径为75 mm的试样这个污染量相当于约1 g的水泥灰尘。

1989 年 Campbell 和 Fatemi 对未与 PTFE 材料接触部分出现污染的不锈钢表面进行了试验，一定程度上复制了工作条件。在试验中，对支座施加了离心载荷以利于污染的侵入，试验过程中不锈钢表面上的污染物不断得到补充。试验表明即便是滑动表面上有少量污染物侵入，摩擦系数并不改变。

很明显，当污染被人工引入到滑动表面时，将对摩擦力有重大的影响。尽管这个影响已经在非常低的滑动速度下对未润滑支座进行了量测，但是毫无疑问在高速滑动下摩擦力系数将有非常大的增长。直观地，我们希望受污染的未润滑 PTFE 材料和不锈钢材料间接触面上的高速滑动摩擦系数的增长小于低速滑动下相应摩擦力系数的增长，因为第三介质对污染引起的摩擦力影响（见第 3.3 节）的重要性在高速下较小（由于大的第三介质对大块 PTFE 纤维引起的摩擦力的影响）。然而，我们希望污染引起的增长比前面讨论的各种影响因素引起的增长都大，包括磨损、温度和腐蚀的影响。

如果支座在安装现场被拆开，那么滑动面的污染是很可能的。滑动支座应该完全装配好后交付，用侧板轻轻的预压并锁定。

Campbell 和 Fatemi 在 1989 年与 Campbell 等人在 1993 年及前面 Long 在 1969 年取得的研究成果表明，在工作期间滑动支座滑动面的污染是不一定有的，甚至在离心载荷明显存在的情况下也是如此。然而，应该谨慎的假设由于工作期间的污染会导致摩擦力有小的增长，这决定于不锈钢表面的安装方法。例如：如果不锈钢表面朝上安装，几年后就会积累灰尘，在运营时随着支座转动这些灰尘就可能进入到滑动面上。

5.9 润滑效应

如第 4 章所述，润滑减小 PTFE 材料和不锈钢材料间的摩擦系数。对很大范围内的表面压力和滑动速度来讲，高抛光不锈钢材料的滑动摩擦系数在常温下为 0.02 或更小。在静水压力作用下，润滑液，通常采用油脂，存在凹纹里，它可以被挤压到滑动面上。表面凹纹对于延长润滑的有效时间非常重要，凹纹大约占 30% 的表面接触面积。油脂的主要成分包括油或合成液体（几乎 80% 或更多）、胶凝剂（通常为肥皂，约占 10%）和添加剂（抗氧化剂、防腐剂等，占不到 10%）。

Campbell 和 Kong（1989）、Campbell 和 Fatemi（1989）以及 Campbell 等（1993）发表了他们在不同的温度（20 ℃和 −25 ℃）、不锈钢表面的粗糙度（0.03 和 0.04 μm Ra）、表面压力（10 ~ 45 MPa）和滑动速度（直到 20 mm/s）下对润滑的、有凹纹的 PTFE 与不锈钢间接触面的试验成果。按照前面所讨论的方法对污染的影响进行了研究。表 5 − 7 和表 5 − 8 列出了从精心组织的试验中挑选的结果，其中有大量值得关注的结果：

（1）摩擦力与速度有关。在常温、高度抛光的不锈钢、很大的滑动速度条件下，滑动摩擦系数在运动的第一圈达到了 0.02（见表 5 − 7）。摩擦系数随速度的增加，在 1 ~ 20 mm/s 的范围内增加了两倍。对于如此大幅的增加，其原因还不清楚。一个可能解释是第三介质引起了摩擦力的增长（PTFE 材料磨损颗粒）。

（2）一段运动之后，摩擦系数减小为一个很低的值。如表 5 − 8 所示，在正常温度条件下对高抛光不锈钢来说，摩擦系数约为 0.003，但在地震运动中它可以取稍微高些的值。可以假设认为，表 5 − 8 中的数值适用于初始状态和由于温度与交通导致的小幅运动后的情况。很明显，一段小幅运动后摩擦系数的减小是由于润滑剂从表面凹纹扩散到了不锈钢圆盘所造成的。

(3)低温和不锈钢表面粗糙度的增加对摩擦系数有重要的影响。从表5－7和表5－8所示的最高速度数据来看，在温度20℃～－25℃变化范围内，滑动摩擦系数增长5～8倍，在表面粗糙度0.03～0.34 μm Ra的变化范围内，滑动摩擦系数增长3～8倍。

对于未填充未润滑的PTFE材料与高抛光不锈钢材料间的接触面来讲，在同样的温度范围（见图5－15）和20 mm/s的滑动速度下，滑动摩擦系数的增长因子约为1.7。在同样的表面粗糙度和运动速度变化范围内（图5－23），表面粗糙度对滑动摩擦系数的影响非常小（因子为1.1）。相比未润滑的PTFE支座，温度对润滑的PTFE支座摩擦系数的影响更大。这可以用摩擦热来解释。由于在润滑的支座中的摩擦力很小，因此摩擦热也非常少。需要强调的是，不锈钢表面粗糙度的影响可以解释为润滑区域的一种变化，在更高粗糙度的表面其被润滑膜隔开的接触面积减小了。

尽管低温和高粗糙度对润滑PTFE材料有很大的影响，但其滑动摩擦系数仍然很低。如表5－8所示，在小的运动后滑动摩擦系数的值一般都小于0.04。如果能够保持初始时的润滑状态，那么润滑PTFE支座的性能将会非常优良。然而，PTFE支座内的润滑随着时间的流逝逐渐硬化而且润滑的补充是极其困难的（Campbell和Kong，1987；Kauschke和Baigent，1986）。Kauschke和Baigent指出，并且作者也同意，润滑PTFE支座的使用寿命有限，并且润滑PTFE支座应该开始供应来代替PTFE薄片。

表5－7　润滑未填充PTFE材料和不锈钢材料接触面上的滑动摩擦系数

表面压力（MPa）	温度20℃		温度25℃		不锈钢表面粗糙度（μm Ra）
	v = 1 mm/s	v = 20 mm/s	v = 1 mm/s	v = 20 mm/s	
10	0.0068	0.0172	0.0251	0.0526	0.03
15	0.0092	0.0258	0.0197	0.0673	
25	NA	0.0181	0.0420	0.0489	
30	NA	0.0175	0.0139	0.0505	
45	0.0079	0.0160	0.0340	0.0395	
10	0.0132	0.0530	0.0528	0.0770	0.34
15	0.0280	0.0381	0.0259	0.0559	
25	0.0118	0.0191	0.0307	0.0515	
30	0.0095	0.0218	0.0166	0.0467	
45	0.0125	0.0185	0.0225	0.0595	

上述结果是试验接触面行为的典型代表，表明了前述参数的影响，并且提供了第一手的资料供研究学习、初步设计和手册编制来使用。参数的赋值不应该被看作是绝对的。

近年来，Dolce等在2005年发表了下述条件下有关润滑的滑动支座摩擦系数的研究成果，表面压力为9.4、18.7和28.1 MPa，滑动速度范围0～300 mm/s，温度（试验开始时）为－10℃，20℃和50℃。Dolce的资料显示速度对摩擦系数影响很小。一般地，50℃时摩擦系数在0.005～0.018范围变化从，20℃时从在0.01到0.025范围变化，－10℃时在0.015到0.030范围变化。

Eggert和Kauschke（2002）提供了更多关于润滑的PTFE与不锈钢间低速摩擦特性的资

料。其中在温度从 -35 ℃到 20 ℃的范围内及累积行程达到 20 km 时润滑接触面上摩擦系数的资料值得关注:由于润滑损失和污染,行程达到 10 km 后摩擦系数在低温下有显著的增长。

表 5-8　在 50 个循环运动后 20 mm/s 时润滑未填充 PTFE 材料和不锈钢材料接触面上的滑动摩擦系数

表面压力(MPa)	不锈钢表面粗糙度(μm Ra)	滑动摩擦系数	
		温度 20 ℃	温度 -25 ℃
10	0.03	0.0064	0.0290
15		0.0028	0.0223
25		0.0035	0.0230
30		0.0044	0.0238
45		0.0030	0.0163
10	0.34	0.0310	0.0434
15		0.0233	0.0365
25		0.0136	0.0370
30		0.0107	0.0212
45		0.0078	0.0209

5.10　磨损效应

磨损是相对运动造成的对接触面的损害(Bayer,1994)。第 5.5 节论述了累积运动对隔震装置中滑动面摩擦特性的影响,其附加影响就是磨损,表现形式为滑动面上的材料流失。隔震滑动支座中 PTFE 材料或其他与不锈钢配合的材料的过度磨损或者耗尽将引起摩擦力的显著增大并导致支座失效。

隔震滑动支座表现出两种不同领域的磨损。

(1)运营荷载,在这种载荷情况下滑动速度极低且磨损轻微。

(2)地震荷载,在这种荷载情况下滑动速度大磨损显著。在 PV 限制之外支座运行良好(PV 限制的定义见文献 Bayer,1994),但仅仅是结构使用寿命中很短的一段时间(几秒钟)。

实际上对地震条件下磨损的估计是不可能的,如第 4.8.3 节所述的高速试验可以用来预测磨损。后面的论述将集中在轻微磨损领域的磨损上,对于这点有一些有用的资料,而且通过简单的理论可以进行预测。

隔震滑动支座的磨损资料仅局限于下文所列的结果,只给出了定量的资料。应该注意的是有些数量资料是从 HITEC 试验中收集来的,这些数据这里不再列举,有兴趣的读者可以查阅文献 CERF (1998a) 和 CERF (1999)。

Benicia-Martinez 1 型 FP 支座的一个试验就是为了开展 FP 支座在使用(非地震)载荷作用下的反应而进行的磨损试验(Imbsen,2001)。试验中,支座的行程为 1 520 m(10 000 次正弦加载、38 mm 位移振幅、7.6 mm/s 最大速度谐波运动的循环),支座表面压力为 20 MPa。1 型 FP 支座中使用的合成衬垫就是 FP 支座座桥梁应用中常用的类型,合成衬垫的厚度,安装时在名义上是 1.5 mm(59/1 000 in),在磨损试验前后分别由 Caltrans 的鉴定者进行了测量,测量结果列于图 5 - 25 中。在试验前,衬垫的厚度为 61/1 000 ~ 75/1 000 in(1.55 ~ 1.90 mm),据 Caltrans 讲,由磨损造成的衬垫厚度的最大损失是 0.03 mm,不到正常厚度的 2%。

另一个磨损试验针对的是桥梁使用的 FP 支座。试验是在 Caltrans 的监督下由地震保护系统公司(Earthquake Protection Systems Inc.)完成的。试验对单循环行程为 162 mm 的运动重复了 20 000 次。受测支座的关键特征如下:

(1)曲率的覆盖半径为 1 880 mm(74 in);

(2)滑板直径 222 mm(8.75 in);

(3)试验中的接触压力 104 MPa(15 ksi);

(4)试验中的最大速度 7.6 mm/s(0.3 in/s);

(5)衬垫的正常厚度 0.89 mm(0.035 in);

(6)总行程 3 240 m。

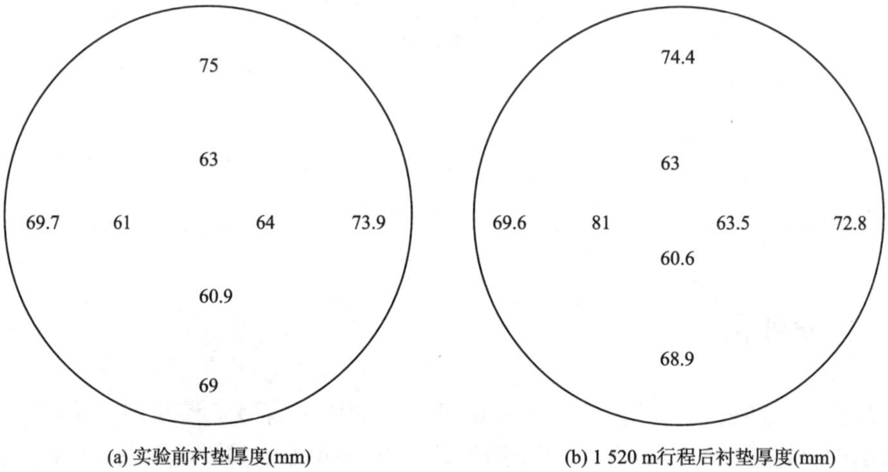

图 5 - 25　Benicia-Martinez 1 型 FP 支座的磨损试验

表 5 - 9 中的试验数据是从 EPS(2001)中复制来的,需要注意的是试验中所用 0.89 mm 的衬垫厚度明显小于桥梁 FP 支座目前推荐使用的 1.5 mm,试验速度比桥梁支座的摩擦热试验和交通荷载试验中所用的速度大几个数量级,104 MPa 的接触压力比典型滑动桥梁支座的运营(重力)荷载(通常小于 35 MPa)要大的多。

表 5 - 9　Caltrans FP 支座试验的磨损数据(摘自 EPS,2001)

循环次数	总行程(m)	衬垫厚度(mm)	磨损(mm)	衬垫残余厚度(%)
0	0	0.89	0	100
6 500	1 053	0.79	0.10	89
10 000	1 620	0.74	0.15	83
15 000	2 430	0.71	0.18	80
20 000	3 240	0.71	0.18	80

另一个磨损试验针对的是海洋平台的 FP 支座(Clarke 等,2005)。试验是在平台设计者、AMEC 和作者的监督下由地震保护系统公司(Earthquake Protection Systems Inc.)来完成的,试

验对单循环行程 1 062 mm 的运动重复了 3 000 次。被测试支座的关键特征如下：

(1) 曲率的覆盖半径为 3 960 mm(156 in)；

(2) 滑板直径 535 mm(21.1 in)；

(3) 试验中的接触压力 31 MPa(4.5 ksi)；

(4) 试验中的最大速度 19 mm/s(0.75 in/s)；

(5) 衬垫的正常厚度 1.5 mm(0.059 in)；

(6) 总行程 3 048 m。

磨损试验前后在 10 个位置分别测量了支座衬垫的厚度(与图 5－25 中的模式相似),厚度数据列在表 5－10 中,磨损是明显的。值得注意到是由于磨损碎片从一个位置转移到另一个位置,在某些位置衬垫的厚度实际上有所增加。

表 5－10 磨损试验前后的衬垫厚度数据

位　置	试验前厚度(mm)	试验后厚度(mm)
1	1.96	1.93
2	1.93	1.95
3	1.88	1.88
4	1.83	1.95
5	1.91	1.91
6	1.85	1.83
7	1.85	1.81
8	1.91	1.90
9	1.91	1.85
10	1.83	1.80
平均值	1.89	1.88

通过使用一个最简单的磨损模型(Bayer,1994)来预测支座的磨损(支座衬垫厚度的损失)是可能的。特别地是 FP 支座的磨损是研磨型的,研磨过程中磨料(不锈钢)比被磨损材料(合成衬垫)要硬的多。这种条件下,磨损可以按下式预测：

$$h = K \cdot p \cdot S \tag{5-5}$$

式中,h 为磨损的深度；K 为磨损系数；p 为支座压力；S 为滑动的距离。FP 支座滑动面的磨损系数大约为 $5 \times 10^{-10}\ \mathrm{MPa}^{-1}$。利用这个 K 值和式(5－5),可以对被测支座进行下列预测：

(1) Benicia-Martinez 支座试验：

$p = 20$ MPa,速度 = 7.6 mm/s,$S = 1\,520$ m;衬垫厚度 = 1.5 mm；

$$h = 5 \times 10^{-10} \times 20 \times 1\,520 \times 1\,000 = 0.015\,2$$

报告中试验值：$h = 0.03$ mm。

(2) Caltrans 监督下的支座试验：

$p = 104$ MPa,速度 = 7.6 mm/s,$S = 3\,240$ m;衬垫厚度 = 1.5 mm；

$$h = 5 \times 10^{-10} \times 104 \times 3\,240 \times 1\,000 = 0.17\ \mathrm{mm}$$

报告中试验值：$h = 0.18$ mm。

(3)海岸平台支座试验：

$p=31$ MPa，速度 = 19 mm/s，$S=3\,048$ m；衬垫厚度 = 1.9 mm；

$$h=5\times10^{-10}\times31\times3\,048\times1\,000=0.048\text{ mm}$$

报告中试验值：$h=0.01$ mm。

忽略这类计算的不确定性，磨损的预测还是合理的、有用的。应该注意的是这些试验中的磨损都很小。

5.11 镀铬碳钢的滑动表面

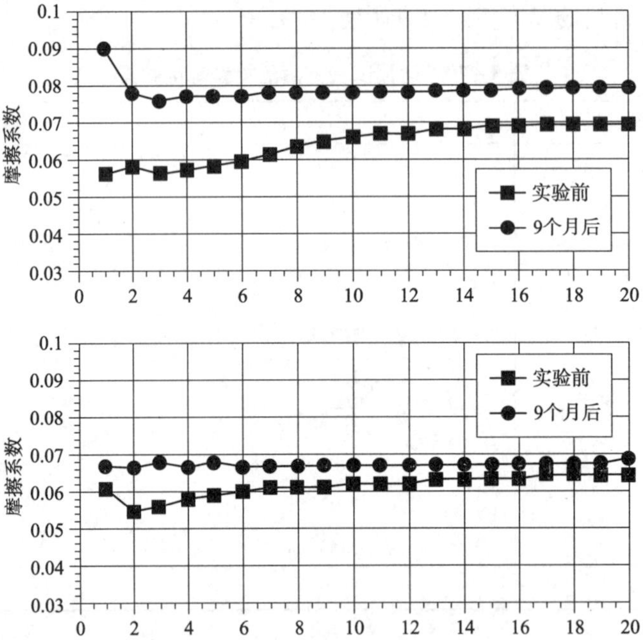

图 5－26　老化九个月对 Techmet-B 材料与镀铬碳钢材料（上）和不锈钢材料（下）接触面上摩擦系数的影响

典型的滑动表面是由不锈钢和一种较软的材料如 PTFE 或相似的合成材料组成。在隔震结构的使用寿命期内，不锈钢具有良好的抗腐蚀性能，并防止由腐蚀导致的摩擦力的增长。AASHTO 规范（AASHTO，2002）中规定盘式滑动 PTFE 支座必须使用不锈钢，但是对于曲形表面允许使用阳极氧化铝。AASHTO 隔震装置设计指导性规范（AASHTO，1999）在系统性能老化修正因子部分提出了滑动支座装置应使用的材料。对不锈钢和 PTFE 材料间接触面，未润滑支座老化因子的推荐值范围是 1.1 到 1.5，对镀铬碳钢和 PTFE 材料间接触面，老化因子的推荐值是其 3 倍，也就是 3.3 到 4.5。1999AASHTO 间接地排斥镀铬滑动面的使用。相反地，欧洲标准 EN1337（European，2004）允许镀铬滑动面的使用并且在欧洲专门使用到球形滑动表面中。这明显是有必要的。因为在球形支座中使用不锈钢覆盖层很困难。尽管将不锈钢覆盖层按照要求的形状加工出来很困难，出于对镀铬碳钢间滑动面使用寿命的考虑，在美国不锈钢的使用仍占主导地位。图 5－26 中给出了镀铬滑动面发生问题的证据，图中所示的有关摩擦数据是在 20 世纪 90 年代早期由 Oiles 公司在日本得到的。图中数据来自 Techmet－B 材料和不锈钢材料或镀铬碳钢材料组成的60 mm 直径小试样试验。铬是高密度的,厚度为0.025 mm,Techmet-B 作为一种合成材料,作者曾在地震模拟试验(Constantinou 等,1990a)的支座中使用过。试样承受的表面压力为6.7 MPa (970 psi),测试运动为速度为10 mm/s 常速运动,往复20次,在持续加载的前提下对试样暴露室外9个月的前后分别进行了试验。由于裸露的铬表面粗糙度的增加,镀铬碳钢滑动面上的摩擦力系数在第一个往复运动中有显著的提高。老化导致铬表面出现裂缝,碳钢支架被腐蚀。在服务多年以后,镀铬钢表面将被腐蚀,其程度主要依赖于铬的厚度、周围环境状况及结构使用期间荷载和运动的状况。EN1337(European,2004)要求铬的最小厚度应该为0.1 mm,这将能提高图5-26中所用滑动面上的抗腐蚀能力。但是,缺少镀铬钢在经过长期老化后的滑动面摩擦力特性资料。在图5-26提供的有限数据基础上,镀铬滑动面应该有一个显著的老化因子。

5.12 小　　结

本章列举并详细讨论了PTFE材料或合成PTFE材料与不锈钢材料以及两种金属间接触面上摩擦力的特性,论述了加载时间、表面承载压力、速度、温度、累积运动(行程)、不锈钢粗糙度、不锈钢腐蚀、污染和润滑的影响,简述了磨损效应,讨论了镀铬滑动面的使用寿命。

第6章　滑动支座的分析与设计

6.1 引　　言

现在的滑动隔震系统类型多样。平板滑动支座与人造橡胶支座混合使用就形成具有一定的刚度和能量耗散性能的的混合隔震系统。平板滑动支座的基本类型有盆状、圆盘状和球状的支座三种，如图6－1所示。这三种类型支座的区别在于它们转动构件的构造不同。其中，球状支座的抗转动性能最差，因而可以使压力在滑动面上实现最佳分布。

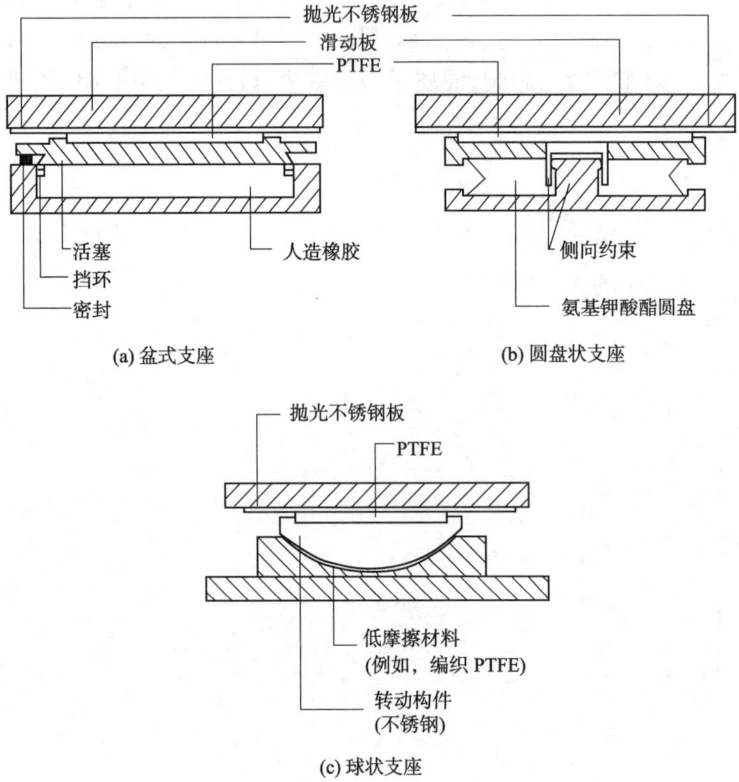

图6－1　平板滑动支座

这些支座滑动面的材料通常采用奥氏体不锈钢(304型或是适宜抗侵蚀的含有钼的316型)，与之接触的未填充PTFE。为了获得有效的能量耗散性能，PTFE应该是没有加以润滑的。尽管双金属接触面被认为存在缺陷，其他的材料例如聚四氟乙烯编织物、聚四氟乙烯合成物以及青铜和铅的合成物也有使用。(AASHTO，1999；Constantinou等，1999)

润滑过的平板滑动支座也曾与屈服钢(弹塑性的)装置结合使用，如图6－2所示的桥梁隔震系统(Marioni,1997)。在这些系统中,锁定转置使得由温差引起的桥梁变形能在润滑过的支座上自由移动。在地震激励中装置锁定,使得屈服钢装置发挥作用,从而实现能量的耗散和对地震运动的限制。然而,由于这样的系统缺乏足够的恢复力,可能会产生显著的永久性位移。感兴趣的读者可以参考 Tsopelas (1997)以及 Roussis(2003),对弹塑性隔震系统性能的试验和现场观测结果,进行深入了解。

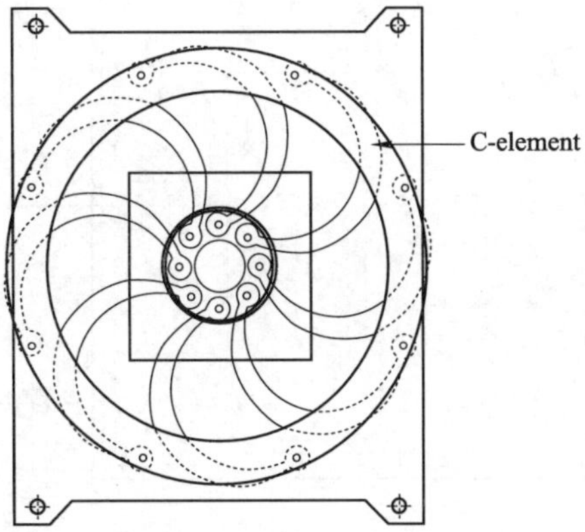

图 6-2　在桥梁隔震中与加过润滑油的滑动支座结合使用的弹塑性屈服钢装置

单凹面的摩擦摆支座(FP 支座)(如图 6-3 所示)是一个具有球形滑动面的球形支座(对于转动的部分来说)。它和图 6-1(c)所示的球形支座类似,但是它的刚度是由滑动面的曲率半径决定的。对于摩擦摆的支座,需要施加一个横向的位移 u,得到横向力 F(在第 6.3 节中有更为详细的叙述)。

$$F = \frac{W}{R_E}u + \mu W \tag{6-1}$$

式中,W 为施加在支座上的轴向压力荷载; R_E 为滑动面的有效曲率半径(半径 R 减去支点到滑动界面的值); μ 为滑动摩擦系数。在桥梁的隔震中,可以找到很多 FP 支座的应用实例,包括在 Benicia-Martinez 大桥中具有最大地震位移能力的支座和 I-40 大桥(Imbsen,2001)具有最大承载能力的支座。双凹面 FP 支座(DCFP)是单凹面 FP 支座的变形体,其非常适用于对紧凑性和大位移能力有要求的情况。由于关于 DCFP 支座资料有限,第 6.3 节对此提供一个综述,并列出了试验结果。

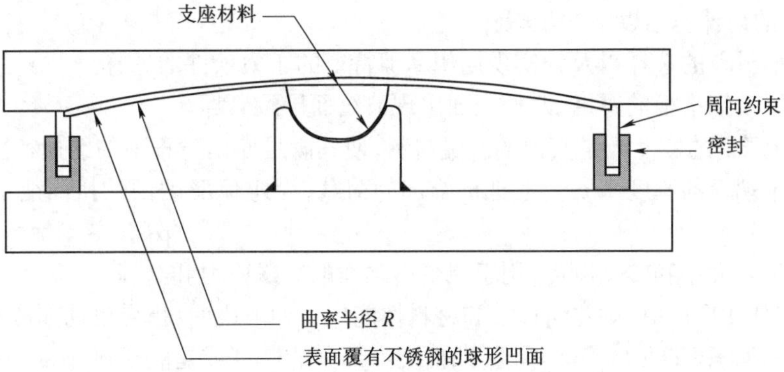

图 6-3　摩擦摆支座

另外一种滑动隔震支座是 Eradiquake 支座，如图 6－4 所示。它是由以氨基钾酸酯弹簧形成恢复力单元的圆盘形支座组成。它最适合用于小到中度的位移需求量的结构中，在美国的中部和东部地区都有应用。

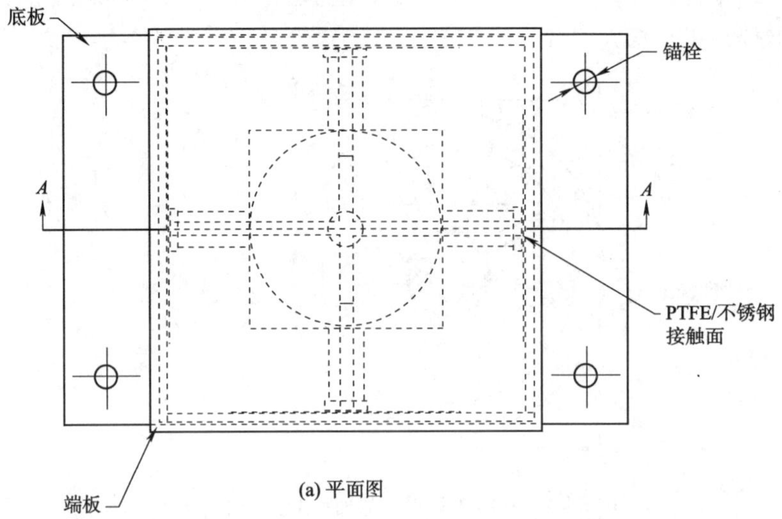

(a) 平面图

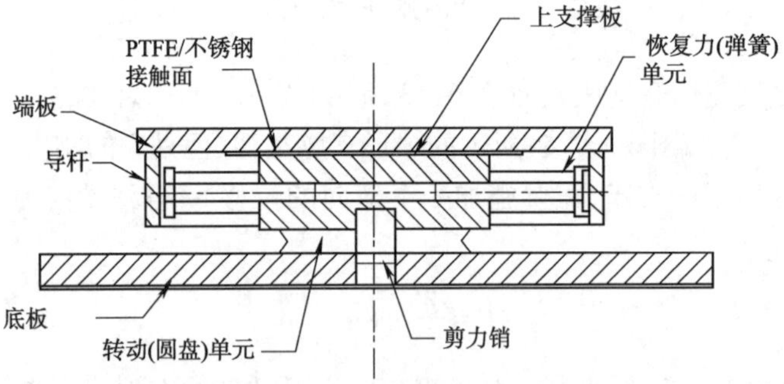

(b) 前立面图A－A

图 6－4　Eradiquake 隔震支座

6.2　滑动支座的设计

滑动支座的设计包括以下的步骤：

(1)滑动面材料的选择以及为实现期望摩擦特征的压力条件的选择。

(2)选择不锈钢平板的厚度，避免表面出现波纹而导致破坏。

(3)选择 PTFE 的厚度或是其他的匹配材料，使其满足使用过程中的磨损特性需求。

(4)选择末端板的厚度来安全地抵抗施加的荷载，为避免滑动面的扭曲变形提供足够的刚度。

(5)选择尺寸大小和转动刚度，用于减少滑动面的边缘应力和磨损。

在 AASHTO(1990)中，对几何尺寸和材料性能作了如下说明，指导滑动隔震支座的设计：

(1)垫片和编织 PTFE 的有效厚度(凹槽突出部分的厚度或是用于磨损部分的厚度)应该在压缩以后至少为 1.6 mm。欧洲标准 EN1337(European，2004)从垫片的尺寸的角度说明了其有用厚度(或者是突出的部分),在无荷载的条件下,所需的最小厚度为2.2 mm。

(2)其他的支座衬垫的有效厚度要么为1.6 mm,要么根据实际应用的磨损试验来决定。对于桥梁来说,由交通引起支座运动所造成的磨损决定了衬垫材料和厚度的选取。不锈钢滑动面应该是抛光的,具有高反射率。AASHTO(1990)推荐使用一个算术平均表面粗糙度不大于0.8 μm 的抛光度。根据美国国家标准协会/机械工程师协会规范 B46.1—1985(ANSI/ASME,1985),普通的镜面抛光能达到0.05 μm 的算术平均粗糙度。

(3)应该采用奥氏体不锈钢,最好是 ASTM A240(美国)中的316型的不锈钢,或者是 DIN 17440(德国)中的5 CrNiMo 型的不锈钢,或是其等价型的。尽管奥氏体304型的抗侵蚀性不及以上产品,但也能接受。

(4)当表面的最大尺寸小于300 mm 时,不锈钢滑动板的厚度应该至少为1.5 mm;当表面的最大尺寸小于900 mm 时,不锈钢滑动板的厚度至少为2.3 mm。对于更大的表面尺寸,不锈钢板的厚度应该通过在最大尺寸支座上施加特征荷载和速度进行测试来验证。

(5)除了抗侵蚀的奥氏体不锈钢以外,不推荐任何与 PTFE、编织 PTFE 或其他非金属的内衬材料相接触的材料。尤其是镀铬的碳钢和双金属材料,他们既不抗腐蚀,摩擦系数也容易产生显著的变化。(英国标准协会,1979;Constantinou 等,1999)。

(6)加润滑油的支座应该是 PTFE 且表面带有凹痕。凹痕的直径不应该超过8 mm,高度应该小于2 mm。凹痕应该占 PTFE 表面积的20%到30%。润滑剂为硅树脂,在非常低的温度下也能起作用。

为了满足容许由荷载、建造误差以及热效应产生转动的要求,滑动支座应该有转动的性能。而且,FP 支座需要承受由横向位移带来的转动 ϕ:

$$\phi = \sin^{-1}\left(\frac{u}{R}\right) \tag{6-2}$$

式中,u 为横向位移;R 为曲率半径。u/R 通常小于0.2,因此转角通常等于或小于0.2 rad。

为了计算作用在支座上的力矩以及相应的滑动面边缘应力,滑动支座的抗转动能力是很重要的。Roeder 等人(1995)提供了盆状、碟状和球状支座抗转动性能的试验数据,这些数据可以指导滑动支座转动刚度的计算。

6.3 双凹面摩擦摆支座的分析

6.3.1 引 言

双凹面摩擦摆支座(DCFP)由两个不锈钢凹面组成。上凹面和下凹面曲率半径分别为 R_1 和 R_2,二者可以不等。凹面的摩擦系数分别为 μ_1 和 μ_2,二者也可不相等。两个表面被一非金属滑动材料包裹着的铰接式滑块分开。对于实现压力在滑动界面上的合理分布,以及调节沿着顶端和底端滑动面的差别运动来说,铰接是十分必要的。

对于隔震系统来说,双凹面支座为第一个采用书面文字的代表。图6-5为 Jules Touaillon 在1870年美国专利,这个专利描述了一个双凹面滑动球支座。为了使双凹面的隔震系统运用于实际,花了将近130年的时间。Hyakuda 等(2001)对日本的隔震建筑物中运用 DCFP 支座的情况进行了说明,并对其反应进行了观察。日本所运用的支座和图6-6(a)所示的支座相似,其凹面的半径相等,但是没有铰接式滑块。铰接式滑块可以在两个滑动面的摩擦力不相等时调节滑块顶端和底端部分不同的转动以及使接触面上荷载平均分布，避免过度的磨损。Tsai 等人(2005)描述了一个具有铰接式滑块的 DCFP 支座，给出了凹面具有相等半径以及相等上下滑动面摩擦系数的支座试验及其分析结果。

DCFP 支座的性能在本章中进行了论述。这个叙述与之前的研究有所不同，绝大部分都是基于 Fenz 和 Constantinou(2006)的论文。Hyakuda 等(2001)和 Tsai 等(2005)的研究仅限于两个凹面同时滑动时，支座横向力和位移的关系。在此，本文提供了对于 DCFP 支座的性能更为一般的描述，分别考虑到了以下情况：(a)两个凹面的曲率半径不相等；(b)两个滑动面的摩擦系数不相等；(c)在横向力和位移的关系中，铰接滑块高度的效应；(d)在横向力和位移的关系中，铰接滑块的转动部分的摩擦效应。在之前的研究中，没有强调过这些部分。

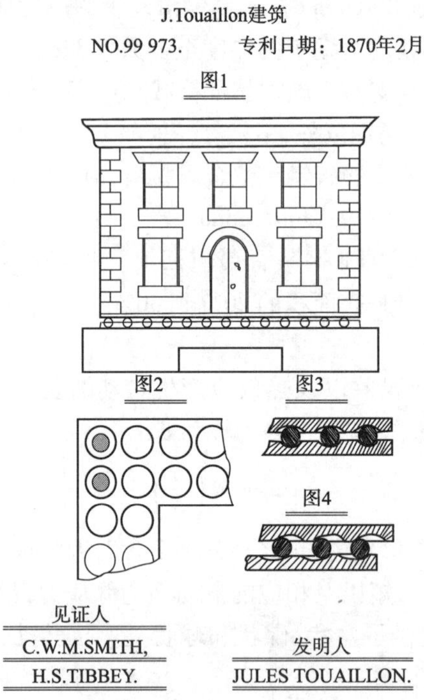

图 6－5　Jules Touaillon 在双凹面球支座的专利

在得到 DCFP 支座模型性能的试验结果基础上，将其与理论估算进行比较。这个试验包括四种支座的构造情况：(a)半径和摩擦系数均相等；(b)半径相等，摩擦系数不等；(c)半径不等，摩擦系数相等；(d)摩擦系数和半径均不等。得出的结果表明，DCFP 支座比以前所预料的结果具有更为复杂的性能。支座的横向力与位移的关系表明，根据曲率半径和摩擦系数的选择不同，其性能在刚—线性滞回特性到刚—双线性滞回特性之间变化。

6.3.2　DCFP 支座中力和位移的关系

图 6－6 为 DCFP 支座的在各种位移状态下的横截面。图 6－6(a)为支座在零位移的情况，并在此给出了一些将在本章中运用的专业术语。图 6－6(b)为支座仅仅在低凹面上承受滑动的情况，这是一种当低滑动面上的摩擦系数比高滑动面上的摩擦系数大时可能出现的情况。图 6－6(b)所示的运动需要铰接滑块发生转动。假设在两个滑动面上摩擦力不能精确地相等，在滑块上往往会出现转动。这说明了铰接的重要性，若没有铰接，滑块将会产生不均匀

磨损。支座的最大位移能力为$2d$,其中d为单个凹面的最大位移能力,如图6－6(c)所示。由于滑块刚性部分的作用以及滑块的相对转动,其位移能力事实上与$2d$有稍许的差异。

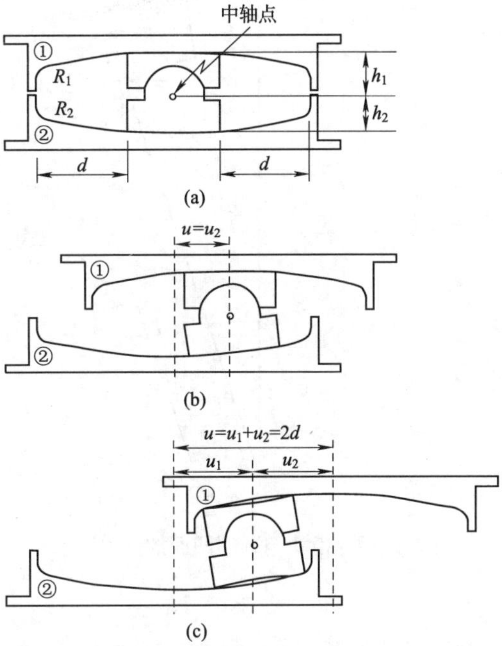

图6－6　在各种运动状态下DCFP支座的截面图

为了得到DCFP支座的力和位移的关系,对于顶面和底面的运动将分开考虑,然后根据整体的平衡性和协调性,将顶面和底面的运动合为一体。图6－7为滑块与顶部凹面的受力图,作用在滑块上的力包括:

(1)作用在中轴点的竖直荷载W;

(2)通过支座底部传递的横向力F_{f1},作用在滑块的上半部分;

(3)沿着滑移面的摩擦力F_1;

(4)施加在滑移面上的法向压力的分力S_1,为了满足力矩平衡,作用点必须要偏离中心,这也说明在滑移表面的压力分布并不均匀;

(5)沿着铰接滑块的球面的摩擦牵引力。在DCFP支座测试中,这些牵引力不能直接测量出来。此外,这些牵引力的效应似乎是测量的摩擦力的一部分。仅当铰接滑块有转动的时候牵引力才会出现,而这种情况仅仅发生在两个滑动面的摩擦系数不等的时候,而不考虑两个凹面是否有相等或不相等的曲率半径。

考虑到在水平方向和竖直方向的平衡,可以得到下列式子:

$$F_1-S_1\sin\theta_1-F_{f1}\cos\theta_1=0 \tag{6-3}$$

$$W-S_1\cos\theta_1+F_{f1}\sin\theta_1=0 \tag{6-4}$$

注意到在式(6－3)和式(6－4)中没有出现摩擦牵引力,假设它们的效应是摩擦力F_{f1}的一部分。由几何关系可知,滑块在顶端凹槽面上的位移u_1为:

$$u_1=(R_1-h_1)\sin\theta_1 \tag{6-5}$$

式中,R_1-h_1为球形凹面圆心到铰接滑块转动中心的距离。

将式(6－3)代入式(6－5),控制凹槽滑动面上的运动的力与位移的关系就是传统的FP

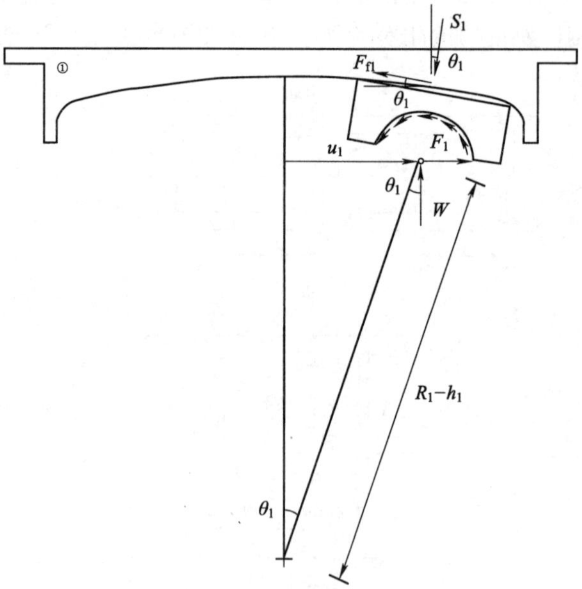

图 6－7　滑块与顶部凹面的受力图

支座的力与位移关系：

$$F_1=\frac{W}{(R_1-h_1)\cos\theta_1}u_1+\frac{F_{f1}}{\cos\theta_1} \tag{6-6}$$

在底部凹槽面上的滑动可以得到一个类似的等式：

$$F_2=\frac{W}{(R_2-h_2)\cos\theta_2}u_2+\frac{F_{f2}}{\cos\theta_2} \tag{6-7}$$

式中，F_2 是通过支座的顶部传递的力，施加在滑块的下半部分；u_2 为滑块沿着底部凹槽面的位移；F_{f1} 为沿着底部滑动面的摩擦力；θ_2 为铰接滑块下半部分的转角。

与位移 u_1 和 u_2 相比，很显然曲率半径很大，转角 θ_1 和 θ_2 很小。在忽略误差的情况下，可以得到如下的简化：

$$\cos\theta_1\approx\cos\theta_2\approx1 \tag{6-8}$$

$$\sin\theta_1\approx\theta_1\ ,\ \sin\theta_2\approx\theta_2 \tag{6-9}$$

对式(6－6)和式(6－7)也可以进行简化：

$$F_1=\frac{W}{R_1-h_1}u_1+F_{f1} \tag{6-10}$$

$$F_2=\frac{W}{R_2-h_2}u_2+F_{f2} \tag{6-11}$$

式(6－10)和式(6－11)分别控制了顶部和底部滑移面上的力与位移关系。这些等式体现了铰接滑块高度的重要性。这些等式也适用于凹面的 FP 支座；承受大的轴向荷载的 FP 支座都具有坚实的滑块，如上所述，这些滑块影响着它们的力和位移的关系。

对于整个支座来说，整体位移(顶板相对于底板的位移)u 为顶面和底面的位移之和：

$$u=u_1+u_2 \tag{6-12}$$

而且，考虑到滑块在水平方向的平衡(不考虑由支座运动部分带来的不明显的惯性力)：

$$F=F_1+F_2 \tag{6-13}$$

结合式(6-6)到式(6-13),得到支座的力和位移的关系为:

$$F=\left(\frac{W}{R_1+R_2-h_1-h_2}\right)u+\left[\frac{F_{f1}(R_1-h_1)+F_{f2}(R_2-h_2)}{R_1+R_2-h_1-h_2}\right] \tag{6-14}$$

对于每个滑动面分别有:

$$u_1=\left(\frac{F-F_{f1}}{W}\right)(R_1-h_1) \tag{6-15}$$

$$u_2=\left(\frac{F-F_{f2}}{W}\right)(R_2-h_2) \tag{6-16}$$

仅当两个凹面同时发生滑动的时候,式(6-14)才成立。考虑到摩擦力在两个滑动面上不相等的情况,例如,$F_{f1}<F_{f2}$。基于横向力 F 的应用,如 $F_{f1}<F<F_{f2}$,仅仅在最小的摩擦力的面上出现滑动。在滑动发生在两个界面前,运动将持续地沿着界面1,($u_1=u, u_2=0$)直到 $F=F_{f2}$。当两界面同时发生滑动时,此时的位移 u^* 等于:

$$u^*=(\mu_2-\mu_1)(R_1-h_1) \tag{6-17}$$

其中,$\mu_1=F_{f1}/W$ 以及 $\mu_2=F_{f2}/W$ 为两个滑动面上的摩擦系数($\mu_1\leqslant\mu_2$)。因此,仅仅当 $u\geqslant u^*$ 时,式(6-14)成立。如果 $u<u^*$,力与位移的关系就由在 $\mu_1\leqslant\mu_2$ 情况下的式(6-10)和在 $\mu_2\leqslant\mu_1$ 情况下的式(6-11)确定。在 $\mu_1\leqslant\mu_2$ 情况下,力与位移关系的总体特征见图6-8。

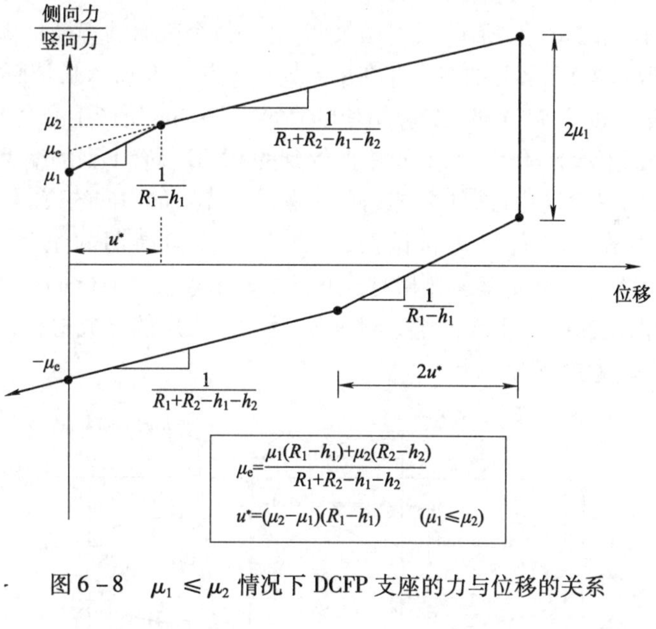

图6-8 $\mu_1\leqslant\mu_2$ 情况下 DCFP 支座的力与位移的关系

基于两个凹面上的滑动,支座的特征力等于 $\mu_e W$,其中 μ_e 为有效摩擦系数。有效摩擦系数等于式(6-14)的第二项除以竖向荷载:

$$\mu_e=\frac{\mu_1(R_1-h_1)+\mu_2(R_2-h_2)}{R_1+R_2-h_1-h_2} \tag{6-18}$$

由铰接滑块顶部与底部各自的旋转角 θ_1 和 θ_2(见图6-7)的表达式可以得到一个有趣的结论。如果 $\theta_1=\theta_2$,铰接滑块以没有相对转动的刚性体的形式移动。如图6-8和式(6-15),由几何关系,θ_1 由下式给出:

$$\theta_1 = \sin^{-1}\left(\frac{u_1}{R_1 - h_1}\right) = \sin^{-1}\left(\frac{F - F_{f1}}{W}\right) \tag{6-19}$$

同样地，运用式(6－16)，θ_2 由下式给出：

$$\theta_2 = \sin^{-1}\left(\frac{u_2}{R_2 - h_2}\right) = \sin^{-1}\left(\frac{F - F_{f2}}{W}\right) \tag{6-20}$$

因此，无论两个界面是否有相等的曲率半径，当两个滑动面的摩擦力相等时，滑片的转角相等，且不发生相对转动。

当绘制出标准侧向力与滑动位移分量的关系曲线时，便得到具有相同的曲率半径和摩擦系数的单凹面 FP 支座的滞回曲线。对于 DCFP 支座，整个的力和位移关系可以通过认为是两个同时作用的单凹面 FP 支座的串联来得到。从铰接滑块的平衡中，水平方向的力 F_1 和 F_2 必须相等(忽略无重要影响的滑块惯性力)。

如图 6－8 所示的性能，假定每一个滑动面的摩擦系数是常量。实际上，摩擦系数表现出了速度相关性。而且，摩擦力的大小受到来自如图 6－7 所示的铰接滑块的牵引力大小的影响。这些影响效应在以下陈述的测试结果中很明显。

6.3.3 DCFP 的试验测试

在布法罗分校的结构工程与地震模拟实验室(Kasalanati 和 Constantinou，1999)的单支座测试机器上进行了两个 DCFP 支座的测试。

第一个测试样本，如图 6－9 所示，具有两个凹槽面，每个表面的直径是 229 mm，曲率半径为 474 mm。然而，由于滑块上下部分的高度存在小差异(如图 6－9 所示)，从而使有效半径 $R_1 - h_1$ 和 $R_2 - h_2$ 分别为 438 mm 和 442 mm。铰接滑块的直径为 75 mm，所产生的全部位移的能力为 154 mm。铰接滑块的表面上涂有类似于第 5 章中所提到的 PTFE 复合 1 型的编织材料。为了更好地对铰接滑块进行描述并观察在测试中的铰接滑块，去除了支座的周向约束。

在恒定的竖向荷载的条件下进行试验，施加三个完整周期的正弦位移控制，振幅为 100 mm，频率为 0.10 Hz，得到支座顶部相对于底部的峰值速度为 63 mm/s，但不是最大的滑动速度。滑块的最大滑动速度等于或大于 25 mm/s(运用于支座的合成材料在速度超过 25 mm/s 时，展示出最大的滑动摩擦系数)。

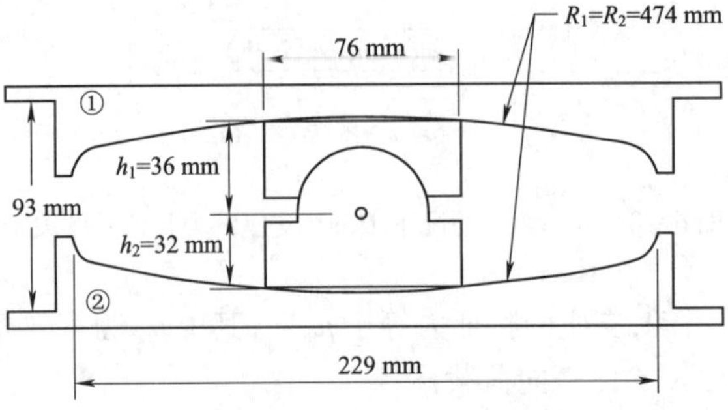

图 6－9　等半径的凹面的测试 DCFP 支座

在不同的测试中，摩擦的条件是变化的。在其中一种构造中，支座的两个摩擦面属性基本相同。在另外一种构造中，铰接滑块的底面表面涂有硅润滑剂，这样两个滑动面就具有完全不同的摩擦系数。为了实现有效的润滑，滑块在上表面和下表面的曲率半径大于对应的凹槽面的半径，这样使得荷载施加在沿着滑块周长的圆环区域内，如图 6－9 所示为涂有少量的润滑剂的滑动面。

图 6－10 和图 6－11 为两个摩擦面具有几乎相等滑动摩擦系数的情况下，得到的滞回曲线和位移与速度的时程。图 6－10 给出了支座整体的和拆解的滞回曲线。图 6－10 中的摩擦系数的值为在试验中进行过证实的值。通过对位移时程数值求导得到了速度时程。

通过式(6－10)到式(6－18)并结合 R_1-h_1、R_2-h_2、μ_1 和 μ_2 的测量值得到了图 6－10 中的解析解。解析值与试验值吻合得非常好，除了以下几点解析值与试验值吻合得非常好：(a)在试验的循环关系中发生最大位移的时候，具有明显的速度依赖性并没有包含在解析模型中；(b)在两个滑动界面上的位移和速度，与理论的预测值稍有不同。造成不同的主要原因在于，铰接滑块的转动对所测量的位移的影响。上铰接滑块的转动效应。滑块的位移应该从转动中心开始测量，但实际情况却不允许；位移传感器安置在比转动中心稍高一点的地方，导致了对 u_1 的低估和对 u_2 的高估。

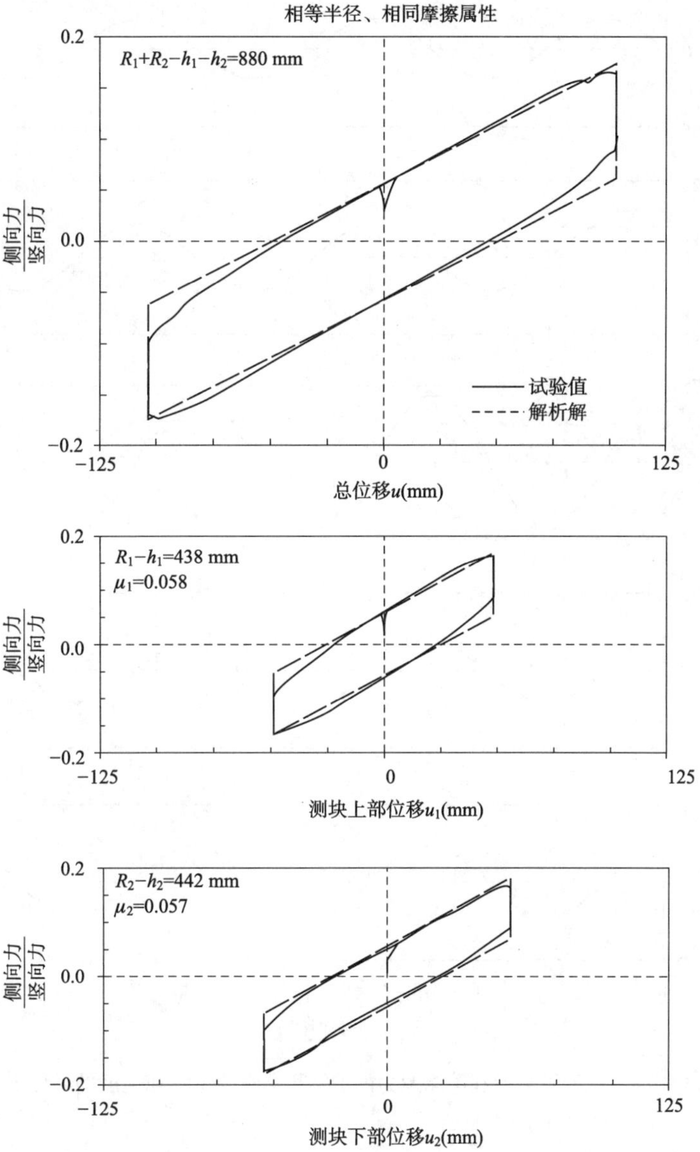

图 6－10　对于等半径和等摩擦力的 DCFP 支座的试验值和解析值的比较

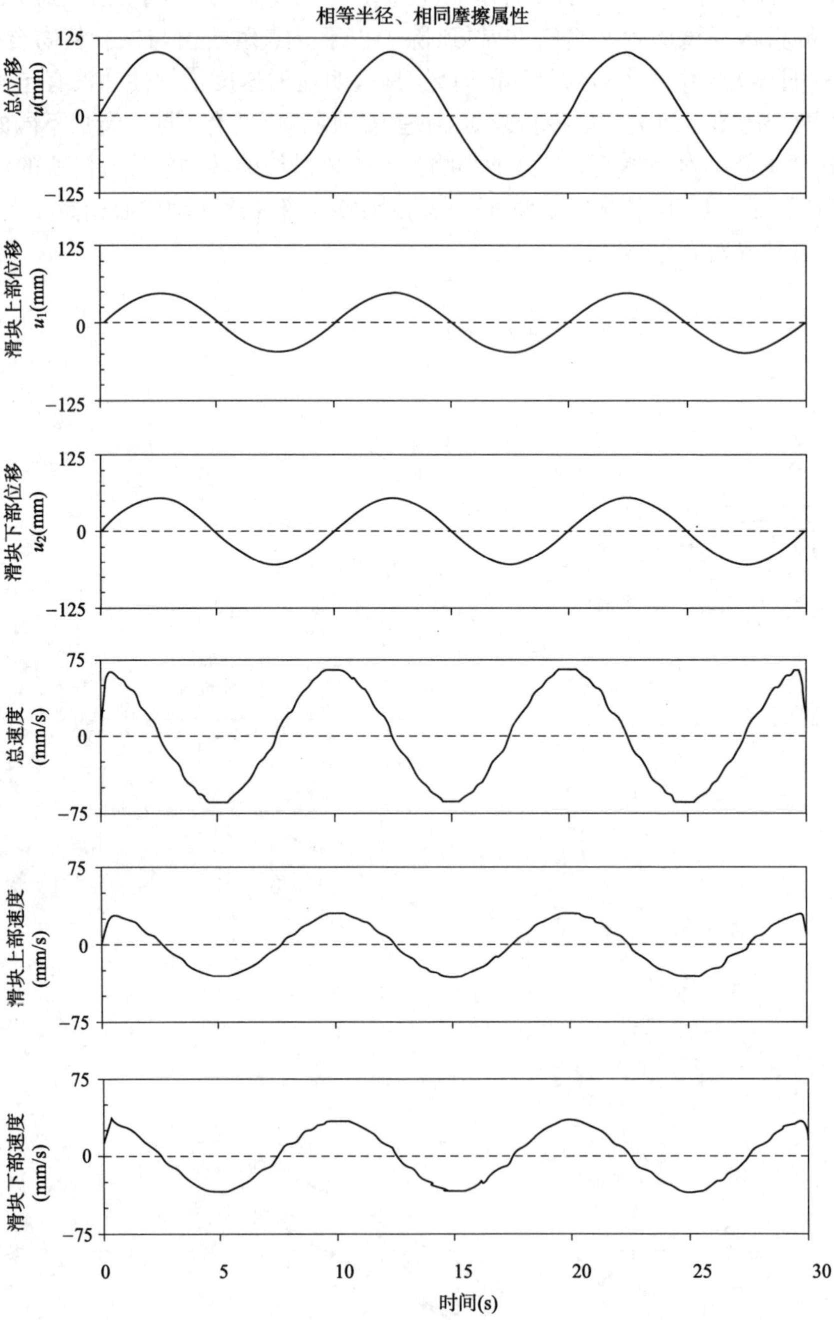

图 6－11　对于等半径和等摩擦力的 DCFP 支座的位移和速度的时程记录

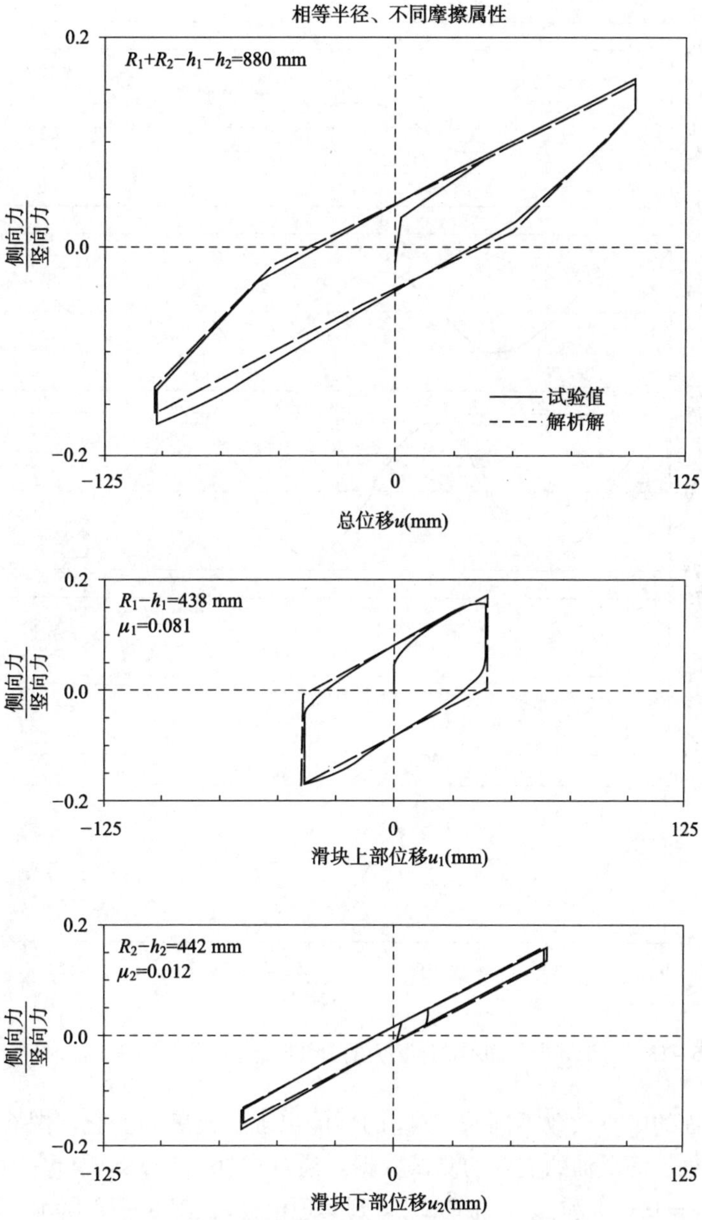

图 6－12　对于等半径和不等摩擦力的 DCFP 支座的试验值和解析值的比较

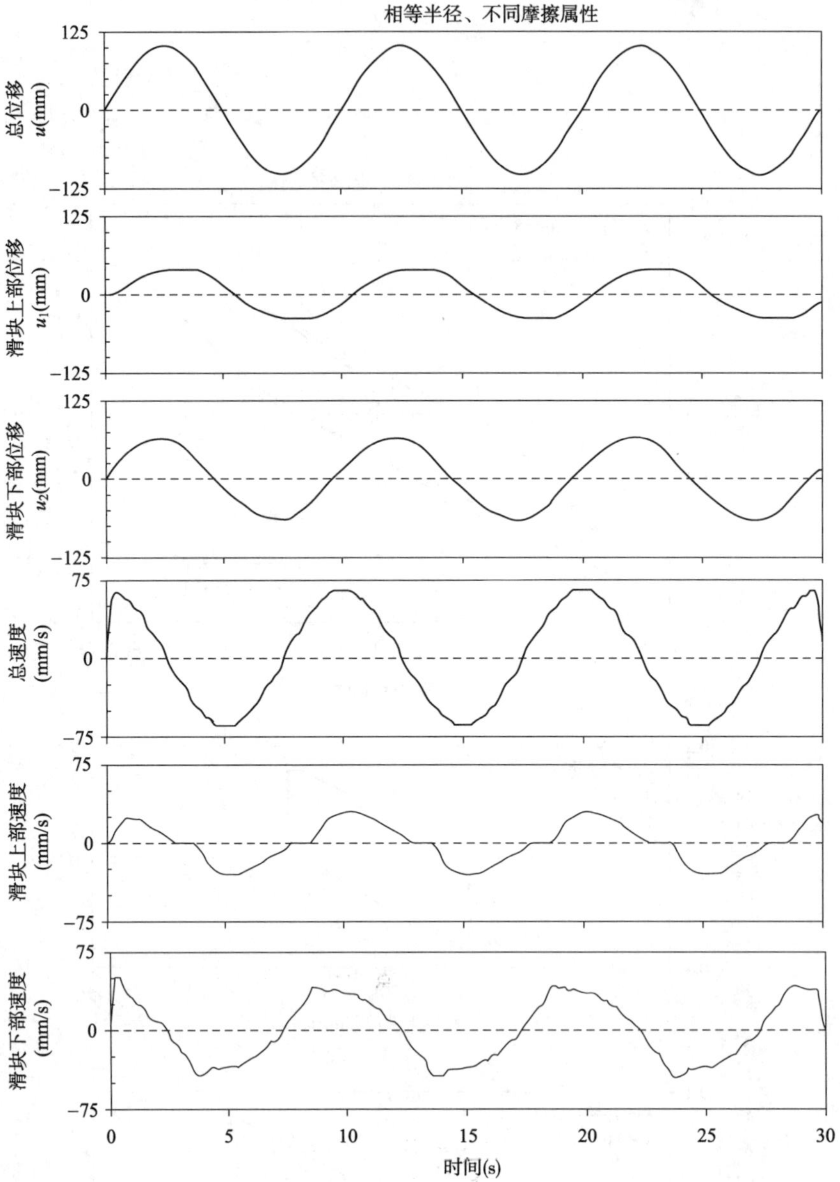

图 6-13　对于等半径和不等摩擦力的 DCFP 支座的位移和速度的时程记录

当两个摩擦面的摩擦系数不同时,支座的性能出现了显著的变化。图 6-12 和图 6-13 给出了滑块底部加了润滑油的支座的测试数据。通过式(6-10)到式(6-18)并结合试验测得摩擦系数值$\mu_1 = 0.081$和$\mu_2 = 0.012$,得到其理论解,如图 6-12 所示。除了在位移为负数的时候,所测量的摩擦力偏大,试验得到的力和位移的循环关系不对称以外,解析圈和试验圈吻合得非常好。在低摩擦面上,试验的力和位移的循环关系显得不对称,如图 6-12 所示,导致不对称的因素可能是由于在低接触面的摩擦不对称所导致的。位移的轻微测量误差亦可能导致这种不对称。

由位移和速度的时程可知,在运动的反向阶段,仅仅会在摩擦力最小的界面发生滑动。由于在底面的摩擦系数比较小,因此当运动反向的时候,顶面的速度暂时为零。

第二个构件测试如图 6 – 14 所示,高凹面的曲率半径为 R_1 = 762 mm,低凹面的曲率半径为 R_2 = 474 mm。在其上施加常竖直荷载,使其做三个完整的正弦周期运动,振幅为 100 mm,频率为 0. 10 Hz。

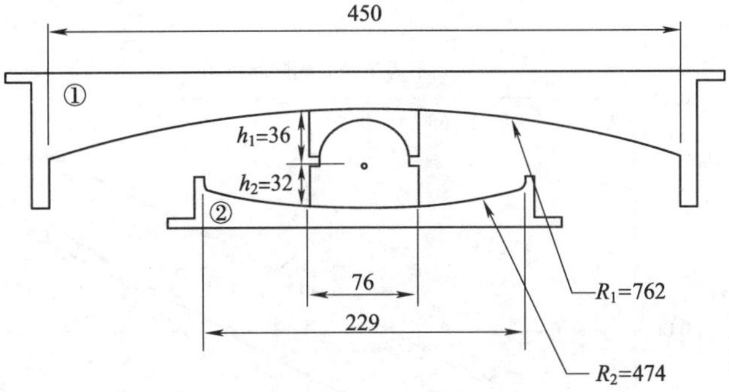

6 – 14　具有不等曲率半径的凹面的支座的测试(单位:mm)

当两个接触面的摩擦系数相等的时候,其性能表现为刚性线性滞回特性,如图 6 – 15 所示。图中同时给出了试验所得到的摩擦系数的值。尽管在整个运动过程中,由于摩擦力相等,滑动在两个滑动面同时进行,但是由于每个表面的半径不同,其位移幅值也不同,如图 6 – 16 所示。通过将式(6 – 10)代入式(6 – 18)并结合试验得到的 μ_1 和 μ_2 的值得到解析曲线,它与试验圈吻合得非常好。

如图 6 – 17 所示,为在两个界面摩擦力不相等情况下的力与位移循环关系。记录的位移和速度的时程如图 6 – 18 所示。如前所述,通过加润滑油,使底部滑动面的摩擦力的值较低。通过运用式(6 – 10) ~ 式(6 – 18)以及由试验所得到的滑动摩擦系数的值 μ_1 = 0. 038, μ_2 = 0. 021,可以得到横向力和位移的循环关系解析解。除了滑块的转动使得一个表面的滑动摩擦力较高以外,解析圈和试验圈吻合得很好。滑块的转动并不在模型的考虑范围内。

在这个测试中,铰接滑块两部分之间的界面去除润滑剂,这样就增大了在这个界面上的摩擦牵引力。这些牵引力的效果可以在图 6 – 17 中分拆后支座底部的循环圈发现。顶面的滑动停止(依据整个位移的距离为 $2u^*$ 时进行卸载),运动间隔中摩擦系数大于 0. 021。在这个时间间隔中,铰接滑块承受着巨大的相对转动。当滑动在两个界面开始的时候,相对的转动消失,导致作用于整个摩擦力上的摩擦牵引减小。仅仅在滑块的内部没有受到润滑的时候才能观测到这个有趣的现象。

6. 3. 4　DCFP 支座的分析和设计的考虑

具有等曲率半径和等摩擦系数的 DCFP 支座最开始运用于日本的一些建筑物中(Hyakuda 等,2001)。直到现在还没有不同曲率半径或是不同摩擦系数的 DCFP 支座的运用实例。在本书后面的章节将陈述关于 DCFP 支座的设计和使用情况。

1. $P-\Delta$ 力矩的转移

在单凹面的 FP 支座中, $P-\Delta$ 力矩(由垂直荷载 P 和支座总位移 Δ 产生的力矩)转移到了凹盘边缘的结构或基础上。对于 DCFP 支座,这个力矩在两个凹盘之间进行划分。转移到顶部和底部凹盘的力矩分别为 Pu_1 和 Pu_2,其中 u_1 和 u_2 为由式子(6 – 15)和式子(6 – 16)给出的每个表面的位移。对于 $R_1-h_1=R_2-h_2$ 和 $\mu_1\approx\mu_2$ 的支座,位移 u_1 和 u_2 都等于 0.5Δ,因此从每一个凹盘传递过来的力矩为 $0.5P\Delta$。

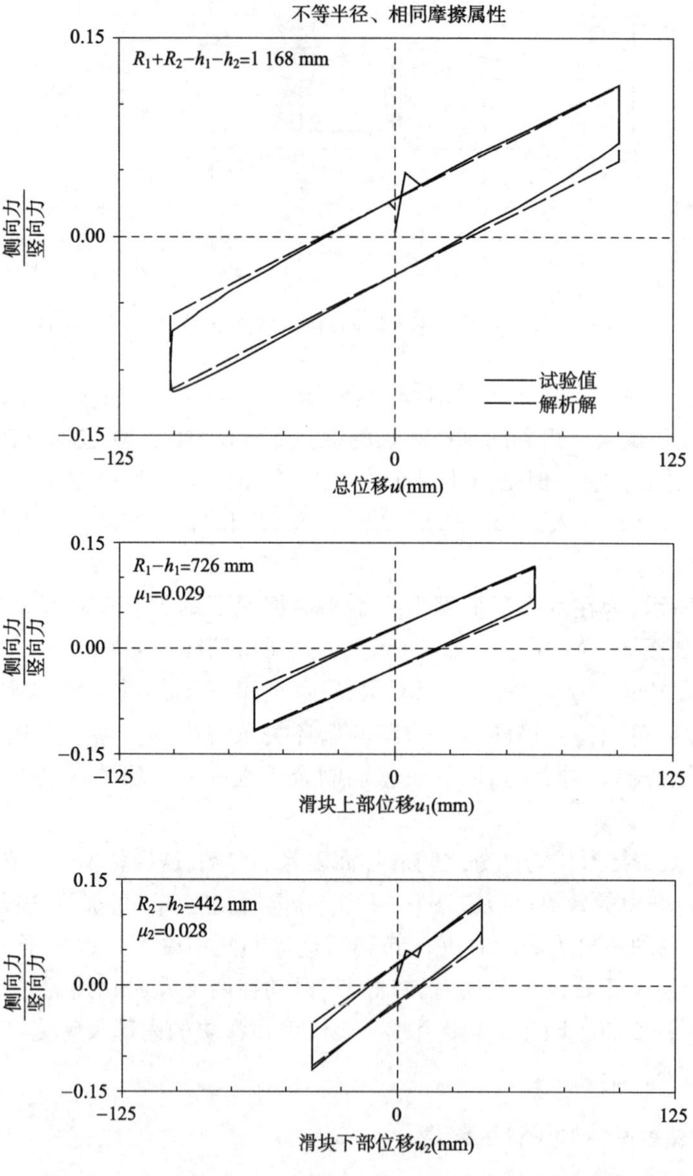

图 6-15　对于不等半径等摩擦系数的 DCFP 支座的试验结果和分析结构的比较

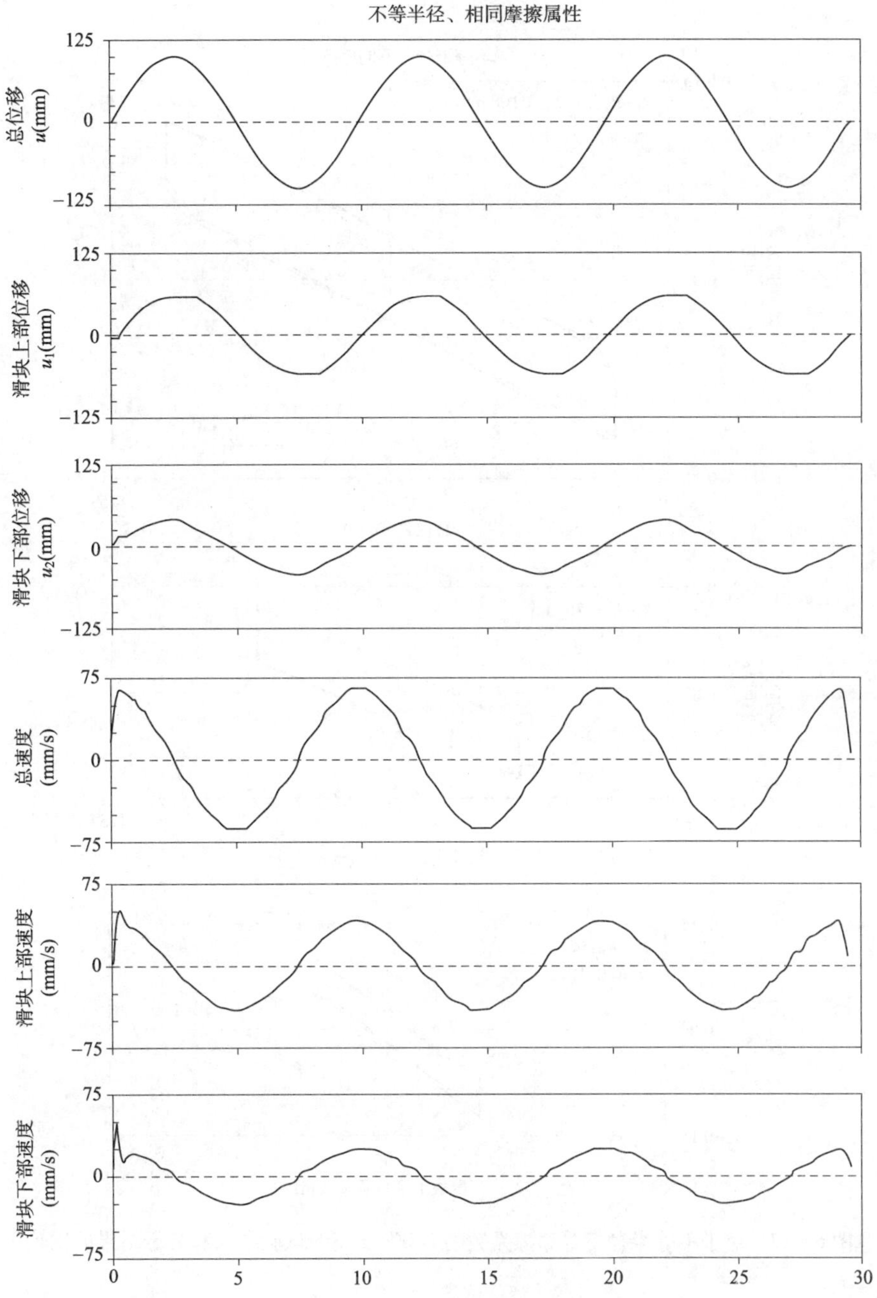

图 6－16　对于不等半径等摩擦系数的 DCFP 支座的位移和速度的时程的记录

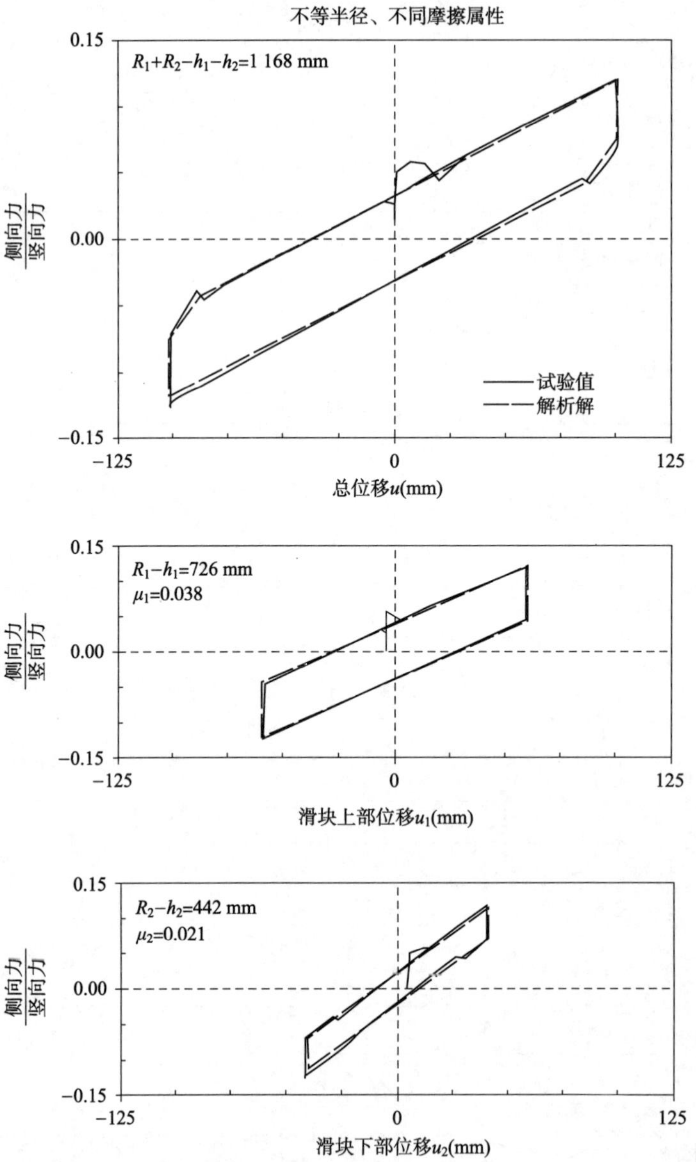

图 6－17　对于不等半径不等摩擦系数的 DCFP 支座的试验结果和分析结果的比较

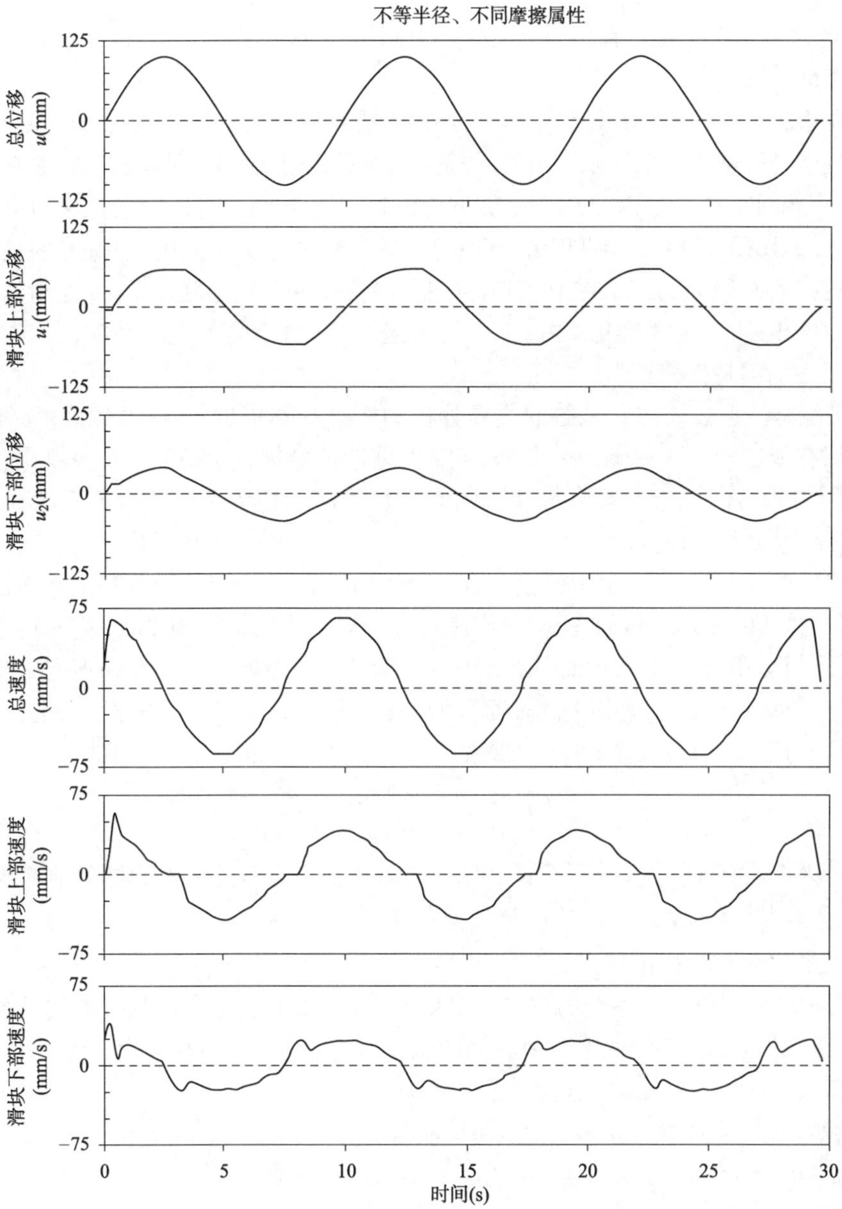

图 6－18　对于不等半径和不等摩擦系数的 DCFP 支座的位移和速度的时程的记录

2. 为动态分析进行建模

用于隔震结构的反应－时程分析的软件(例如,SAP2000 和 3D-BASIS)提供了多种对 DCFP 支建模的方法。对于 $R_1 - h_1 = R_2 - h_2$ 和 $\mu_1 \approx \mu_2$ 最简单的情况,支座的性能可以用传统的 FP 支座来模拟,其曲率半径等于 $R_1 + R_2 - h_2 - h_1$,摩擦系数由试验确定。摩擦系数的速度依赖性在式(5－1)描述过。在本篇文章中,由参数 a 来控制摩擦系数从 f_{min} 到 f_{max} 的变化情况。通常 f_{max} 是由原型支座测试程序决定,f_{min} 和 a 是从有效的(合适的)试验结果中得到的。

对于估算这些参数所涉及的速度是每一个凹面的滑动速度,而不是整体的速度。对于等半径和等摩擦系数的 DCFP 支座来说,在每一个表面的滑动速度相等且大小等于整个整体速度的一半。应用到式(5－1),但是必须确定 $a/2$ 的值。例如,常利用 $a = 100$ s/m 对单凹面的 FP 支座进行建模。为了对具有相同类型的滑动面的 DCFP 支座进行建模,应该在分析程序中指定 a 值为 50 s/m。

通常的情况下,对于具有不等半径和不等摩擦系数的 DCFP 支座,可以运用两个联合的传统 FP 支座,对其性能进行建模。整个的力与位移关系可以分拆给每个凹面,从而在凹面上形成滞回环且其特性与具有相同曲率半径和相同摩擦系数的传统 FP 支座相同。因此,通过定义两个独立的单凹面 FP 单元,使其凹面分别具有 DCFP 支座的曲率半径和摩擦系数,然后用一质量点将其相连来代表滑块,这样就得到了 DCFP 支座的整体特性。尽管每个隔震单元的速度表征着每个滑动面的真实滑动速度,与速度相关的摩擦系数仍然由式(5－1)决定。在这种情况下,比率系数 a 不需要修正。

3. 对于污垢的特性修正值

基于属性修正系数或称 λ 系数的边界分析的概念在本书的第 12 章以及 Constantinou 等(1999)中都有叙述到。这一概念被 1999 年隔震设计指导规程(AASHTO,1999)所使用,并且这是一个系统的程序,用于计算隔震装置的力学性能的上边界和下边界值来考虑其老化、腐蚀、加载时程、温度和其他效应。

对于 FP 支座,在先前提到的效应仅仅影响摩擦系数。对于 DCFP 支座的系统属性修正系数除了污染系数以外,其他和传统的 FP 支座一样。对于上凹面和下凹面,应该设立各自单独的因子。假设 DCFP 支座是密封的(由于 1999AASHTO 指导规程中不允许不密封支座的不锈钢凹面朝上),对于上表面(面朝下的表面)的污染因子为 $\lambda_{c1} = 1.0$,对于下表面(面朝上的表面)污染因子为 $\lambda_{c2} = 1.1$。对于整个支座的污染因子由下式得出:

$$\lambda_c = \frac{\lambda_{c1}\mu_1(R_1 - h_1) + \lambda_{c2}\mu_2(R_2 - h_2)}{\mu_1(R_1 - h_1) + \mu_2(R_2 - h_2)} \tag{6-21}$$

这个表达式是由式(6－18)得到的,并将来自两个滑动面的摩擦力的效应考虑在内。因此,对于具有等半径和等摩擦力的 DCFP 支座的典型情况,$\lambda_c = (\lambda_{c1} + \lambda_{c2})/2 = 1.05$ 。

4. 滑块的偏移和永久位移

在顶面和底面摩擦系数不等的位移控制测试中,铰接滑块将会在支座的内部偏移。从图 6－13 中可以很明显地看出,尽管整个支座的位移为零,但在顶面和底面有着大小相等、方向相反的位移,记为 $\bar{u}$ 。即,$u = 0, u_1 = -u_2 = \pm\bar{u}$ 。

$\bar{u}$ 的大小可以容易地计算出来,而且可以有很多种表达方式。通过在式(6－10)和式(6－11)中设定的 $u_1 = \bar{u}, u_2 = -\bar{u}$,再运用式(6－13),可以得出:

$$|\bar{u}| = \frac{|\mu_1 - \mu_2|}{\dfrac{1}{R_1 - h_1} + \dfrac{1}{R_2 - h_2}} \tag{6-22}$$

考虑到分解的力和位移循环关系,很显然 $\bar{u}$ 为随着标准横向力由 μ_e 向 μ_1 或 μ_2 变化,滑块应该运动的距离。由于对于已知斜面,力和位移的关系是线性的,$\bar{u}$ 可以用另外一种有效摩擦系数的方法来表示:

$$\bar{u} = (\mu_e - \mu_1)(R_1 - h_1) \tag{6-23}$$

$$\bar{u} = (\mu_e - \mu_2)(R_2 - h_2) \tag{6-24}$$

式(6－23)和式(6－24)给出了最小摩擦力表面上正数 $\bar{u}$ 的通解。在具有最小摩擦力的表面上,滑块前进;在具有更高摩擦力的表面上,滑块会落后。

在持续的循环运动中,从一个循环到另一个循环,滑块偏移量并不会积累。在 n 次循环运动之后，滑块的偏移量还是 $\bar{u}$ 而不是 $n\bar{u}$ 。如图 6－13 到图 6－18 所示的位移记录确认了这一点。运用式(6－22)以及试验测量的摩擦系数所计算的 $\bar{u}$ 的值在等半径和不等摩擦力的情况下为 15.2 mm，在不等半径和不等摩擦力的情况下为 4.7 mm。从这些测试的位移时程中提取出来的值和理论值相差的范围在 1 mm 以内。同时，$\bar{u}$ 的试验值在循环的过程中为常数，这表明偏移量并没有随着反复的循环而增加。

DCFP 支座设计的第二个问题为地震激励后支座的永久位移 u_p 。由于静摩擦力和恢复力相互抵消，即 $F_f = F_r$ ，支座可能停留在非零位移的平衡状态。对于 DCFP 支座，在两个滑动面可能存在永久的位移，由下式给出：

$$u_{p1} = \mu_{min,1}(R_1 - h_1) \tag{6-25}$$

$$u_{p2} = \mu_{min,2}(R_2 - h_2) \tag{6-26}$$

式中，$\mu_{min,1}$ 和 $\mu_{min,2}$ 为在非常小的速度下，每一个滑动面的摩擦系数。将这些位移相加给出了整个顶盘相对于底盘的永久性位移：

$$u_p = \mu_{min,1}(R_1 - h_1) + \mu_{min,2}(R_2 - h_2) \tag{6-27}$$

通过比较式(6－23)和式(6－24)与式(6－25)和式(6－26)，很明显可以得出，在所有的情况下，单个滑动面上可能的永久位移比偏移量要大。此外，永久位移的问题，对于 DCFP 支座要比对于传统的(单凹面)FP 支座更为关键，因为永久位移发生在两个滑动面。

由式(6－27)给出的 u_p 值代表了可能发生的最大位移。典型的地震地面运动的末端部分具有中度到低度的水平激励，有助于隔震结构的自复位。用传统的 FP 支座进行隔震结构的地震模拟，测试表明，地震激励后的永久位移非常小，比最大可能的永久位移要小一个数量级。(Tsopelas 等，1996；Mosqueda 等，2004)。作者在用 DCFP 支座隔离的 1/4 比例的六层结构模拟测试中记录了相似的结果。该隔震系统是由 4 个相等半径，相等摩擦系数的 DCFP 支座组成，其原型数据为 $R_1 + R_2 - h_1 - h_2 = 3\,520$ mm 以及 $\mu_{min,1} \approx \mu_{min,2} \approx 0.02$ 。图 6－19 显示了由各种地震的时程记录组成的单方向测试之后的测量的隔震系统的永久位移。在这 19 个测试中，原型的永久位移平均值为 6 mm；由式(6－27)预测的值为 70 mm，这比测量的结果要高一个数量级，这和先前研究的结果是一致的。

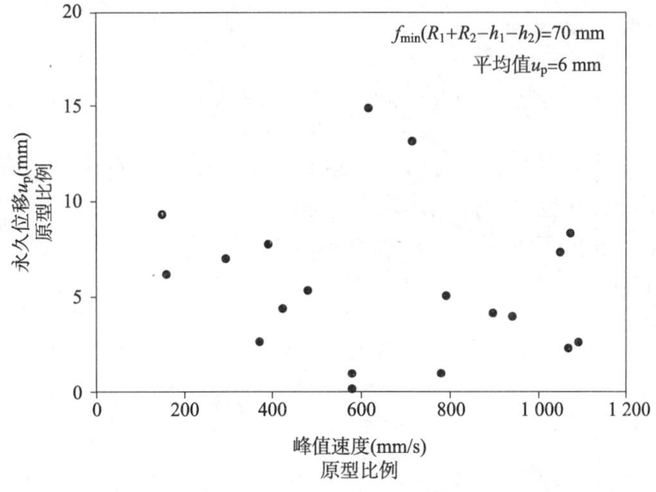

图 6－19　在 19 个单向地震模拟测试之后测量的 DCFP 支座的实质永久位移(在原型范围内)

6.4 滑动支座终端板的设计步骤

滑动支座的终端板可以设计成柱状的终端板(例如:见 DeWolf 和 Ricker,2000)。这里给出了图 6-3 所示的摩擦摆支座和图 6-20 所示的 DCFP 支座的设计步骤。之后给出的终端板的性能检查步骤遵循了与第 9.12 节中人造橡胶支座的终端板的安全检查相似的原理。对于摩擦摆支座,倾覆的力矩可以忽略,可以认为轴向荷载集中作用在铰接滑块上:在变形分析时,取消了其对倾覆力矩 $P\Delta$ 的贡献。这与在第 9.12 节中运用折减面积方法对人造橡胶支座进行处理相等效。

设计人必须在工作荷载、涉及设计基础地震动(DBE)和最大考虑地震动(MCE)的组合荷载作用下,分别对终端板进行分析和安全检验。在三个检验中,终端板不应该承受可能会阻碍支座功能的明显非弹性行为,在此运用如下的方法可以消除非弹性行为:

(1)对于工作荷载和 DBE 震动荷载效应,终端板需要满足运用了最小的特定材料强度以及抵抗因子 ϕ ① 的钢结构手册(AISC,2006)第 13 版中的荷载抗力系数法 LRFD 的要求。

(2)对于 MCE 震动荷载效应,终端板应该满足运用了期望材料强度和取值为 1.0 的抵抗因子的钢结构手册(AISC,2006)第 13 版中的荷载抗力系数法 LRFD 的要求。期望材料强度可以通过运用钢结构抗震规范中的表 I-6-1(AISC,2005;或 FEMA356,联邦紧急管理局(FEMA),2000)或者是通过测试数据得到。在不能得到期望材料强度时,可以运用最小的特定值。

轴向荷载 P 为组合荷载,该值等于:

(1)工作荷载的效应:对于桥梁为 $1.25D+1.75L$,对于建筑物为 $1.2D+1.6L$。

(2)DBE 和 MCE 震动效应:对于桥梁为 $1.25D+L+E$,对于建筑物为 $1.2D+L+E$。

其中,D 为永久荷载效应,L 为活荷载效应,E 为地震荷载效应,其中荷载因子基于 AASHTO 荷载抗力系数法桥梁设计规范 2004(AASHTO,2004)和建筑或其他结构最小设计荷载 ASCE-7-05(ASCE,2005)。如图 6-20 所示,在已知荷载 P、支座位移 Δ 以及支座的几何特性的情况下,应该进行如下的步骤。

(1)计算混凝土支座的强度:

$$f_b = \phi_c(0.85f_c')\sqrt{\frac{A_2}{A_1}} \leqslant \phi_c 1.7f_c' \tag{6-28}$$

式中,f_c' 为抗压强度设计值;A_1 为荷载区域;A_2 为包含在整个基座内的大型方锥体、圆锥体或锥楔形的底部面积,其包含上部基座受荷面积。

Escobar 等(2006)给出了混凝土支座强度的更多信息。

(2)计算荷载区域的直径 b_1:

$$b_1 = \sqrt{\frac{4P}{\pi f_b}} \tag{6-29}$$

---

① 在此提到的过程严格地可运用于结构钢的框架和凹面建筑的 FP 和 DCFP 支座。FP 和 DCFP 支座亦可以运用柔性的铸铁来建造。在这种情况下,适宜的铸铁的力学属性的需求应该用于安全检查而不是在 AISC 钢结构手册和 AISC 钢结构抗震规范中提出的值。

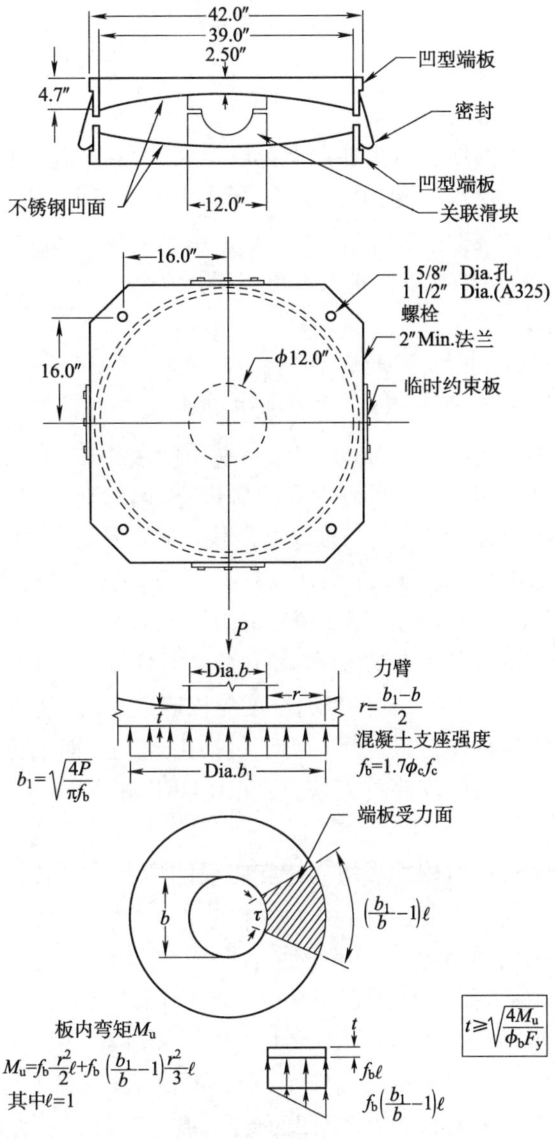

图 6－20　DCFP 支座和终端板的设计步骤

(3)荷载臂长的计算：

$$r=\frac{b_1-b}{2} \tag{6-30}$$

(4)对于单位板长计算所需的板的弯曲强度：

$$M_{u,s}=f_b\frac{r^2}{2}+f_b\left(\frac{b_1}{b}-1\right)\frac{r^2}{3} \tag{6-31}$$

式中，f_b 为混凝土支座的强度，所有其他项在以上都已定义。如图 6－20 所示，式(6－31)代表了圆形的荷载区域。然而，式(6－31)是建立在简单地表现平板弯曲的基础之上的，当力臂 r 与滑块直径 b 之比较小时才成立。由弹性条件下的弯曲力矩可以得到精确解(Roark，1954)，如图 6－21 所示在内边缘布置均匀荷载的圆形板。每个单位长度的力矩是：

$$M_{u,e}=f_b b_1^2\left[\frac{(1+\nu)\ln\frac{b_1}{b}-\frac{1+3\nu}{4}+\frac{1-\nu}{4}\left(\frac{b}{b_1}\right)^4+\nu\left(\frac{b}{b_1}\right)^2}{8(1+\nu)+8(1-\nu)\left(\frac{b}{b_1}\right)^2}\right] \tag{6-32}$$

式中，ν 为泊松比，其他的所有参量在以上都已定义。图6－21列出了由简化方法（式(6－31)）和精确方法［式(6－32)］得到的乘积$f_b b_1^2$ 标准化的力矩值，其中 $\nu=0.3$。当b/b_1 接近于1时，结果吻合得很好。如图6－21的修正系数是由精确的和简化的步骤计算出来的力矩比值。通过用式(6－31)的结果乘以修正系数可以得到精确解，或是直接运用式(6－32)。

(5)计算所需的板的厚度：

$$t\geqslant\sqrt{\frac{4M_u}{\phi_b F_y}} \tag{6-33}$$

式中，F_y 为终端板钢的屈服应力（指定的或是期望的最小值）。对于工作荷载和DBE荷载的效应，参数 ϕ_c（支座）和 ϕ_b（弯曲）分别等于0.65和0.9，对于MCE计算都等于1.0。采用式(6－31)或式(6－32)得到板厚度，与取决于滑块位置的凹面板厚度相比较。在工作荷载条件下，用于建筑物时，假定滑块位于支座的中心，对于安全检查的厚度取为滑块边缘的平板厚度（如图6－20所示的第三个面板）；用于桥梁时，认为滑块偏离中心（由热位移和活荷载位移引起的），对于安全检查的滑块厚度取为偏离中心的滑块周围的厚度。如果工作荷载产生的位移大于滑块直径的一半，用于安全检查的厚度应该取最小的值（在支座中心）。对于DBE和MCE检查，可以在板块偏移的位置进行。对于包括由竖直方向的振动或是倾覆力矩、最大轴向力引起的有效支座轴向力的支座的安装，可在由DBE和MCE振动计算的小于最大值的位移处进行的。

综上所述，其步骤如下：在有附加板块支持支座板的情况下，所需的弯曲强度应根据各自的塑性力分摊到各个附加板上，那就是说，按每块板的 $F_y t^2$ 划分。可以运用式(6－32)得出对于每一个板块以及它们相应的力矩。

在轴向力和力矩共同作用下，作用在滑块到凹槽板面的横向力的效应可以并入De Wolf和Ricker(2000)概括的步骤中。这个通常不包含 $P\Delta$ 部分的力矩对于凹面支座来说非常小（由于荷载的力臂是板的厚度，而板的厚度非常小），因此可以忽略不计。然而，在当滑块距板和混凝土界面有一定的距离的时候，对于单凹面支座的框架板的安全检查来说，力矩是十分重要的。

参考如图6－20所示的支座，假设指定的混凝土的强度为$f'_c=27.6\,\text{MPa}=4\,\text{ksi}$，计算的工作荷载为6 942 kN＝1 560 kip。板的材料为延展性较好的铸铁ASTM A536，等级为65－45－12，最小的屈服力为 $F_y=311\,\text{MPa}=45\,\text{ksi}$。假定安装在大桥上的支座 $\Delta=150\,\text{mm}=6\,\text{in}$，最小的凹面板的厚度为63.5 mm＝2.5 in。由式(6－28)得支座压力 $f_b=30.5\,\text{MPa}=4.42\,\text{ksi}$，以及式(6－29)和式(6－30)给出了对于一个滑块直径等于 $305\,\text{mm}=12\,\text{in}$，$b_1=538\,\text{mm}=21.2\,\text{in}$ 以及 $r=117\,\text{mm}=4.6\,\text{in}$。从图6－21可以看出对于$b/b_1=12/21.2=0.57$的修正因子为0.87。通过运用修正因子0.87计算 $M_u=70.66\times0.87=61.5\,\text{k}\cdot\text{in/in}=273.2\,\text{kN}\cdot\text{mm/mm}$，计算得出的式(6－30)可以用于计算所需要的弯曲强度。从式(6－33)得出的所需的凹面板的厚度为 $t=62.6\,\text{mm}=2.46\,\text{in}$ ①，比假定的厚度63.5 mm或是2.5 in要

① 本文中表现的高精度是为了帮助读者能够独立地跟上计算的步骤。

小。63.5 mm 厚的板对于工作荷载来说是安全的。

在以上的步骤中，对于滑动支座的终端板的设计是建立在强度基础之上的，而并没有考虑对于刚度的要求。为了避免支座发生削弱其性能的变形，需要一个最小刚度。例如，AASHTO（2002）规定了一定的盆式支座底板最小厚度，这是因为底板需要一定的刚度来抵抗由于人造橡胶不能填充变形支座的间隙而导致的不均匀形变。这一问题似乎只针对盆式支座而言。为了避免滑动面的变形，包括：（a）在混凝土中短期和长期的变形；（b）在运输和安装中的变形，针对结构支座的规范 EN1337（European，2004）有更加明确的要求。终端板的永久变形将导致滑动面上出现相应的变形，这将增加其磨损。

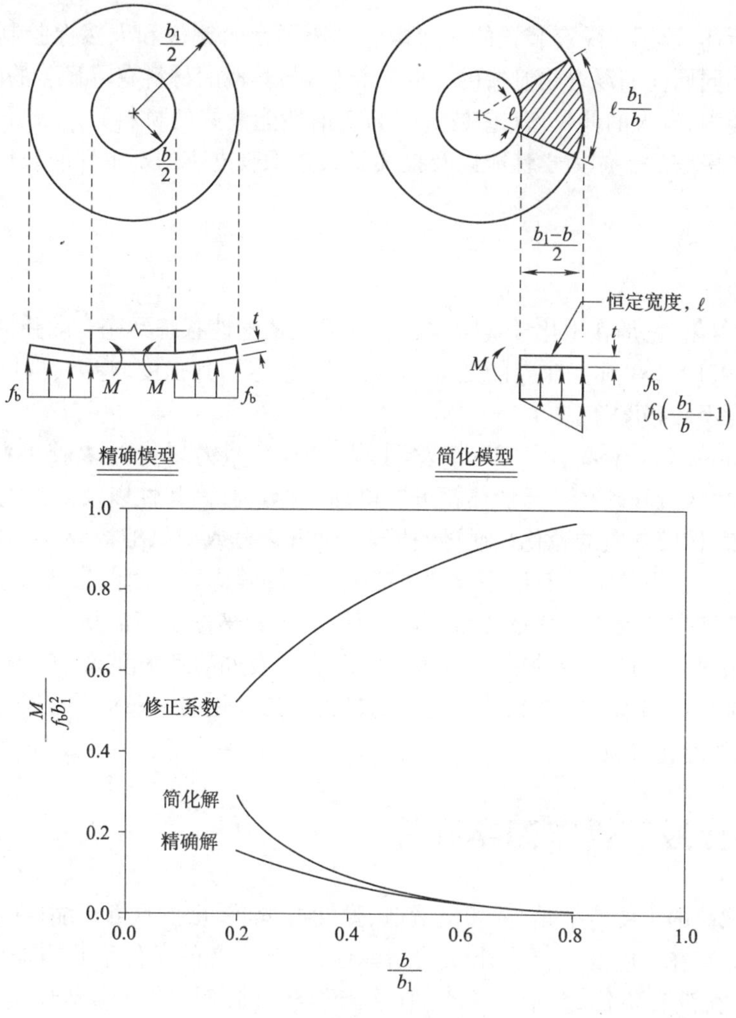

图 6－21　短板弯矩的精确解和简化解比较以及 $\nu = 0.3$ 时的修正系数

第7章 人造橡胶支座的力学性能

7.1 引　　言

如第2章所述,运用于隔震装置的人造橡胶支座通常由钢板和天然橡胶制成。橡胶是一种由多种具有不同属性的混合物制成的交联聚合体,与其他的材料有着显著的区别:它具有较高的弹性变形能力,较大的伸长率(它是所知的变形性能最好的材料),它实质上是不可压缩的。本章给出了橡胶的整体力学性能以及描述了人造橡胶支座的基本性能。

7.2 硫　　化

硫化,或称固化,它是利用化学交联方法使生橡胶从塑性状态到完全的弹性状态的一种转化过程(Hills,1971)。在对生橡胶的处理和加工中,指定了其强度、弹力、抵抗溶解力以及对温度变化的相对不敏感度等。

硫化是 Charles Goodyear 于 1839 年发明的,它的发明为现代的橡胶工业奠定了基础。Goodyear 发现,生橡胶和硫在一起加热就可以得到一种具有高弹性以及对温度变化不敏感的产品。在现阶段,橡胶支座的硫化是通过使用硫、过氧化氢或聚氨酯橡胶来完成的,并且还运用了热量和压力。在橡胶中的其他添加剂也产生了各种效应。运用催化剂来缩短持续加热的时间或是减少在硫化过程中对热量的需求量;使用填充物来修正产品最终的力学性能。最常用的填充物是碳黑,它可以改变橡胶的硬度、刚度、在断裂处的延张度、蠕变和松弛特质以及疲劳寿命。运用抗臭氧剂来保护产品免受臭氧的攻击。抗氧化剂用来延缓橡胶与氧气接触时的降解,减轻橡胶的老化效应。

7.3 天然橡胶的基本力学性能

硫化天然橡胶的主要特征是:剪切模量低、弹性模量低、几乎不可压缩以及在断裂处具有最大的伸展性。它在低应变下具有非线性黏弹性,在高应变的条件下具有非线性滞回性能。在重新加载时,它没有折回以前的路径,但是当加载移除时,它渐渐地恢复到原来的形状(Stanton 和 Roeder,1982)。

当受到无侧向约束的单轴张应力时,橡胶表现出如图 7 – 1 所示(Brown,1996)的性能。这种性能的主要特征是,在小应变条件下的弹性模量较高,在较大的应变条件下模量减少,在更大的应变条件下弹性再次增加。当大面积的薄橡胶样品在纯剪力条件下进行测试的时候,也观测出同样的性能。例如,当应变在 20% 以下的时候,剪切模量可能为 3. 0 MPa;当应变在 50% 到 200% 的时候,剪切模量大约为 0. 7 MPa;当应变大于 300% 的时候,剪切模量大于 2. 0 MPa。通过在硫化过程中对橡胶进行特殊的合成和处理,这些值可以得到控制。

橡胶的泊松比接近于0.5(在0.498到0.499之间),是一种几乎不可压缩的材料。橡胶的硫化性能最好用体积模量来表示,而不用泊松比。体积模量很大并且难以测量。在对人造橡胶支座的分析中,对于体积模量 K 通常取值为:$K=2\,000$ MPa(300 ksi)。橡胶的体积模量与其剪切模量的比值可以达到2 000到3 000的程度。

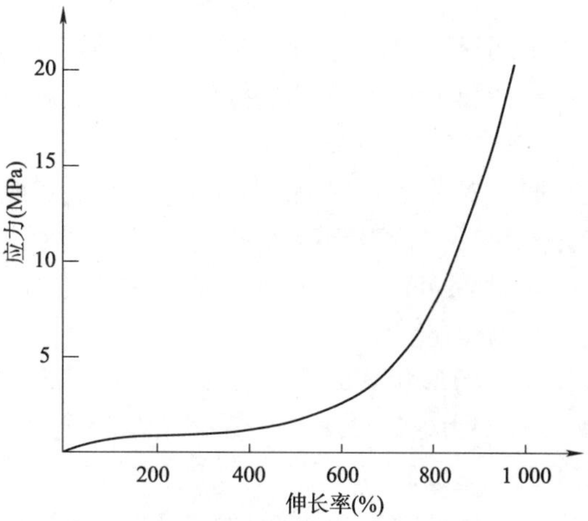

图7－1　橡胶的单轴张应力曲线的实例

橡胶通常以剪切模量为特征,其剪切模量与ASTM标准D4014(美国材料与测试协会,1988)一致。这个测试是在准静态条件下进行的,剪切模量是在50%的剪应变处第6次加载循环的切线模量。测试的样本是四堆小正方形橡胶块,每一个小块有相同的量纲,总长度为25 mm,厚度为6 mm。这些样品的形状系数 S 大约为1,形状系数定义为:在压力作用下,荷载面积除以单层橡胶的自由表面积。在隔震装置的应用中,人造橡胶支座压缩时的形状系数大于10。对于小的形状系数来说,样品受到了剪力和弯曲的共同作用,这样测量得到的剪切模量 G_a 小于从大形状系数的样品中得到的剪切模量,或是小于在施加混合的压缩和剪力的人造橡胶支座的测试中得到的剪切模量 G。由于在计算刚度时工程师们通常运用 G_a,这样就低估了隔震结构中的刚度(因而也高估了有效周期),往往会导致混淆。总体来说,当形状系数大于3时,$G \approx G_a$。

硬度是橡胶的另外一个特征属性。在美国,硬度通常是根据ASTM标准D2240由邵氏A型硬度计(美国材料与测试协会)测量的。硬度是利用硬度计来对所施加上的压痕进行测量。英国标准BS5400(英国标准协会,1983)运用了一种不同的硬度测量方法来测量橡胶(这种方法在ASTM标准D1415也有描述),这种方法叫作橡胶国际硬度或IRHD方法。IRHD和硬度计A在40到70之间(IRHD方法略低于Shore A)的硬度接近相等,这一硬度范围的橡胶通常用于隔震系统中(Brown,1966)。

橡胶压缩方面的性能受到样品形状系数的显著影响。在第9章对人造橡胶支座的分析中将讲述到该性能。

在动态条件下,剪切状态的橡胶性能十分复杂。由于这个性能受到形状系数的影响,最好用人造橡胶支座在竖向荷载的作用下水平的力和位移关系来描述在剪切状态下橡胶的性能。这一点将在第7.5节中讲述到。

7.4 人造橡胶支座的构造和制作

如图 7 - 2 所示,人造橡胶支座是由薄钢板和橡胶片交错叠合而成。这个图显示了将支座联结到上部的上层结构和下部的基础结构上的两种不同的方法。当必须避免支座中的拉力时,通常采用销钉。如今,由于润滑过的人造橡胶支座都具有显著的张应变能力,因而通常采用螺栓连接的支座。除了那些如图 7 - 2 所示的连接件外,在实际中还运用了包括限位板的联结器械,它能使支座像用销钉钉合在一起一样响应。

大的人造橡胶支座经常制作成带有中心孔的形式,这样可以使其在硫化过程中得到更好、更均匀地受热。图 7 - 3 为一个橡胶支座内部构造的截面图;在这张照片中,中间孔清晰可见。高阻尼橡胶支座运用于美国加州 Foothills 社区法律与正义中心(Naeim 和 Kelly,1999)。在这个支座中使用销钉来将其与结构相连。

应用于隔震的人造橡胶支座的形状系数通常大于 10,并且通常远大于 10。由于压缩作用,需要大的形状系数来减少剪应力以及增加支座承担荷载的能力。

表 7 - 1 为大型的人造橡胶支座的制造步骤。通过注模也可以制造较小的支座。在这种情况下,模子用来将钢板支持在精确的位置上。加热过的混合橡胶沿着边界注入到模子里面,并且在加工的过程中保持一定的压力。由于在注模过程中,橡胶是从外部流向内部,这个过程可能会存在问题,使橡胶黏性出现部分损失。这样制成的支座可能会产生较弱的橡胶与钢板黏着强度。

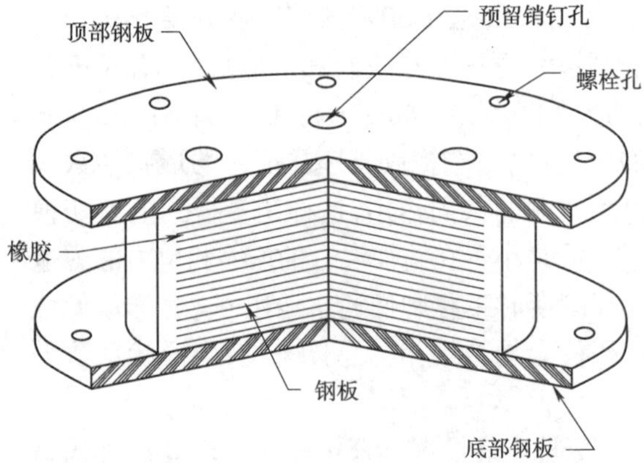

图 7 - 2　人造橡胶支座的构造

图 7 - 3　橡胶支座内部构造截面图

表 7 - 1　人造橡胶支座的生产

步骤	说　　明
橡胶混合物	橡胶原料,炭黑,硫和其他添加物混合而成
片层橡胶(压延)	将橡胶混合物通过轧辊制成规定厚度的橡胶片
橡胶切割	制成需要的形状(圆形,环形)
钢板切割	将规定厚度的端板和薄钢板切成需要形状
钢板表面处理	对端板和薄钢板进行喷砂处理
上黏结剂	给端板和薄钢板表面覆以黏结剂(专用)
制作成型(叠层)	组装端板,薄钢板和橡胶片,并在支座外裹上橡胶

续上表

步骤	说　明
固化(硫化)	将成型的支座放入模具中,在加压和加热下固化:橡胶被硫化,附着在钢板上
完成	给端板上漆;给铅芯橡胶支座注铅

7.5 天然橡胶支座的基本力学性能

橡胶支座大体上分为两种类型:低阻尼橡胶支座和高阻尼橡胶支座。对于两种类型橡胶支座来说,在压缩荷载作用下剪切性能最具意义,在此优先考虑。低阻尼橡胶支座其有效阻尼小于10%,一般情况下小于5%;然而,高阻尼的橡胶支座的有效阻尼在10%或更高。

如图7-4所示的支座为在布法罗分校进行测试的橡胶支座,分为带有铅芯和不带有铅芯两种情况。下面给出的结果是不带有铅芯的橡胶支座。在这种情况下,支座的中心没有洞(在第8章中将展示铅芯支座的结果)。橡胶是低阻尼型的,并且以ASTM标准D4014中的3级天然橡胶进行设计(美国材料与测试协会,1998)。支座在平均支座压力(竖直荷载除以束缚橡胶面积)为6.9 MPa(1 000 psi)的条件下进行测试,横向正弦曲线运动的振幅为113 mm,频率在0.035到0.35 Hz之间,因此峰值速度在25到250 mm/s范围之间。支座的形状系数$S=10.7$。首先在持续了48 h的49 ℃环境中试验,然后在20 ℃试验,接着在持续了48 h的-26 ℃的条件下试验。在测试样品上施加了四个循环运动。

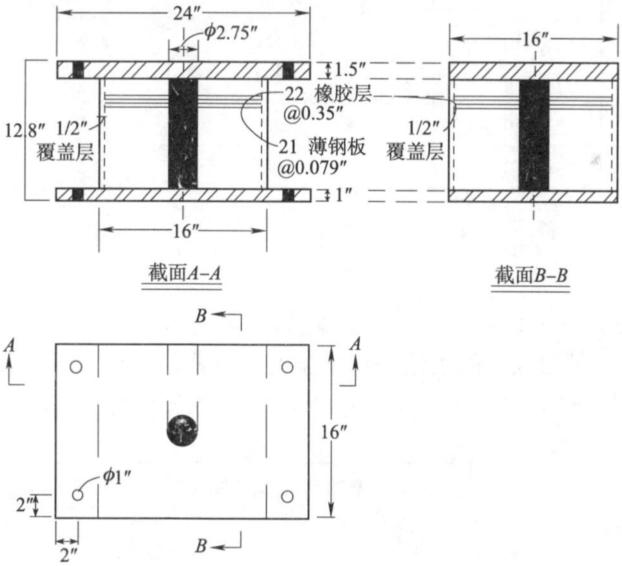

图7-4　带有铅芯和不带有铅芯的测试支座(图中单位为英制,1 in=25.4 mm)

当温度在20 ℃和-26 ℃时,频率为0.35 Hz,记录的横向力与位移的循环关系如图7-5所示。低温对刚度和每个循环中的能量耗散有着重要的影响。支座的性能在20 ℃时大致表现为滞回性能,在-26 ℃时表现为黏塑性。如表7-2所示,为从记录的循环关系中提取出来的支座的力学性能。这些力学性能包括(AASHTO,1999;Constantinou 等,1998):

表 7－2　低阻尼橡胶支座的力学性能（支座压力为 6.9 MPa，橡胶的剪应变为 0.58）

试验条件	频率（Hz）	峰值速度（mm/s）	循环	*EDC*（kN · mm）	有效刚度（kN/mm）	有效阻尼（%）	有效剪切模量（MPa）
49 ℃下 48 h	0.35	250	1	2701	0.49	0.07	0.66
	0.35	250	2	2600	0.49	0.07	0.66
	0.35	250	3	2588	0.49	0.07	0.66
	0.35	250	4	2622	0.49	0.07	0.66
20 ℃下 48 h	0.35	250	1	3436	0.56	0.08	0.75
	0.35	250	2	3391	0.54	0.08	0.73
	0.35	250	3	3312	0.53	0.08	0.71
	0.35	250	4	3278	0.53	0.08	0.71
20 ℃下 48 h	0.175	125	1	2939	0.53	0.07	0.71
	0.175	125	2	3018	0.53	0.07	0.71
	0.175	125	3	3007	0.53	0.07	0.71
	0.175	125	4	2973	0.53	0.07	0.71
20 ℃下 48 h	0.035	25	1	3007	0.49	0.08	0.66
	0.035	25	2	2826	0.49	0.07	0.66
	0.035	25	3	2769	0.49	0.07	0.66
	0.035	25	4	2735	0.49	0.07	0.66
－26 ℃下 48 h	0.35	250	1	8862	0.82	0.14	1.10
	0.35	250	2	7833	0.79	0.13	1.06
	0.35	250	3	8251	0.77	0.13	1.04
	0.35	250	4	8025	0.75	0.13	1.01

（1）有效刚度

$$K_{\mathrm{eff}} = \frac{|F^{+}| + |F^{-}|}{|\Delta^{+}| + |\Delta^{-}|} \tag{7-1}$$

式中，Δ^{+} 和 Δ^{-} 分别为最大的正位移和最小的负位移；F^{+} 和 F^{-} 分别为与 Δ^{+} 和 Δ^{-} 相对的力。对于纯滞回特性，F^{+} 和 F^{-} 分别为图 7－6 所表现出来的最大正力和最小负力。

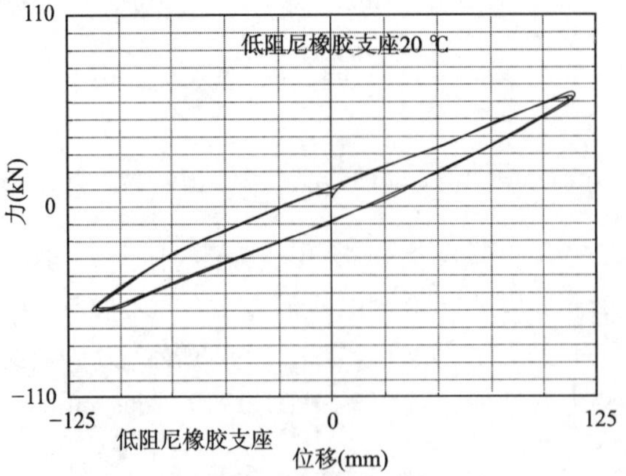

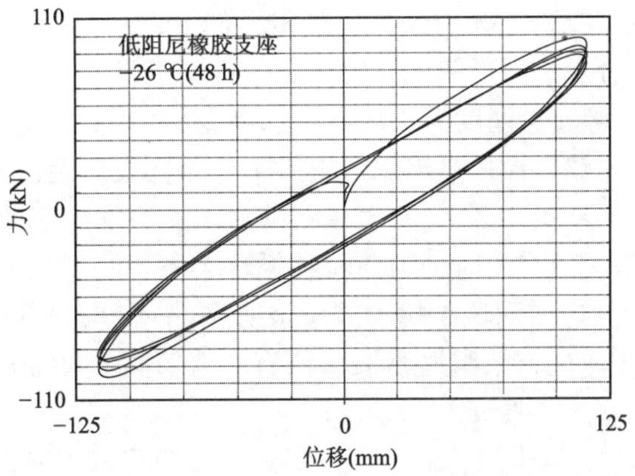

图 7－5　低阻尼橡胶支座的侧向力和位移的循环关系

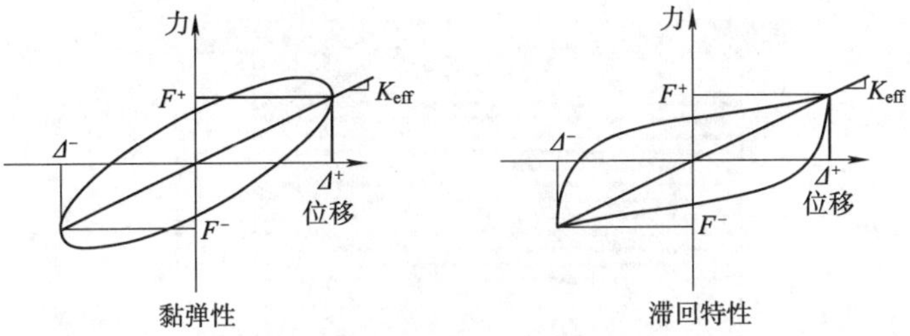

图 7－6　有效刚度的定义

(2)有效剪切模量

$$G_{\mathrm{eff}} = \frac{K_{\mathrm{eff}} T_{\mathrm{r}}}{A_{\mathrm{r}}} \tag{7-2}$$

式中，T_{r} 为橡胶的总厚度(对于该支座等于 196 mm)；A_{r} 为束缚橡胶面积(对于该支座等于 145 161 mm^2)。认为有效剪切模量为测试条件下的橡胶力学性能，并且可以用于计算具有其他几何特性的支座的有效刚度。

(3)有效阻尼

$$\beta_{\mathrm{eff}} = \frac{2}{\pi}\left[\frac{EDC}{K_{\mathrm{eff}}(|\Delta^{+}| + |\Delta^{-}|)^2}\right] \tag{7-3}$$

式中，EDC 为滞回曲线所包含的面积，其他的变量在前面已经定义过了。

表 7－2 中的数据说明了低阻尼橡胶支座的力学性能对温度、循环和加载频率的依赖性，可以概括为如下几点：

(a)低温对刚度和阻尼都有着较大的影响，当温度由 20 ℃变到 －26 ℃时，两者全都提高了 50% 到 60%。当暴露在低温下的时间更长的时候，这个百分比还会增加(见第 7.7 节)。

(b)高温对刚度和阻尼的影响不大，刚度和阻尼只有很小的减少量。

(c)循环加载的数量对其的影响并不大。在最低温度下的测试中，所观察到的变化非常小。这是由于滞回和/或黏性能量耗散导致的温度升高。温度的升高非常小(见第 7.6 节)，大约是每个循环 1 ℃。

(d)没有扰动效应。

(e)运动的频率(或是运动速度)对其力学性能的影响不大；可以认为支座性能为频率不相关的。

这些性能对于低阻尼橡胶混合物十分典型(在50%的应变下的有效剪切模量大约为0.7 MPa)。

图7-7为在布法罗分校进行的测试大剪应变条件下的低阻尼橡胶支座。支座束缚橡胶面积为 $A_r = 49\,087\ \text{mm}^2$,橡胶总厚度为 $T_r = 82.5\ \text{mm}$,形状系数 $S=9.8$。这个支座用于作为调制质量阻尼器的一部分,该调制质量阻尼器由144个相同支座组成的4个多级的橡胶支座构成,可用于支持1 000 kN重量。图7-8为在测试中该支座发生大的侧向变形时的照片;图7-9为剪应变分别为75%和175%时的力与位移循环关系。测试频率为1 Hz,温度为20 ℃,轴向荷载为28 kN。在大的应变测试中扰动效应很明显(右图),并且在大的剪应变下表现出适度的滞回能力。这个支座的有效阻尼小于5%;有效剪切模量大约为0.65 MPa。

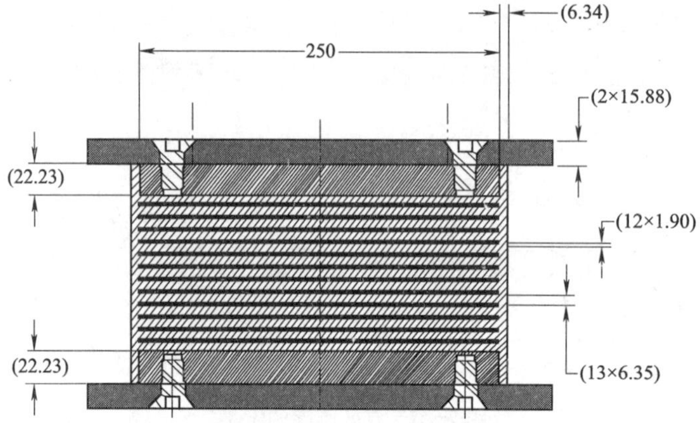

图7-7　在大剪应变测试下的低阻尼橡胶支座(单位:mm)

高阻尼橡胶支座的力和位移的反应和图7-9所示的相似,但每个循环具有较大的能量耗散,见图7-10。关于高阻尼橡胶支座的资料可以在Kelly(1991)、CERF(1998b)和CERF(1999)中找到。图7-10所示支座的力学性能通过有效剪切模量和阻尼比的形式在图7-11中表现了出来。该支座的测试是在加州大学伯克利分校进行的:束缚橡胶面积 $A_r = 52\,258\ \text{mm}^2$,橡胶的总厚度 $T_r = 82.5\ \text{mm}$,形状系数 $S=9$。如图7-10和图7-11所示,为在扰动条件下,剪应变达到了180%的数据。当剪应变大于180%时,支座的有效刚度增加,这是高阻尼橡胶支座典型的性能。硬化时的极限变形取决于橡胶的混合物;例如,由Kelly(1991)测试的Bridgestone支座的应变极限大约为250%。

图7-8　图7-7中的支座在大的侧向变形中的测试情况

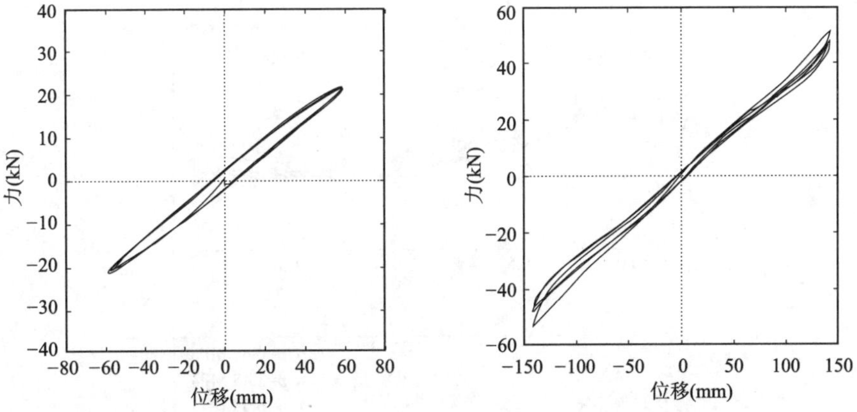

图 7－9　在剪应变为 75% 和 175% 的情况下力和位移的循环关系

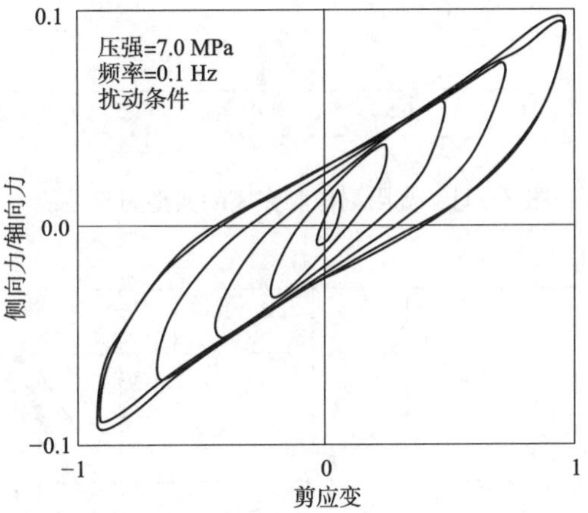

图 7－10　对于典型的高阻尼橡胶支座的
侧向力和位移的循环关系

其次，高阻尼橡胶支座的共有性能可以从图 7－11 中得到：

(a)在轴向压力增加的情况下，有效刚度减少，有效阻尼增加。

(b)在激励频率增加的情况下，有效的刚度和阻尼增加有限。

(c)在小应变情况下，有效刚度相对较大：这正是用来抵抗风荷载而又不产生大的侧向变形所需的性能。然而，对于桥梁来说，由于刹车等因素，可能会在支座上产生大的工作荷载，常认为高阻尼橡胶支座的最初的刚度非常低。

当承受压力荷载时，由于受限应力条件和橡胶近乎不可压缩，人造橡胶支座表现出高的竖向刚度。第 9 章为计算竖向刚度提供了理论背景。图 7－12 展示了在压缩条件下，橡胶支座的竖向力和竖向位移之间的典型关系。这个支座是在布法罗分校进行测试的一个铅芯橡胶支座。

在此，假定铅芯不影响竖向刚度，因而在图中所表现出的性能认为是所有橡胶支座的代表。在小的轴向变形中，由于支座的内部构造不完善，例如终端板不平行等原因，支座表现出非常低的轴向刚度。通常在这个循环圈的上升段得到压缩刚度。如图 7－12 所示，为轴向荷载等于工作荷载或重力荷载的情况。

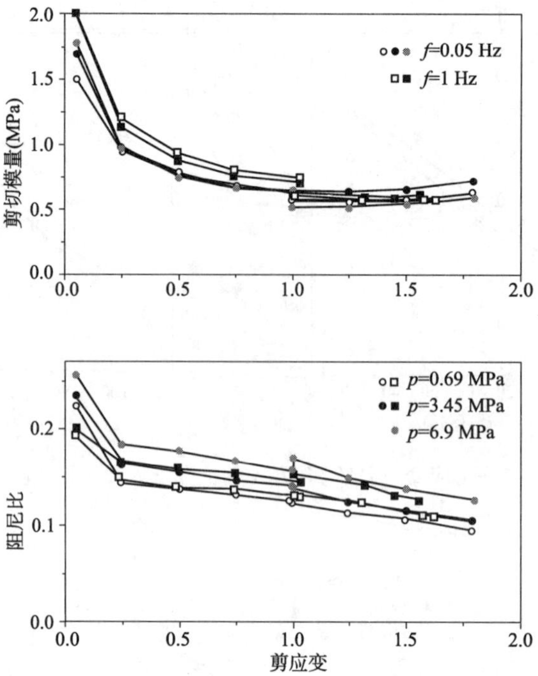

图 7－11　高阻尼橡胶支座的典型力学性能

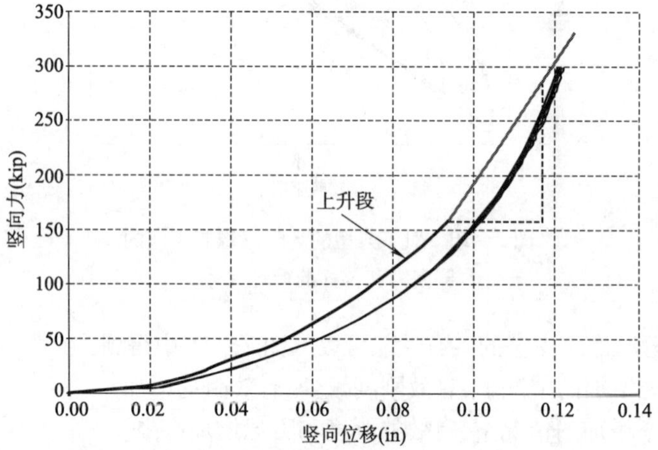

图 7－12　在压力条件下的橡胶支座的
竖向荷载和位移的关系的代表(1 kip = 4.45 kN,1 in = 25.4 mm)

对于图 7－7 所示的支座,在拉力情况下橡胶支座的性能如图 7－13 所示,图 7－14 为在位移等于橡胶厚度的 60% 时的变形支座。对于小的拉力荷载,支座表现出的刚度与压力刚度相当。在某个取决于橡胶混合物的荷载或者轴向压力(通常 1.5 到 2.5 MPa)的作用下,支座会产生空化(见 Gent,1990、2001),也就是在橡胶体积中出现的小的裂缝。结果是,限制消失了①,刚度在很大的程度上减少了。第 9 章提供了刚度以 S^2 倍减少的理论基础,其中 S 为形状

① 在这个限制中,由于开裂使得人造橡胶体内在出现空穴前的积的优于空化橡胶的三轴应力状态下被基本有必要替换为人造橡胶支座的非单轴向应力状态,有破裂造成的,它的聚合开裂面积等于束缚的面积。

系数。对于图 7-7 所示的支座,$S=9.8$,发生空化现象之后的竖直刚度的减小了 100 倍。

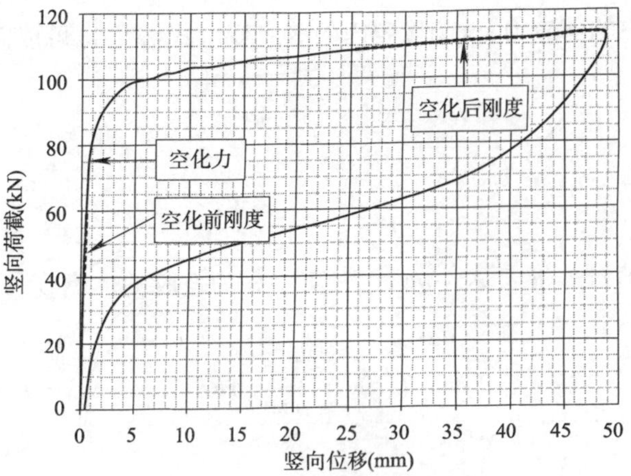

图 7-13　对于张力条件下的橡胶支座的竖向的荷载和位移的关系

图 7-14　在张力变形为厚度的 60% 时的橡胶支座

7.6　人造橡胶支座的发热

当人造橡胶支座在受迫运动下,橡胶的内部会产生热。热量产生的起源是机械作用,可能是建立在黏性作用和交联橡胶分子与分子链之间的摩擦基础上。当热量在体内产生时,热传导的等式为(Carslaw 和 Jaeger,1959)

$$\frac{\partial^2 T}{\partial x^2}+\frac{\partial^2 T}{\partial y^2}+\frac{\partial^2 T}{\partial z^2}-\frac{1}{D}\frac{\partial T}{\partial t}=-\frac{A}{k} \tag{7-4}$$

式中,T 为上升的温度;k 为橡胶的热传导系数;D 为橡胶的热量扩散系数;A 为在单位时间单位体积内产生的热量比率。

由于产生的热量主要和剪应变有关,而剪应变在整个橡胶体积中为常量,因而它实际上和空间变量(x,y 和 z)无关。而且如果我们忽略支座终端板的热辐射和热传导,我们可以得出温度与空间变量不相关的结论。在单位体积单位时间内产生的热量比率由下式给出:

$$A = \tau \frac{d\gamma}{dt} \tag{7-5}$$

式中，τ 为橡胶中的剪应力；γ 为橡胶内的剪应变。式(7－4)可以简化为：

$$\frac{dT}{dt} = \frac{D}{k}\tau \frac{d\gamma}{dt} \tag{7-6}$$

或

$$\rho c \frac{dT}{dt} = \tau \frac{d\gamma}{dt} \tag{7-7}$$

式中，k/D 的比值被等价表达式 ρc 代替，其中 ρ 为橡胶的体密度，c 为橡胶比热。结合起来就有：

$$T(t) = \frac{1}{\rho c}\int_0^t \tau d\gamma \tag{7-8}$$

或

$$T(t) = \frac{1}{\rho c V}\int_0^t F du \tag{7-9}$$

式中，V 为橡胶的体积；F 为作用在支座上的侧向力；u 为支座的侧向位移。

式(7－9)中的积分为支座的侧向力与侧向位移滞回曲线所包围的面积。在侧向力作用下，温度的升高仅仅取决于频率的大小。这个效应通常很小，并且在用减小的频率测试时，不会影响到在低温时测试结果的质量。

我们计算在测试中温度升高的估计值。考虑振幅为 u_{max} 的循环运动。对于如图 3－1 所示的理想的双线性滞回曲线，运用式(7－9)，每个循环中温度的上升可由下式计算出来：

$$T_c = \frac{4Q_d(u_{max} - u_y)}{\rho c A_r T_r} \tag{7-10}$$

式中，u_y 为屈服位移；A_r 为束缚橡胶的面积；T_r 为橡胶的总厚度。式(7－10)可以写作：

$$T_c = \frac{4p(\gamma_{max} - \gamma_y)}{\rho c}\left(\frac{Q_d}{N}\right) \tag{7-11}$$

式中，p 为平均的支座压力；N 为作用在支座上的竖向荷载；γ_{max} 为橡胶在位移为 u_{max} 时的剪切应变；γ_y 为橡胶在屈服位移时的剪切应变。

对于高阻尼橡胶支座，这些变量的典型值：$p = 7\,MPa$，$\gamma_{max} = 1.5$，$\gamma_y = 0.07$，$Q_d/N = 0.05$，$\rho c = 2 \times 10^6\ N/(m^2 \cdot ℃)$。由这些变量的值，再运用式(7－11)，可以得出每个循环中上升的温度值少于 1 ℃，这无足轻重。对于图 7－10 所示的滞回曲线，$Q_d/N = 0.02$，每个循环上升的温度应该远小于 1 ℃，和 Nakano 等(1993)观测的结果吻合得很好，他指出在一个 50 圈循环的测试中，每一个循环温度上升将近 0.6 ℃。在这些结果的基础上，我们总结出，在高阻尼支座的动态测试中，温度升高值太小，在设计中可以忽略不计。

7.7 温度对力学性能的影响

众所周知，低温使得人造橡胶支座的刚度和强度增加。图 7－5 和表 7－2 为此提供了证据。Roeder 等人(1987)对于温度对人造橡胶支座的力学性能的影响提出了一个综合的观点。总体上来说，低温在形成热平衡过程中形成瞬时热刚化作用，以及形成与时间相关的结晶刚化作用。图 7－15 描述了人造橡胶支座典型的低温性能。时间 t_1 取决于支座尺寸，尤其是它的高度。根据 Reoder 等人（1987）的结果，在应用于隔震的大尺寸的人造橡胶支座中，t_1 在 12 到 24 h 之间。时间 t_2 取决于橡胶的合成物以及温度，相对时间较短，仅几小时。当晶体刚化作用开始时，由于其分子结构的重定位，橡胶开始变硬。当温度升高时，晶体逆转。

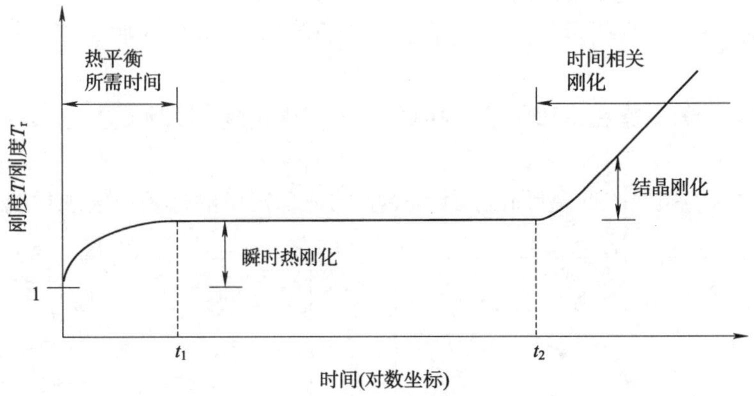

图 7－15　与时间相关的人造橡胶支座的低温性能

注：T_r ＝ 参考温度（通常为 20 ℃），$T \ll T_r$。

当温度降到合成物的玻璃化温度以下时，人造橡胶开始变得很脆弱，其很多力学性能和物理性能都发生了巨大而迅速的改变。天然橡胶的玻璃化温度约为 －55 ℃。

Roeder 等人（1987）总结在阿拉斯加美国的一小部分和加拿大的大部分地区，人造橡胶支座的热刚化可能是一个很严重的问题；当温度降到 0 ℃以下时，结晶也是一个问题。

显然，人造橡胶支座的力学性能受到了低温以及暴露在低温下的时间的影响。遗憾的是，除了 Yakut 和 Yura（2002）的研究以外（将在本书的后续章节中将讨论到），大多数关于低温对人造橡胶隔震支座的性能影响的研究都忽略了持续暴露时间这个因素的重要性。其中一些研究没有给出持续暴露时间的长短，而其他的研究只报道了单一的大约暴露时间。

Skinner 等人（1993）给出了在新西兰的测试中，低温效应对铅芯橡胶支座特性的影响，但是并没有给出在低温下持续暴露的时间，而给出了仅能计算有效刚度的力与位移的峰值。

相对于参考温度为 18 ℃的刚度，当应变为 0.5，测试频率为 0.9 Hz 时，温度 －35 ℃和 －15 ℃的有效刚度增加因子分别为 1.4 和 1.2。温度为 45 ℃时，增加因子为 0.9。

Nakano 等人（1993）报道了一个铅芯橡胶支座和一个高阻尼橡胶支座在冷却到 －18 ℃的条件下测试得到的数据。在测试的过程中，随着支座升温，测量在多个温度上进行一直到 5 ℃。对于每一个测试温度，暴露的时间非常短（估计只有几分钟）。不管怎样，这些数据很有用，在此用于建立高阻尼橡胶支座的属性修正系数。

Kim 等人（1996）报道了一个铅芯橡胶支座和一个低阻尼橡胶支座的低温特性。支座在被冷却到 －60 ℃并持续最少三天后进行了测试。在不同的温度下列举出了力与位移的循环关系以及特征力和屈服后刚度的值。在频率为 0.1 Hz 条件下进行了一系列的橡胶剪应变测试。这一系列记录完好的结果用于建立铅芯橡胶支座的温度效应修正因子。然而，读者必须注意的，结果可能会受到冷却历史的影响（长时间暴露在低温下，为了进行测试而迅速地升温）。

Yakut 和 Yura（2002）调查了影响人造橡胶支座低温性能的参数。他们测试了在一定的温度和暴露时间范围内的小型氯丁橡胶和天然橡胶支座，并且测量了人造橡胶支座在剪应变小于30%时的剪切模量。图7-16给出了在这个研究中一个代表性的结果,它表明四种材料在低温时的剪切模量与在室温(假设为20℃)时的剪切模量的比是一个温度和持续暴露时间的函数。在这个图中NR代表低阻尼天然橡胶和NEO代表聚氯乙烯。接在NR或者NEO之后的100和150代表了室温下在以psi为单位的剪切模量。材料NR100通常应用于铅芯隔震支座。这个数据表明了以下几点:

(1)在低温条件下,当测量的剪切模量小比率的增加时,天然橡胶表现出比氯丁橡胶更优良的性能。

(2)对于NR100,暴露在-20℃(-30℃)的温度中达到10(3)d之久,其剪切模量几乎没有时间依赖性。

(3)具有时间依赖性的低温硬化在具有更大的剪切模量的橡胶中表现更明显。

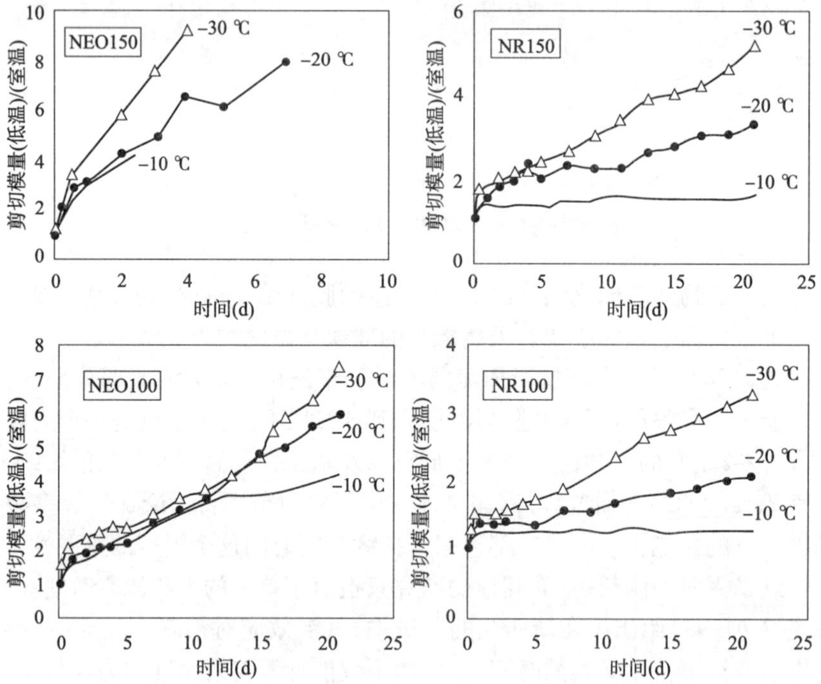

图7-16 人造橡胶的低温和持续暴露时间效应(Yakut和Yura,2002)

7.8 人造橡胶支座的扰动和恢复

在首次测试中,人造橡胶支座通常表现出较高的强度和较高的刚度的特性。在这些条件下的属性被称为未扰动(Virgin或Unscragged)。在随后的同条件下的测试显示出其稳定性,但是强度和刚度值较低,在此被称为扰动(扰动)性能。图7-17显示了对小尺寸高阻尼人造橡胶支座(Kasalanati和Constantinou)测试得到的力-位移循环关系。图7-18给出了由Thompson等人(2000)对中等尺寸的高阻尼人造橡胶支座测试得到的循环圈。

Thompson等人(2000)测试了23个中等尺寸、有效阻尼在0.05到0.17范围内的橡胶支座,确定了随着橡胶的剪切模量的减少、有效阻尼的增加,扰动增加的程度。图7-19为其数据结果。由于在第三个循环中,100%剪应变处的有效剪切模量经常被制造商用于衡量橡胶支座侧向刚度的特征，因此被用作参考点。在图中，有效阻尼由式（7－3）计算出来，该式运用了剪应变为100%处的有效剪切刚度。他们发现随着橡胶的有效剪切模量从大约2.4 MPa（350 psi）减少到大约0.24 MPa（35 psi）时，第一个循环的有效刚度和第三个循环的有效刚度（扰动条件）之比在1.4到2.1之间变化。第一个循环的有效刚度（初始状态）与处于稳定循环状态的有效刚度（scragged条件）的比值在这里被定义为扰动修正因子或扰动因子。图7－19给出了由Thompson等人（2000）确定的扰动因子的值。

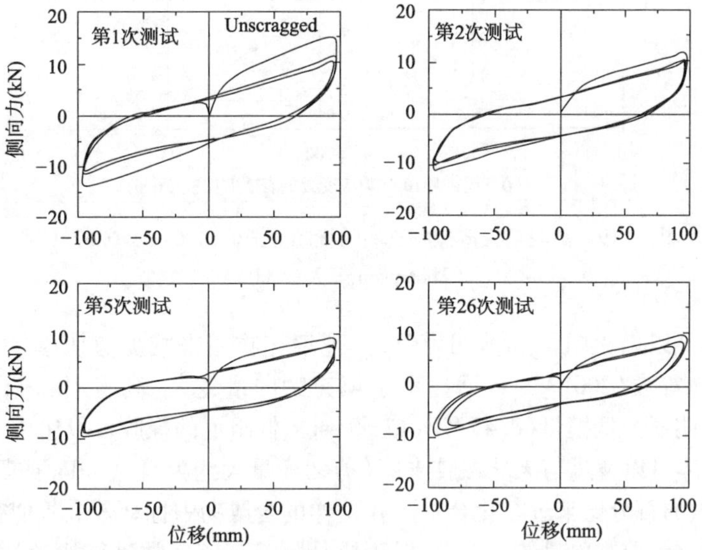

图7－17　具有扰动效应的小尺寸高阻尼人造橡胶支座的侧向力和侧向位移的循环关系（测试频率为1.0 Hz）（Kasalanati和Constantinou，1999）

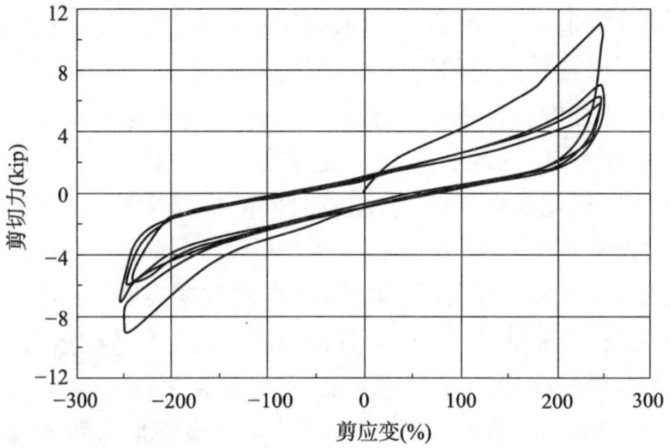

图7－18　橡胶支座中的扰动效应（Thompson等人，2000）

Morgan等人（2001）扩展了Thompson等人的研究成果，给出了对45个中等尺寸橡胶支座测试得出的结果，这些支座分别由6个制造商提供，涉及总共12种合成物。这些结果和图7－19显示的结果很相似，也就是说，从第一个循环到第三个循环中的有效模量减小的比率取决于橡胶合成物的比例，制造时的硫化程度和所受应变历史。天然橡胶中常规添加材料，例如炭黑、合成弹性体、油以及树脂，可以用来减少模量和/或增加高阻尼橡胶支座的阻尼。在天然

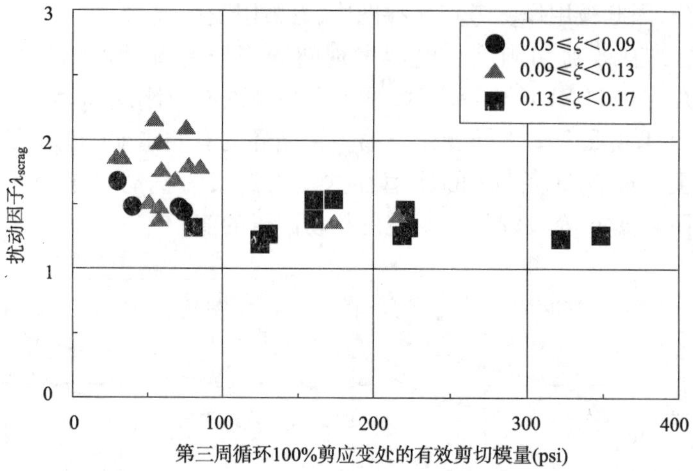

图 7－19　高阻尼人造橡胶支座的扰动因子值(100 psi＝0.69 MPa)
(Thompson 等人,2000)

橡胶中添加炭黑可以增大阻尼和剪切模量;其他填充物用来减少剪切模量。Thompson 等人(2000)和 Morgan 等人(2001)的数据显示了填充物的量越大(高阻尼和低剪切模量的最大化),扰动效应越明显。低模量(0.45 MPa 或 65 psi)、低阻尼的橡胶可以运用于铅芯橡胶支座,并且这样的弹性体可以通过与天然橡胶支座(剪切模量大约为 0.69 MPa 或是 100 psi)炭黑含量相比,减少炭黑的百分比来进行化合——在这样的合成物中扰动效应貌似很小。

作为制造商质量控制项目的一部分,对于成品隔震支座经常进行扰动效应测试。通常采用在单方向进行小于最大设计应变的测试来实现扰动效果。Morgan 等人(2001)进行了两种类型隔震支座的双向的测试,用来确定沿支座一个方向测试是否会使其垂直方向的扰动效应。测试方法是在一方向进行一次剪应变达 250% 的往复运动接着在垂直方向进行一次剪应变达 250% 的往复运动。测试结果说明,沿着一个轴的扰动对垂直方向有显著的影响。对另一个制造商生产的低模量,高阻尼橡胶支座进行了十字轨道测试,其结果也支持这一结论,但是相互作用的程度似乎与混合物有关。很多年以来都假定在测试中橡胶的分子结构被破坏,并且扰动效应性能是永久的。如今,广泛地认为橡胶支座能够恢复他们的初始性能。Mullins(1969)观测到经过多次拉伸循环软化的橡胶样品,随着时间的推移恢复了它们最初的力学性能,他还强调在高温下,刚度的恢复更为迅速和完善。由 Cho 和 Retamal(1993)、Murota 等人(1994),Kulak 等人(1998)以及 Thompson 等人(2000)所报告的数据表明,在测试之后的一小段时间内支座的性能有了显著恢复。Kulak 给出了高模量、高阻尼的人造橡胶在大应变测试中恢复的数据,并且总结指出人造橡胶确实会恢复刚度以及在安装之前支座的扰动并不重要(除了作为质量控制检查以外)。Morgan 等人(2001)分析了 4 个高阻尼橡胶支座的试验数据(一个高模量和两个低模量的混合),同时这些支座在测试间歇并不持续受轴向荷载作用。对于一个高模量和一个低模量支座,在 5 年的时间内可以观察到 100% 的恢复;在第一个 12 个月的时间段内,可以观察到低模量支座的恢复大于 65% 。对于剩下的低模量合成物可以在一个月的时间内观察到 60% 的恢复。

恢复的过程(以及第 7.9 节中提到的老化)说明,在硫化过程之后支座的化学反应仍在继续。随着时间支座很有可能完全恢复到初始的性能,这一时间依赖于橡胶合成物成分、硫化程度以及周围的温度。有效数据显示,应该在对隔震系统的分析和设计中假定,出现在第一个循环中的属性完全恢复。通过对第一个和第三个循环反应的分析，可以分别得到支座的初始和 scragged 力学性能——见图 7－17 和图 7－18 中的样品数据。

7.9 人造橡胶支座的老化

7.9.1 引　言

由于持续硫化和氧气、臭氧所造成的退化使得人造橡胶支座的力学性能产生长期的变化。(Morgan 等，2001)。通过在橡胶基质中添加各种蜡和化学抗氧化剂使得橡胶支座能够抵抗臭氧和氧气所造成的降解退化(Roberts，1988)。尽管大多数组件，例如隔震支座通常不会受到臭氧和氧影响，但通常在人造橡胶支座周围覆盖一层橡胶。在这层橡胶中混入抗氧化剂来保护支座中心不遭受氧气和臭氧的侵入。由于人造橡胶持续硫化而引起的与老化相关的刚化和硬化，可能会导致有效剪切模量随着时间的增加而增加。有效模量增加的百分比会随着一些因素而变化，这包括初始硫化程度和温度(Thompson 等，2000；Morgan 等，2001)。

有一些使用在非抗震桥梁上的人造橡胶支座工作性能的报告。这些报道几乎不能提供任何关于支座老化特性的信息。在一些报告中谈到了支座的失效(比如 Stanton 和 Roeder，1982；Manning 和 Bassi，1986；以及 Taylor 等人，1992)。这些失效归根于人造橡胶支座的脱黏、支座未对准、过度的徐变、表面的破裂以及不合适的安装。严格的质量控制和检测程序可以避免由于制造质量差而造成的支座失效，除此以外人造橡胶桥梁支座的工作状态都很好。

几乎没有报告给出能够探讨橡胶支座工作性能的相关信息。Malik(1991)描述了在纽约州的一个安置了 20 年的然后被拆除的天然橡胶支座的状态。在安装的时候，没有测量或报告支座的力学性能，但是这些支座承受并通过除了压缩以外的标准物理测试(依据 ASTM D395，美国测试和材料协会，1988)。Malik 报道了一些从桥梁上撤离下来的支座产生了明显的裂缝，例如钢筋暴露在外。Manning 和 Bassi(1986)的报道也指出在加拿大的 Ontario 出现类似的问题。在两种情况下，作者指出支座能够安全抵抗施加的荷载和热变形。如果这些支座作为隔震装置，那么当支座承受大的地震位移时，这些裂缝就表明支座存在严重的缺陷。然而，很可能是这些支座的橡胶合成物中没有足够的抗氧化剂，才导致了观察到的裂缝。另外，现在的人造橡胶支座通常混入足够的抗氧化剂来防止产生类似的裂缝。

Stevenson 和 Price(1986)报道了一个天然橡胶支座的研究报告，该支座在一座英国大桥上使用了 20 年之久后被拆除。这些支座的状态非常好，它们的物理性能可以满足对新桥梁支座的要求。支座安装时的侧向刚度数据不足，但是在设计文档中要求，侧向刚度在 1.36 到 2.04 kN/mm之间[或是 1.7 kN/mm (±20%)]。这些支座承受了组合的压力和剪力测试。报告称其中一对支座的侧向刚度测量值为 1.8 kN/mm：相对于设计要求的范围值，侧向刚度可能会增加到32%，或减少 12%，或是一点都没变。

7.9.2 高阻尼橡胶支座

在 1982 年，配合加州 Foothills 社区法律与正义中心的建设，对橡胶支座和高阻尼橡胶支座进行测试，并于 1994 年和 1995 年早期又重新进行了测试，这距初始测试 12 到 13 年。同时，一对高阻尼橡胶支座在从建筑物替换下来，在使用了 12 年以后重新进行测试。1983 年进行的测试与 1995 年进行的测试在测试设备构造上有所差别，可能加载比率不一样，因此直接对结果进行比较是不可能的。更何况，没有记录下初始的支座数据，测试数据（1983 制造的）在资料格式上也不足。

Morgan 等人（2001）报道了在加州伯克利分校进行的与支座老化相关的测试结果，如以上所述，该支座在 1994 年后期、1995 年初由 Clark 等人（1996）进行过重新测试，而后，Morgan 等人（2011）于 1999 年 6 月采用与 Clark 等人相同的应变时程再次对此支座进行了测试。因此检测出的有效模量变化与应变历史无关。支座的有效刚度随时间增加，增加量在 10% 到 32% 之间，但是随着剪应变的增加支座刚度的增加比较弱。虽然 5 年的老化可以量化，但刚度的增加比值却不能线性地外推，估计在更长时间段内刚度的增加——一部分是因为人造橡胶的时效刚化的性能。在橡胶合成以后，橡胶基质的持续硫化在前几年内发生得十分迅速，但随着自由硫的消耗，硫化将变慢。由于这个原因，有效剪切模量将可能达到一个极限值。对于给定混合物成分和硫化程度的橡胶支座，通过长期老化研究结果可以计算出这个值。对于有效阻尼超过 15% 的人造橡胶支座的老化特性的研究数据并不存在。高阻尼比可以通过不完全硫化的方法来得到，但是这样的支座将会在初始的和扰动后的性能中表现出很大的不同。初始的性能很有可能在一个相对于较短的时间内恢复，由于支座初始硫化之后剩下硫的持续消耗，随着时间的推移初始的性能将会得到超越。

7.9.3 铅芯橡胶支座

铅芯橡胶支座的测试数据表明其特征力变化不大并且其有效刚度有小幅增加。铅芯橡胶支座的特征力由铅芯的屈服强度控制——特性不会随着时间而变化。屈服后刚度的变化是那些人造橡胶老化的结果。如果完全硫化（低阻尼）的天然橡胶运用于铅芯橡胶支座，那么支座的时效硬化将会非常小。如果填充的人造橡胶运用于铅芯橡胶支座，则第 7.9.2 节中的数据就可以用来估算屈服后刚度随时间的可能增加量。

7.9.4 加速老化的试验

一些高阻尼橡胶支座的制造商声称，随着时间的推移这种支座的力学性能不会发生明显的变化。Kojima 和 Fukahori（1989）列出了高阻尼橡胶支座的数据，数据显示，在 60 年的时间段里，数据的变化小于 10% 。

这些数据是基于 Arrhenius 方法在高温下加速橡胶样本老化得到的。橡胶的加速老化的方法是橡胶样品（通常依据 ASTM 标准 D412 的哑铃种类，美国试验与材料协会，1988）在真空、高温（通常温度在 60 ℃到 80 ℃）环境里暴露相对较短的时间，最多 30 d。这一步骤运用了已知的橡胶在高温下降解的原理，来间接地得到时间因素对橡胶性能影响的数据，我们认为这些测试结果不能提供任何关于人造橡胶支座长期性能的有用信息，原因有以下几点：

（1）对于小样品的短期的加速测试和人造橡胶支座长期的现场的性能之间的关系并不清楚。

（2）这样的测试不能说明人造橡胶支座长期性能中的蠕变、静态加载以及运动历史和加载的效应。

（3）关于使用中的高阻尼橡胶支座的老化性能并没有实质的数据，确认老化测试的结果并不可能。

用 Arrhenius 方法可探测到橡胶在高温下的降解。小的橡胶样品测试是在至少三种高温中暴露之后进行的。对于在每一个温度下发生的特殊事件可以及时地得到所需的信息（例如,失效,剪切模量增加 15%,破裂时延长率减少 15%)。然后用这些信息估计支座在工作温度下发生同样的变化所需的时间。

然而,这种方法可以近似地用于提供所期望寿命信息。Arrhenius 的比率规则(Nelson,1990)可用于如下所述的计算中。

根据 Arrhenius 的比率规则,有一个简单一级化学反应的比率与开尔文温度 T 的关系,如下:

$$(rate) = A'\exp\left(-\frac{E}{kT}\right) \tag{7-12}$$

式中,A' 为关于测试条件特性、失效或者是降解机制的常数;E 为活化能;k 为玻尔兹曼常数。

可认为当材料的某些临界量已经反应的时候样品已经降解。

$$\text{临界量} = \text{比率} \cdot \text{特定降解的时间} \tag{7-13}$$

从式(7-13)中,可以表示出特定的降解的时间 τ 为:

$$\tau = \frac{\text{临界量}}{\text{比率}} \tag{7-14}$$

并且,运用式(7-12):

$$\tau = A\exp\left(\frac{E}{kT}\right) \tag{7-15}$$

式中,A 为一个与样品的几何外形、尺寸和测试方法有关的常量。式(7-15)为 Arrhenius 寿命关系,即:

$$\lg(\tau) = \alpha_0 + \frac{\alpha_1}{T} \tag{7-16}$$

$\lg(\tau)$ 为与开尔文温度的倒数线性相关。

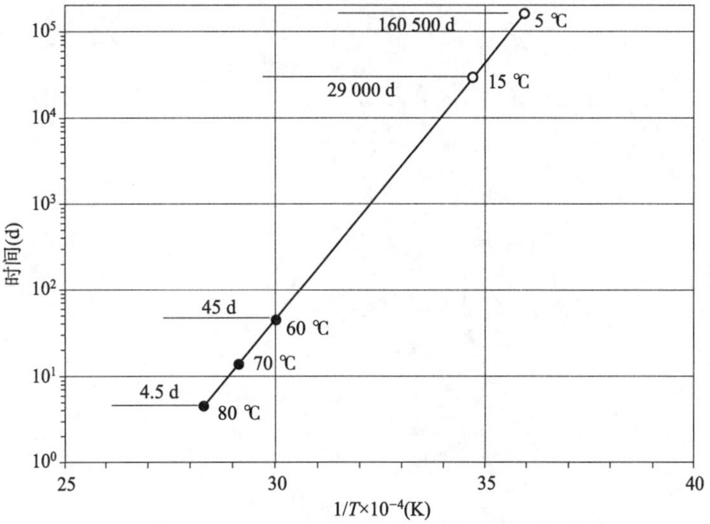

图 7-20 剪切模量增加 15% 的时间 Arrhenius 图

作为一个例子,Arrhenius 方法用于估计特殊的高阻尼橡胶合成物剪切模量的降解。在这种情况下,降解定义为剪切模量 15% 的增长。目标橡胶样品保持在温度为 60 ℃,70 ℃和 80 ℃的真空中,并且周期性地测量剪切模量。对于三种温度,通过内插确定的时间分别为 45、13.5

和4.5 d。图7－20为该例子的Arrhenius图。外推确定在工作温度为15 ℃时剪切模量增加15%所期望的时间：29000 d或是79.5年。这是一个有问题的预测，因为它把45 d的数据外推到一个650倍大的时间周期。更为荒谬的是，如果支座保持在温度为5 ℃时，期望的寿命周期为160500 d或是440年。显然，这样的预计被证实是不可能的。

Arrhenius方法在对于以试验室为基础的材料评估上是有用的（正如比较各种橡胶合成物）。然而，如以上所述的原因，它用于预计人造橡胶支座的期待寿命上是很有问题的。

第 8 章　铅芯橡胶支座的力学性能

8.1 引　　言

在桥梁和建筑物的隔震装置中,铅芯橡胶支座的应用十分广泛。它通常是由低阻尼的天然橡胶构造而成的,因此那些对铅芯橡胶支座感兴趣的人应该阅读一下第 7 章。铅芯橡胶支座的独特之处在于支座的中心处加了一个圆柱体的铅棒,用来增强其能量耗散的能力。铅的另外一个优点就是可以增强支座的刚度,然而这个优点相对于前者来说是次要的。

8.2 铅芯橡胶支座的构造

铅芯橡胶支座通常是由天然橡胶支座中心加一个铅芯构成的,如图 7-2 所示。第 7 章图 7-4 给出了在布法罗分校进行测试的铅芯橡胶支座的构造。图 8-1 为铅芯橡胶支座的切面图片,读者可以看清其内部的构造。注意到支座的顶盘和底盘(凸缘)是通过沉头螺栓连接在橡胶支座的终端板上的。这种构造类型可以使铅芯固定在支座的核心处。铅芯通常要比橡胶支座的高度稍长一些(小于 5%),这样当用螺栓连上凸缘和端板时,铅芯被压缩。铅芯横向扩展并嵌入薄钢片间的橡胶层中。在这样(约束)的条件下,能够使铅芯具有良好的能量耗散的能力(其大小取决于铅芯或圆柱体的直径)。

图 8-1　铅芯橡胶支座的内部构造(Courtesy of DIS)

铅芯橡胶支座也可使用复合铅芯构造而成。在日本和加利福尼亚州,也有一些关于复合铅芯的应用,都是用于桥梁的。图 8-2 为一个运用于日本某桥梁的复合铅芯橡胶支座的框架图。这幅图也给出了日本用于桥梁的隔震装置中的横向约束,这些桥梁仅仅在纵向上被隔离,美国的桥梁并不用此方法。

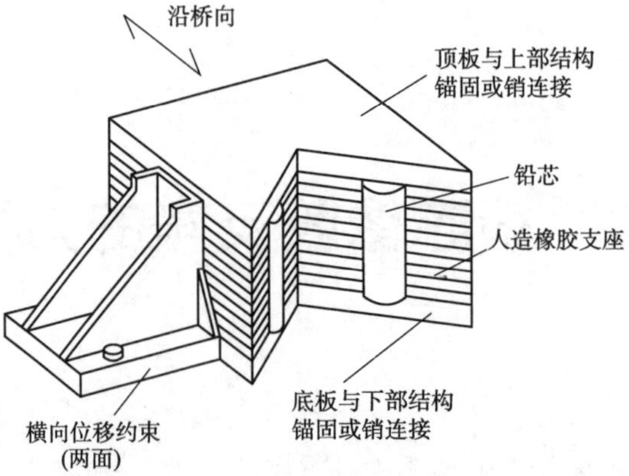

图 8－2　运用于日本的复合铅芯橡胶支座

关于复合铅芯橡胶支座的性能,基本上没有什么现成的资料。这些支座并不一定是以单个大直径的铅芯橡胶支座的形式运动。由于复合铅芯橡胶支座的应用数量有限,书中对这些支座未作进一步的讨论。

8.3　铅芯橡胶支座的力学性能

8.3.1　引　　言

在本章以及接下来的章节里,将运用一些不同支座的测试结果,来描述铅芯橡胶支座的基本力学性能。首先,来看在布法罗分校进行的大量小型铅芯橡胶支座的测试。支座的测试数据可以用来说明支座的整体力学性能。其次,利用大型支座的测试结果来说明铅芯橡胶支座的受热性能,见第 8.8 节;然后,利用两个中型支座的测试结果,来说明加载的时程效应,见第 8.5 节。对如图 7－4 所示的中型支座的测试,可以说明其低温效应和速度效应。最后,用第二个大型支座的测试结果,来说明速度效应。

8.3.2　小型支座

如图 8－3 所示,为两个在布法罗分校进行测试的小型支座。第一个是低阻尼的天然橡胶支座,其橡胶规格为肖氏 A－硬度 50 硬度计 5 级。第二个为用同一种橡胶材料制作的铅芯橡胶支座,其铅芯的直径与束缚橡胶直径之比为 0.21(＝1.5/7.0)。第一种样品用作为控制样品来说明铅芯的效应。应该注意到,除了在支座中间有孔以外,两个支座样品的构造完全一样。

对于图 8－3(a)所示橡胶支座,进行测试的条件为:常压为 6.9 MPa(1 000 psi),频率为 0.5 Hz,橡胶的剪应变在 37% 到 187% 之间。支座阻尼非常低。根据第 7 章内容,确定其有效刚度和剪切模量。结果如表 8－1 所示。

表 8－1　低阻尼橡胶支座的性能

压强(MPa)	频率(Hz)	橡胶的剪应变	有效剪切模量(MPa)
6.9	0.5	0.37	0.46
6.9	0.5	0.74	0.40

续上表

压强(MPa)	频率(Hz)	橡胶的剪应变	有效剪切模量(MPa)
6.9	0.5	1.14	0.36
6.9	0.5	1.50	0.35
6.9	0.5	1.87	0.36

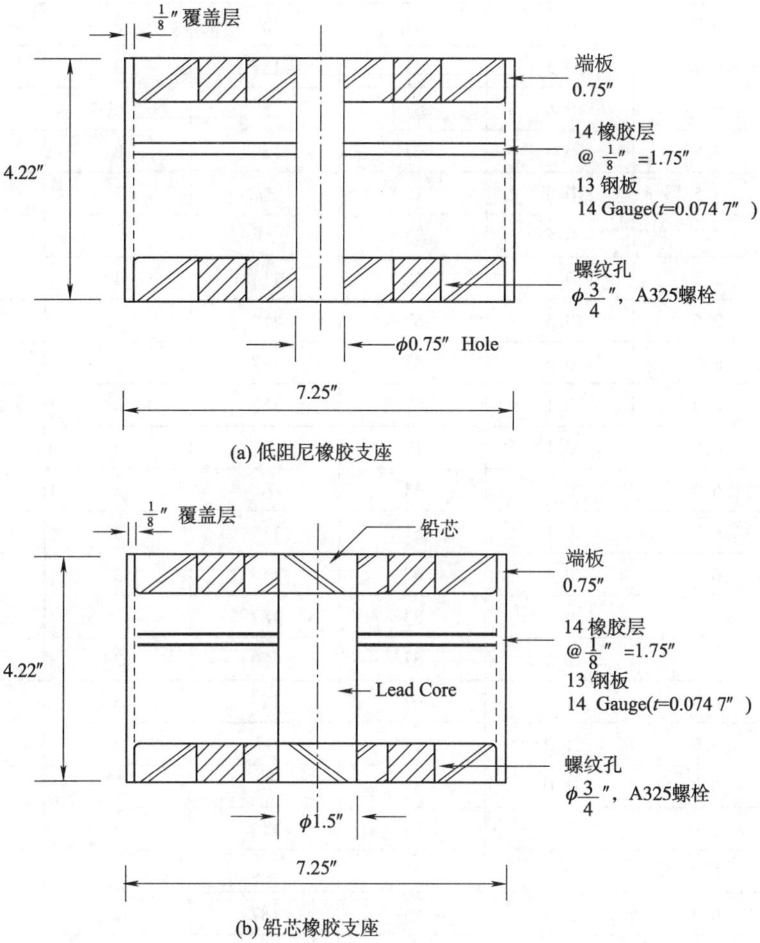

图 8－3　小型支座的构造(1 in＝25.4 mm)

结合表 8－2 所给出的测试参数和顺序,对铅芯橡胶支座进行了广泛的测试。除了一个测试是在变化的轴向荷载下进行的以外,所有的测试都是在一个常量的轴向荷载中进行的。试验中记录了空闲时间,可用于估计铅芯的热效应。

图 8－4 给出了具有代表性的侧向力－侧向位移的循环关系,都是建立在常压为 6.9 MPa(1 000 psi),频率为 0.5 Hz 的基础上。剪应变分别为 150%、250% 以及 300%。如图 8－5 所示,在压力为 6.9 MPa、频率为 0.5 Hz 以及剪应变为 150% 时记录的 25 个持续循环。从这两幅图可以明显看出支座优良的能量耗散特性。从 25 圈的循环测试结果看,支座在数圈循环后的性能趋于稳定。这表明铅芯的温度是稳定的。

表 8－2　对于铅芯橡胶支座进行测试的测试参数和测试结果

测试序号	压力(MPa)	频率(Hz)	振幅(mm)	剪应变(%)	循环圈数	与前一个测试间隔的时间(min)
E2001. 001	6. 9	0. 5	67	150	3	–
E2001. 002	6. 9	0. 5	17	37	3	4
E2001. 003	6. 9	0. 5	33	74	3	2
E2001. 004	6. 9	0. 5	51	114	3	2
E2001. 005	6. 9	0. 5	67	150	3	2
E2001. 006	6. 9	0. 5	83	187	3	2
E2001. 007	6. 9	0. 5	67	150	25	2
E2002. 001	3. 5	0. 5	67	150	3	110
E2002. 002	3. 5	0. 5	17	37	3	1
E2002. 003	3. 5	0. 5	33	74	3	0. 5
E2002. 004	3. 5	0. 5	51	114	3	0. 5
E2002. 005	3. 5	0. 5	67	150	3	0. 5
E2002. 006	3. 5	0. 5	83	187	3	1
E2003. 001	6. 9	0. 1	67	150	3	4
E2003. 002	6. 9	0. 1	17	37	3	2
E2003. 003	6. 9	0. 1	33	74	3	1
E2003. 004	6. 9	0. 1	51	114	3	1
E2003. 005	6. 9	0. 1	67	150	3	0. 5
E2003. 006	6. 9	0. 1	83	187	3	1
E2004. 001	6. 9	0. 5	67	150	3	4
E2005. 001	6. 9	1. 0	67	150	3	0. 5
E2005. 002	6. 9	1. 0	17	37	3	0. 3
E2005. 003	6. 9	1. 0	33	74	3	0. 3
E2005. 004	6. 9	1. 0	51	114	3	0. 3
E2005. 005	6. 9	1. 0	67	150	3	0. 2
E2005. 006	6. 9	1. 0	83	187	3	1. 5
E2006. 000	0. 5 到 6. 9	0. 5	67	150	3	8
E2007. 000	6. 9	0. 5	111	250	3	3. 5
E2007. 001	6. 9	0. 5	133	300	3	2
E2008. 000	6. 9	0. 5	67	150	3	1 087
E2009. 000	6. 9	0. 1	67	150	3	1. 5
E2010. 000	6. 9	1. 0	67	150	3	2

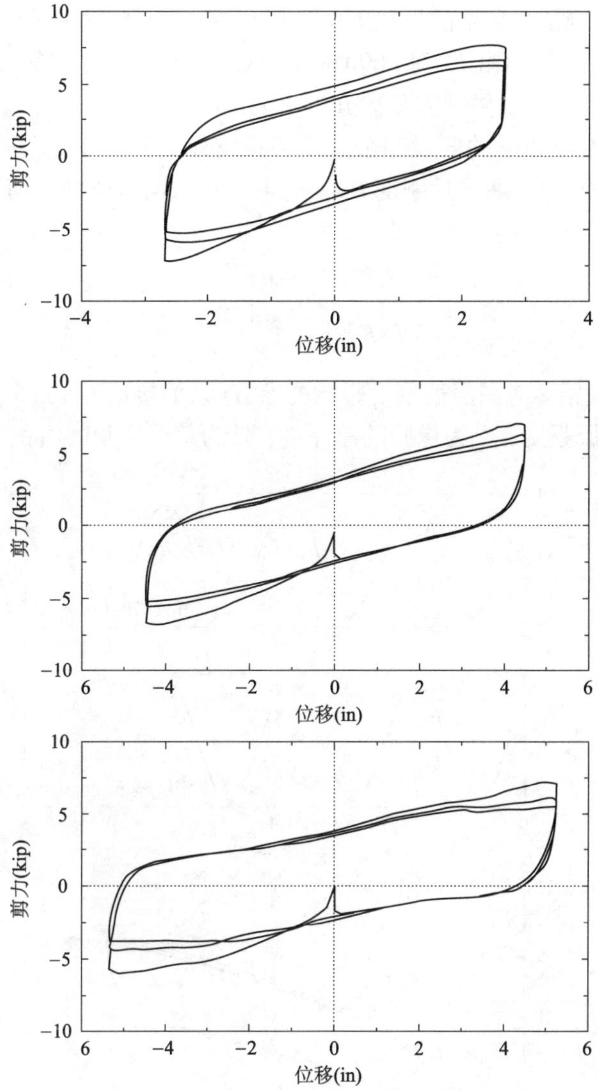

图 8－4　频率为 0.5 Hz，压强为 6.9 MPa，剪应变为 150%、250%、300% 条件下的在 25 个循环测试中，铅芯橡胶支座的力－位移的循环关系（1 kip＝4.45 kN，1 in＝25.4 mm）

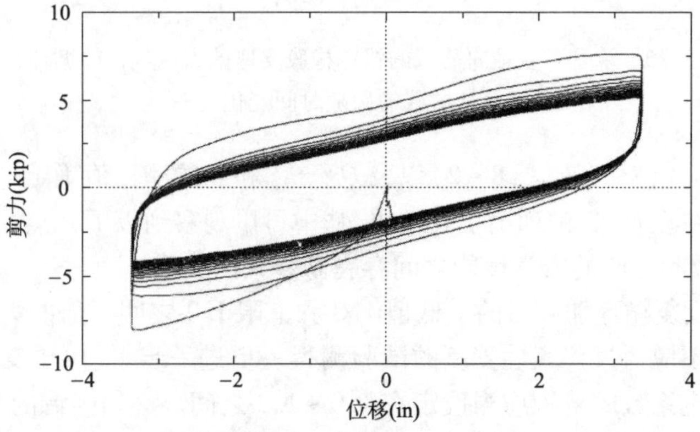

图 8－5　频率为 0.5 Hz，压强为 6.9 MPa，剪应变为 150%（1 kip＝4.45 kN，1 in＝25.4 mm）条件下的在 25 个循环测试中，铅芯橡胶支座的力－位移的循环关系

图 8 -6 所示为在测试中记录的加载历史和循环圈，由于测试中轴向荷载是变化的，其压强在 0.48 到 6.9 MPa 之间变化(70 到 1 000 psi)。轴向力的变化使得循环圈的扭曲很明显，然而这个效应的意义却并没有重要到需要在分析中去加以考虑。

支座的力学性能基于如下的假设和公式。假设支座具有图 3 -1 中所表现的理想性能。其关键参数是特征力 Q_d 以及屈服后刚度 K_d 。这两个参数与支座的几何外形以及材料性能有关，其关系如下：

$$Q_d = A_L \sigma_L \tag{8-1}$$

$$K_d = f_L \frac{GA_r}{T_r} \tag{8-2}$$

式中，f_L 为考虑到铅芯对屈服后刚度影响的参数(认为接近于 1)；G 为橡胶的有效剪切模量；σ_L 为铅的有效屈服强度；T_r 为橡胶的总厚度；A_r 为束缚橡胶的面积；A_L 为铅芯的面积。

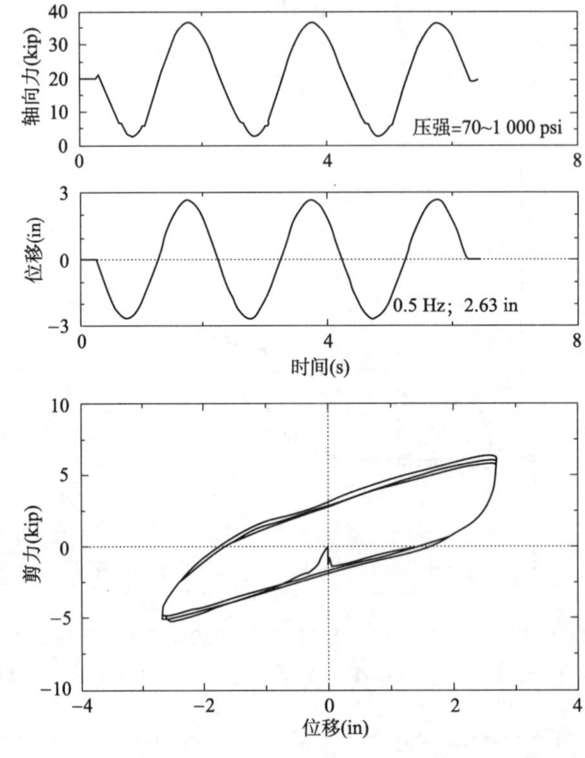

图 8 -6　承受了变轴向荷载的铅芯橡胶支座的力 - 位移的循环关系以及其加载的历随时间变化关系

f_L 和 σ_L 的值由式(8 -1)、式(8 -2)以及 Q_d 、K_d 和 G 的测量值确定——后者从控制样本的测试结果得到。在表 8 -3 中列出了其结果，从中可以观察到以下几点：

(1)在测试参数和支座的力学性能之间存在着复杂的关系。

(2) f_L 的值在反复循环加载后的最低值 1.0 和上限 1.2 之间。值的大小取决于铅芯的尺寸和约束的程度且不应通过代表性支座的试验测得。更进一步说，由于支座试验数据的不全面，初步分析时，假定系数的范围应当设定在 1.0 ~ 1.2 之间。必须强调的是，这些值是建立在两个不同支座的刚度数据基础之上的，并且假定两者的剪切模量相等。从后续的文章中将会看到，即便是在表面上完全相同的支座，其性能也可能变化。

(3)铅的有效屈服应力主要受到循环次数的影响,循环数量间接地反映了铅芯的受热效应。图 8-7 为在常压为 6.9 MPa(1 000 psi)、频率为 0.5 Hz 的情况下有效屈服应力的一个概况。对于这个支座来说,在三个循环测试之后,有效屈服应力的下降非常小,似乎与橡胶剪切应变没有关系。

(4)在反复的测试之后,有效屈服强度有一个永久性下降,这可能是铅芯破裂的结果。在测试结束,将支座切开,确实发现铅芯破裂成了三块。然而,支座仍能维持着能量耗散的能力。

表 8-3 和图 8-7 给出了铅芯的有效应力,这些值仅为参考,其取决于支座大小、支座的几何构造和对铅芯的约束程度。在下面章节中将列出的大尺寸支座的附加数据表明其有效屈服应力的值比在表格和图中列出的值要小。在用特征力除以铅芯面积求得铅芯有效屈服应力之前,在橡胶中的滞回效应没有从测量的特征力中去掉(见式 8-1)。这可能会导致铅的有效屈服应力在不同尺寸的支座中出现一些可见的差异。尽管如此,由于以下原因,并没有对结果进行校正:(a)由于缺少不带铅芯的控制样本,使修正的步骤具有不确定性;(b)在分析时,考虑特征力中的橡胶的滞回性能,使问题变得十分复杂;(c)误差相对来说较小,同时这也就考虑了分析时名义强度值的不确定性,然后运用边界分析方法,然而,在第 8.8 节中计算铅芯温度的时候,需要考虑到橡胶的滞回的效应。

表 8-3　小型的铅芯橡胶支座的力学性能

测试序号	压力(MPa)	频率(Hz)	剪应变(%)	后弹性刚度 K_d(kN/mm)	特征力 Q_d(kN)		铅的有效屈服应力(MPa)		f_L
					第一	最后	第一	最后	
E2001.001	6.9	0.5	150	0.224	20.0	14.5	17.5	12.7	1.22
E2001.002	6.9	0.5	37	NA	13.1	13.1	11.5	11.5	NA
E2001.003	6.9	0.5	74	0.264	15.7	13.9	13.8	12.2	1.24
E2001.004	6.9	0.5	114	0.256	17.3	13.9	15.1	12.2	1.34
E2001.005	6.9	0.5	150	0.228	17.8	14.5	15.6	12.7	1.24
E2001.006	6.9	0.5	187	0.214	18.1	13.9	15.8	12.2	1.12
E2001.007	6.9	0.5	150	0.193*	18.1	10.0	15.8	8.8	1.05*
E2002.001	3.5	0.5	150	0.219	17.8	12.2	15.6	10.7	NA
E2002.002	3.5	0.5	37	NA	8.9	8.9	7.8	7.8	NA
E2002.003	3.5	0.5	74	0.313	12.0	10.9	10.5	9.5	NA
E2002.004	3.5	0.5	114	0.294	13.9	11.1	12.2	9.7	NA
E2002.005	3.5	0.5	150	0.235	13.6	10.9	11.9	9.5	NA
E2002.006	3.5	0.5	187	0.228	13.6	10.8	11.9	9.4	NA
E2003.001	6.9	0.1	150	0.198	13.6	12.2	11.9	10.7	NA
E2003.002	6.9	0.1	37	NA	9.7	9.7	8.5	8.5	NA
E2003.003	6.9	0.1	74	0.219	11.7	10.6	10.2	9.3	NA
E2003.004	6.9	0.1	114	0.207	12.2	10.9	10.7	9.5	NA
E2003.005	6.9	0.1	150	0.198	12.2	11.3	10.7	9.9	NA
E2003.006	6.9	0.1	187	0.180	12.5	11.4	11.0	10.0	NA

续上表

测试序号	压力(MPa)	频率(Hz)	剪应变(%)	后弹性刚度 K_d (kN/mm)	特征力 Q_d (kN)		铅的有效屈服应力(MPa)		f_L
					第一	最后	第一	最后	
E2004.001	6.9	0.5	150	0.198	13.1	10.8	11.5	9.5	1.08
E2005.001	6.9	0.1	150	0.214	13.3	10.8	11.7	9.5	NA
E2005.002	6.9	0.1	37	NA	7.3	7.3	6.4	6.4	NA
E2005.003	6.9	0.1	74	0.271	9.7	8.6	8.9	7.5	NA
E2005.004	6.9	0.1	114	0.233	11.8	10.0	10.3	8.8	NA
E2005.005	6.9	0.1	150	0.212	12.0	10.0	10.5	8.8	NA
E2005.006	6.9	0.1	187	0.198	12.8	10.0	11.2	8.8	NA
E2006.000	0.5 到 6.9	0.5	150	NA	11.1	9.3	9.7	8.2	NA
E2007.000	6.9	0.5	250	0.147	12.8	11.7	11.2	10.3	NA
E2007.001	6.9	0.5	300	0.095	13.3	12.2	11.7	10.7	NA
E2008.000	6.9	0.5	150	0.191	13.3	10.9	11.7	9.5	1.04
E2009.000	6.9	0.1	150	0.165	12.2	10.9	10.7	9.6	NA
E2010.000	6.9	1.0	150	0.186	13.2	10.6	11.5	9.3	NA

注:1. 除了测试 E2001.007 是第 25 个循环的结果以外,其他的都是第 3 个循环结果。

2. NA 代表不能确定的值。

3. * 表示第一个循环的值;第 25 个循环的 K_d 值为 0.16 kN/mm。

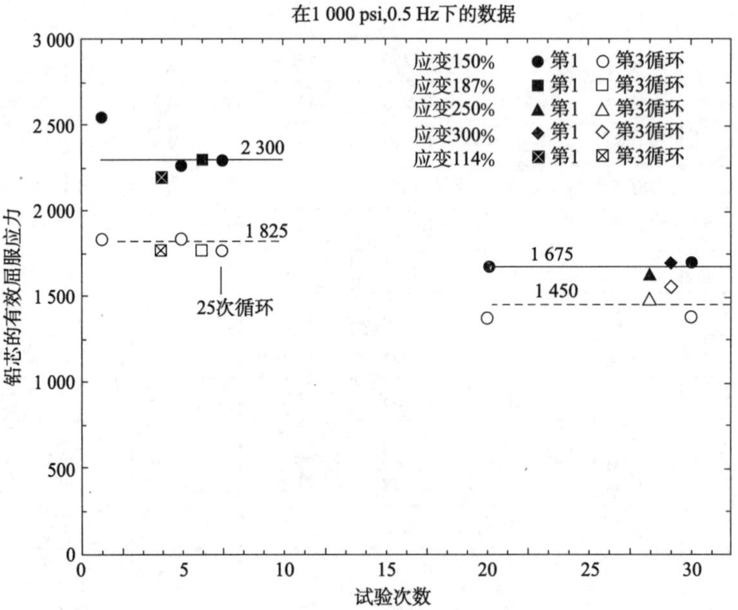

图 8－7 测试编号与铅芯的有效屈服应力的函数关系(1 000 psi＝6.9 MPa)

8.3.3 中型支座

如图 7－4 所示为两个(编号分别为 1 和 2)曾在布法罗分校为在纽约州桥梁上使用而进行原型测试的隔震支座。橡胶是低阻尼的天然橡胶,Grade 3 依据 ASTM D4014(美国试验与材料协会,1988)。橡胶的总厚度 T_r 为 195.6 mm,束缚橡胶面积 A_r 为 141.329 mm^2,铅的截面积 A_L 为 3 832 mm^2,形状系数为 10.4。铅芯直径与束缚橡胶直径之比为 0.17(=2.75/15.0)。支座测试的条件包括:平均支座压力为 6.7 MPa(975 psi),振幅为 113 mm 的侧向正弦运动(剪应变峰值为 58%),其频率在 0.035 到 0.35 Hz 之间,得到的峰值速度为 25 ~ 250 mm/s。图 8－8为第二号支座在温度为 20 ℃和 －26 ℃时候的侧向力－位移的滞回曲线的例子。测试频率为 0.35 Hz,峰值速度为 250 mm/s。表 8－4 给出了支座的力学性能。

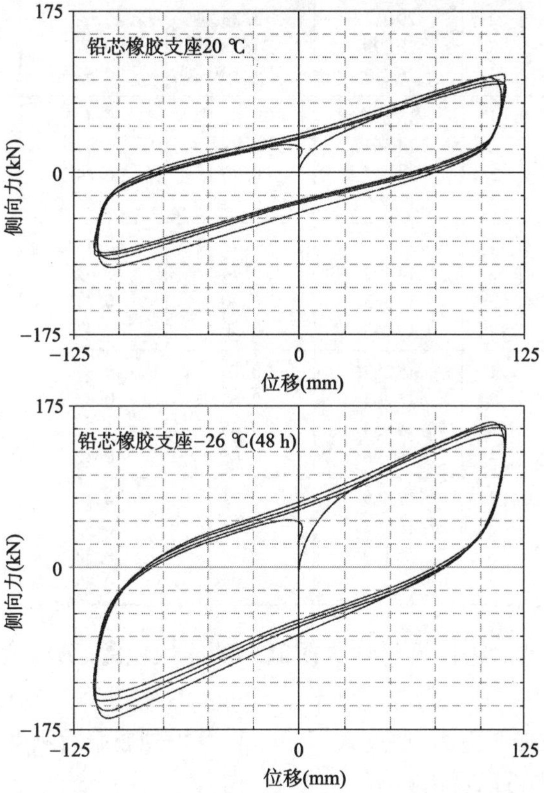

图 8－8　图 7－4 中的铅芯橡胶支座记录的力和位移的循环圈
(压强为 6.7 MPa,剪应变为 58%,速度为 250 mm/s)

表 8－4　中型铅芯橡胶支座的力学性能

(在振幅为 113 mm 和剪应变为 58% 的条件下进行测试)

支座	测试条件	高峰速度(mm/s)	循环圈	*EDC* (kN·mm)	有效刚度(kN/mm)	后弹性刚度(kN/mm)	有效阻尼	铅的屈服应力(MPa)
1	20 ℃下 48 h	250	1	17 441	0.88	0.50	0.25	11.2
			2	17 361	0.86	0.48	0.25	11.1
			3	15 971	0.81	0.46	0.25	10.3
			4	15 135	0.79	0.46	0.24	9.7

续上表

支座	测试条件	高峰速度(mm/s)	循环圈	*EDC* (kN·mm)	有效刚度(kN/mm)	后弹性刚度(kN/mm)	有效阻尼	铅的屈服应力(MPa)
2	20 ℃下48 h	250	1	18 367	0.93	0.53	0.25	11.8
			2	17 260	0.89	0.51	0.24	11.1
			3	16 062	0.84	0.49	0.24	10.3
			4	15 259	0.81	0.48	0.23	9.8
1	-26 ℃下48 h	250	1	25 635	1.19	0.63	0.27	16.5
			2	25 274	1.17	0.62	0.27	16.2
			3	24 030	1.09	0.57	0.27	15.4
			4	22 889	1.05	0.55	0.27	14.7
2	-26 ℃下48 h	250	1	30 269	1.45	0.79	0.26	19.4
			2	29 942	1.33	0.68	0.28	19.2
			3	28 099	1.28	0.67	0.27	18.0
			4	26 212	1.19	0.62	0.27	16.8
2	49 ℃下48 h	250	1	15 225	0.82	0.49	0.23	9.8
			2	14 863	0.79	0.47	0.23	9.5
			3	14 027	0.75	0.44	0.23	9.0
			4	13 496	0.74	0.44	0.23	8.7
1	49 ℃下48 h	250	1	14 954	0.77	0.44	0.24	9.6
			2	14 490	0.74	0.42	0.24	9.3
			3	13 643	0.70	0.41	0.24	8.8
			4	13 145	0.70	0.41	0.23	8.4
1	20 ℃下48 h	25	1	15 282	0.70	0.37	0.27	9.8
			2	15 203	0.65	0.32	0.29	9.8
			3	14 954	0.65	0.32	0.29	9.6
			4	14 796	0.65	0.32	0.28	9.5
1	20 ℃下48 h	125	1	17 689	0.81	0.42	0.27	11.4
			2	16 988	0.74	0.37	0.29	10.9
			3	16 152	0.72	0.37	0.28	10.4
			4	15 621	0.72	0.37	0.27	10.0

通过记录的力与位移时程计算得到每次循环的能量耗散(EDC),运用式(7-1)得到有效刚度,运用式(7-3)得到有效阻尼。将 $Y = 12\,\text{mm}$ 代入式(3-8),得到 Q_D,然后把 Q_D 代入式(8-1)求得铅的有效屈服应力。通过式(3-6)计算得到屈服后刚度 K_D。

从表 8-4 所列结果可以得出:

(1)表面上完全相同的支座也会存在显著不同的力学性能。在此讨论的两个支座,其性能相差 5% 到 20%。差异可能来自橡胶的混合成分和硫化程度以及支座制造上的不同(例如:铅芯的插入和束缚)。差异的程度取决于制造商的经验和支座的尺寸,因为大型支座可能需要几组橡胶,而每组可能有着不同的性能。

(2)温度对刚度和每一循环中的能量耗散有着很大的影响。由于橡胶和铅芯两者性能的变化,在低温下铅芯的有效屈服应力值(由此描述的步骤计算)会发生变化。

(3)当温度为 20 ℃,速度达到最大值时,铅在第一个循环中的有效屈服应力平均值为 11.5 MPa。这个值与 CERF(1998c,1998d)测试的结果以及动力隔震系统公司(Dynamic Isolation Systems)和 Skellerup 公司的铅芯橡胶支座报告数据中提炼出来的结果相一致。随着循环次数的增加,屈服应力的减少取决于铅芯产生的热,而不能由单一尺寸支座的测试来确定。因此需要进行理论上的处理,如第 8.8 节中提到的方法。

(4)运动的速度对于橡胶支座的力学性能有着显著的影响。对于速度在 25 和 250 mm/s 之间,屈服后刚度增加了大约 35%,有效屈服应力增加了大约 15%。这个变化主要由橡胶的黏弹性性能所引起的。

(5)由于橡胶性能存在不稳定性,所以 f_L 的值不能精确确定。计算 f_L 需要得到不带铅芯的橡胶支座有效刚度的值,但是由于支座与支座间的性能变化在 20% 范围内,所以不可能计算出 f_L 的值。

8.3.4 大型支座

图 8-9 所示,为作者设计的一个应用于桥梁的大型铅芯橡胶支座。支座中橡胶的总厚度 T_r = 254 mm,束缚橡胶面积 A_r = 650 232 mm^2,铅芯面积 A_L = 24 829 mm^2,形状系数 S = 22.6。在轴向荷载为 3 695 kN,位移为 305 mm 以及剪应变的峰值为 120% 的条件下,对 6 个相同的支座进行了测试。测试时的峰值速度略小于 25 mm/s。

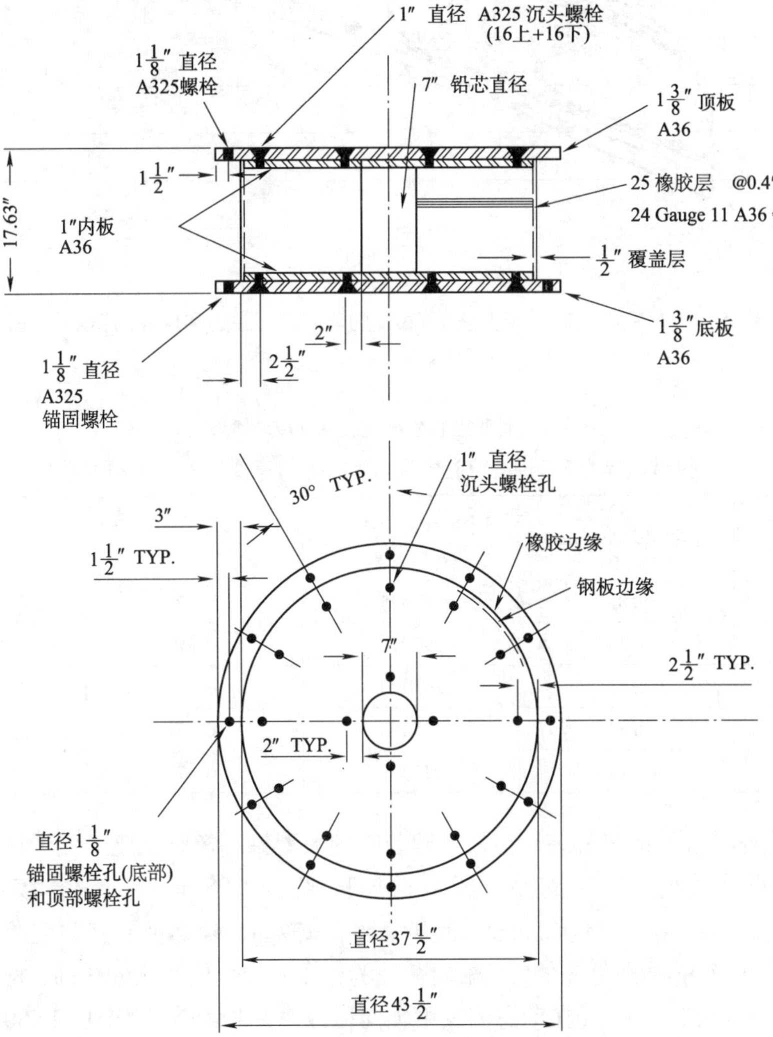

图 8-9 大型橡胶支座 1 号(1 ft = 25.4 mm)

图 8－10 所示为所记录的其中 1 个支座的侧向力与位移的循环圈：No. 13429。其他 5 个支座的有效刚度和单循环的能量耗散测量值波动小于 5%。表 8－5 摘录了支座在 5 个测试循环中每一个循环的力学性能。通过与表 8－4 中的结果进行比较，发现在表 8－5 中随循环次数增加，由于铅芯受热有效屈服应力和单循环能量耗散出现更大的下降。注意到第一圈循环的有效屈服应力值为 12.2 MPa，这与中型支座测试出的数值（见第 8.3.2 节）和 CERF 列出的数值相差在 5% 以内。

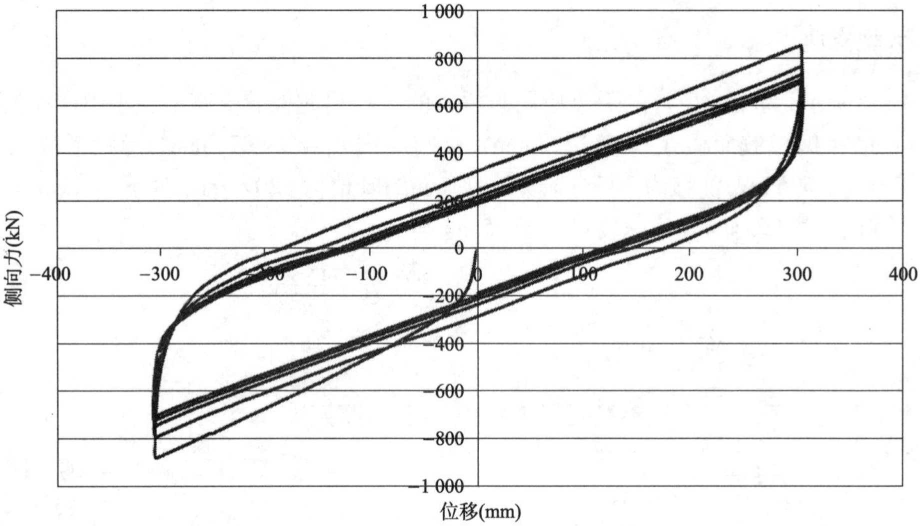

图 8－10　1 号大型铅芯橡胶支座在 120% 的剪应变下的力和位移的循环关系

（1 kip = 4.45 kN，1 in = 25.4 mm）

表 8－5　大型铅芯橡胶支座 1 的力学性能

（测试振幅为 305 mm，剪应变为 120%，峰值速度为 25 mm/s）

循环	有效刚度（kN/mm）	每个循环的能量耗散（kN·mm）	有效阻尼	铅的有效屈服应力（MPa）
1	2.83	358 825	0.22	12.2
2	2.54	298 218	0.20	9.6
3	2.41	263 190	0.19	9.2
4	2.33	245 162	0.18	7.9
5	2.28	232 491	0.17	7.2

图 8－11 为作者设计的另外一个应用于建筑物的大型铅芯橡胶支座。对于这个支座有着低速和高速的测试数据。这个支座的橡胶总厚度 T_r = 208 mm，束缚橡胶面积 A_r = 906 871 mm^2，铅芯面积 A_L = 73 062 mm^2，形状系数 S = 32.3。铅芯的直径与束缚橡胶的直径之比为 0.28。对两个相同的支座在名义轴向荷载为 10 266 kN，位移为 483 mm 的条件下进行测试，产生的剪应变为 232%。（在动态测试中轴向荷载由 9 300 kN 变化到 11 400 kN）。高速测试时峰值速度为 1 000 mm/s，低速时为 25 mm/s。

图 8－12 给出了其中一个支座在高速和低速测试下记录的横向力与位移的循环圈。

其他支座的横向力与位移的关系与之相近。表 8－6 摘录了支座在三个测试循环中每一个循环的力学性能。假定屈服位移 $Y = 25$ mm，由式(3－8)可以得到在每一个循环中支座的特征力。然后运用式(8－1)求得铅的有效屈服应力。如表 8－6 所示，随循环次数的增加，由于铅芯受热，有效屈服应力和单循环能量耗散出现大幅的下降。注意到在这个支座中的铅芯的直径为束缚橡胶直径的28%，这大于本书前面所叙述的任意一种铅芯橡胶支座。铅芯温度的升高取决于铅的体积。铅的有效屈服应力比其他支座的计算值要高，可能是与应变率有关的橡胶所导致的结果。随着循环圈数的增加，每一个循环圈的能量耗散和铅的有效屈服应力的减小说明了测试时速度的影响，在测试的前三个循环圈内这个影响不大。测试的速度影响着铅芯的温度，并且在循环次数很多的时候，这个影响十分重要。

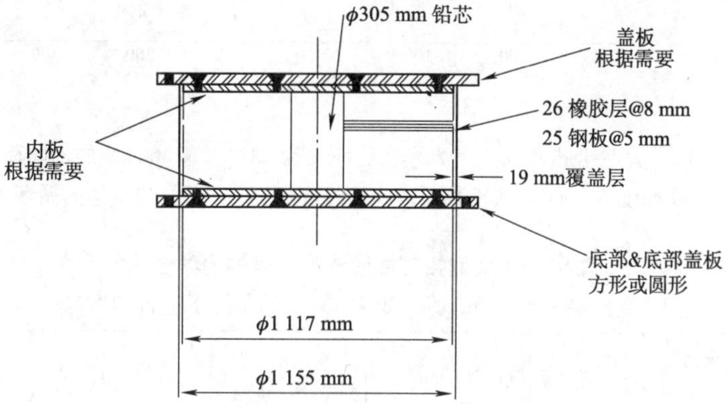

图 8－11　大型铅芯橡胶支座 2 号

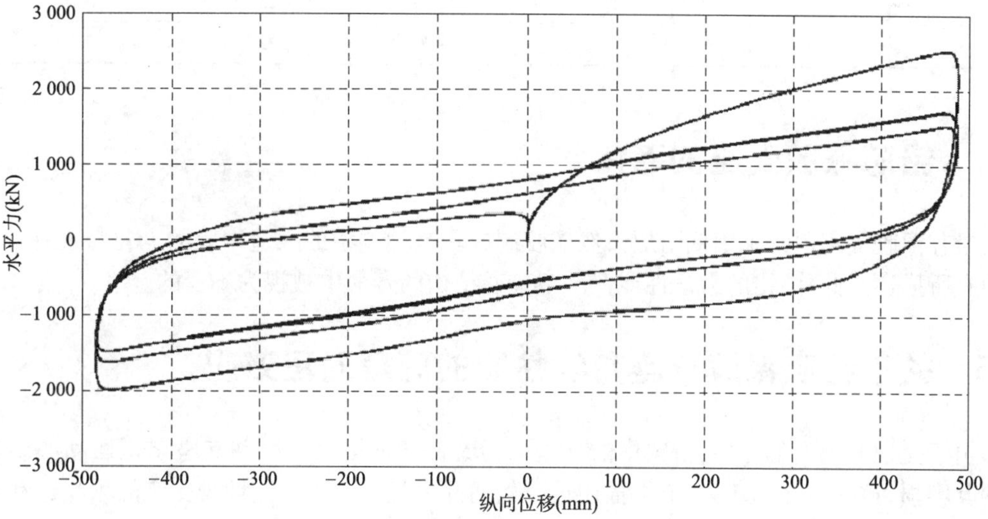

图　8－12

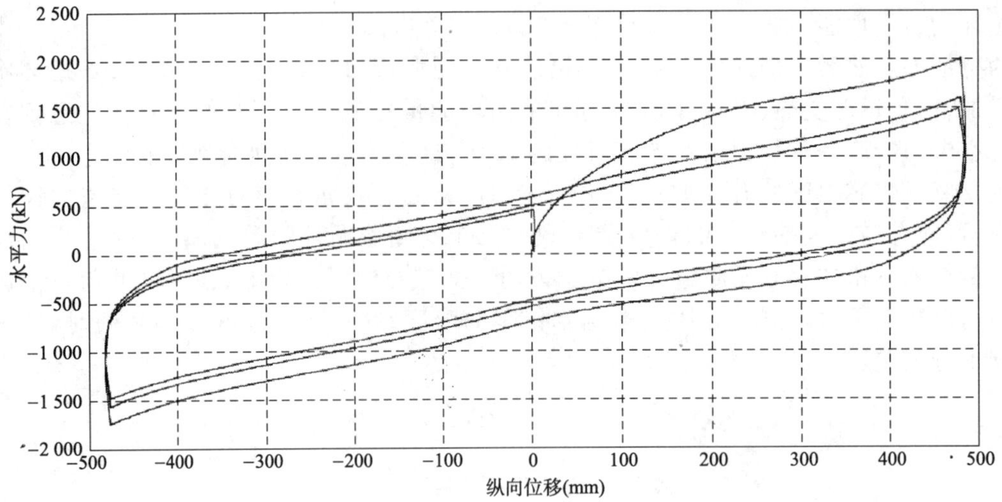

图 8－12　大型铅芯橡胶支座 2 号在剪应变为 232%，10 266 kN 的轴向荷载，以及高峰速度为 1 m/s（顶板）和 25 mm/s（底板）情况下力和位移的循环关系

表 8－6　大型铅芯橡胶支座 2 号的力学性能

（在振幅为 483 mm，剪应变为 232% 的条件下进行测试）

循环圈	高峰速度（mm/s）	有效刚度（kN · mm）	*EDC*（kN · m）	有效阻尼	铅的有效屈服应力（MPa）
1	1000	4.67	2 059.1	0.30	15.4
2	1000	3.45	1 389.8	0.27	10.4
3	1000	3.12	1 117.1	0.24	8.4
1	25	3.89	1 471.7	0.26	11.0
2	25	3.27	1 109.6	0.23	8.3
3	25	3.07	973.2	0.22	7.3

8.4　铅芯橡胶支座的老化

铅芯橡胶支座通常采用低阻尼天然橡胶制成。这种类型的人造橡胶的老化特性在第 7.9 节中有所描述。此外，铅的力学性能在一个普通结构的寿命中被视为不变的。

8.5　关于铅芯橡胶支座力学性能的荷载时程效应

由于交通和温度的作用，桥梁中的支座承受着持续的运动。滑动支座累积运动的结果就是使其磨损，这一点在第 5.10 节中描述过。然而几乎没有关于人造橡胶支座的累积运动对于其力学性能影响的数据。

在布法罗分校对两个铅芯橡胶支座在两种速度下进行了测试。两种速度分别为：代表工作荷载（热胀冷缩）的低速与在 1.6 km（1 英里）的累积低速测试之前和之后，代表地震荷载的高速。

图 8－13 为支座的示意图；铅芯直径与束缚橡胶的直径之比为 0.29。通过对支座单独地进行测试，如图 8－14 所示，得到它们在热和动荷载作用下的力学性能。图 8－15 为两支座成对在低速下完成 1.6 km 的累积运动测试。

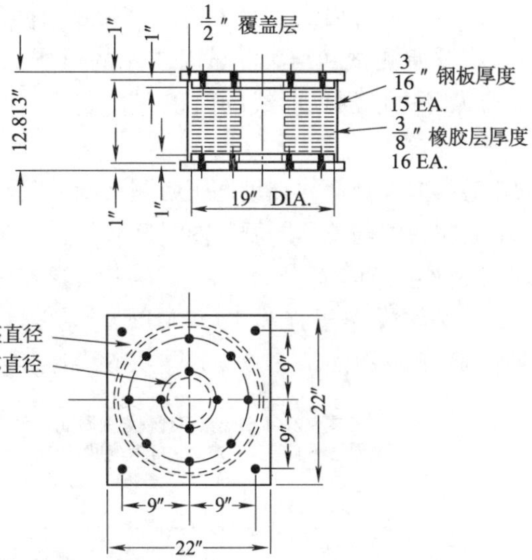

图 8－13　1.6 km 的累积运动测试下的大型铅芯橡胶支座

(1 in＝25.4 mm)

图 8－14　在高速测试中铅芯橡胶支座

图 8－15　在 1.6 km 的累积中成对测试的铅芯橡胶支座

图 8－16 为记录了在 1.6 km 累积行程测试之前，通过对铅芯橡胶支座 2 号进行动态正弦测试（峰值速度为 250 mm/s）以及热荷载测试（速度常量为 0.15 mm/s）得到的横向力与位移循环关系。在动荷载测试中，支座的轴向荷载为 1 362 kN（橡胶上的平均压强为 8.1 MPa）。在慢速测试中，轴向荷载为 1 802 kN（分布在橡胶上的平均压强为 10.8 MPa）。由于动荷载的作用，铅的有效屈服应力显著增加（2.5 倍），这一点在图中可以清楚地看到。

在这些测试之后，这两个支座在 1 825 kN 的轴向荷载（平均橡胶压强为 10.9 MPa）、25 mm 的振幅和 3.4 mm/s 的常速度条件下，承受了 15 840 个循环的侧向运动。整个的行程为 1 584 m。该运动代表着交通荷载的效应，但运动的速度比在热荷载作用下期望值的要大。在理想的情况下,速度应该为 1 mm/s(见第 5.5 节),但是由于时间限制,不得不采用更大的速度。测试进行了 19 d,每天 8 ~ 10 h。在测试过程中,使用大风扇对支座进行冷却,以求在运动稳定之后中心运动铁板的温度维持在 29 ℃(开始时测试温度为 23 ℃)。铅芯的内部温度没有记录。图 8 - 17为在首个 5 个循环(1 到 5)和第 15 823 到第 15 828 个循环中记录的循环圈(力来自于成对测试的两个样品)。在开始测试和结束测试时支座的性能几乎没有变化。由于铅芯温度的升高使得在开始的 5 个循环中的滞回曲线的面积存在变化。一旦铅芯的温度稳定了,滞回曲线的形状就不变了。

图 8 - 18 为记录的铅芯橡胶支座 2 号在动态正弦测试(高峰速度为 250 mm/s)和热荷载测试(常速度为 0.15 mm/s)中的侧向力与位移的循环圈。这些测试是在 1.6 km 的累计行程测试之后进行的。动态荷载测试中,支座的轴向荷载为 1 807 kN(平均橡胶压强为 10.8 MPa)。低速测试中,轴向荷载为 1 802 kN(平均橡胶压强为 10.8 MPa)。在累计行程测试前后进行的动态荷载测试中,支座的轴向荷载的增加(1 807 kN 与 1 362 kN 相比)是测试误差的结果。

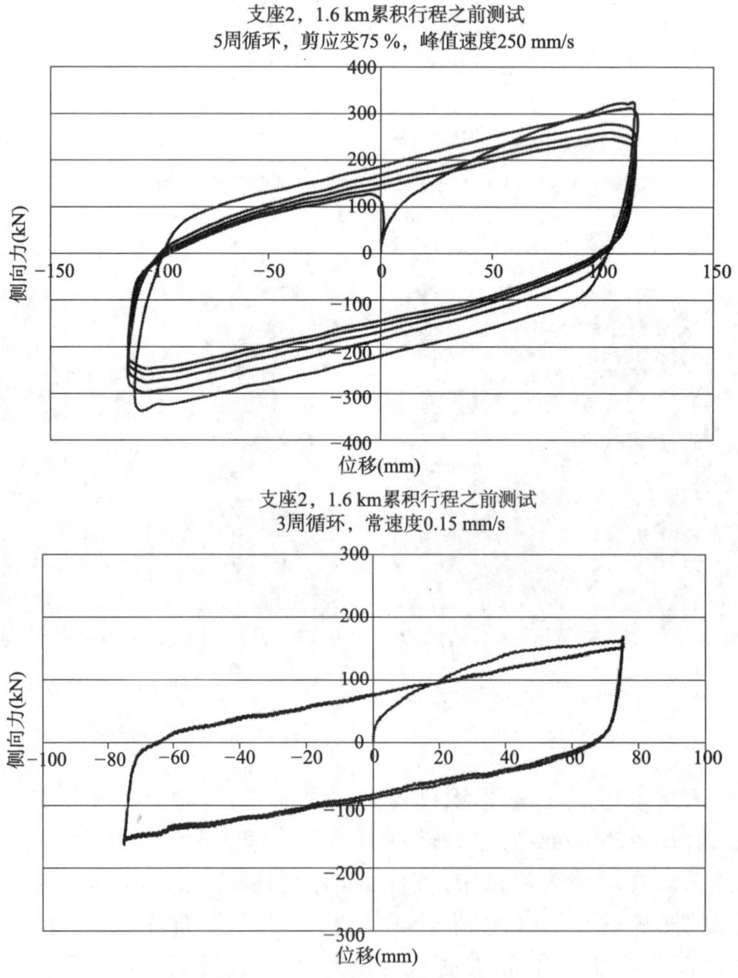

图 8 - 16　在地震和工作荷载下,先于累积行程测试的的铅芯橡胶支座 2 号的力和位移的循环圈

通过对比图 8 - 16(先于累积行程测试)与图 8 - 18(后于累积行程测试)中的结果,发现

在动态荷载测试中的特征力有少量的增加，在工作荷载测试中的特征力有一个大的增加。特征力增加的因子大约为1.75。这样的变化很重要，需要在分析和设计中得以考虑。在两个支座中都观察到这种变化。

2号支座在累积行程测试以后又承受了两个更低速的测试。两个测试中，支座的轴向荷载分别为1 807 kN和1 931 kN（橡胶的平均压力分别为10.8 MPa和11.5 MPa），施加的一个循环的侧向运动的常速度分别为0.05 mm/s和0.003 53 mm/s。图8－19和图8－20分别为记录的力与位移的循环关系。随着速度从0.15 mm/s减小到0.05 mm/s到最后的0.003 53 mm/s，特征力没有明显的变化。在这三种速度下，一个循环运动的持续时间分别为0.6、1.8和24 h。这些速度代表着温度荷载的作用。

铅芯橡胶支座强度的增加有两个可能的机理：

（1）起因在于铅受限的增加，这可能是由在累积行程测试中温度的升高所引起的。值得注意的是，测试是在运动速度及运动持续性都提高的情况下进行的。真实的情况是速度更慢且运动有间歇，因此铅芯温度不太可能改变。（2）起因在于反复塑性变形引起了应变硬化效应（Van Vlack，1980）。在这种情况下，测试中温度的升高可能加速了再结晶以及随后晶粒生长的过程，而这实际上又减弱了应变硬化效应。也就是说，如果累计运动是在不导致铅发热的速度下进行，那么强度的增加将会更大。相反，施加的25 mm振幅的变形（比预计的工作变形1 mm要大得多）可能会增大应变硬化的效应。

为了探寻强度增加的根源，两个支座在被搁置了近3.5年后（这样任何约束效应都将松弛），于2007年4月在高速和低速运动下进行了重新测试——测试条件与累积行程测试之前的测试相同。图8－21为这些测试的结果。在动态荷载测试和低速测试中，平均荷载分别为1 442 kN和1 905 kN。比较图8－18和图8－21中的结果发现，支座的强度没有变化。因此，对于这个效应（增加束缚）的力学解释似乎是说不通的。此外，对于观测到强度增加最有可能的解释就是由塑性变形引起的应变硬化，同时伴随着由于温度升高，加速的铅重结晶过程的弱化作用。我们可以得出结论，在由工作荷载引起的非常低速的条件下，累积行程导致了铅芯橡胶支座强度大幅的增加。此外，加速的累积行程测试可能由于铅受热而又减弱了这些作用。然而，在累积的非弹性运动中施加的非弹性运动程度又可能导致了强度的增加。因此，这一问题需要更深入的研究。

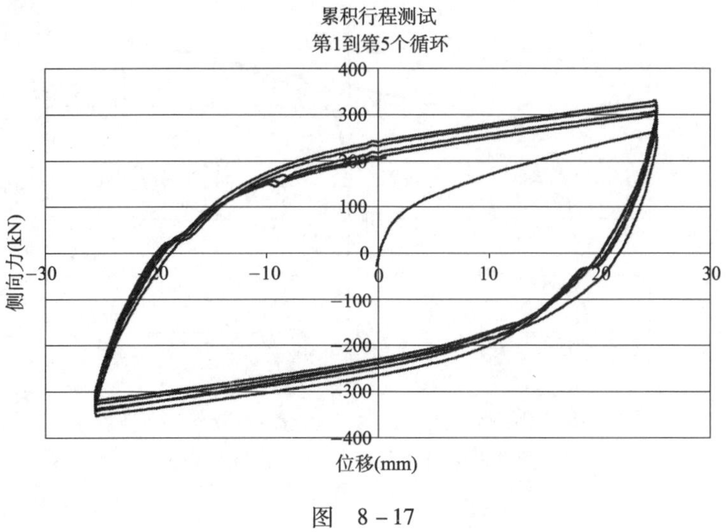

图 8－17

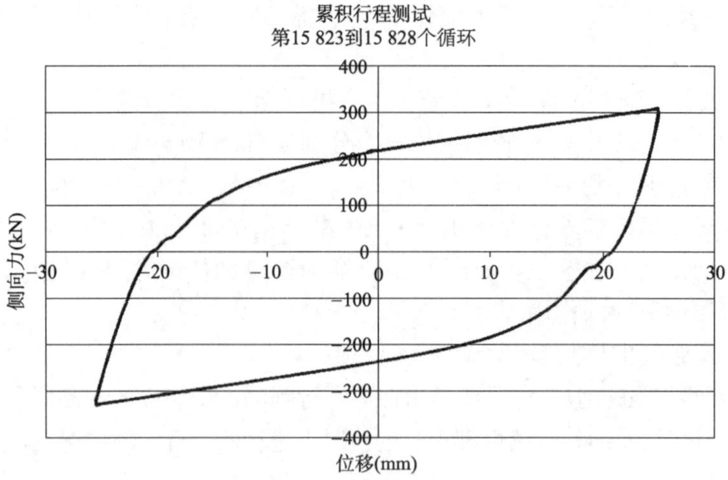

图 8－17　在累积行程测试下成对铅橡胶支座的力与位移循环圈

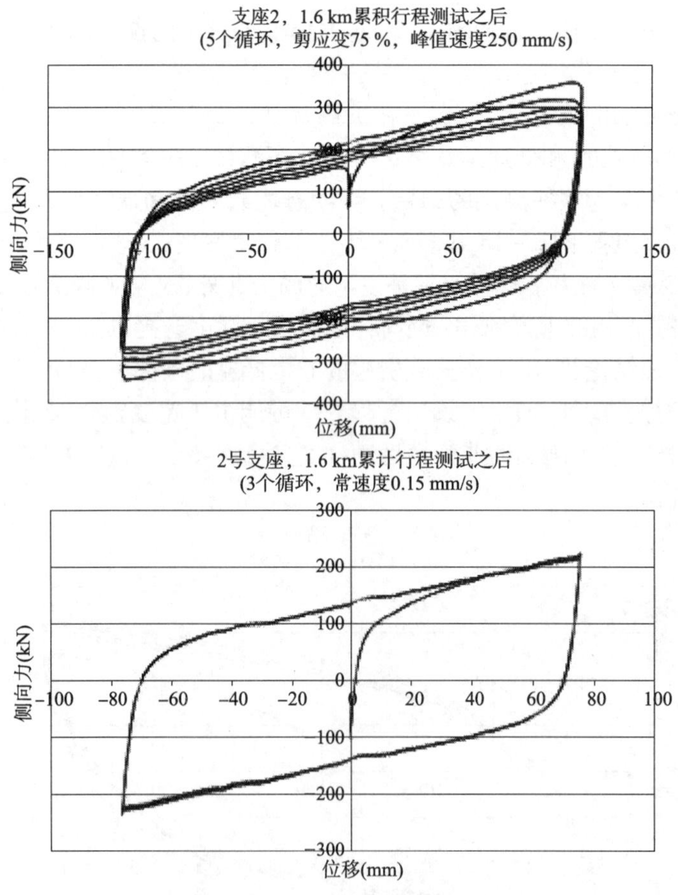

图 8－18　累积行程测试之后,2 号铅芯橡胶支座在地震和热荷载条件下的力与位移滞回关系

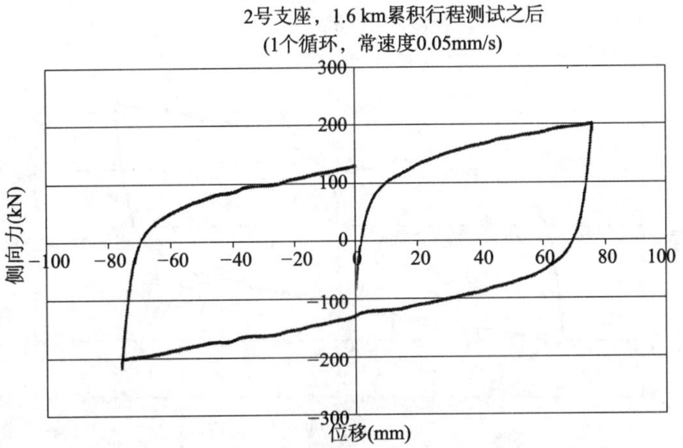

图 8－19　累积的行程测试之后，2 号铅芯橡胶支座在温度荷载条件下的力与位移的循环关系

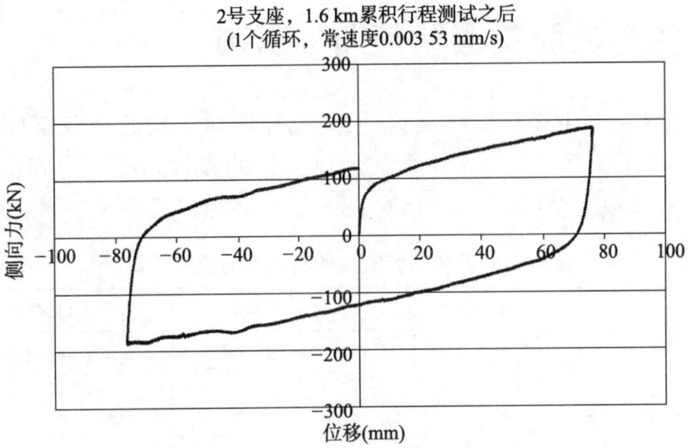

图 8－20　累积的行程测试之后，2 号铅芯橡胶支座在极度缓慢的温度荷载条件下的力与位移的循环关系

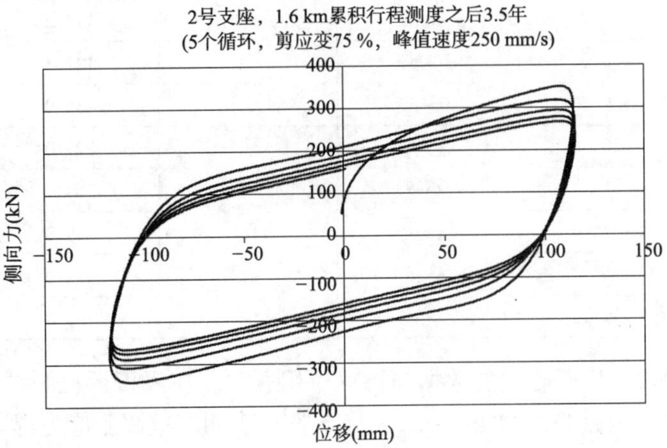

图　8－21

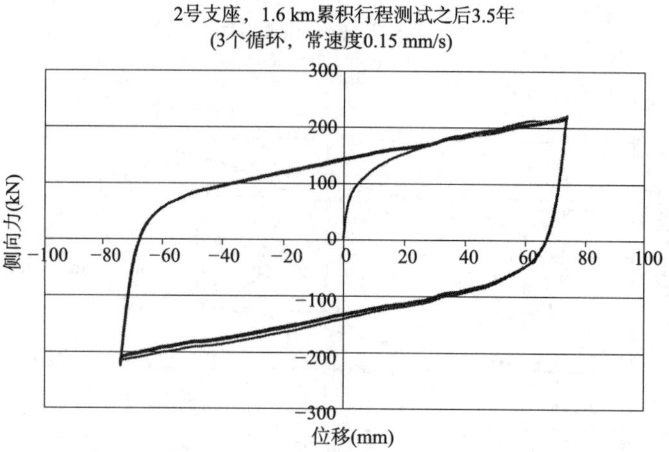

图 8－21　在累积的行程测试之后 3.5 年，2 号铅芯橡胶支座在持续的地震荷载和热荷载条件下的力与位移循环关系

8.6　速度对铅芯橡胶支座特征力的影响

从图 8－16～图 8－20 中得到的结果说明，运动速度对于铅芯橡胶支座的特征力有着显著的影响。表 8－7 列出了在第 8.5 节中所述测试的铅的有效屈服应力和特征力的信息。通过用测试峰值速度除以橡胶总厚度 6 in(152.4 mm)，表格确定了剪应变率。

表 8－7　铅芯橡胶支座的特征力的速度效应

条件	循环	高峰速度(mm/s)	剪应变率(s^{-1})	特征力(kN)	有效屈服应力(MPa)
累积行程测试以前	1	0.15	984×10^{-6}	78.0	5.1
累积行程测试以前	1	254	1.67	201.7	13.1
	2			174.4	11.4
	3			160.0	10.5
	4			147.0	9.7
	5			136.7	8.9
累积行程测试以后	1	0.00353	23×10^{-6}	118.2	7.8
累积行程测试以后	1	0.05	328×10^{-6}	122.3	8.0
累积行程测试以后	1	0.15	984×10^{-6}	136.0	8.9
累积行程测试以后	1	254	1.67	223.0	14.5
	2			204.0	13.3
	3			189.0	12.4
	4			177.0	11.6
	5			163.0	10.6

在累积行程测试之后所收集的数据与桥梁应用有关。在累积行程测试之后，铅的有效屈服应力与剪应变率的函数关系如图 8－22 所示。图中表明有效屈服应力遵守如下关系：

$$\sigma_L = a\dot{\gamma}^b \tag{8-3}$$

式中，当应变率大于 $3\times10^{-4}s^{-1}$时，$a=14.06$，$b=0.067$；当剪应变率小于 $3\times10^{-4}s^{-1}$时，$a=8.74$，$b=0.011$。这些结果与 Skinner 等人(1993)给出的结果有些不一致。根据他的报道，在式(8－3)中，当应变率大于 $3\times10^{-4}s^{-1}$时，$b=0.035$，应变率较小时，$b=0.15$。Skinner 等人(1993)所列结果基于的试样在测试前没有进行长距离累积运动。运用式(8－3)和有限的累积行程测试之前的有效数据，得到当应变大于 $1\times10^{-3}s^{-1}$时，$a=12.26$，$b=0.126$。此时 b 的值和由 Skinner 等(1993)报道的值相近。值得注意的是，在 Skinner 等人和作者的测试中都观察到剪应变率的极限值 $3\times10^{-4}\ s^{-1}$，因此无论支座是否承受大的累积行程，它似乎都是有效的。

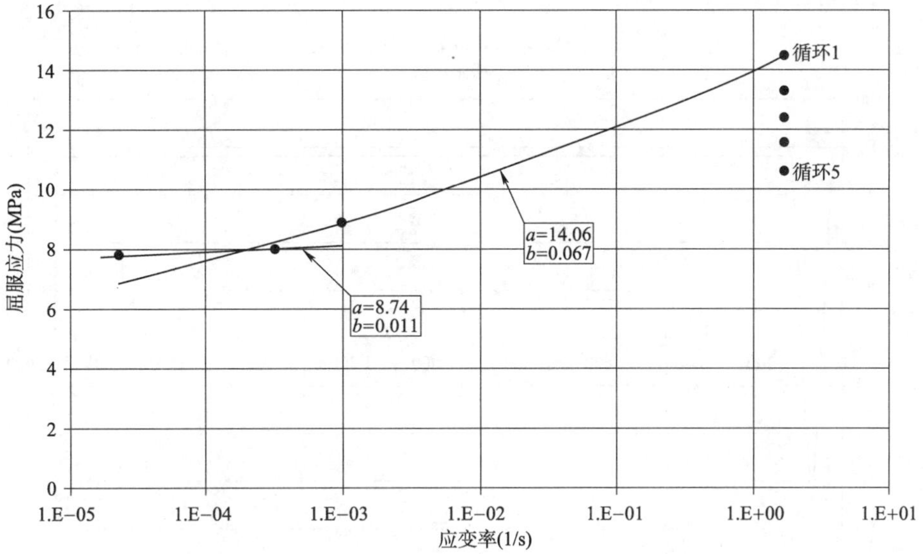

图 8－22　铅的有效屈服应力与剪应变率的函数关系

铅是唯一的能在室温下同时发生恢复、重结晶以及颗粒增长过程的常见金属，因此它能够在非弹性变形后，完全地恢复它最初的性能(Skinner 等,1993)。研究铅的有效屈服应力与运动时程的关系十分有意义。对于其性能变化有两个可能的原因：(1)铅芯的几何外形变化，导致其在大的累积行程运动中束缚增加；(2)铅芯力学性能的变化。由于这一现象的重要性，需要进一步的研究。

8.7　铅芯橡胶支座的松弛

第 8.5 节中所得到的结果说明，在大的累积行程之后，随着剪应变率的减小，铅芯橡胶支座中铅的有效屈服应力减小比率表现出了显著的变化。由式(8－3)和应变率小于 3×10^{-4}时的 $a=8.74$，$b=0.011$ 预测得到的慢速荷载条件下铅的屈服应力只占由应变率大于 $2.0\ s^{-1}$时的 $a=14.06$，$b=0.067$ 预测得到的地震荷载条件下铅屈服应力的 60%，这对由铅芯橡胶支座来支撑的桥梁意义重大。

然而，在桥梁中温度的变化造成了各种速度的运动，同时包括支座运动速度为零的间隔。在这样的条件下，铅芯橡胶支座松弛，其特征力随着时间呈指数的降低。图 8－23 给出了对图 8－13 所示铅芯橡胶支座在 1.6 km 的累积行程测试之后进行松弛测试的结果。支座承受了 1.25 圈的高速运动，然后如图所示，在 30 min 的时间内维持剩余 75 mm 的位移。在动态条件下将位移恢复到 0，记录下维持 0 位移时间 8 min 所需的力。

在8 min 的松弛测试中,维持0 位移所记录的力提供了关于支座的特征力的有用信息。在零位移处,记录的力就是支座的特征力。在图8－23 和图8－24 中,对试验开始时偏差的力进行了校正,这样在第一个循环圈中有相等的正强度和负强度。正如图8－23所示,支座的特征力在8 min 内由在动荷载条件下的182 kN 降到了62 kN,也就是说,降到了动态值的1/3。

在减去由橡胶产生的力之后——先测量记录的循环圈中的恢复力,然后将其从整个力中减去,可以从75 mm 位移处力随时间变化的情况中得到额外的信息。可参见图8－24。特征力降到了动态值的1/3,这与在侧向位移为零时所观察到的结果一样。在松弛了30 min 以后特征力降到了动态值的约1/4。

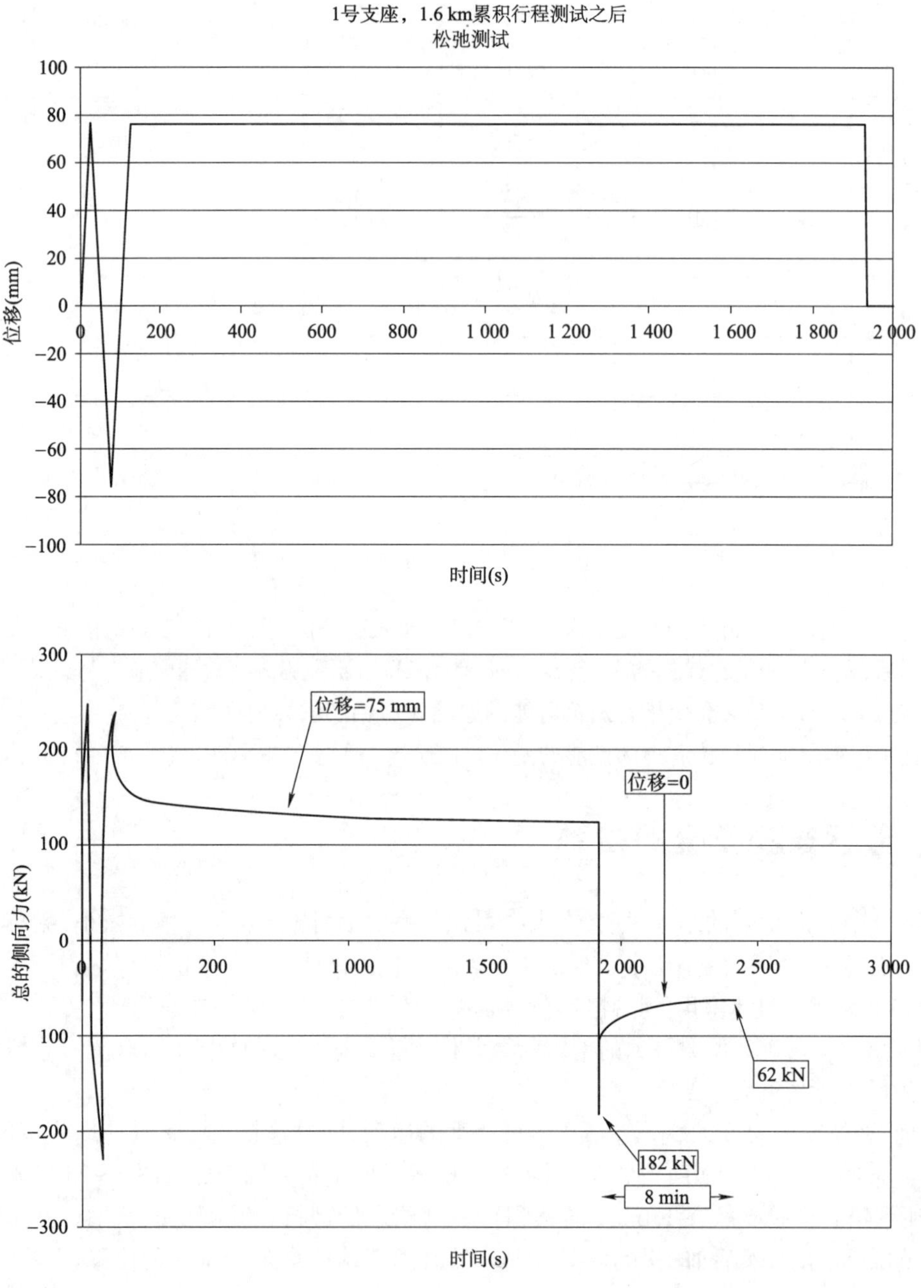

图8－23　在松弛测试中施加的位移时程和记录的侧向力

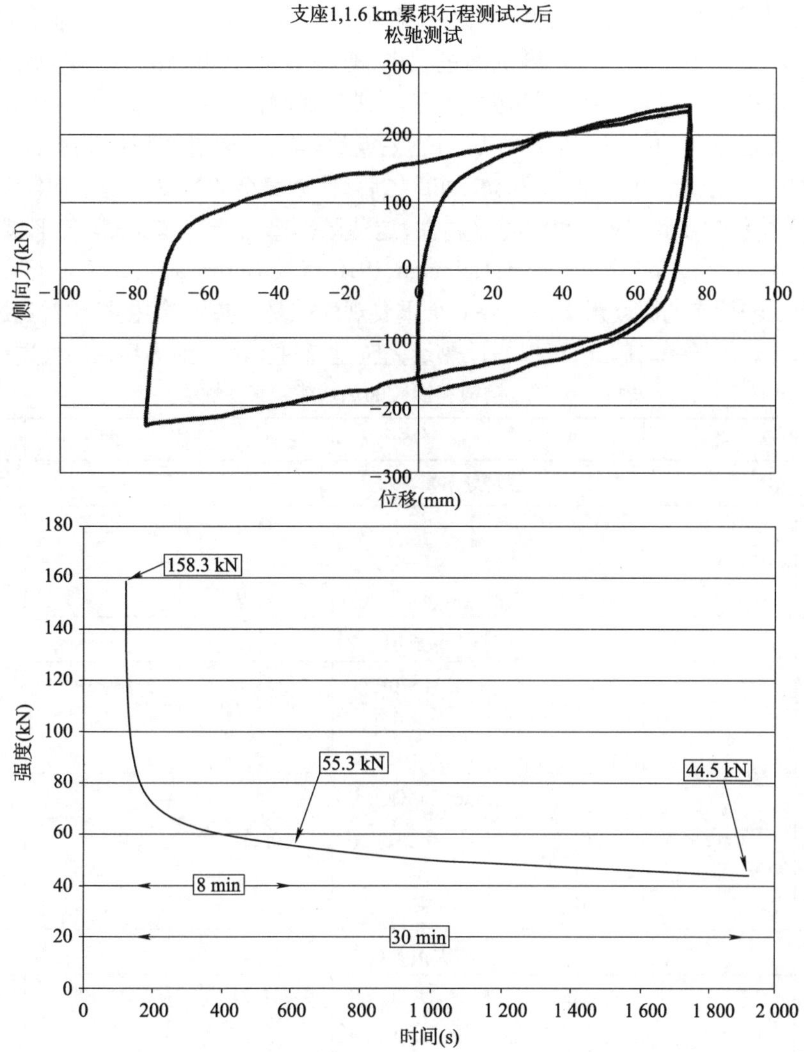

图 8 – 24　记录的力和位移的循环关系以及 75 mm 位移处,特征力在 30 min 内的变化

8.8　铅芯橡胶支座的受热

8.8.1　引　　言

本章节讨论了在反复的循环运动中,对于铅芯橡胶支座温度升高以及特征力减少的预测。在循环加载的铅芯橡胶支座中,热量主要产生在铅芯处并沿着竖向和周向扩散到端板和薄钢板中。橡胶也产生热,但是热量通常很小(见第 7.6 节)可以忽略不计。

众所周知,随着循环次数的增多,每一个循环的能量耗散以及铅芯橡胶支座的特征力会减少。如果是高速运动,则在前几个循环中这个减少量会很明显。例如,图 8 – 25 代表了测试图 8 – 9所示的大型铅芯橡胶支座得到的每个循环的能量耗散情况。这个测试是在峰值速度接近于 1 m/s 的动荷载条件下进行的。如图 8 – 25 所示,分别为测量的能量耗散值和铅芯产生的能量耗散估计值。计算时,假设橡胶支座产生的等效黏滞阻尼比或者支座的有效阻尼为 0. 04。

从图中可以很明显地得出，在初始的每一圈循环中，能量耗散都有一个显著的减少，而以后每一圈能量耗散趋向于稳定。在测试的过程中，有一个简短的停顿然后又重新开始，致使每一圈的能量耗散循环几乎又回到了最初的水平。这些观测清楚地表明，每一个循环圈能量耗散的减少都是铅芯发热的结果。数圈以后当热生成比率等于通过钢板导热散失的比率时，铅芯温度会达到一个定值。在测试中，2 min 间断之后，接近完全的恢复说明了热传导的重要性。

在表 8－8 中给出了铅、橡胶和钢的热属性，这些数据来自于一些文献（美国试验与材料协会，1991；美国金属协会，1992；Lide，1993；Hofmann，1970 以及 Guruswamy，2000）。注意，铅的热属性实际上不受低于熔点的温度影响。另外一个重要观测就是，与铅或钢板相比，橡胶有一个非常低的热传导率和热扩散率。因此，可以假设热量完全是通过支座的钢垫片和端板进行传导的。

表 8－8　铅、钢板和橡胶的热性能和其他性能

温度（℃）	−25	25	75	125	225	327①
热传导率 k[W/(m·℃)]						
铅②	36.0	35.3	34.7	34.0	32.8	31.4
橡胶		0.16	—	—	—	—
碳钢③		54.0	53.0	51.0	47.0	44.0
热扩散率 α(m^2/s)						
铅②	—	2.42×10^{-5}	2.34×10^{-5}	2.29×10^{-5}	2.14×10^{-5}	2.00×10^{-5}
橡胶	—	7.24×10^{-8}	—	—	—	—
碳钢③	—	1.48×10^{-5}	—	—	—	—
比热 c[J/(g·℃)]						
铅②	0.127	0.129	0.131	0.132	0.137	0.142
橡胶	—	1.7	—	—	—	—
碳钢③	—	0.45	—	—	—	—
密度 ρ(g/cm^3)						
铅②	—	11.36	11.30	11.24	11.17	11.00
橡胶	—	1.3	—	—	—	—
碳钢③	—	7.9	—	—	—	—

①温度略低于铅的熔点。

② 99.99% 纯度的铅。

③含碳量小于 0.5%。

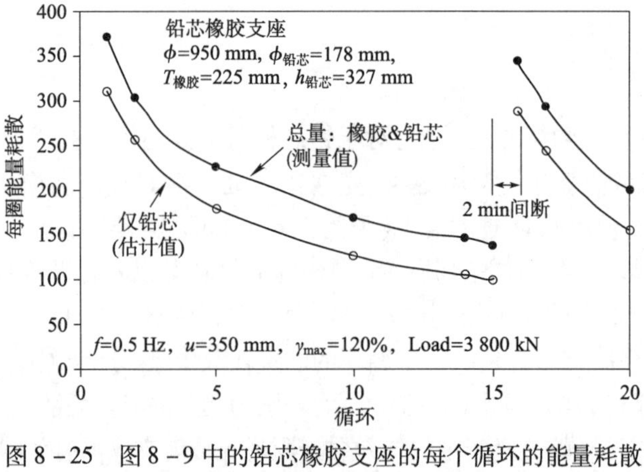

图 8－25　图 8－9 中的铅芯橡胶支座的每个循环的能量耗散

8.8.2 有效屈服应力与温度的关系

随着温度的升高，铅的有效屈服应力减小，并导致支座每一个循环中能量耗散的减少。由于铅具有发生蠕变的倾向，因而不能够精确地测量出它的有效屈服应力。然而，可以测量出最终的强度（与有效屈服应力多少有些关系），其代表性数据如图 8－26 所示。这些数据来自于出版的文献（Hofmann，1970；美国金属协会 ASM，1979）中以及由作者所做的测试。这些测试中使用到了 99.9% 纯度的标准铅样品，并在两个不同的应变率以及多个温度下进行，这其中包括一个在 －30 ℃进行的测试。样品直径为 0.5 in，折算截面长度为 4 in（见 ASTM 国际，ASTM 标准手册（2005），03.01 卷，设计 E8－04，第 68 页，样品 3）。

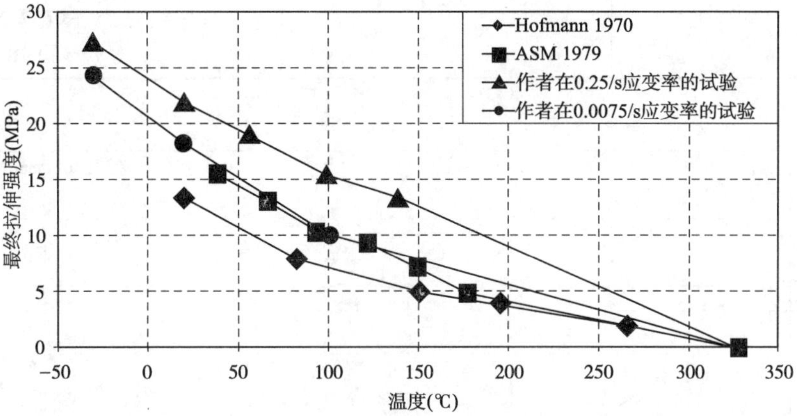

图 8－26　铅的最终抗张强度的试验值

通过阻碍运动，铅芯吸收能量，因此铅芯内部产生的热实际上就是铅抵抗力所做的功。抵抗力等于铅芯的有效屈服应力乘以铅芯截面面积。图 8－25 所示的试验结果表明，每一圈的能量耗散在逐渐减少（EDC），因此暗示了有效屈服应力 σ_{YL} 随着铅芯的温度升高而下降。对于 σ_{YL} 与温度的关系没有直接的数据。有一个合理的假设认为，在所有的温度下，铅的有效屈服应力 σ_{YL} 与铅的最终应力 σ_{ult} 值之比为一个常数。

也就是，假设 σ_{ult} 为一个函数 $f(T_{Lt})$，然后

$$\frac{\sigma_{YL}}{\sigma_{YL0}}=\frac{f(T_{Lt})}{f(T_{L0})} \tag{8-4}$$

式中，σ_{YL} 为在铅的温度为 T_{Lt} 时其有效屈服应力；σ_{YL0} 即初始有效屈服应力，即在初始（或开始）温度为 T_{L0} 时的有效屈服应力。式（8－4）中 σ_{YL}/σ_{YL0} 的比值被认为是归一化有效屈服应力。为了建立起 σ_{YL} 和温度的关系，需要确定 σ_{ult} 与温度的关系，并且估计一个初始有效屈服应力 σ_{YL0}。

图 8－26 给出铅的最终拉伸强度的四组试验数据。以这些数据为基础，σ_{ult} 与铅的温度 T_{Lt} 的关系由式（8－5）和式（8－6）确定，要么为对数关系，要么为线性关系：

$$\sigma_{ult} = C_1 \cdot \ln(T_{Lt}) + C_2 \tag{8-5}$$

$$\sigma_{ult} = L_1 \cdot T_{Lt} + L_2 \tag{8-6}$$

通过与 σ_{ult} 和温度 T_{Lt} 有效数据的最佳拟合求得式（8－5）和式（8－6）中的参数。表 8－9 总结了与四组数据最佳拟合曲线的信息，并且图 8－27 到图 8－30 比较了式（8－5）和式（8－6）的预测结果和试验结果。可以看出，线性/双线性等式可以求得，循环运动中，铅芯橡胶支座强度减少的预测问题的精确解。由于这个原因，也由于它们适用于负温度且在量纲分

析时更为简单（参数 L_1、L_2 具有明确的单位），线性/双线性关系比对数关系更为可取。

表 8-9　四组铅最终拉伸强度试验数据的最佳拟合曲线信息

实例	曲线	参数
Hofmann 1970	对数Ⅰ型	$C_1=-4.55$，$C_2=27.35$
ASM 1979	对数Ⅱ型	$C_1=-7.33$，$C_2=43.29$
作者的试验 应变率 = 0.25/s	线性	$L_1=-7.39e-02$，$L_2=23.61$
作者的试验 应变率 = 0.0075/s	双线性	$L_1=-1.08e-01$，$L_2=20.64$ 当 $T_{Lt}<100$ ℃ $L_1=-4.38e-02$，$L_2=14.32$ 当 $T_{Lt}>100$ ℃

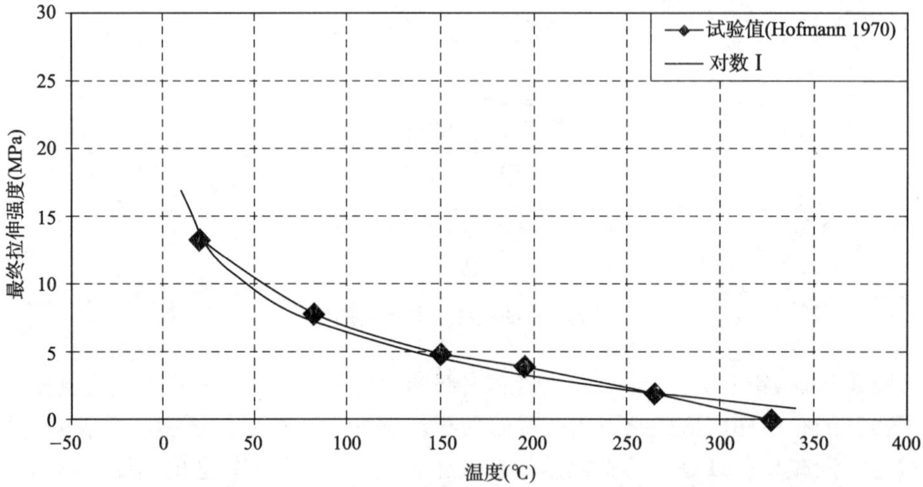

图 8-27　以 Hofmann 1970 的数据为基础的铅最终拉伸强度与温度的关系

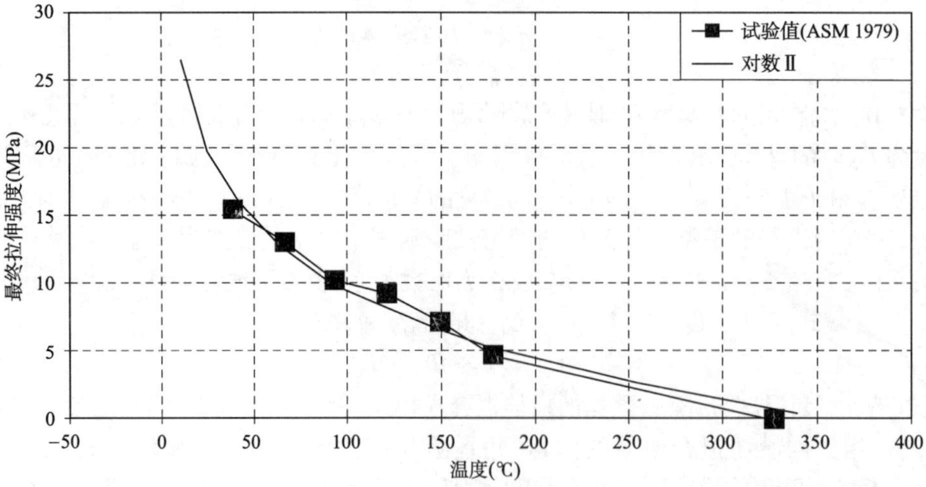

图 8-28　以 ASM 1979 的数据为基础的铅最终拉伸强度与温度的关系

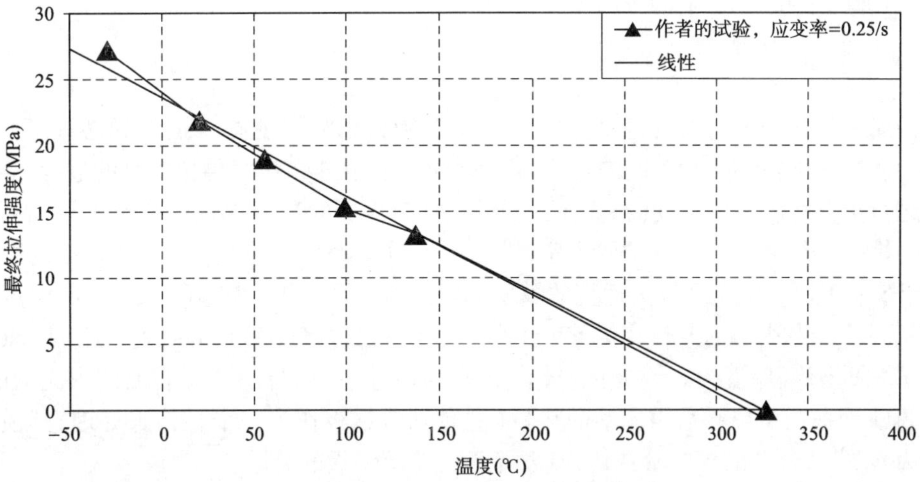

图 8－29　以作者在 0.25/s 的剪应变率时的试验为基础的铅最终拉伸强度与温度的关系

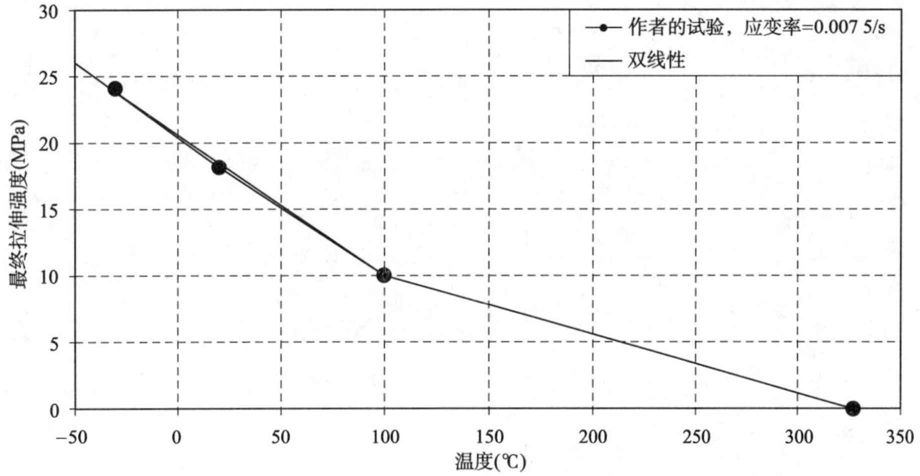

图 8－30　以作者在 0.007 5/s 的剪应变率时的试验为基础的铅最终拉伸强度与温度的关系

在式(8－4)中,(例如:最初/周围温度)有效屈服应力的参考值 σ_{YL0} 不能够在测试中直接得到。以图 8－9 所示支座为例,假设试验开始时支座的温度为 20 ℃。当在一个循环之后,对支座能量耗散(*EDC*)进行首次测量时,支座温度肯定高于 20 ℃。因此,第一个循环的数据不能作为有效屈服应力的参考值。然而,将 *EDC* 数据外推到零循环的假定值,会估算一个合理的 σ_{YL0} 值。从图 8－25 中得出,①*EDC* ＝375 kN · m。对于图 8－9 的支座,假定其屈服位移 $Y=12$ mm,运用式(8－1)以及式(3－8),可以得到假定的第 0 圈 $\sigma_{YL,0}=12.8$ MPa,测试的速度和振幅如图 8－25 所示。在第 0 圈的循环中,这个值与 σ_{YL} 的平均值相对应,同时运用相似的步骤我们可能计算出 σ_{YL} 在第 1 圈运动内的平均值, $\sigma_{YL,1}$ 。对于要求测试开始时的 $\sigma_{YL,0}$

① 在这个限制中,由于开裂使得人造橡胶体内在出现空穴前的积的优于空化橡胶的三轴应力状态下被基本有必要替换为人造橡胶支座的非单轴向应力状态,有破裂造成的,它的聚合开裂面积等于束缚的面积。

可以通过将 $\sigma_{YL,0}$ 和 $\sigma_{YL,1}$ 平均得出。

8.8.3 建模及解析解

我们要么寻找一种精确解，要么找到能够通过数值求解的显式，来计算铅芯温度升高以及在循环加载情况下铅芯橡胶支座的特征力减少的幅度，在本节中将给出求解的过程。

在进行铅芯橡胶支座温度的升高问题分析之前，需要解决合成柱体的热传导问题。考虑一个束缚橡胶半径为 R 的铅芯橡胶支座，铅芯半径为 a，终端板厚度为 t_p，薄钢板的总厚度为 t_s。如图 8－31 所示为一个较为适宜的模型，其初始温度增加量为零（例如，它的温度等于初始温度 T_{L0}）。铅芯内部的产热率为 $q'''(t)$（单位体积铅的产热率），并且通过端盘（每一个厚度为 t_p）和薄垫片（厚度为 t_s）向外传导。令 q_1 为通过某一个端盘在单位时间内流动的热量，q_2 为通过薄钢板在单位时间内流动的热量（注意到薄钢板作为一个整体来处理，其模型为一个内径为 a，外径为 R 的中空圆柱体，厚度等于所有薄钢板的总厚度，t_s）。

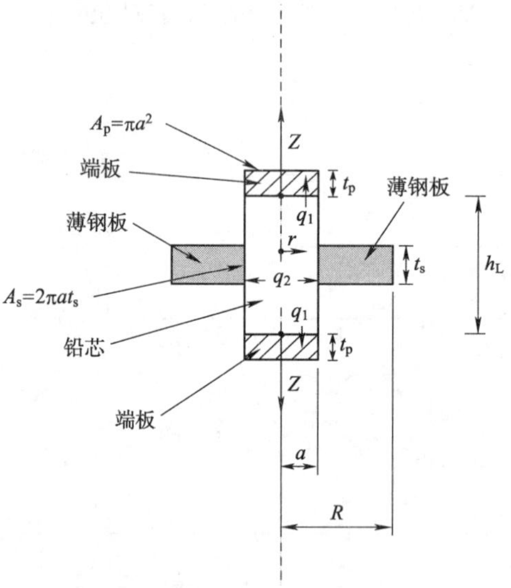

图 8－31 铅芯橡胶支座热传导的简化分析模型

考虑支座发生简谐运动，产热比率 $q'''(t)$ 由下式子给出：

$$q'''(t)=\frac{\left|\sigma_{YL}\cdot A_L\cdot\frac{\mathrm{d}u}{\mathrm{d}t}\right|}{V_L}=\frac{\sigma_{YL}\cdot\left|\frac{\mathrm{d}u}{\mathrm{d}t}\right|}{h_L}=\frac{\sigma_{YL}\cdot\omega\cdot u_0\cdot|\cos\omega t|}{h_L}\tag{8-7}$$

式中，h_L 为铅芯的高度；u_0 为运动的振幅；ω 为运动的圆频率；其他的参数在前面的章节已经定义过。

对上述公式作出以下基本假设：

（1）除了在端板－铅芯接触面和薄钢板－铅芯接触面上的两个小的过渡层以外，铅的温度 T_L 的升高（相对于初始温度），仅仅是时间函数（也就是说，没有空间变量）。

（2）忽略在自由边界处的热对流和热辐射。

（3）铅芯与钢板的接触面为理想接触；也就是说，在它们的接触点上，铅芯温度的增量等于端板的温度增量 T_p 和薄钢板的温度增量 T_s。接触面温度的升高值等于铅的温度 T_L 升高值的一半。

(4)热传导为热量转移的主要方式,将实体理解为一具有稳定生热率的固定物,其铅芯的热传导率等于由式(8-7)得出的铅芯的能量耗散率。热传导仅通过端板(竖直方向上一维的)和薄钢板(半径方向上一维的)实现。

(5)通过橡胶层没有热传导。这是合理的假设,因为橡胶的热传导率远低于钢板的热传导率。

(6)认为支座顶部和底部的终端板都与大体积的钢板接触,事实上这是以后所给出的试验数据的一种情况。与混凝土相接触的终端板需要根据不同的束缚条件进行分别地处理(例如,终端板的隔离的外终点)。

(7)考虑了两种类型的解决方案:

a. 通过钢板没有热传导,例如,铅芯耗散的热量全部用于了温度的升高。

b. 通过钢板存在热传导,然而假设钢的体积无穷大,从而使得“热前波”能在端板和薄钢板中不断扩展。因此,t_{pf} 和 R_f 分别为从铅芯到端板以及从支座中心到薄钢板的热前波距离。

对于铅芯的热平衡方程为:

$$\rho_L \cdot c_L \cdot V_L \frac{\mathrm{d}T_L}{\mathrm{d}t} = q'''(t) \cdot V_L - 2 \cdot q_1(t) - q_2(t) \tag{8-8}$$

式中,V_L 为铅芯的体积;ρ_L 为铅的密度;c_L 为铅的比热。值得注意的是铅的密度和比热实际上不受到温度的影响(见表8-8)。同时,铅芯的体积 V_L 随着铅芯受热只是稍有增加,我们在分析中假设它保持为一个常数。

热流 q_1 由下式给出:

$$q_1(t) = -k_s \cdot A_p \cdot \frac{\partial T_p}{\partial z}\bigg|_{z=0} \tag{8-9}$$

热流 q_2 由下式给出:

$$q_2(t) = -k_s \cdot A_s \cdot \frac{\partial T_s}{\partial r}\bigg|_{r=a} \tag{8-10}$$

在上式中,A_p($=\pi a^2$)为与铅芯接触的端板面积;A_s($=2\pi a t_s$)为假象的中空圆柱体内表面积(见图8-31)。在事先通过独立求解端板和薄钢板的问题来得到热流 q_1 和 q_2 后,通过式(8-8)可确定铅芯温度 T_L 的升高。需要通过独立求解端板和薄钢板的问题来得到热流 q_1 和 q_2。

端板的热平衡方程为:

$$\frac{\partial^2 T_p}{\partial z^2} = \frac{1}{\alpha_s}\frac{\partial T_p}{\partial t} \tag{8-11}$$

式中,$T_p(z,t)$ 为端板的温度增量;α_s 为端板材料(钢)的热扩散率。

薄钢板的热平衡方程为:

$$\frac{\partial^2 T_s}{\partial r^2} + \frac{1}{r}\frac{\partial T_s}{\partial r} = \frac{1}{\alpha_s}\frac{\partial T_s}{\partial t} \tag{8-12}$$

式中,$T_s(r,t)$ 为薄钢板的温度增量;α_s 为薄钢板材料(钢)的热扩散率。

Ozisik(1989,1993)针对所有可能的边界条件组合,给出了通过板的一维热传导和通过中空圆柱体的一维热传导基本问题的解。在这两种情况下,解都可以分为两部分,一个稳态部分和一个随着时间成指数衰减的瞬变部分。忽略所有情况下的瞬变部分,我们可以假设在薄钢板内部的温度服从对数分布,在端板内的温度服从线性分布。接下来假设边界和初始条件。应该注意到这些条件反映了温度在铅芯处的分布是不均匀的,这一点与有限元分析的结果一致。

$$T_{\mathrm{p}}(0,t) = \frac{T_{\mathrm{L}}(t)}{2} \tag{8-13}$$

$$T_{\mathrm{p}}(t_{\mathrm{pf}},t) = 0 \tag{8-14}$$

$$T_{\mathrm{p}}(z,0) = 0 \tag{8-15}$$

$$T_{\mathrm{s}}(a,t) = \frac{T_{\mathrm{L}}(t)}{2} \tag{8-16}$$

$$T_{\mathrm{s}}(R_{\mathrm{f}},t) = 0 \tag{8-17}$$

$$T_{\mathrm{s}}(r,0) = 0 \tag{8-18}$$

式中,$t_{\mathrm{pf}}(t)$ 和 $R_{\mathrm{f}}(t)$ 为与时间有关的变量;分别控制热前波在端板和薄钢板中的位置,这在之前已经作过讨论。

即:

$$T_{\mathrm{p}}(z,t) = \left[1 - \frac{z}{t_{\mathrm{pf}}(t)}\right] \cdot \frac{T_{\mathrm{L}}(t)}{2} \tag{8-19}$$

$$T_{\mathrm{s}}(r,t) = \frac{\ln[r/R_{\mathrm{f}}(t)]}{\ln[a/R_{\mathrm{f}}(t)]} \cdot \frac{T_{\mathrm{L}}(t)}{2} \tag{8-20}$$

在每一个端板中储存的热量为 E_1:

$$E_1 = \int_0^{t_{\mathrm{pf}}(t)} \rho_{\mathrm{s}} \cdot c_{\mathrm{s}} \cdot A_{\mathrm{p}} \cdot T_{\mathrm{p}}(z,t) \cdot \mathrm{d}z \tag{8-21}$$

在薄钢板内储存的能量为 E_2:

$$E_2 = \int_0^{R_{\mathrm{f}}(t)} \rho_{\mathrm{s}} \cdot c_{\mathrm{s}} \cdot t_{\mathrm{s}} \cdot T_{\mathrm{s}}(r,t) \cdot 2\pi r \mathrm{d}r \tag{8-22}$$

假设热流动的比等于存储能量的比:

$$\frac{q_1}{q_2} = \frac{E_1}{E_2} \tag{8-23}$$

将式(8-9)、式(8-10)、式(8-19)~式(8-22)与式(8-23)合并,可以估计出热前波参数 $t_{\mathrm{pf}}(t)$ 与 $R_{\mathrm{f}}(t)$ 间的关系:

$$2 \cdot \left(\frac{t_{\mathrm{pf}}}{a}\right)^2 = \left(\frac{R_{\mathrm{f}}}{a}\right)^2 - 1 - 2\ln\left(\frac{R_{\mathrm{f}}}{a}\right) \tag{8-24}$$

式(8-24)中,当 t_{pf}/a 的范围在接近 0 到 4 时,R_{f}/a 与 t_{pf}/a 实质上是一个线性关系。为了简化计算,式(8-24)可以简化为:

$$\frac{R_{\mathrm{f}}}{a} = 1 + 1.2\left(\frac{t_{\mathrm{pf}}}{a}\right) \tag{8-25}$$

如图 8-32 所示,它和式(8-24)吻合得非常好,尤其是在 t_{pf}/a 的通常取值范围 0 到 2 之间时。

为了计算端板中热前波到铅芯的距离 $t_{\mathrm{pf}}(t)$,运用了能量平衡条件。在铅芯内部产生的热能等于储存在铅芯和钢板中的热量之和。更详细地说,可以表示为:

$$\int_0^t \sigma_{\mathrm{YL}} \cdot A_{\mathrm{L}} \cdot |v(\tau)| \cdot \mathrm{d}\tau = T_{\mathrm{l}}\rho_{\mathrm{L}}c_{\mathrm{L}}V_{\mathrm{L}} + 2\int_0^{t_{\mathrm{pf}}(t)} \rho_{\mathrm{s}}c_{\mathrm{s}}A_{\mathrm{p}}T_{\mathrm{p}}(z,t)\mathrm{d}z + \int_a^{R_{\mathrm{f}}(t)} \rho_{\mathrm{s}}c_{\mathrm{s}}\, t_{\mathrm{s}}T_{\mathrm{s}}(r,t)2\pi r\mathrm{d}r \tag{8-26}$$

从而,根据式(8-19)~式(8-22)、式(8-24)和式(8-25),得出:

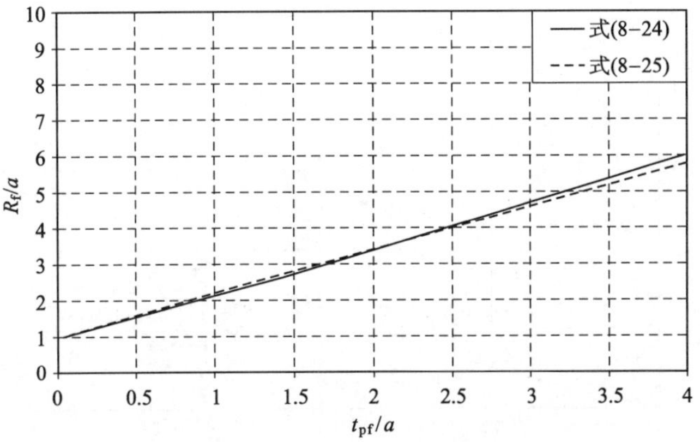

图 8－32　热前波参数之间的关系

$$\int_0^t \sigma_{YL}|v(\tau)|d\tau = T_L\left\{\rho_L c_L h_L + \frac{\rho_s c_s}{2}\left\{t_{pf}(t) + t_s\frac{\left[\frac{t_{pf}(t)}{a}\right]^2}{\ln\left[1+1.2\frac{t_{pf}(t)}{a}\right]}\right\}\right\} \tag{8-27}$$

式中，$v(t)$ 为速度随时间的变化关系，$|v(t)|$ 代表了其大小。

将式(8－7)、式(8－9)、式(8－10)、式(8－19)、式(8－20)和式(8－25)代入式(8－8)得：

$$\rho_L\cdot c_L\cdot h_L\cdot\frac{dT_L}{dt} = \sigma_{YL}\cdot|v(t)| - \frac{k_s\cdot T_L(t)}{t_{pf}(t)}\cdot\left\{1+\left(\frac{t_s}{a}\right)\cdot\frac{\frac{t_{pf}(t)}{a}}{\ln\left[1+1.2\frac{t_{pf}(t)}{a}\right]}\right\} \tag{8-28}$$

考虑 t_{pf}/a 的范围在 0 和 2 之间，式(8－27)和式(8－28)可以进行进一步地简化：

$$\int_0^t \sigma_{YL}|v(\tau)|d\tau = T_L\left\{\rho_L c_L h_L + \frac{\rho_s c_s}{2}t_{pf}(t)\left[1+1.47\left(\frac{t_s}{a}\right)\right]\right\} \tag{8-29}$$

$$(\rho_L\cdot c_L\cdot h_L)\cdot\frac{dT_L}{dt} = \sigma_{YL}\cdot|v(t)| - \frac{k_s\cdot T_L(t)}{t_{pf}(t)}\cdot\left\{1+\left(\frac{t_s}{a}\right)\cdot\left[0.83+0.41\frac{t_{pf}(t)}{a}\right]\right\} \tag{8-30}$$

简化的原理为：当 x 在 0 和 2 之间时，函数 $y = x^2/\ln(1+1.2x)$ 可以近似为 $y = 1.47x$（见图 8－33）。同样，在 x 在 0 和 2 之间时，函数 $y = x/\ln(1+1.2x)$ 约等于 $y = 0.83+0.4x$（见图 8－34）。

当铅芯橡胶支座承受速度时程为 $v(t)$ 的反复循环加载时，式(8－29)和式(8－30)能够用来从数值上估算铅芯的温度和强度。如果将 $v(t)$ 理解为矢量速度，式(8－29)和式(8－30)也可运用于在双方向的运动。这是因为在理论上铅的屈服应力与铅芯橡胶支座在往复运动中的瞬时速度保持成正比。现行的理论说明了铅基本上是一种钢塑形材料，例如，它在非常小的形变下屈服，当运动反向时，可恢复的弹性能量部分非常小。因此，它不适用于应变非常低的情况下，例如，当振幅比支座的屈服位移大的不多的时候。

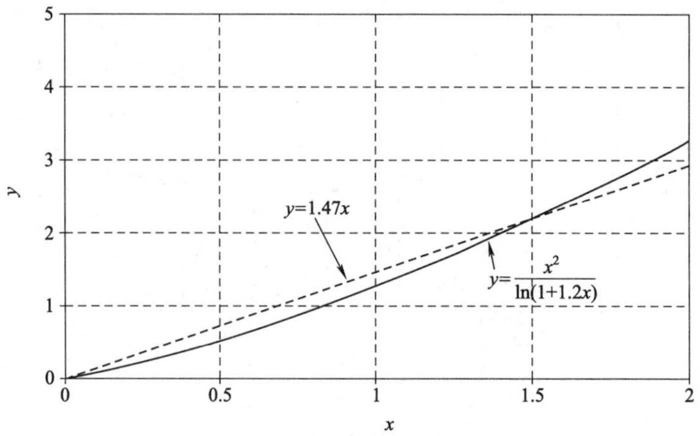

图 8－33　运用在式(8－27)中的简化原理

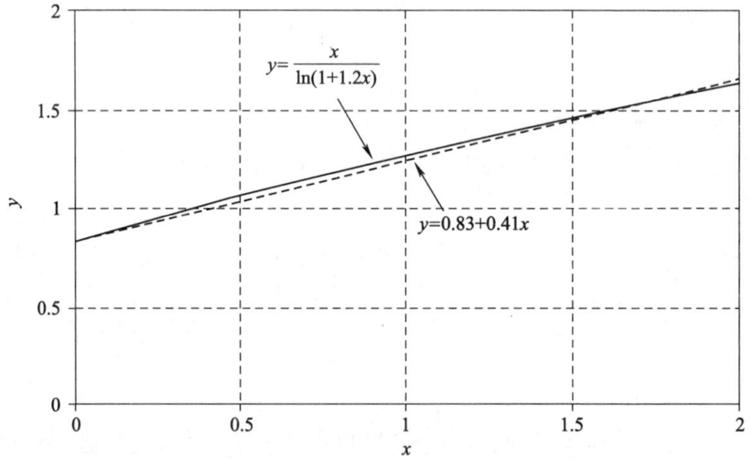

图 8－34　运用在式(8－28)中的简化原理

求解式(8－29)和式(8－30)时,需要先假设一个小的 t_{pf} 初始值。接着用式(8－30)来确定随后两个时间步的铅芯温度。在此之后,在每一时步开始时,通过式(8－29)得到参数 t_{pf},代入式(8－30)得到时步终了时的温度。

令 Δt 为时间步长, $T_{Lt}(i)$ 为铅的温度, $T_L(i)$ 为相对于初始温 T_{L0},铅的温度升高值, $\sigma_{YL}(i)$ 为有效屈服应力, $v(i)$ 为运动速度, $t_{pf}(i)$ 为热前波参数 t_{pf} 的值,时间 $t=(i-1)\cdot\Delta t$, i 为时间步,运算法则如下:

假设一个小的初始值 t_{pf},令 $t_{pf0}=0.01$ m, $T_L(1)=0$。

$$T_L(2)=T_L(1)+\left\{\sigma_{YL}(1)\cdot v(1)-\left[\frac{k_s\cdot T_L(1)}{t_{pf0}}\right]\cdot\left[1+\left(\frac{t_s}{a}\right)\cdot\left(0.83+0.41\cdot\frac{t_{pf0}}{a}\right)\right]\right\}\cdot\frac{\Delta t}{\rho_L c_L h_L} \tag{8-31}$$

$$T_L(3)=T_L(2)+\left\{\sigma_{YL}(2)\cdot v(2)-\left[\frac{k_s\cdot T_L(2)}{t_{pf0}}\right]\cdot\right.$$

$$\left[1+\left(\frac{t_s}{a}\right)\cdot\left(0.83+0.41\cdot\frac{t_{pf0}}{a}\right)\right]\right\}\cdot\frac{\Delta t}{\rho_L c_L h_L} \tag{8-32}$$

$$t_{pf}(i)=\frac{\dfrac{\sum_{j=1}^{i-1}\sigma_{YL}(i)\cdot v(i)\cdot dt}{T_L(i)}-\rho_L c_L h_L}{0.5\rho_s c_s\left[1+1.47\left(\dfrac{t_s}{a}\right)\right]},i\geqslant 3 \tag{8-33}$$

$$T_L(i+1)=T_L(i)+\left\{\sigma_{YL}(i)\cdot v(i)-\left[\frac{k_s\cdot T_L(i)}{t_{pf}(i)}\right]\cdot\right.$$

$$\left[1+\left(\frac{t_s}{a}\right)\cdot\left(0.83+0.41\cdot\frac{t_{pf}(i)}{a}\right)\right]\right\}\cdot\frac{\Delta t}{\rho_L c_L h_L} \tag{8-34}$$

式中，$\sigma_{YL}(i)$ 为温度 $T_{Lt}(i)$ 的函数[根据式(8－5)或式(8－6)]，且

$$T_{Lt}(i)=T_{L0}+T_L(i) \tag{8-35}$$

只要振幅比支座的屈服位移大得多的时候，以上描述的步骤可以用于任何双方向的运动输入。

8.8.4 简化解

假设在试验开始以后很短的时间间隔内，通过薄钢板和端板的热传导可以忽略不计。这种假设是合理的。因此，在铅芯处产生的热全部用于自身温度的升高。也就是说，热扩散 q_1 和 q_2 等于0。在那种情况下，式(8－30)变成了振幅为 u_0，圆频率为 ω 的谐振动：

$$(\rho_L\cdot c_L\cdot h_L)\cdot\frac{dT_L}{dt}=\sigma_{YL}\cdot\omega\cdot u_0\cdot|\cos wt| \tag{8-36}$$

在此假设基础上，并利用铅的有效屈服应力和温度的线性关系[合并式(8－4)和式(8－6)、式(8－36)]，得出：

$$\rho_L\cdot c_L\cdot h_L\frac{dT_{Lt}}{dt}=\frac{\sigma_{YL0}}{f(T_{L0})}\cdot(L_1\cdot T_{Lt}+L_2)\cdot\omega\cdot u_0\cdot|\cos wt| \tag{8-37}$$

对等式从半圈的“k”的开始到结束进行积分，得出：

$$T_{Lt}^{(k)}=\left[T_{Lt}^{(k-1)}+\frac{L_2}{L_1}\right]\cdot\exp\left[\frac{2\cdot\sigma_{YL0}\cdot L_1\cdot u_0}{f(T_{L0})\cdot(\rho_L\cdot c_L\cdot h_L)}\right]-\frac{L_2}{L_1} \tag{8-38}$$

如果知道前半圈“$k-1$”结束时的绝对温度，利用式(8－38)就可求出任意半圈“k”结束时的绝对温度。很明显，对于不通过钢板进行热传导的情况，频率对于计算的温度没有影响。最重要的参数为位移幅值与铅芯高度的比值，或是与铅芯的剪应变的比值 u_0/h_L。可以看出简化解在很多简谐运动的情况下，特别是在高速下，对于大型支座和小数量的循环运动提供了一个很好的估算。

8.8.5 有限元分析

运用有限元模型进行数值求解是十分复杂且耗时的，然而，它在验证已提解法中的假设以及求得的解析解的精确性上是十分有用的。尤其是，有限元的求解对于以下情况很有用：(a)研究钢板的温度随时间变化的瞬时部分的重要性；(b)研究铅芯内部假定温度分布均匀的正确性。相应地，为了研究前面提到过的(a)和(b)，和所得精确解得可靠性和精确度，建立了有限元模型。

建立有限元模型用于分析具有不同几何构造的支座。在 ABAQUS(Hibbitt, Karlsson&Sorensen)中建模,采用的单元类型为:轴对称的,四节点的线性热扩散单元 DCAX4(见图 8-35)。定义所有的自由边界为热隔离。这意味着:(a) 忽略了自由橡胶和薄钢板末端的热辐射;(b)在支座上部和下部的钢结构代表了支座实际安装条件(在大型测试机或在结构中的)。在距离铅芯 t_p 处,温度的增量为零对于这样的分析,在铅芯内部产生的热量被定义为材料的属性。在铅芯内部产生热的比率(单位时间单位体积产生的热能)由式(8-8)给出。如果没有其他规定,假设最初的温度等于 20 ℃。

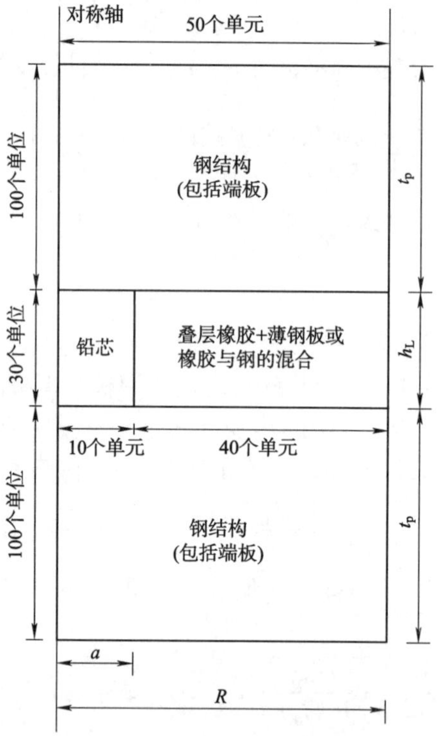

图 8-35 铅芯橡胶受热的轴对称有限元模型

表 8-10 给出了运用于钢的端板和薄钢板、铅芯和橡胶层的材料性能。注意到,在有限元的建模中,并不假设橡胶是一个理想的隔热体,而是将其建模成一个具有低热传导性的材料。此外,在一个分析中,橡胶与钢板的叠层采取了直接建模的方法,而在其他的模型分析中,将其建模成具有两个热传导值的各向异性材料,一个沿着半径方向,一个沿着竖直方向。Salazar(2003)给出了这种合成材料的有效热能:

$$\rho c = v_1(\rho_1 c_1) + v_2(\rho_2 c_2) \tag{8-39}$$

式中,v_i 为单元 i 的容积率。同样,平行于叠合层($k_{\mathrm{eff,radial}}$)和垂直于叠合层($k_{\mathrm{eff,vert}}$)的有效热传导率分别为:

$$k_{\mathrm{eff,radial}} = v_1 k_1 + v_2 k_2 \tag{8-40}$$

$$\frac{1}{k_{\mathrm{eff,vert}}} = \frac{v_1}{k_1} + \frac{v_2}{k_2} \tag{8-41}$$

对于一个具有薄钢板总厚度为 t_s 的铅芯橡胶支座,铅的高度为 h_L,则钢和橡胶在合成区域的容积率分别为:

$$v_{\text{steel}} = \frac{t_s}{h_L} \tag{8-42}$$

$$v_{\text{rubber}} = 1 - \frac{t_s}{h_L} \tag{8-43}$$

表 8－10　用于有限元分析的材料参数

参　　数	终端板和薄垫片板　钢	橡胶层　橡胶	铅芯　铅
密度 ρ（kg/m^3）	7 900	1 300	11 200
热传导率 k［W/(m·℃)］	50	0.16	34
比热 c［J/(kg·℃)］	450	1 700	130

8.8.6　实　　例

本节给出了一些实例，这包括与铅芯橡胶支座特征力成正比的每一圈能量耗散的试验数据。将一些圈数内能量耗散的试验数据与以下数据进行了比较：(a) 有限元分析的预计；(b) 通过对式(8－29)和式(8－30)进行数值求解得到的解析解的预计。在求解过程中运用了多种 σ_{YL} 与温度的关系；(c) 运用了双线性关系的式(8－38)简化解的预计（见表 8－9）。

每一圈能量耗散的试验值包括与铅芯能量耗散相关的部分和与橡胶能量耗散相关的部分。因此，在运用由第 8.8.2 节所述的过程，由试验数据来获得初始有效屈服应力 σ_{YL0} 之前，应该估计出橡胶能量耗散的部分，并且将其从整个能量耗散圈中减去。这个估计需要对无铅的控制样本进行测试。在缺少这样的试验结果时，对于每一圈的能量耗散的作用，可以通过假定对橡胶有效阻尼有一个特定的贡献量来进行估计。

每一循环能量耗散的理论预计可以通过以下方法进行计算：

(1) 在第一圈循环的中间，铅芯的温度通过分析（解析和数值的－FEM）得到。

(2) 通过结合式(8－4)和式(8－5)（或者式(8－6)），给出了在第一圈循环中铅芯的有效屈服应力，同时通过式(8－1)与式(3－8)结合，得出了在第一圈循环中铅芯处的能量耗散。

(3) 估算橡胶能量耗散加上铅芯的能量耗散，并将得到的总的理论上预计的能量耗散与第一圈循环试验值进行比较。

(4) 对每一循环重复以上步骤。

1. 例题 1

考虑图 8－9 中的支座以及从图 8－25 测试得到的每一圈能量耗散的数据。图 8－36 为在那个试验中记录的力和位移的循环圈。图 8－37 为用于分析的有限元模型。

这个显式、精细划分的有限元模型将仅用于这个事例中。表 8－11 提供了在分析中使用的数据。图 8－38 列出了每一圈计算出来的温度和能量耗散，图 8－39 和图 8－40 给出了有限元分析得到的铅芯处的温度图。

图 8－38 所示结果说明试验结果、有限元分析结果以及简化计算结果之间吻合得很好。对于后两个解的结果几乎完全相同，这说明在这样的情况下钢板的热传导是无足轻重的。这是由于测试速度较高。更有趣的是，解析解趋向于低估了温度和高估了强度。事实上，即使是忽略了热损失的简化解，与显式有限元结果相比，也稍稍低估了温度，这说明橡胶对于能量耗散的作用被过高地估计了。

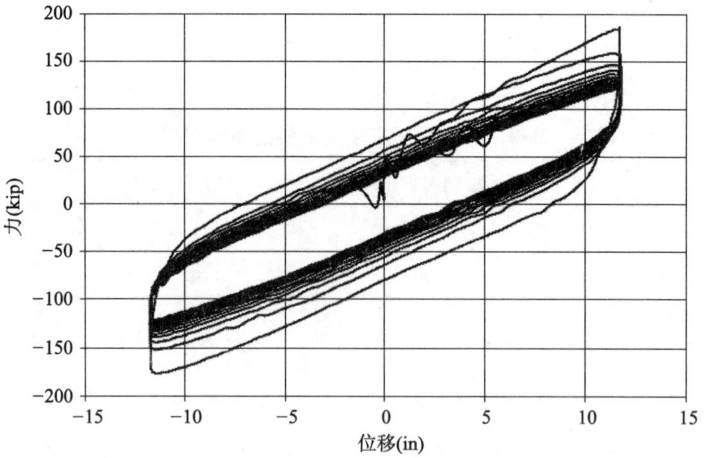

图 8－36　支座(图 8－9)的力与位移循环关系,荷载为 850 kip(3 783 kN),位移振幅为 12 in(305 mm),频率为 0. 5 Hz(峰值速度为 37. 7 in/s = 958 mm/s)

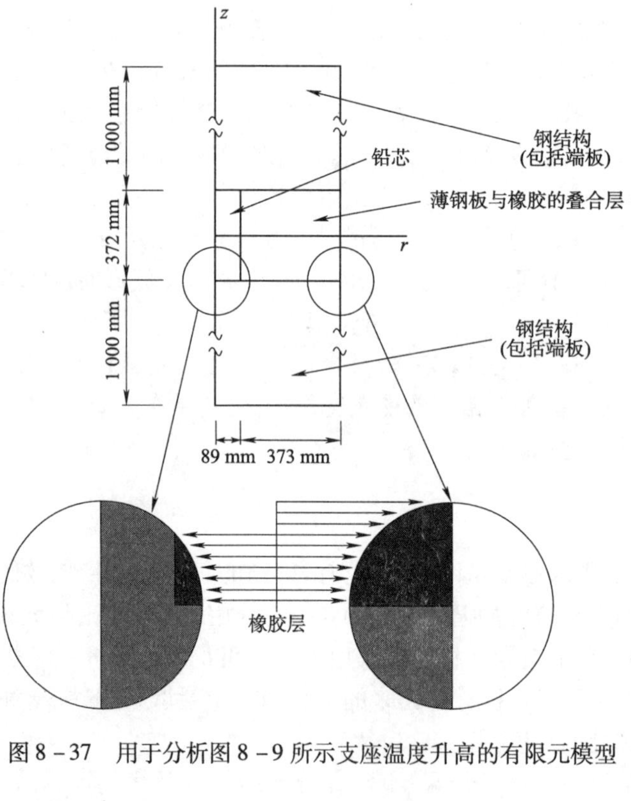

图 8－37　用于分析图 8－9 所示支座温度升高的有限元模型

表 8－11　运用于例 1 的分析数据

正弦运动的振幅 u_0	305 mm
正弦运动的周期 T	2. 0 s
正弦运动的速度峰值 v_{max}	958 mm/s

续上表

初始(推荐)铅有效屈服应力 σ_{YL0}	11.6 MPa	
初始温度 T_{L0}	20 ℃	
σ_{YL} 和温度的双线性关系的参数	$L_1 = -1.08e-01, L_2 = 20.64$ 对于 $T_{Lt} < 100$ ℃ $L_1 = -4.38e-02, L_2 = 14.32$ 对于 $T_{Lt} > 100$ ℃	
在估计橡胶对 *EDC* (β)的作用中的等效阻尼比	0.05	
屈服位移(*Y*)	12 mm	
橡胶、钢和铅芯的热性能	见表 8-10	
橡胶层和薄钢板合成的热性能	储热能力 ρc [J/(m^3 · ℃)]	2510260
	沿半径方向的热传导率 $k_{eff,radial}$ [W/(m · ℃)]	11.3
	沿竖直方向的热传导率 $k_{eff,vert}$ [W/(m · ℃)]	0.12

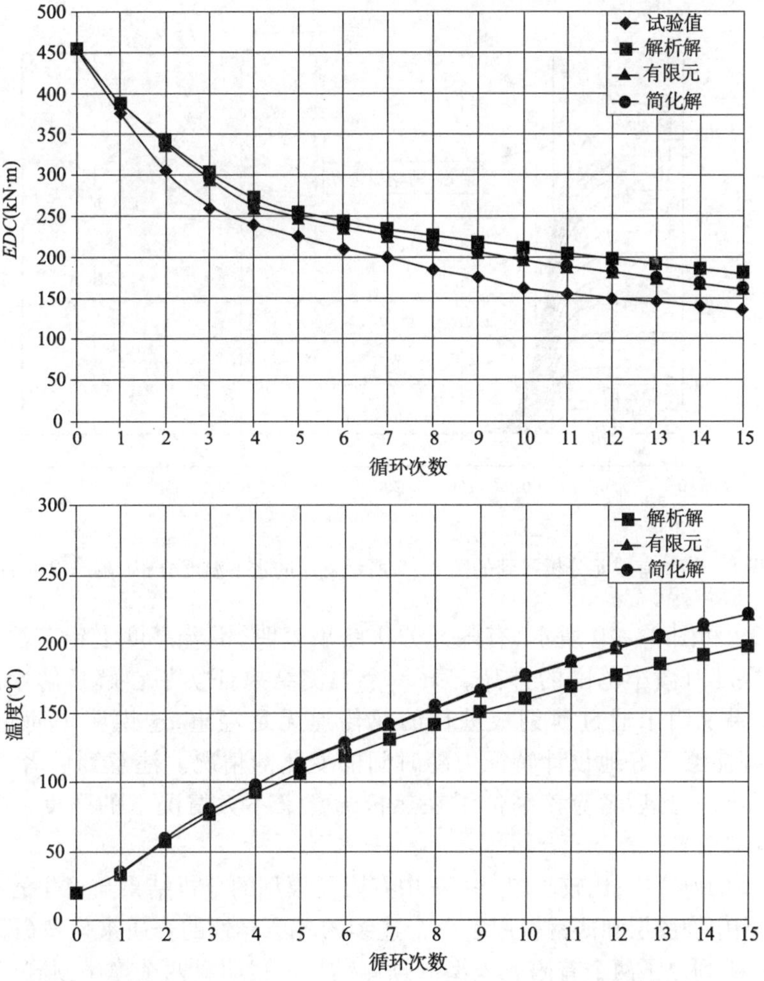

图 8-38　对于例 1 中的每一个循环的温度和能量耗散随时间变化的情况

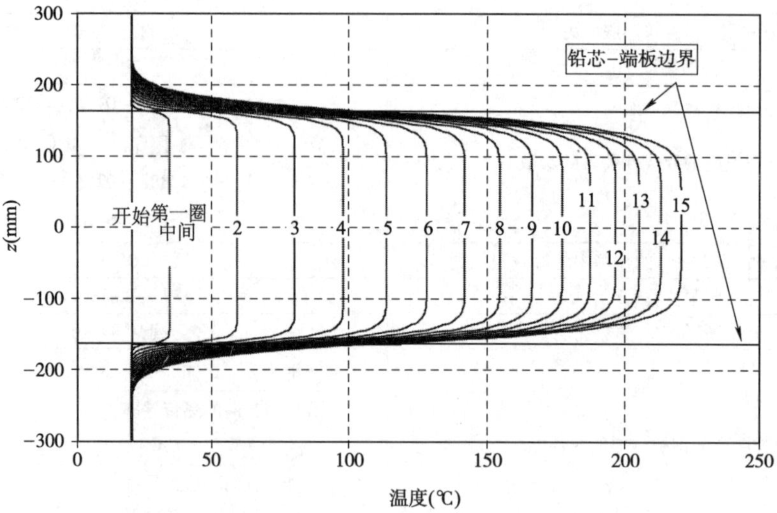

图 8－39　有限元分析得到的图 8－9 所示支座中心处($r=0$)竖向温度的分布

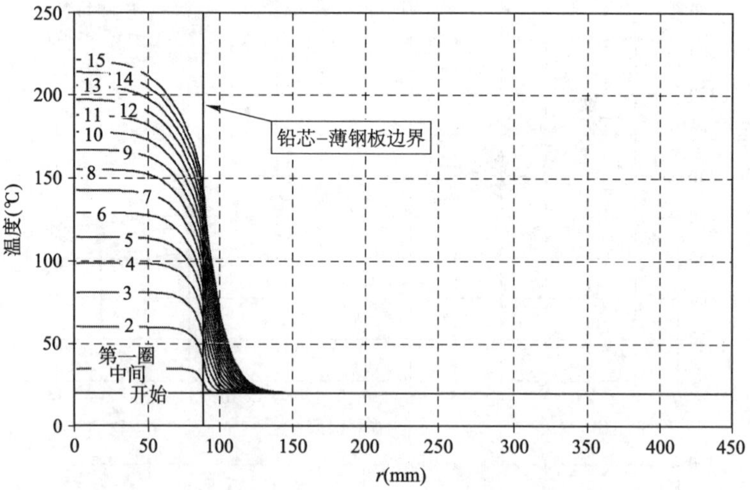

图 8－40　有限元分析得到的图 8－9 所示支座的水平温度分布(在 $z=7$ mm)

如图 8－39 和图 8－40 所示,有限元分析结果表明,沿着高度上铅芯温度均匀分布,在薄钢板中,温度有微小范围的升高。第一个观测结果证实了在解析解中所作的假设,第二个观测结果说明了通过薄钢板进行的热传递无足轻重,这说明了简化解的运用成功,它比解析解能够更好地预计特征力随时间的变化的情况。注意到后者考虑了通过钢板进行的热传导,并且后者应该高估了在热传导意义不大情况下的强度(例如在高速低圈数的循环运动中)。

在更进一步的研究中,比较了图 8－37 中有限元模型的分析结果与简化的有限元模型分析。在简化模型中橡胶层和薄钢板用了一个连续的各项异性的介质来代替(即:合成有限元分析)。图 8－41 列出了两个有限元模型的预测结果。很明显两个模型预测了相同的结果。这个结果表明,简化的有限元模型在这样的分析中是很可靠的。

有限元结果与解析解之间的差异可以归结为 FEM 求得的温度值是铅芯处的值,此处热损

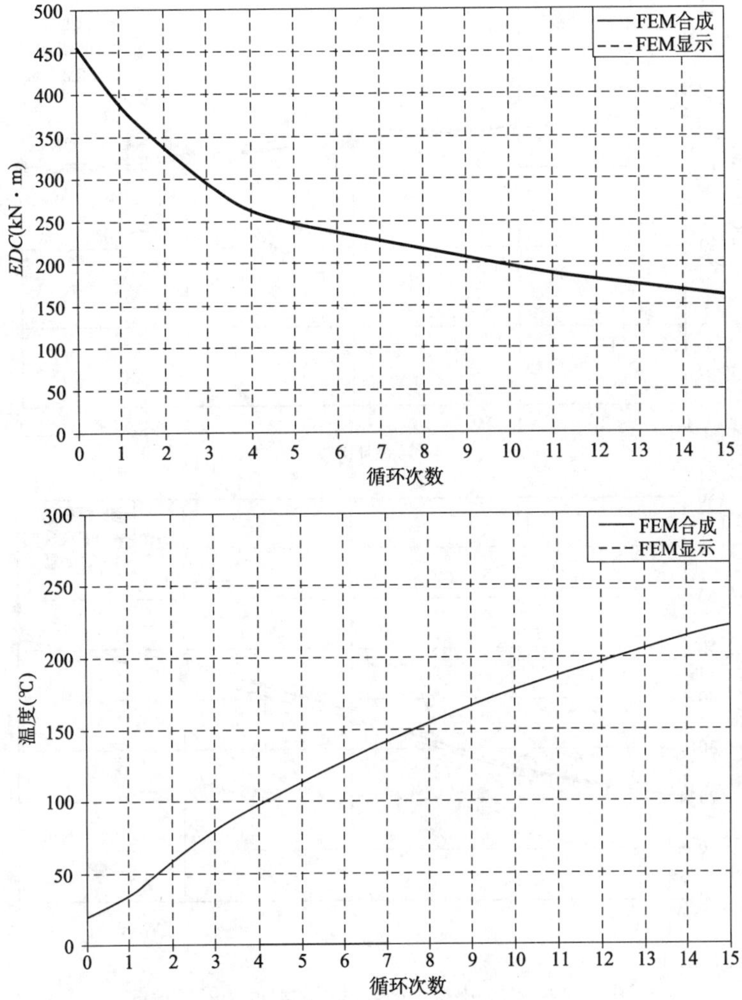

图 8-41　支座(图 8-9 所示)在承受振幅为 305 mm,周期为 2.0 s 的简谐运动时,通过显式方法与将钢与橡胶合成表示的方法得到的有限元模型每一循环温度和能量耗散的比较

失相对较小。相反,通过解析得到的值是铅芯的平均温度,而不是某一局部温度。也应该注意到在解析模型假设中,钢-铅表面温度升高等于在铅芯处温度增加量的一半似乎是可行的(见图 8-39 和图 8-40)。

2. 例题 2

例 2 为图 7-4 中的支座,图 7-5、图 8-8 和表 7-2、表 8-4 为测试数据。在此例中,对无铅芯控制样本也进行了测试,这样便有可能直接确定铅和橡胶在每一个循环中的作用。此外,这个支座在低温、常温和高温下分别进行了测试。

例 2 针对的是开始温度为 20 ℃,峰值速度为 250 mm/s 的情况。用于分析中的数据如表 8-12所示。注意到有限元分析采用的是简化合成模型。

每一圈的温度和能量耗散(*EDC*)与试验结果的比较如图 8-42 所示。通过所有的分析方法预计的 *EDC* ,包括简化方法,在测试的四个循环内与试验结果吻合得非常好。

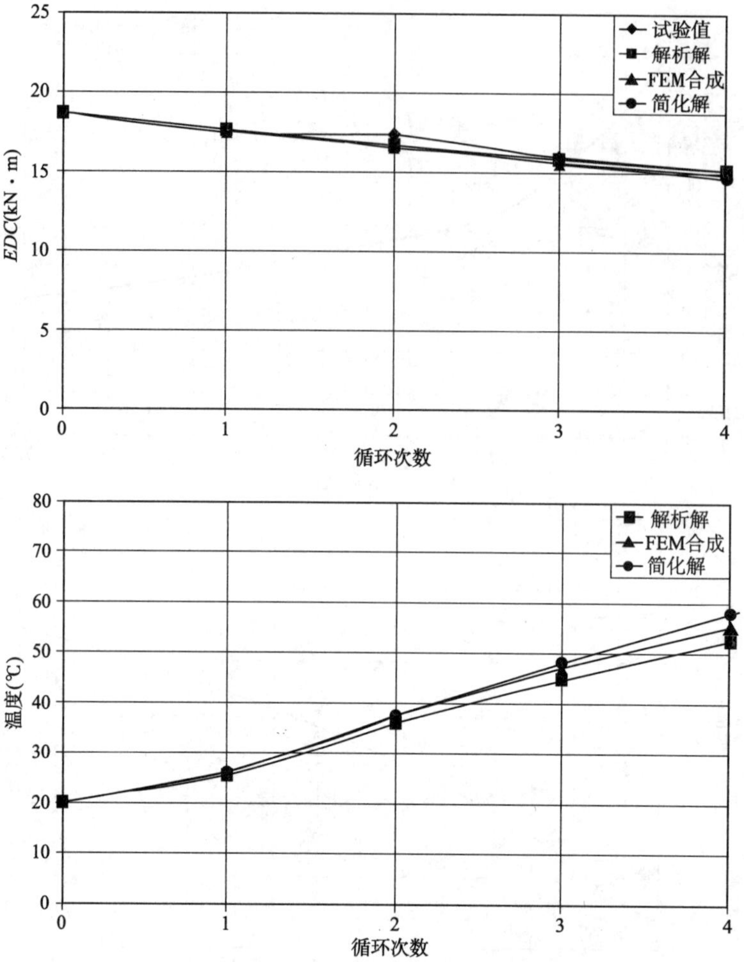

图 8－42　例 2 中每个循环过程的温度和能量耗散

表 8－12　运用于分析例 2 的数据

正弦运动的振幅 u_0	113 mm
正弦运动的周期 T	2.84 s
正弦运动的速度峰值 v_{max}	250 mm/s
初始(推荐)铅有效屈服应力 σ_{YL0}	9.4 MPa
初始温度 T_{L0}	20 ℃
σ_{YL} 和温度的双线性关系的参数	$L_1 = -1.08e-01, L_2 = 20.64$ 对于 $T_{Lt} < 100$ ℃ $L_1 = -4.38e-02, L_2 = 14.32$ 对于 $T_{Lt} > 100$ ℃
在估计橡胶对 EDC (β) 的作用中的等效阻尼比	NA
屈服位移(Y)	12 mm
橡胶、钢和铅芯的热性能	见表 8－10

续上表

橡胶层和薄钢板合成的热性能	储热能力 ρc [(J/(m^3 · ℃)]	2 447 353
	沿半径方向的热传导率 $k_{eff,radial}$ [W/(m · ℃)]	9.0
	沿竖直方向的热传导率 $k_{eff,vert}$ [W/(m · ℃)]	0.19

3. 例题 3

例 3 和例 2 一样(图 7-4 所示的支座,高峰速度为 250 mm/s),但是初始温度为 -26 ℃。用于分析的数据见表 8-13。图 8-43 给出了计算出的温度和 *EDC*。有限元分析使用了合成有限元模型。理论的预计,包括简化解,与试验结果吻合得很好。

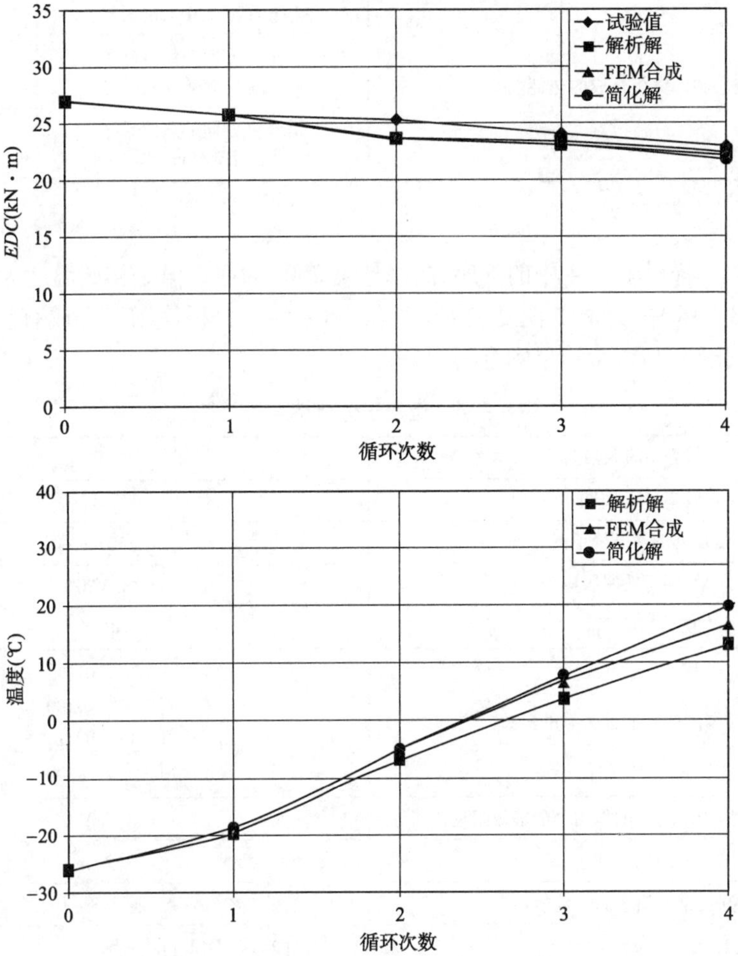

图 8-43　例 3 中每一个循环过程的温度和能量耗散

表 8－13　运用于分析例 3 的数据

正弦运动的振幅 u_0	113 mm	
正弦运动的周期 T	2. 84 s	
正弦运动的速度峰值 v_{max}	250 mm/s	
初始(推荐)铅有效屈服应力 σ_{YL0}	11. 2 MPa	
初始温度 T_{L0}	26 ℃	
σ_{YL} 和温度的双线性关系的参数	L_1 ＝－1. 08e－01，L_2 ＝20. 64 对于 T_{Lt} ＜100 ℃ L_1 ＝－4. 38e－02，L_2 ＝14. 32 对于 T_{Lt} ＞100 ℃	
在估计橡胶对 *EDC*（β）的作用中的等效阻尼比	NA	
屈服位移（Y）	12 mm	
橡胶、钢和铅芯的热性能	见表 8－10	
橡胶层和薄钢板合成的热性能	储热能力 ρc［(J/(m^3 · ℃)］	2 447 353
	沿半径方向的热传导率 $k_{eff,radial}$［W/(m · ℃)］	9. 0
	沿竖直方向的热传导率 $k_{eff,vert}$［W/(m · ℃)］	0. 19

4. 例题 4

例 4 和例 2 一样(图 7－4 中的支座，高峰速度 250 mm/s)，但是初始温度为 49 ℃。用于分析的数据在表 8－14 中，计算的温度和 *EDC* 见图 8－44。分析使用了合成有限元模型。理论的预测，包括简化解，与试验结果吻合得很好。

表 8－14　运用于分析例 4 的数据

正弦运动的振幅 u_0	113 mm	
正弦运动的周期 T	2. 84 s	
正弦运动的速度峰值 v_{max}	250 mm/s	
初始(推荐)铅有效屈服应力 σ_{YL0}	8. 2 MPa	
初始温度 T_{L0}	49 ℃	
σ_{YL} 和温度的双线性关系的参数	L_1 ＝－1. 08e－01，L_2 ＝20. 64 对于 T_{Lt} ＜100 ℃ L_1 ＝－4. 38e－02，L_2 ＝14. 32 对于 T_{Lt} ＞100 ℃	
在估计橡胶对 *EDC*（β）的作用中的等效阻尼比	NA	
屈服位移（Y）	12 mm	
橡胶、钢和铅芯的热性能	见表 8－10	
橡胶层和薄钢板合成的热性能	储热能力 ρc［(J/(m^3 · ℃)］	2 447 353
	沿半径方向的热传导率 $k_{eff,radial}$［W/(m · ℃)］	9. 0
	沿竖直方向的热传导率 $k_{eff,vert}$［W/(m · ℃)］	0. 19

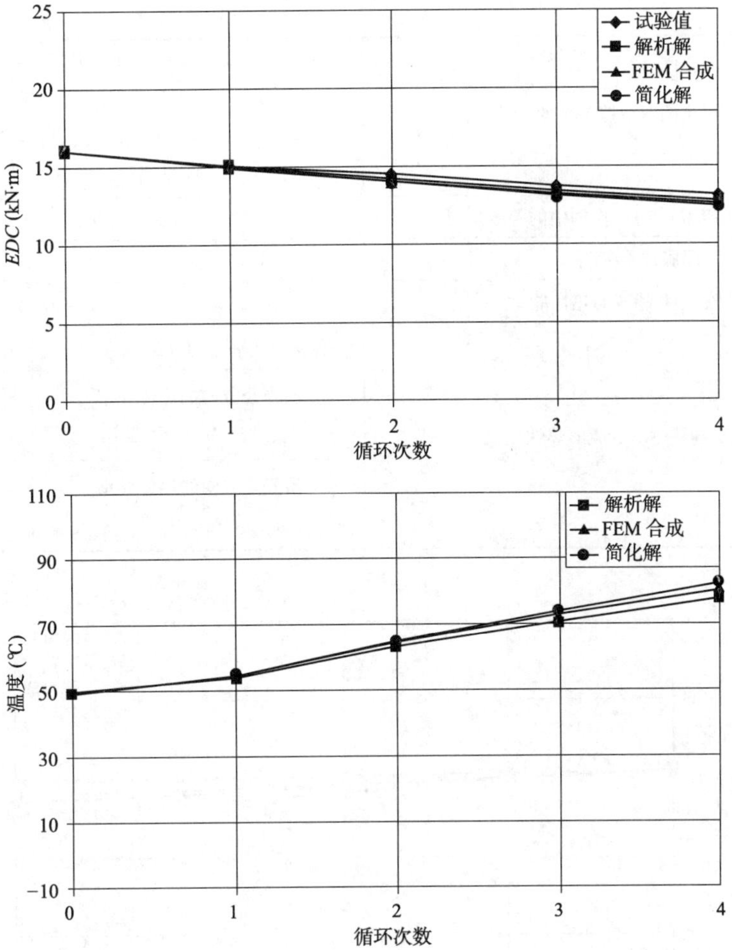

图 8－44　例 4 中每一个循环过程的温度和能量耗散

5. 例题 5

例 5 和例 2 一样(图 7－4 中的支座,初始温度为 20 ℃),但峰值速度为 25 mm/s,而不是 250 mm/s。注意到 25 mm/s 或者更小的速度通常用于对隔震装置的生产测试。用于分析的数据见表 8－15,计算的温度和 *EDC* 见图 8－45。分析使用了合成的有限元模型。同样,运用了屈服应力与温度的线性关系。

有限元方法和解析法对于 *EDC* 的预计与试验值吻合得很好。简化计算之所以低估了 *EDC*(尽管在四个循环中很小),并高估了温度是由于其在低速情况下,忽略了通过薄钢板和端板的热传导。尽管如此,通过简化方法对 *EDC* 的预计,对于测试的四个循环还是不错的。

表 8－15　运用于分析例 5 的数据

正弦运动的振幅 u_0	113 mm
正弦运动的周期 T	2. 84 s
正弦运动的速度峰值 v_{max}	25 mm/s
初始(推荐)铅有效屈服应力 σ_{YL0}	7. 9 MPa
初始温度 T_{L0}	20 ℃

续上表

σ_{YL} 和温度的双线性关系的参数	$L_1 = -1.08e-01, L_2 = 20.64$ 对于 $T_{Lt} < 100$ ℃ $L_1 = -4.38e-02, L_2 = 14.32$ 对于 $T_{Lt} > 100$ ℃	
在估计橡胶对 *EDC*（β）的作用中的等效阻尼比	NA	
屈服位移（*Y*）	12 mm	
橡胶、钢和铅芯的热性能	见表 8-10	
橡胶层和薄钢板合成的热性能	储热能力 ρc［（J/（m^3·℃）］	2 447 353
	沿半径方向的热传导率 $k_{eff,radial}$［W/（m·℃）］	9.0
	沿竖直方向的热传导率 $k_{eff,vert}$［W/（m·℃）］	0.19

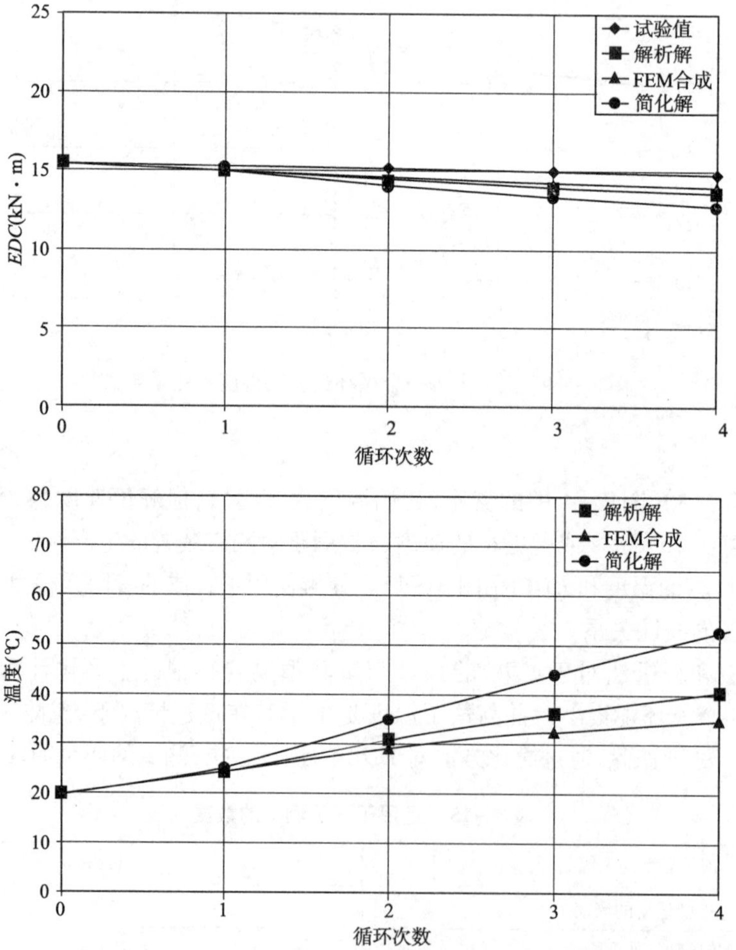

图 8-45　例 5 中每一个循环的温度和能量耗散

6. 例题 6

例 6 为图 8－11 所示的支座，其测试记录的循环关系如图 8－12 所示。从测试中得到的支座力学性能如表 8－6 所示。表 8－16 所示为运用于分析的数据。

图 8－46 为通过各种分析方法得到的温度和 *EDC* 变化情况。其中对于 *EDC* 变化情况的预计，各种分析方法，包括简化方法，与试验吻合得非常好。这是由于在高速测试下，在前几圈运动中热传导效应无足轻重。

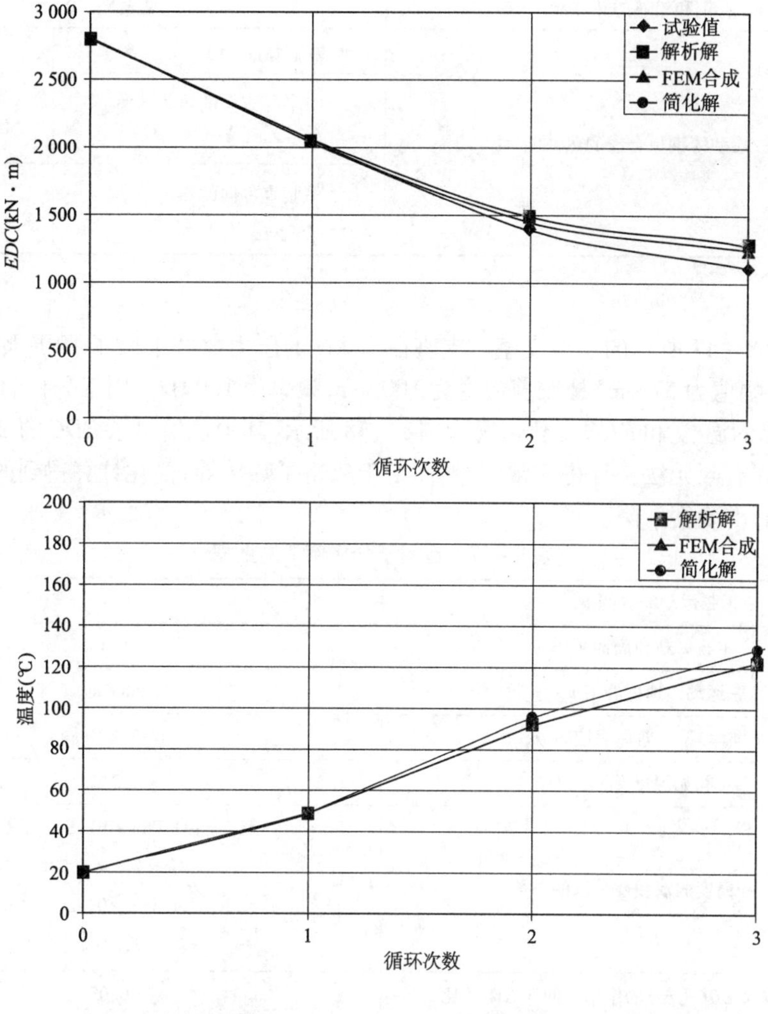

图 8－46　例 6 中每一圈循环中温度和能量耗散的变化情况

表 8－16　运用于分析例 6 的数据

正弦运动的振幅 u_0	483 mm
正弦运动的周期 T	3.0 s
正弦运动的速度峰值 v_{max}	1 012 mm/s
初始(推荐)铅有效屈服应力 σ_{YL0}	16.7 MPa
初始温度 T_{L0}	20 ℃

续上表

σ_{YL} 和温度的双线性关系的参数	$L_1 = -1.08e-01, L_2 = 20.64$ 对于 $T_{Lt} < 100$ ℃ $L_1 = -4.38e-02, L_2 = 14.32$ 对于 $T_{Lt} > 100$ ℃	
在估计橡胶对 *EDC*（β）的作用中的等效阻尼比	0.03	
屈服位移（Y）	30 mm	
橡胶、钢和铅芯的热性能	见表 8－10	
橡胶层和薄钢板合成的热性能	储热能力 ρc [(J/(m^3·℃)]	2 714 880
	沿半径方向的热传导率 $k_{eff,radial}$ [W/(m·℃)]	18.9
	沿竖直方向的热传导率 $k_{eff,vert}$ [W/(m·℃)]	0.26

7. 例题 7

例 7 为图 8－47 所示的小型支座。支座在 68 kN 的压力荷载下做了 10 周侧向简谐运动，其运动的位移幅值为 57 mm（橡胶剪应变为 100%），频率为 1.0 Hz。用于分析的数据如表 8－17 所示。计算的温度和 *EDC* 变化情况如图 8－48 所示，其中也给出了 *EDC* 的试验结果。很明显地，解析法和有限元法预计得非常好，然而由于忽略了热传导，简化计算得到的 *EDC* 随着循环次数的增加，准确度下降。

表 8－17　运用于分析例 7 的数据

正弦运动的振幅 u_0	57 mm	
正弦运动的周期 T	1.0 s	
正弦运动的速度峰值 v_{max}	358 mm/s	
初始（推荐）铅有效屈服应力 σ_{YL0}	13.3 MPa	
初始温度 T_{L0}	20 ℃	
σ_{YL} 和温度的双线性关系的参数	$L_1 = -1.08e-01, L_2 = 20.64$ 对于 $T_{Lt} < 100$ ℃ $L_1 = -4.38e-02, L_2 = 14.32$ 对于 $T_{Lt} > 100$ ℃	
在估计橡胶对 *EDC*（β）的作用中的等效阻尼比	0.05	
屈服位移（Y）	5 mm	
橡胶、钢和铅芯的热性能	见表 8－10	
橡胶层和薄钢板合成的热性能	储热能力 ρc [(J/(m^3·℃)]	2 693 596
	沿半径方向的热传导率 $k_{eff,radial}$ [W/(m·℃)]	18.1
	沿竖直方向的热传导率 $k_{eff,vert}$ [W/(m·℃)]	0.25

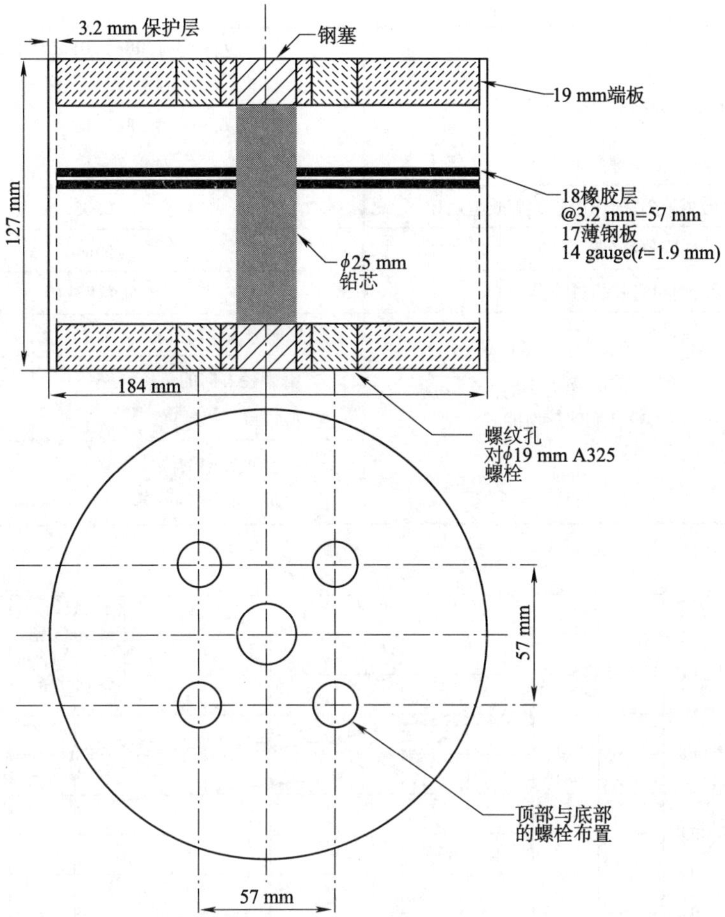

图 8－47　小型铅芯橡胶支座的测试

8. 例题 8

例 8 用的支座与例 7 一样都是图 8－47 所示的小型支座。例 8 中的支座在与例 7 相同的压力荷载 68 kN 作用下做了 10 个循环的侧向运动，其运动的位移幅值为 114 mm（200% 的橡胶剪应变），频率为 0.5Hz。当例 7 和例 8 中的峰值速度（358 mm/s）相同时，在更大的振幅测试中理论预测的温度增量更大。

运用于分析的数据见表 8－18，图 8－49 为计算的温度 和 *EDC* 的变化情况。对于结果的比较说明通过解析解和有限元方法预测出的 *EDC* 得非常好，但是简化方法却大幅低估了 *EDC*。

表 8－18　运用于分析例 8 的数据

正弦运动的振幅 u_0	114 mm
正弦运动的周期 T	2.0 s
正弦运动的速度峰值 v_{max}	358 mm/s
初始（推荐）铅有效屈服应力 σ_{YL0}	13.5 MPa
初始温度 T_{L0}	20 ℃

续上表

σ_{YL} 和温度的双线性关系的参数	$L_1 = -1.08e-01, L_2 = 20.64$ 对于 $T_{Lt} < 100$ ℃ $L_1 = -4.38e-02, L_2 = 14.32$ 对于 $T_{Lt} > 100$ ℃	
在估计橡胶对 *EDC*（β）的作用中的等效阻尼比	0.05	
屈服位移（*Y*）	5 mm	
橡胶、钢和铅芯的热性能	见表 8－10	
橡胶层和薄钢板合成的热性能	储热能力 ρc［（J/（m^3 · ℃）］	2 693 596
	沿半径方向的热传导率 $k_{eff,radial}$［W/（m · ℃）］	18.1
	沿竖直方向的热传导率 $k_{eff,vert}$［W/（m · ℃）］	0.25

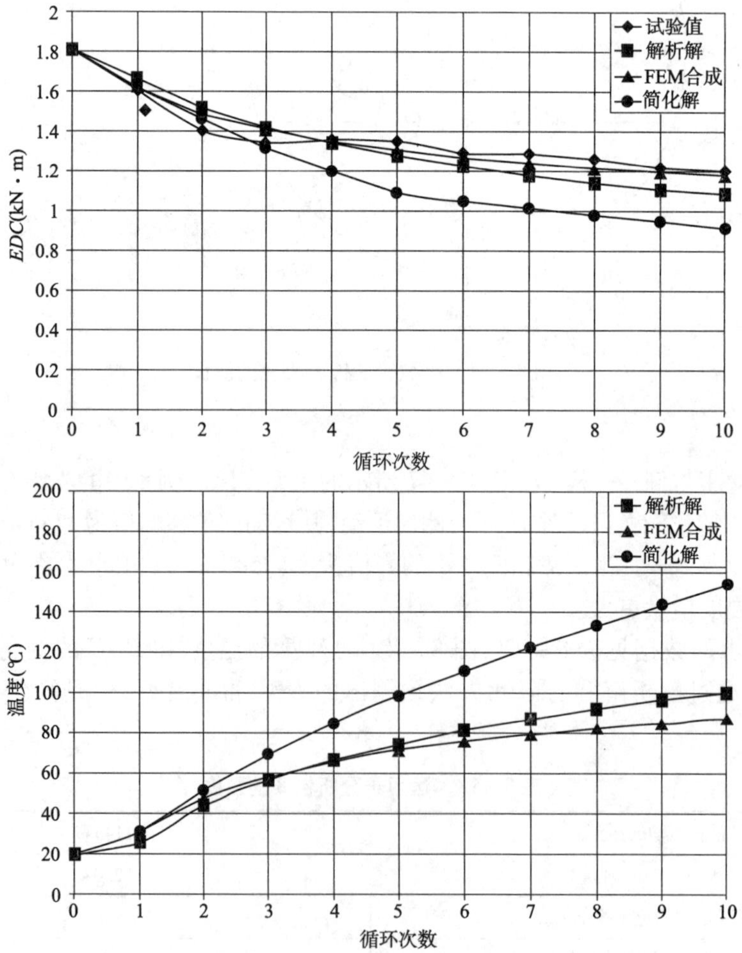

图 8－48　例 7 中每一圈温度和能量耗散的变化关系

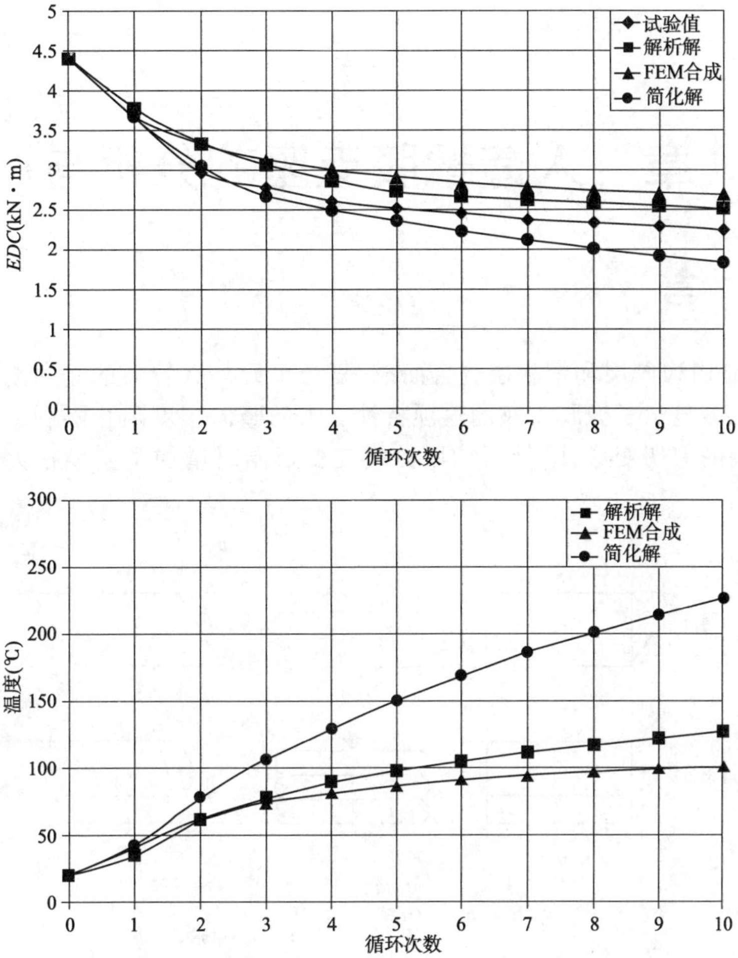

图 8-49　例 8 中每一个循环的温度和能量耗散变化情况

8.8.7　铅芯橡胶支座遇热性能总结

本章推导的理论方法能够预测铅芯橡胶支座铅芯温度的增量和与之相关联的特征力以及每一循环能量的耗散(*EDC*)。该理论包含针对某一简化情况的显式解析解。这在工程计算中很有用。当测试在高速且循环圈数小于 10 时,简化结果十分精确。假如振幅远大于支座的屈服位移,推导的解析解也能适用于任意的双方向运动情况。

通过有限的例子证实了理论和其假设的正确性。在试验结果可靠的大多数情况下,解析解(包括简化、封闭的解)和有限元解能够很好地预测每一个循环的能量耗散。根据给出的分析结果,可以得知在准静态条件下(常如此,由于高速测试机受限的有效性),测试得到的铅芯温度增量更低, *EDC* 降低的也更少。

第9章　人造橡胶支座的分析与设计

9.1　引　　言

弹性支座是由橡胶层和钢板层叠合而成,复合单元具有较大的竖向刚度和较低的水平刚度。图9－1显示了橡胶支座的这项特性。大的竖向刚度阻止隔震结构的不期望的振动响应,橡胶的剪切变形,降低了橡胶的蠕变变形同时增加了支座在大位移情况下承受轴力的能力。

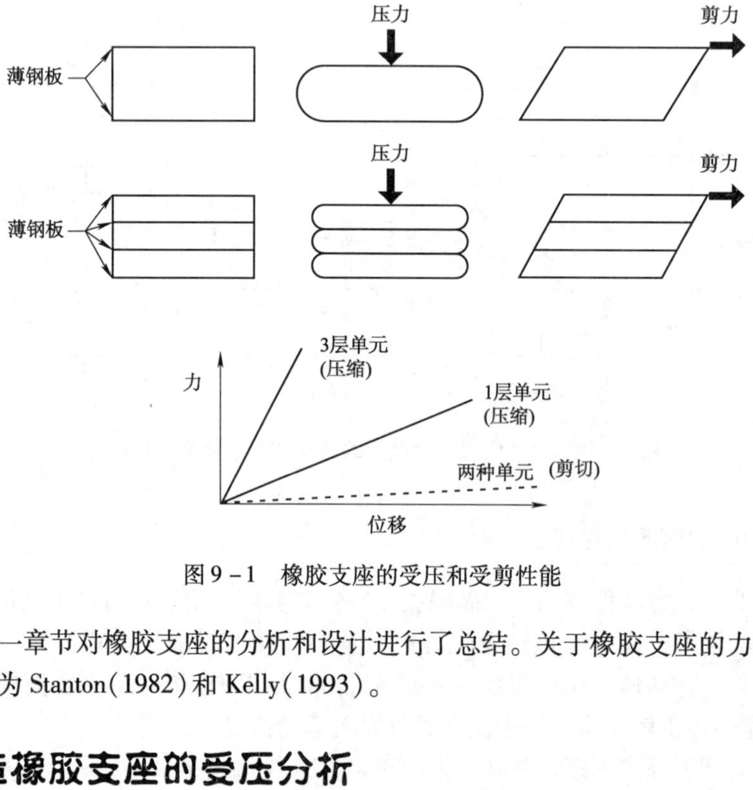

图9－1　橡胶支座的受压和受剪性能

本书的这一章节对橡胶支座的分析和设计进行了总结。关于橡胶支座的力学特性两份优秀的信息资源为Stanton(1982)和Kelly(1993)。

9.2　人造橡胶支座的受压分析

受压的橡胶支座表现出非线性刚化的性能,见图7－12。此项性能的解析描述非常复杂并且不利于工程计算所需要的封闭解。计算中假设线弹性且应变无限小,对于圆柱黏结橡胶层(Moghe 和 Neft,1971)在这样的假设条件下只有一个确切解。圆柱体的受压刚度的解以有限个Bessel函数的形式给出。

假设材料不可压缩或者几乎不可压缩可以得到近似解。虽然是近似解,该解对工程计算和对橡胶支座性能的研究却是简单实用。求解过程的一个基本问题就是一个橡胶层的受压。

图 9－2 显示了各种形状黏结层的外形尺寸以及计算中使用的各个尺寸的代号。本图所示尺寸为黏结尺寸。实际橡胶支座有橡胶覆盖层,这会对性能有微小的影响,但在这里忽略不计。同样,中空的圆柱支座代表允许橡胶在内表面和外表面之间自由膨胀的情况。它适用于那些在制造过程中设置中心孔以便均匀受热的支座,而不适用于在中心孔灌铅的铅芯橡胶支座。图 9－3 表示了单向约束的橡胶层受到轴向力 P 的作用以及该层高度中部横截面上的剪切应变和压应力分布。该层竖向变形 Δ_c 和膨胀 u_0 。剪切应变的分布接近于线性分布,这与理论预测线性分布一致并且最大值 γ_c 。压应力的分布接近抛物线形式最大值为 p_{max} 。

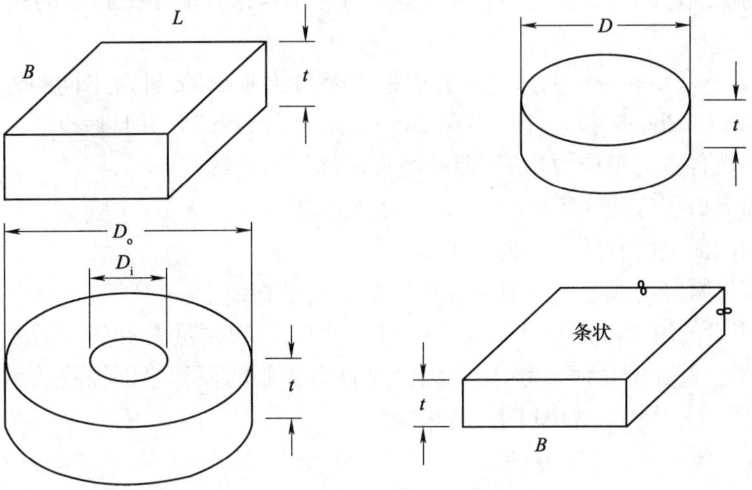

图 9－2　单个橡胶层的尺寸

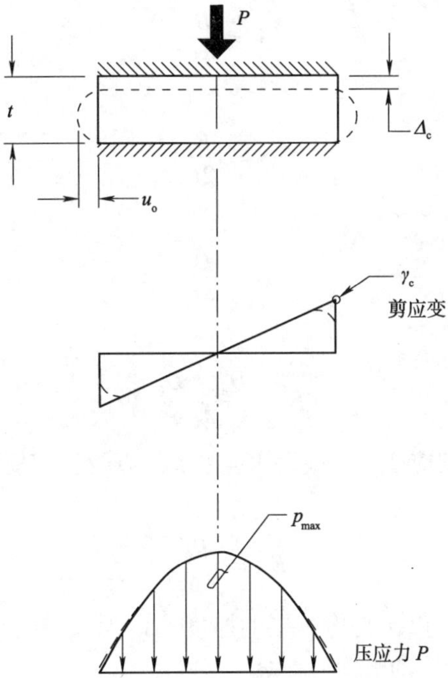

图 9－3　单向约束橡胶层的受压

对于弹性支座受压有两种近似求解方法。第一种方法由 Gent 和 Lindley(1959)提出，假设:

(1)橡胶不可压缩。

(2)橡胶层无约束(上下表面接触无摩擦)，所以在压力荷载 P 作用下，橡胶层会均匀竖向变形和横向膨胀。

(3)剪切力和附加的竖向荷载作用在上下表面上，所以上下表面的横向变形为零同时竖向位移和 b)相同。

(4)橡胶的压缩性通过经验的方法来计算，引进了根据试验结果得出的体积模量 K 和修正系数 $\bar{k}$ 。

第二种方法是以 Conversy 的重大研究成果(1967)为基础的，针对不同的外型该方法得到了进一步的发展(Chalhoub 和 Kelly，1990；Constantinou 等，1992)，并且假设:

(1)约束层内各点的正应力相等(即解经常被称为压力解)。

(2)水平面上剪切应力为零($\tau_{xy} = 0$ ，z 为竖向轴)。

(3)自由的侧面上所有的正应力等于零。

(4)无约束材料竖向线上的所有点变形后都落在抛物线上。

基于这些假设的解决办法只涉及到了剪切模量 G、体积模量 K 和各层的几何尺寸。形状系数 S 是一个非常重要的几何参数，定义为橡胶自由膨胀的面积除以橡胶的承载面积。对于图 9-2 所示的形状，形状系数由以下方程确定:

矩形支座

$$S = \frac{BL}{2(B + L)t} \tag{9-1}$$

方形支座

$$S = \frac{B}{4t} \tag{9-2}$$

条形支座

$$S = \frac{B}{2t} \tag{9-3}$$

圆形支座

$$S = \frac{D}{4t} \tag{9-4}$$

中空圆形支座

$$S = \frac{D_o - D_i}{4t} \tag{9-5}$$

表 9-1 列出了最大剪切应变 γ_c ，最大压应变 p_{max} 以及压缩模量 E_c 的数值，参数用来根据下式计算竖向刚度

$$E_c = \frac{Pt}{A\Delta_c} \tag{9-6}$$

式中，A 是黏结橡胶的面积；t 是橡胶层的厚度；Δ_c 为该层的竖向位移。该方法中另一个参数为施加的由式(9-7)计算的竖向应变 ε_c 。

$$\varepsilon_c = \frac{\Delta_c}{t} \tag{9-7}$$

表 9-1　压缩模量、剪切应变以及约束橡胶层受压的最大压应力表达式

参　数	不可压缩材料压缩模量 E_c	可压缩材料压缩模量 E_c'	可压缩材料压缩模量和大的膨胀模量 E_c'	不可压缩材料的剪切应变 γ_c	不可压缩材料的最大压应力 p_{max}
条状支座压力解	$4GS^2$	无限系列解（详见 Stanton 和 Roeder，1982；Kartoum，1987）	NA	$4.5S\varepsilon_c = 1.1\frac{P}{AGS}$	$1.5\frac{P}{A}$
方形支座压力解	$6.75GS^2$	无限系列解（详见 Stanton 和 Roeder，1982；Kartoum，1987）	NA	$5.1S\varepsilon_c = 0.76\frac{P}{AGS}$	$2.1\frac{P}{A}$
圆形支座压力解	$6GS^2$	Bessel 函数解（详见 Chalhoub 和 Kelly，1990；Constantinous etal，1992）	$\left(\frac{1}{6GS^2}+\frac{4}{3K}\right)^{-1}$	$6S\varepsilon_c = \frac{P}{AGS}$	$2\frac{P}{A}$
中空圆形支座压力解	$6GS^2F$	Bessel 函数解（详见 Constantinou 等，1992）	$\left(\frac{1}{6GS^2F}+\frac{4}{3K}\right)^{-1}$	$6S\varepsilon_c f$	NA
条形支座的 Gent/Lindley 解	$\frac{4}{3}E(1+\bar{k}S^2)$	NA	$\left[\frac{3}{4E(1+\bar{k}S^2)}+\frac{1}{K}\right]^{-1}$	$6S\varepsilon_c$	$1.5\frac{P}{A}$
圆形支座的 Gent/Lindley 解	$E(1+2\bar{k}S^2)$	NA	$\left[\frac{1}{E(1+2\bar{k}S^2)}+\frac{1}{K}\right]^{-1}$	$6S\varepsilon_c$	$2\frac{P}{A}$

$$\varepsilon_c = \frac{P}{AE_c}$$

$$F = \frac{\left(\frac{D_o}{D_i}\right)^2 + 1}{\left(\frac{D_o}{D_i} - 1\right)^2} + \frac{1 + \frac{D_o}{D_i}}{\left(1 - \frac{D_o}{D_i}\right)\ln\left(\frac{D_o}{D_i}\right)}$$

$$f = \frac{\left(\frac{D_o}{D_i}\right)^2 - \ln\left(\frac{D_o}{D_i}\right)^2 - 1}{\left(\frac{D_o}{D_i} - 1\right)\ln\left(\frac{D_o}{D_i}\right)^2} \approx 1.0 + 0.13\left(\frac{D_o}{D_i}\right)$$

注意到压力解和 Gent/Lindley 解给出的压缩模量表达式中涉及到剪切模量 G 和弹性模量 E。对于弹性各向同性且不可压缩的材料（和分析假设相同），$E = 3G$。但两个模量的实测表明与各向同性有一定的偏差，所以对于橡胶支座常用的普通的橡胶材料，$E = 4G$。

当计算压缩性时压缩模量的表达式，E_c'，在计算橡胶支座竖向刚度时非常有用。计算时，对压缩性的修正非常重要。在 Gent/Lindley 解中，对压缩性的修正是随意的并未建立在合理的力学基础之上。这就需要修正系数 $\bar{k}$，最初出现在 British BE1/76（英国高速公路理事会，1976），并且仍在 AASHTO 隔震设计指导规程（AASHTO，1999）。关于这个参数的所有相关资料在 AASHTO 规范和 AASHTO LRFD 规程中（AASHTO，2002、2004）已无从查找。系数的数值取决于表 9－2 中橡胶的硬度。压力解中引入的压缩性修正系数具有数学上的严谨性，且它的准确性得到了试验结果的证实。（如，Kasalanati 和 Constantinous，1999 和 2005；Chalhoub 和 Kelly，1990）。

表 9－2　修正系数 $\bar{k}$ 的数值

橡胶硬度（肖氏硬度 A）	50	60	70
$\bar{k}$	0.75	0.6	0.55

最大剪切应变和最大压应力的解对于不可压缩材料是有效的。虽然压缩材料有解，但不可压缩材料的解总是趋于保守（详见 Constantinous 等，1992），并且用于工程计算时也非常简单。

9.3　人造橡胶支座的转动分析

和受压分析相似，以压力解和 Gent/Meinecke 解（见 Gent 和 Meinecke1970 年用 Gent/Lindley 方法求解转动问题）为基础的转动近似分析已经出现（如，Stanton 和 Roeder，1982；Kartoum，1987；Chalhoub Kelly，1990）。图 9－4 为约束橡胶层受到弯矩 M 时的转动以及引起的中间高度处的剪切应变和竖向应力分布情况。转动分析的意义在于计算最大剪切应变 γ_r 和转动模量 E_r，二者定义如下：

$$E_r = \frac{Mt}{I\theta} \tag{9-8}$$

式中，θ 为转动角度；I 为转动轴的惯性矩。通过转动模量可以计算单橡胶层的转动刚度，这在分析橡胶支座稳定性时有用。

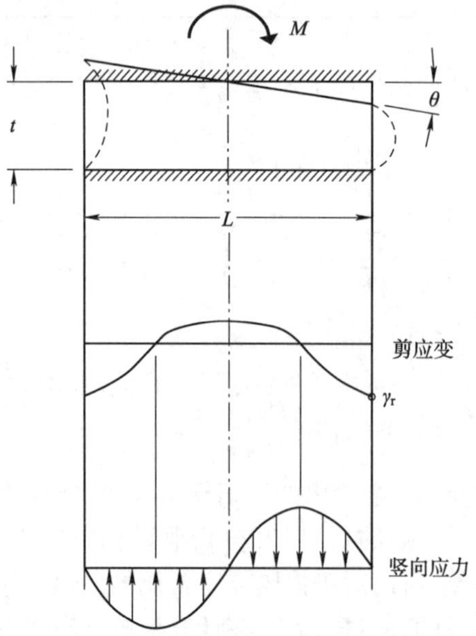

图 9－4　单个约束向夹层的转动

表9-3给出了基于两种近似分析得到的最大剪切应变γ_r和转动模量E_r的数值。对比表9-1和表9-3的不可压缩材料的圆形和方形支座（隔震典型情况）的压缩模量和转动模量有：

$$E_r = \frac{E_c}{3} \tag{9-9}$$

表9-3 约束橡胶层转动时转动模量和剪切应变表达式

参数	不可压缩材料的转动模量E_r	可压缩材料的转动模量E_r'	不可压缩材料的剪切应变γ_r
条形支座压力解	$0.8GS^2$	无限系列解（详见 Stanton 和 Roeder,1982;Kartoum,1987）	$2S^2\theta = \frac{L^2\theta}{2t^2}$
方形支座应力解	$2.23GS^2$	无限系列解（详见 Stanton 和 Roeder,1982;Kartoum,1987）	$7.6S^2\theta = \frac{0.474L^2\theta}{t^2}$
圆形支座应力解	$2GS^2$	Bessel 函数解（详见 Constantinou 等,1992）	NA
条形支座 Gent/Meinecke 解	$E\left(\frac{4}{3}+\frac{S^2}{4}\right)$	NA	NA
方形支座 Gent/Meinecke 解	$E(1+0.742S^2)$	NA	NA
圆形支座 Gent/Meinecke 解	$E\left(1+\frac{2}{3}S^2\right)$	NA	NA

9.4 人造橡胶支座的剪切分析

人造橡胶隔震支座经常具有大的形状系数（如,10或者更大）。这样在横向变形时,橡胶主要受剪,橡胶的剪切应变γ_s的计算式：

$$\gamma_s = \frac{\Delta_s}{t} \tag{9-10}$$

式中,Δ_s为厚度t的橡胶层的横向变形。

9.5 橡胶支座的扭转

扭转作用通常非常小,可根据规范中的简化程序来估算,如加州建筑规范（加州建筑标准委员会,2001）。

$$\varphi \approx \frac{12eD}{b^2+d^2} \tag{9-11}$$

式中,e为隔震系统反力的中心和质量中心间的偏心矩；D为隔震系统在反力中心处的位移;b和d为结构的平面尺寸。根据式(9-11),扭转的弧度大约为0.01。圆形支座的最大剪切位移是

$$\gamma = \varphi \cdot \frac{r}{h} \tag{9-12}$$

式中,r是支座的半径；h是支座的高度。既然一般情况下r略大于或等于h,则最大剪切应变大约为0.01,其影响很小。一般来说,单个支座的抗扭能力以及扭转引起的应力和应变

很小,在分析时可以忽略不计。

9.6 多层橡胶支座的分析

第9.2节到第9.4节中的橡胶支座分析针对的是有约束的单层橡胶。多层橡胶支座是由橡胶和钢板叠合而成。图9-5为多层橡胶支座在三种基本变形模式下的变形:压缩、剪切和转动。

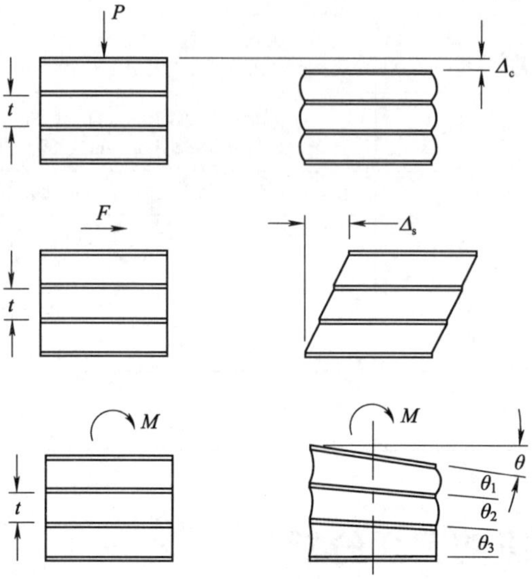

图9-5 多层橡胶支座的变形

每层橡胶的变形是可加的,这样总的变形为每层变形之和(如:$\theta = \theta_1 + \theta_2 + \theta_3$)。表9-1和表9-3所列的由压缩和转动引起的剪切应变的方程对于多层支座仍然有效。这些方程建立在处理过的不可压缩材料属性基础上,使得对应变的估计趋于保守(程度很大)。

圆形和方形支座受压时有:

$$\gamma_c = \frac{P}{AGS} \tag{9-13}$$

该方程适用于圆形支座,但对方形支座有一点保守。

中空圆形支座受压时有:

$$\gamma_c = \frac{P}{AGS}\left(\frac{f}{F}\right) \tag{9-14}$$

式中,f 和 F 的定义见表9-1的角标。

圆形和方形支座发生转动时有:

$$\gamma_r = \frac{B^2\theta}{2tT_r} \tag{9-15}$$

式中,T_r 是橡胶的总厚度(每个橡胶层厚度相加)。注意到式(9-15)不仅用于方形支座,还适用于所有形状的支座。

由横向变形引起的剪切应变的方程需要修正为:

$$\gamma_s = \frac{\Delta_s}{T_r} \tag{9-16}$$

多层支座受压竖向刚度由下式得：

$$K_v = A\left[\sum_i t_i\left(\frac{1}{E_{ci}} + \frac{4}{3K}\right)\right]^{-1} \tag{9-17}$$

式中，t_i 和 E_{ci} 分别为第 i 层不可压缩材料的厚度和压缩模量。将式(9-17)在所有橡胶层求和。我们根据压力解的方法对压缩性能进行修正。式(9-17)中体积模量通常假设 $K=2\,000$ MPa(290 ksi)。

9.7 人造橡胶支座的稳定性

对于变形和没有变形的人造橡胶支座的构造都应进行稳定性验算。人造橡胶支座的安装方式有：(a)与平板通过暗销连接或者；(b)螺栓连接。图9-6表示了两种安装方式的构造细节和变形特性。对于不变形状态，如果只有竖向荷载，各种安装方式的支座的压屈荷载理论上是相同的。在竖向荷载和横向变形联合作用下，两种支座具有不同的稳定极限。

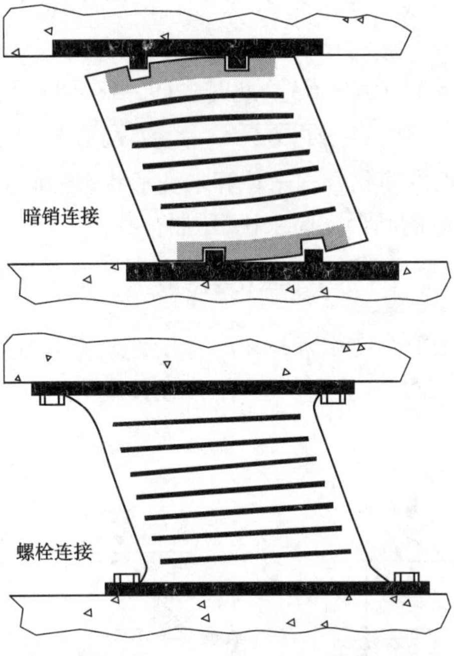

图9-6　暗销和螺栓连接的橡胶支座特性

橡胶支座在承受压弯荷载时被看作是具有剪切柔性的柔性柱。Timoshenko 和 Gere(1961)给出了经过证明的压弯柱子剪切变形计算理论。然而对于这个问题的最初处理办法是由 Haringx(1948)提出的。第一个考虑剪切变形对柱子压屈影响的是 F. Engesser(1891)。Gent(1964)第一个将 Haringx 理论应用于经过强化的橡胶支座。Stanton 和 Roeder(1982)、Roeder 等人(1987)、Kelly(1993)与 Naiem 和 Kelly(1999)也就柱子的压屈荷载发表了相关理论。

$$P_{cr} = \frac{\sqrt{G^2A_s^2 + 4GA_sP_E} - GA_s}{2} \tag{9-18}$$

式中，P_E 为欧拉压屈荷载；G 为剪切模量；A_s 为剪切面积。两端铰支时，欧拉荷载为：

$$P_E = \frac{\pi^2 EI_s}{h^2} \tag{9-19}$$

式中，E 为弹性模量；I_s 为压屈轴的惯性矩；h 为柱高。将式(9－18)和式(9－19)应用于橡胶支座时，需要就方程中的各种参数进行解释。Kelly(1993)的解释如下：

(1)橡胶支座是橡胶和钢的混合物，在受剪时钢板不变形，其高度对支座的柔度有贡献。为了考虑此影响，面积和惯性矩必须作如下修正：

$$A_s = A\frac{h}{T_r} \tag{9-20}$$

$$I_s = I\frac{h}{T_r} \tag{9-21}$$

式中，A 和 I 为黏结橡胶区域的面积和惯性矩；T_r 为橡胶的总厚度；h 为支座高度，包括橡胶和钢片，但是不包括端板。

(2)弹性模量解释为转动模量，即

$$E = E_r \tag{9-22}$$

对于大形状系数($S \geqslant 5$)，$P_E \gg GA_s$，此时式(9－18)可以简化为

$$P_{cr} = \sqrt{P_E GA_s} = \pi\sqrt{E_r GIA}/T_r \tag{9-23}$$

以此理论为基础，用下面的简化方程来计算未变形状态的临界荷载 P_{cr}。对于半径为 B，橡胶单层厚为 t，总厚度为 T_r 的圆形支座来说，压屈荷载：

$$P_{cr} = 0.218\frac{GB^4}{tT_r} \tag{9-24}$$

式中，$E_r = 2GS^2$。对于平面尺寸为 $B \times B$ 的方型支座，压屈荷载：

$$P_{cr} = 0.340\frac{GB^4}{tT_r} \tag{9-25}$$

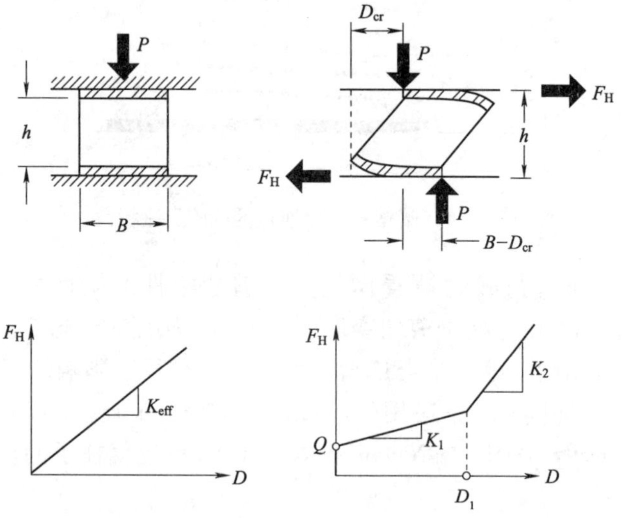

图 9－7　暗销连接支座的翻转和侧向力－位移关系

式中，$E_r = 2.25GS^2$ 。在大的侧向变形过程中，暗销安装的支座和嵌入支撑盘的支座会出现部分被抬高的情况。在某一临界侧向位移 D_{cr} 处，支座将发生转动或翻转。图 9－7 为翻转的示意图。在翻转的发生时，竖荷载 P 的作用点到达支座的边缘。图中同时给出了支座的侧向力与位移关系，用来计算临界位移。第一个为线弹性，该关系通常以有效刚度 K_{eff} 来表示支座的性能。第二种是双线性滞回关系，在较大位移时会发生硬化。

临界位移可以通过以下平衡方程计算：

$$F_H h = P(B - D_{cr}) \tag{9-26}$$

式中，F_H 为作用在支座上的侧向力；P 为支座上的轴向力；B 为平面尺寸（如，直径或者方形支座的尺寸）。对于图 9－7 所示的线性力与位移关系：

$$F_H = k_{eff}D \tag{9-27}$$

$$D_{cr} = \frac{PB}{k_{eff}h + P} \tag{9-28}$$

用特征力 Q 和屈服后刚度 K_1 来表征支座特性的双线性滞回关系：

$$F_H = Q + K_1 D \tag{9-29}$$

和

$$D_{cr} = \frac{PB - Qh}{K_1 h + P} \tag{9-30}$$

对于具有硬化效应的双线性滞回关系，支座特性由特征力 Q ，屈服后刚度 K_1 以及位移超过 D_1 时的刚度 K_2 来表征：

$$F_H = Q + K_1 D_1 + K_2(D - D_1) \quad D \geqslant D_1 \tag{9-31}$$

$$D_{cr} = \frac{PB - Qh + (K_2 - K_1)D_1 h}{K_2 h + P} \tag{9-32}$$

当临界位移超过极限时，式(9－32)仍然有效，其他情况必须使用式(9－30)。

目前没有满意的简单合理的理论来预测螺栓安装的橡胶支座在大的侧向位移时性能。然而下面的方程可以得出保守的结果(Buckle Liu，1994；Buckle 等，2002；Warn，2006)：

$$P'_{cr} = P_{cr}\frac{A_r}{A} \tag{9-33}$$

式中，P'_{cr} 为变形状态的压屈荷载；A 为黏结面积；A_r 为折减的黏结面积即为变形支座的上下黏结橡胶面的重叠部分。Buckle 等人(1994，2002)以及 Warn(2006)曾指出，当 $A_r/A \leqslant 0.2$ 时，式(9－33)低估了支座的压屈荷载。试验表明在这一范围时，随着侧向变形增加，支座依旧保持了很强的轴向荷载抵抗能力。Nagarajaiah 和 Ferrell(1999)发表了基于非线性材料性能的分析结果，与试验结果近似。

图 9－8 显示了矩形和圆形支座折减后的(重叠)面积。支座侧向位移 D 引起面积的减少由下列方程得出：

对于黏结橡胶尺寸为 $B_1 \times B_2$ 的矩形支座：

$$A_r = B_2(B_1 - D) \tag{9-34}$$

对于直径为 B 的圆形支座：

$$A_r = \frac{B^2}{4}(\delta - \sin\delta) \tag{9-35}$$

其中

$$\delta = 2\cos^{-1}\left(\frac{D}{B}\right) \tag{9-36}$$

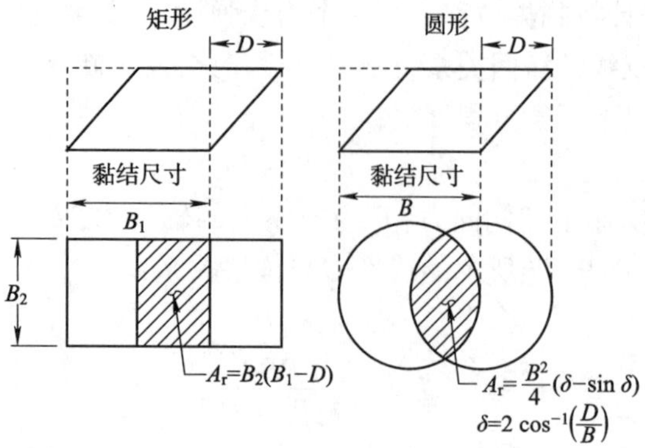

图 9-8　橡胶支座折减后的面积

9.8　侧向位移引起高度的减少以及对竖向和侧向刚度的影响

发生侧向位移时,橡胶支座高度将下降。尽管下降幅度很小,但是如果隔震系统是由多个具有不同竖向刚度的支座组成,比如,滑移支座与橡胶支座构成的混合隔震系统,那么下降值就会很重要。

Koh 和 Kelly(1987)以及 Kelly(1993)给出了一个简单的物理模型和一个用于描述由侧向位移引起的高度减少的精确解。物理模型给出了支座的屈服后刚度和轴向荷载对阻尼的影响的相关信息。

Koh 和 Kelly 的物理模型见图 9-9。模型包括一个高为 h 的钢柱,它与支座的高度(橡胶和钢板的总厚度)相等。柱底部的转动弹簧的刚度为常数 K_1,剪切弹簧的刚度为常数 K_2。假定 K_1 为无限大可得常数 K_2,这样支座只有剪切刚度:

$$K_2 = \frac{GA}{T_r} = \frac{GA_s}{h} \tag{9-37}$$

式中,A_s 由式(9-20)得到。如果 K_2 为无限大,如果有转动弹簧的柱子的压屈荷载是 K_1/h,那么常数 K_1 为:

$$K_1 = P_E h \tag{9-38}$$

P_E 是由式(9-19)得到的欧拉压屈荷载。

对于小转角 θ,图 9-9 中在位移 s 方向的力平衡方程和对点 O 的弯矩平衡方程为:

$$P\theta + F_H - K_2 s = 0 \tag{9-39}$$

$$P(s + \theta h) + F_H h - K_1\theta = 0 \tag{9-40}$$

求解得到 θ 和 s 的表达式如下:

$$\theta = \frac{F_H}{GA_s}\frac{GA_s + P}{P_E - P\left(1 + \frac{P}{GA_s}\right)} \tag{9-41}$$

$$\frac{s}{h} = \frac{F_H}{GA_s} \frac{P_E}{P_E - P\left(1 + \frac{P}{GA_s}\right)} \tag{9-42}$$

包含竖向荷载影响的支座水平刚度 K'_H 和支座竖向位移 v 为：

$$K'_H = \frac{F_H}{u} = \frac{F_H}{s + \theta h} \tag{9-43}$$

$$v = s\theta + h\frac{\theta^2}{2} \tag{9-44}$$

式中，u 为支座的侧向位移。

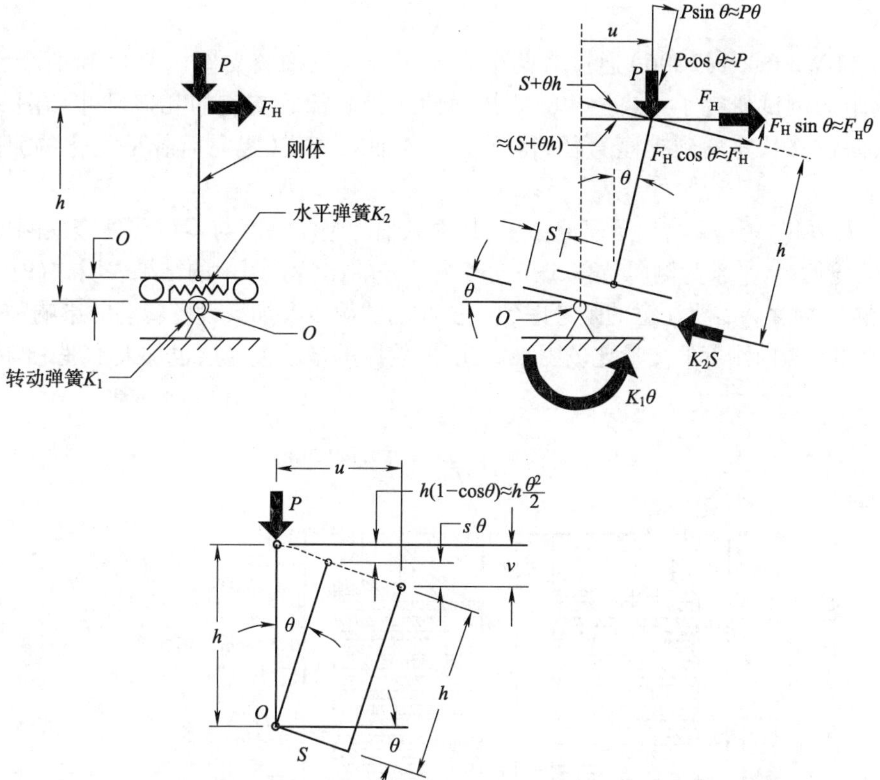

图 9－9　橡胶支座的简单力学模型和平衡方程及变形状态的几何尺寸

假设 $P_E \gg P$ 且 $P_E \gg GA_s$，且去除高阶项，

$$K'_H = \frac{GA}{T_r}\left(1 - \frac{P^2}{P_{cr}^2}\right) \tag{9-45}$$

$$v = \frac{(GAh + PT_r)u^2}{\pi^2 E_r I} \tag{9-46}$$

式中，P_{cr} 由式(9－23)得出。总的竖向位移 v 包括由式(9－46)给出的侧向位移引起的分量和由 $PT_r/(E_cA)$ 确定的压力荷载引起的分量。然后用 $E_c/3$ 替换 E_r，则

$$v^t = \frac{PT_r}{E_cA}\left[1 + \frac{3A(GAh + PT_r)u^2}{\pi^2 PIT_r}\right] \tag{9-47}$$

式(9－47)可用来计算 P/v^t 的比值,即竖向刚度 K_v :

$$K_v = \frac{E_c A}{T_r}\left[\frac{1}{1+\left(\frac{3GA^2 h}{\pi^2 PIT_r}+\frac{3A}{\pi^2 I}\right)u^2}\right] \tag{9-48}$$

假设 $h \approx T_r$ 并且 $P \gg GA$,式(9－48)可以进一步简化为:

$$K_v = \frac{E_c A}{T_r}\left[\frac{1}{1+\frac{3}{\pi^2}\left(\frac{u}{r}\right)^2}\right] = K_{vo}\left[\frac{1}{1+\frac{3}{\pi^2}\left(\frac{u}{r}\right)^2}\right] \tag{9-49}$$

式中, r 为黏结橡胶面积的回转半径; K_{vo} 为侧向位移为零时的竖向刚度。

$$r = \sqrt{\frac{I}{A}} \tag{9-50}$$

Warn 和 Whittaker(2006)通过对两个小比例低阻尼橡胶支座(LDR)和两个小比例铅芯橡胶支座的测试研究了式(9－49)的精确性。铅芯橡胶支座的几何尺寸如图 9－10 所示。随侧向位移从零增到支座直径,得到了三个轴向荷载(竖向荷载是变化的)下的竖向刚度。

图 9－11 和图 9－12 给出了研究结果,其中纵轴为竖向刚度与零位移处竖向刚度($K_{vo} = E_c A/T_r$)的比值,水平轴为侧向位移 Δ 与支座半径 R 的比值。图中的结果表明式(9－49)很好地描述了竖向刚度。需要注意的是考虑到小位移的情况以及加载设备转动的影响和支座受压的非线性性能,竖向刚度的测量比较困难。此外,较厚的橡胶覆盖层也加大了理论与试验结构的偏差。

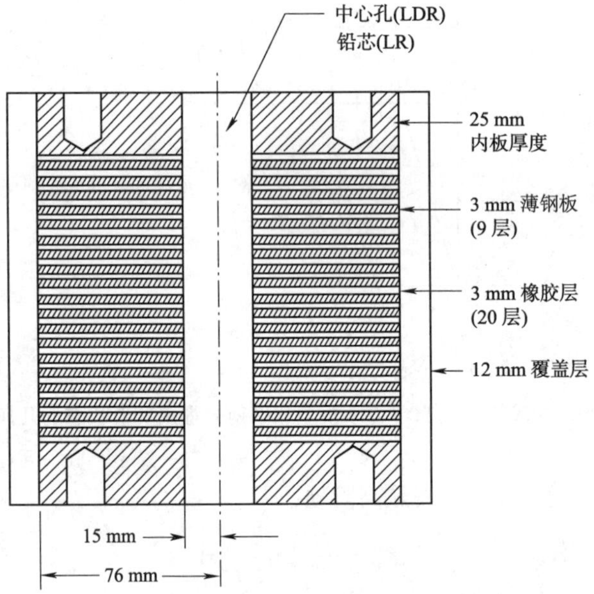

图 9－10　Warn 和 Whittaker(2006)橡胶支座测试

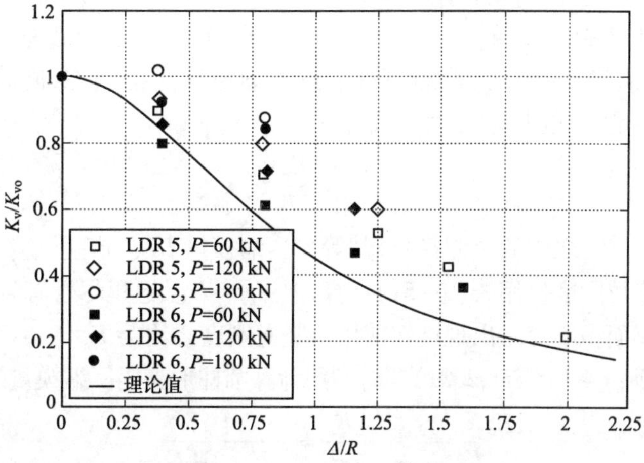

图 9－11　橡胶支座承受侧向位移时竖向刚度的理论和试验数值对比
（Warn 和 Whittaker，2006）

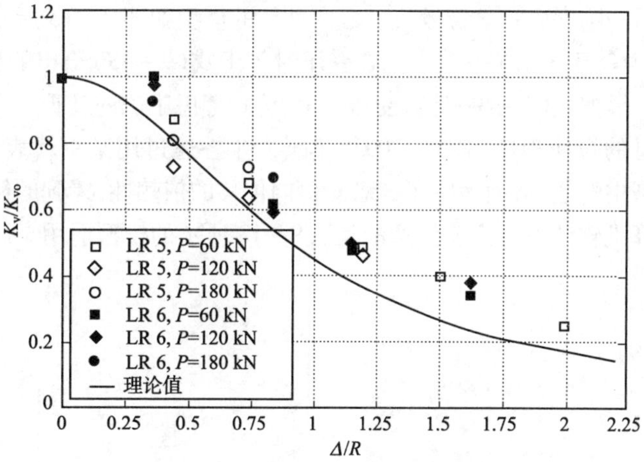

图 9－12　铅芯橡胶支座承受侧向变形时竖向刚度的
理论值和试验值的对比（Warn and Whittaker，2006）

9.9　受拉时的性能

传统上应该避免橡胶支座受拉，因为受拉会导致质量较差的支座失效以及支座受拉测试存在困难。然而，高质量的橡胶支座可以承受较大的张拉变形，且如果张拉不可避免，还可以利用此特性。一个应用实例就是图 7－7 所示的某近海平台的钻塔上用于抗震的 100 t 调制质量阻尼器里的支座。本节简要的讨论了橡胶支座的受拉性能，同时提供了计算受拉支座竖向刚度的步骤。

第 7 章已经讨论了橡胶支座受拉的性能。总的来说，橡胶支座在橡胶出现负压导致的空穴之前，受拉和受压时表现出相同的刚度。气穴形成微观裂缝。当负压力大于产生气穴的压力时，抗拉刚度急剧下降。图 7－13 说明了图 7－7 所示支座的这一特性。产生空穴的负压力

大约为 $3G$，其中 G 为橡胶的剪切模量(Gent,1990)。对于图 7－7 所示支座，$G = 0.6\,\text{MPa}$，其产生空穴的负压为 1.7 MPa 。

在产生空穴之前,橡胶在拉力荷载下处于近似静液压受拉状态,同时叠加有剪力(见第 9.2 节压力理论的假设)。受拉刚度由下式计算:

$$K_{vt} = \frac{E_t A}{T_r} \qquad (9-51)$$

式中,E_t 为产生气穴之前的拉伸模量,其等于压缩模量 E_c。产生气穴之后,橡胶的应力状态减至单向受拉。张拉刚度仍用式(9－51)计算,但 $E_t = E$。这里尽管有裂缝的形成,但我们假设产生气穴之后支座面积不变。出现空穴前后的竖向刚度之比为 E_c/E。考虑到针对隔震装置中使用的人造橡胶 $E \approx 4G$ (Gent,2001)同时利用计算圆柱形支座压缩模量的等式,得到:

$$\frac{K_{vt,空穴前}}{K_{vt,空穴后}} \approx \frac{E_c}{E} \approx \frac{1}{\dfrac{2}{3S^2} + \dfrac{16G}{3K}} \qquad (9-52)$$

考虑到对于典型的隔震支座,其代表值 $G/K \approx 0.75/2\,000$ 以及形状系数在 10 到 20 之间,则产生空穴前后的张拉刚度之比大约在 100 到 500 之间。在受拉时,这个比值非常的大,可以假设橡胶支座产生空穴后的刚度为零。橡胶支座竖向性能的模型如图 9－13 所示。推荐采用弹性性能,其极限值在受拉时等于 $3GA$ (空穴力),在受压时等于式(9－33)给出的压屈荷载 P'_{cr} 并同时依赖于侧向位移 u。根据式(9－49)计算受压刚度,该式考虑了侧向变形 u 的影响。该模型假设可能会发生但不常见的拉曲现象(Kelly,2003)不会发生。通过用某一代表性侧向位移处的 P'_{cr} 和压缩刚度取代模型中的值,从而消除了二者对侧向位移的依赖性,得到的简化形式能够被很容易地输入当前的计算机软件里。需要注意的是图 9－13 所示的模型适用于以下条件:

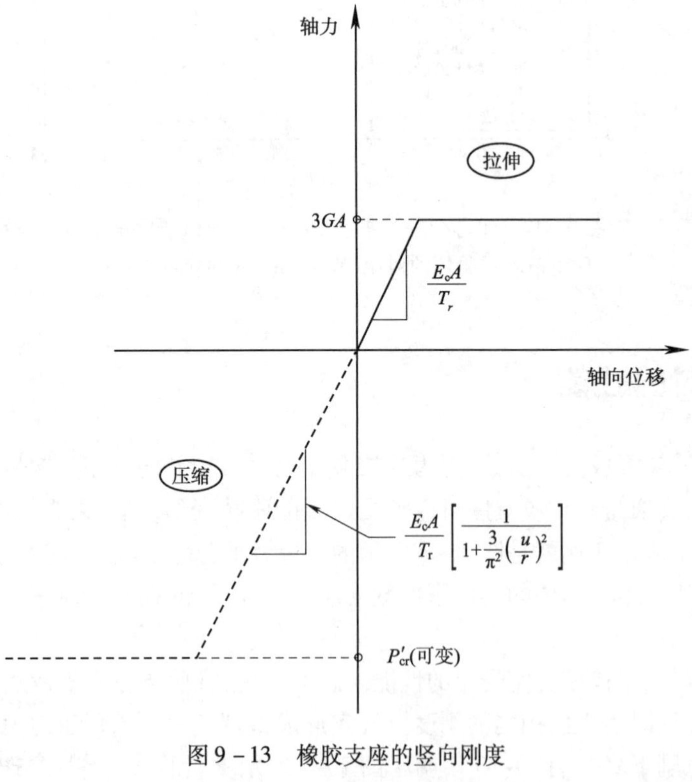

图 9－13 橡胶支座的竖向刚度

(1)张拉时，只适用于初次加载和卸载至零的过程，当重新加载时，空穴力将大幅下降，可以认为是零。

(2)受压时，上至临界荷载时有效，同时如果达到临界荷载后卸载时无效。

利用图 9－13 所示的关系，可以计算空穴产生或压屈即将发生时支座上实际轴力的分布。该关系还可以用来计算要求的支座张拉位移，其中在空穴产生之前张拉位移非常的小，在空穴产生之后张拉位移非常的大，其大小主要依靠加载时间和竖向运动的速度。

9.10 钢板的分析和设计

橡胶支座的设计规范如 AASHTO 标准和 AASHTO 荷载抗力系数法设计规范 LRFD (AASHTO,2002、2004)以图 9－14 所示图解为基础列出了计算钢板厚度的方程。图中所示为宽度为 B 的矩形支座的一部分，分别沿中线和沿夹有钢板的某两层相邻橡胶中间高度处切开。给支座施加某一荷载 P 。薄钢板的厚度为 t_s，每层橡胶的厚度为 t。支座此部分的应力如图 9－14 所示，包括沿着支座宽度呈抛物线分布的压应力 p ，其最大值为 p_{max} ，在橡胶层高度一半处的剪应力和薄钢板上应力 σ_s 。忽略剪应力的影响，同时保守的假设压力 $p = p_{max} = 2PA$ (见表 9－1 中的方形和圆形支座)，从平衡方程可以得到薄钢板的拉应力为：

$$\sigma_s = 2\frac{t}{t_s}\frac{P}{A} \tag{9-53}$$

以许用应力设计的方式给出了薄钢板设计步骤(ASD)的格式(见 AASHTO,2002、2004)；拉应力的极限为 $2F_y/3$ ，F_y 是钢板材料的屈服应力。需要的板厚由下式确定：

$$t_s = \frac{3tP}{AF_y} \tag{9-54}$$

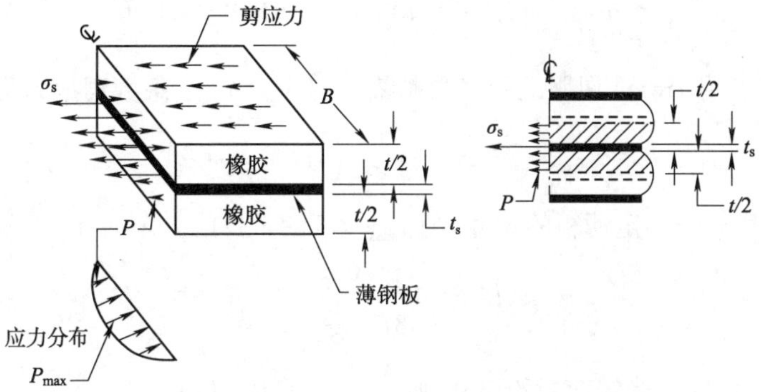

图 9－14　用于计算钢板应力计算的支座截面

AASHTO 中的步骤假设 $p_{max} = 1.5P/A$ ，并且限制应力为 $F_y/2$ ，结果与式(9－54)相同。以上各方程适用于没有孔洞钢板。AASHTO(2002,2004)规定如果钢板存在孔洞，薄钢板厚度取式(9－54)计算厚度的两倍。

式(9－54)可以写成荷载和抵抗系数设计(LRFD)的模式，如下：

$$t_s \geqslant \frac{2tP_u}{A(\varphi_t F_y)} \tag{9-55}$$

式中，P_u 为设计极限荷载；φ_t 为张拉时强度折减系数；其他所有字母的含义先前已经定义。

Roeder 等(1987)提出了计算钢板应力的改进理论。该理论认为圆形支座钢板的应力状态一个是由作用在橡胶和钢板接触面上的剪应力引起的径向和环向的拉力,另一个由竖向压力引起的竖向压应力。图 9-15 表示了该应力状态。剪切应力沿着径向线性分布。在钢板中心处轴向压力最大(Roeder 等,1987),其中:

$$\sigma_z = -2\frac{P}{A} \tag{9-56}$$

$$\sigma_r = \sigma_\theta = \frac{t}{t_s}\frac{P}{A}\left(\frac{3+\upsilon}{2}\right) = 1.65\frac{t}{t_s}\frac{P}{A} \tag{9-57}$$

式中,υ 为板材料的泊松比,这里对于钢材取 0.3。式(9-56)的负号表示受压。

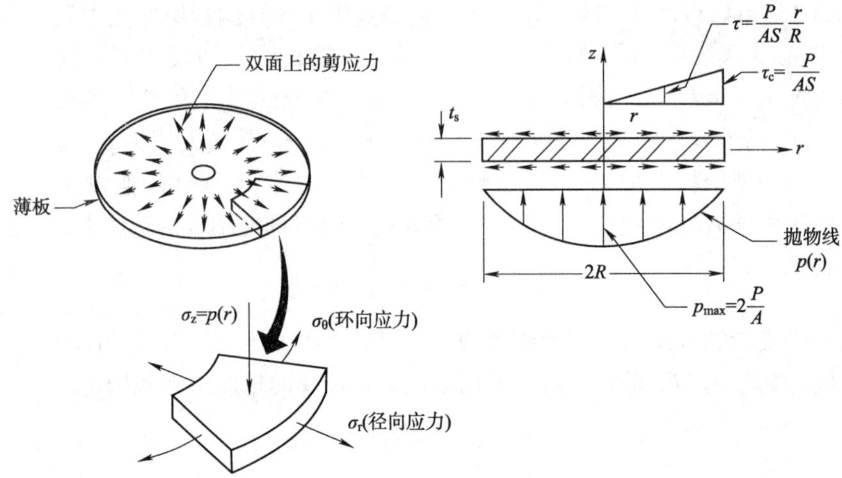

图 9-15　圆形板上作用的牵引力以及结果应力

对于设计,可以用 Tresca 屈服准则来限制最大剪应力 τ_{max},最大剪应力由下式确定:

$$\tau_{max} = \frac{\sigma_r - \sigma_z}{2} = \frac{P}{2A}\left(1.65\frac{t}{t_s}+2\right) \tag{9-58}$$

如果采用 ASD 规范确定薄板的尺寸,则 $\tau_{max} = 0.4F_y$,且

$$t_s \geqslant \frac{1.65t}{0.8F_y\dfrac{A}{P}-2} \tag{9-59}$$

如果采用 LRFD 规范确定薄板的尺寸,则 $\tau_{max} = \varphi(0.4F_y)$,且

$$t_s \geqslant \frac{1.65t}{1.08F_y\dfrac{A}{P_u}-2} \tag{9-60}$$

对于没有孔洞的板,系数为 1.65。如果板中有孔洞,系数必须增大,推荐使用 3.0,从而与 AASHTO 规程(2002,2004)以及 Roeder 等(1987)一致。这些方程适用于橡胶支座和铅芯橡胶支座。需要注意的是,荷载和承载力系数设计规程 LRFD 规范中确定薄板尺寸的方程在理论分析时没有考虑钢板的极限状态,只是考虑了最初的屈服状态。因此,需要进一步发展合适的理论。

9.11 橡胶支座的安全性评价

隔震结构的分析最终在于对荷载和位移的要求。这里假设对隔震结构分别在正常使用(重力)条件下,设计基本地震动(DBE)条件下和最大考虑地震动(MCE)条件下进行了分析。对于隔震系统的上下边界特性进行了分析,这样对应于每一种荷载情况会有两套响应参数。这里所说的安全性检测应针对每套响应参数计算出的荷载和位移要求进行校核。橡胶支座的安全性评价可以以 ASD(容许应力设计和塑性设计规程)或者荷载和承载力系数设计规程(LRFD)校核为基础。下面列出了多对校核方程(a 和 b):第一个方程使用的是 ASD 格式,其代表了现行的 AASHTO 隔震设计指导规程(AASHTO,1999)。第二个方程使用的是 LRFD 格式,这也是作者所提倡的格式。它以钢板的名义屈服强度和橡胶 700% 极限剪切应变作为基础,然而实现该剪切应变需要对橡胶和支座制造进行严格的质量控制。一般情况下对于最大考虑地震动下的校核要比设计基本地震动下校核更为严格。这里没有给出设计基本地震动和/或最大考虑地震动下受拉橡胶支座的设计方程。

9.11.1 使用荷载校核

在使用条件下,假设轴向荷载和侧向位移分别为:

(1)恒荷载 D:P_D;

(2)活荷载 L:P_L;

(3)设计轴向荷载 P_u,荷载系数根据相应的标准或指导规程确定;

(4)非抗震侧向位移 Δ_s;

(5)非抗震支座转动 θ_s。

转动包含了恒荷载、活荷载以及施工荷载的效应。通过利用这些荷载,位移和第 9.6 节中的方程来计算橡胶的剪切变形。下面给出了圆形和方形支座的剪应变求解方程。支座的黏结尺寸(直径或者方形的边长)为 B,橡胶的总厚度为 T_r,单个橡胶层厚度为 t,单个钢板厚度为 t_s。

压缩引起的剪切应变

ASD:
$$\gamma_{c_s} = \frac{P_D + P_L}{A_r GS} \tag{9-61a}$$

LRFD:
$$\gamma_{c_s}^{u} = \frac{P_u}{A_r GS} \tag{9-61b}$$

式中,G 为剪切模量;S 为形状系数;A_r 为位移 $D = \Delta_s$ 时根据式(9-34)至式(9-36)确定的折减黏结橡胶面积;其他符号含义与前文相同。

侧向位移引起的剪切应变

ASD:
$$\gamma_{s_s} = \frac{\Delta_s}{T_r} \tag{9-62a}$$

LRFD:
$$\gamma_{s_s}^{u} = \frac{\Delta_s}{T_r} \tag{9-62b}$$

转动引起的剪切应变

ASD:
$$\gamma_{r_s} = \frac{B^2\theta_s}{2tT_r} \tag{9-63a}$$

LRFD：
$$\gamma_{r_s}^{u} = \frac{B^2\theta_s}{2tT_r} \tag{9-63b}$$

使用位移 Δ_s 时的压屈荷载

ASD 和 LRFD：
$$P_{cr_s}' = P_{cr}\frac{A_r}{A} \tag{9-64}$$

式中，P_{cr} 采用式(9－24)或式(9－25)计算。

如果满足下列条件，则支座设计可以接受：

ASD：
$$\gamma_{c_s} \leqslant 2.5 \tag{9-65a}$$

LRFD：
$$\gamma_{c_s}^{u} \leqslant 3.5 \tag{9-65b}$$

ASD：
$$\gamma_{c_s} + \gamma_{s_s} + \gamma_{r_s} \leqslant 5.0 \tag{9-66a}$$

LRFD：
$$\gamma_{c_s}^{u} + \gamma_{s_s}^{u} + \gamma_{r_s}^{u} \leqslant 7.0 \tag{9-66b}$$

ASD：
$$t_s \geqslant \frac{\alpha t}{0.8F_y\dfrac{A_r}{P_D + P_L} - 2} \geqslant 1.5\ \text{mm} \tag{9-67a}$$

LRFD：
$$t_s \geqslant \frac{\alpha t}{1.08F_y\dfrac{A_r}{P_u} - 2} \geqslant 1.5\ \text{mm} \tag{9-67b}$$

ASD：
$$\frac{P_{cr_s}'}{P_D + P_L} \geqslant 3.0 \tag{9-68a}$$

LRFD
$$\frac{P_{cr_s}'}{P_u} \geqslant 1.33 \tag{9-68b}$$

方程中对于没有孔洞的钢板 $\alpha = 1.65$，其他情况等于3.0，所有其他字母的含义之前已经定义过。式(9－65a)和式(9－66a)摘自 1999 AASHTO 隔震设计指导规程(AASHTO,1999)；式(9－68a)为工业标准的校核，其有些保守。以上给出的 LRFD 方程为基本方程并且可调；式(9－68b)在压屈计算时使用了为0.75 的间接强度折减系数(或者在 LRFD 格式中使用 φ)。

LRFD 方程(9－67b)[以及式(9－72b)和式(9－77b)]建立在弹性应力分布的基础之上，并没有考虑钢板极限应力状态。需要研究合理的理论，不然给出 LRFD 方程可能偏于保守。

9.11.2 设计基本地震动下的校核

在设计基本地震动(DBE)校核中，假设轴向荷载和侧向位移如下：

(1)恒荷载 D:P_D；

(2)活荷载 SL:P_{SL}；

(3)DBE 引起的地震轴向荷载 E:$P_{E_{DBE}}$，其中地震引起的轴向荷载可以由上部结构的转动弯矩和竖向地震动得出；

(4)设计轴向荷载 P_u，包括恒载、活载和 DBE 地震效应，荷载系数根据相应的标准或指导规程确定；

(5)非抗震支座转动 θ_s；

(6)地震侧向位移 $\Delta_{E_{DBE}}$。

校核中忽略了地震效应对支座转动的影响。地震活荷载为地震过程中的瞬时活荷载；建筑中通常使用 $0.5P_L$，但是对于承担大的活荷载的桥梁取取值可以更小一些。无论怎样，活荷载计算要满足规范和指南中的要求。

压缩引起的剪切应变

ASD：
$$\gamma_{c_{\mathrm{MCE}}} = \frac{P_D + P_{SL_{\mathrm{MCE}}} + P_{E_{\mathrm{MCE}}}}{A_r GS} \tag{9-69a}$$

LRFD：
$$\gamma^{\mathrm{u}}_{c_{\mathrm{MCE}}} = \frac{P_{\mathrm{u}}}{A_r GS} \tag{9-69b}$$

其中当 $D = \Delta_{E_{\mathrm{DBE}}}$ 时，可根据式(9-34)至式(9-36)计算折减的黏结橡胶面积。

横向位移引起的剪切应变

ASD：
$$\gamma_{s_{\mathrm{MCE}}} = \frac{\Delta_{E_{\mathrm{MCE}}}}{T_{\mathrm{r}}} \tag{9-70a}$$

LRFD：
$$\gamma^{\mathrm{u}}_{s_{\mathrm{MCE}}} = \frac{\Delta_{E_{\mathrm{MCE}}}}{T_{\mathrm{r}}} \tag{9-70b}$$

支座设计满足要求，如果：

ASD：
$$\gamma_{c_{\mathrm{MCE}}} + \gamma_{s_{\mathrm{MCE}}} + 0.5\gamma_{r_s} \leqslant 5.5 \tag{9-71a}$$

LRFD：
$$\gamma^{\mathrm{u}}_{c_{\mathrm{MCE}}} + \gamma^{\mathrm{u}}_{s_{\mathrm{MCE}}} + 0.5\gamma_{r_s} \leqslant 7.0 \tag{9-71b}$$

ASD：
$$t_{\mathrm{s}} \geqslant \frac{1.65t}{0.8F_{\mathrm{y}}\dfrac{A_{\mathrm{r}}}{P_D + P_{SL_{\mathrm{MCE}}} + P_{E_{\mathrm{MCE}}}} - 2} \geqslant 1.5\ \mathrm{mm} \tag{9-72a}$$

LRFD：
$$t_{\mathrm{s}} \geqslant \frac{1.65t}{1.08F_{\mathrm{y}}\dfrac{A_{\mathrm{r}}}{P_{\mathrm{u}}} - 2} \geqslant 1.5\ \mathrm{mm} \tag{9-72b}$$

式(9-70)中，当折减或者重叠的黏结橡胶面积不包括中心孔的面积时，设定系数 $\alpha = 1.65$ 。方程(9-71a)直接取自 AASHTO(1999)。

9.11.3 最大考虑地震动下的校核

在最大考虑地震动下的校核中，假设轴向荷载和侧向位移为：

(1)恒荷载 D：P_D；

(2)地震活荷载 SL：P_{SL}；

(3)MCE 引起的地震轴向荷载 E：$P_{E_{\mathrm{MCE}}}$，地震引起的轴向荷载可以由上部结构的转动弯矩和竖向地震动得出；

(4)极限轴向荷载 P_{u}，包括恒载、活载和 MCE 地震效应，荷载系数根据合适的标准或指导规程确定；

(5)非抗震支座转动 θ_{s}；

(6)地震侧向位移 $\Delta_{E_{\mathrm{MCE}}}$。

校核中忽略了地震效应引起的支座转动。注册工程师为 MCE 校核可能会假设一个比 DBE 校核小的瞬时地震活荷载。引文 MCE 震动的年平均概率要小于，有时远小于 DBE 震动的概率。无论怎样，活荷载计算要满足规范和指南中的要求。橡胶的剪切应变和压屈荷载(螺栓)以及翻转位移(暗销)可按照第 9.7 节中的步骤和方程计算。

压缩引起的剪切应变

ASD：
$$\gamma_{C_{\mathrm{MCE}}} = \frac{P_D + P_{SL_{\mathrm{MCE}}} + P_{E_{\mathrm{MCE}}}}{A_r GS} \tag{9-73a}$$

LRFD：
$$\gamma_{c_{\mathrm{MCE}}}^{\mathrm{u}} = \frac{P_{\mathrm{u}}}{A_{\mathrm{r}}GS} \tag{9-73b}$$

其中，当 $D = \Delta_{E_{\mathrm{MCE}}}$ 时，可根据式(9－34)至式(9－36)计算折减的黏结橡胶面积。

侧向位移引起的剪切应变

ASD：
$$\gamma_{s_{\mathrm{MCE}}} = \frac{\Delta_{E_{\mathrm{MCE}}}}{T_{\mathrm{r}}} \tag{9-74a}$$

LRFD：
$$\gamma_{s_{\mathrm{MCE}}}^{\mathrm{u}} = \frac{\Delta_{E_{\mathrm{MCE}}}}{T_{\mathrm{r}}} \tag{9-74b}$$

MCE 位移处的压屈荷载
$$P'_{\mathrm{cr_{MCE}}} = P_{\mathrm{cr}} \frac{A_{\mathrm{r}}}{A} \geqslant 0.15P_{\mathrm{cr}} \tag{9-75}$$

式中，P_{cr} 根据式(9－24)或者式(9－25)计算，并且折减的黏结面积对应的是 MCE 位移（$\Delta_{E_{\mathrm{MCE}}}$）处的面积。方程(9－75)以式(9－33)为基础，但是进行了调整以解决原方程的保守性。

利用式(9－30)或者式(9－32)计算 ASD 式子中的 D_{cr} 时，取 $P = P_D + P_{SL_{\mathrm{MCE}}} + P_{E_{\mathrm{MCE}}}$，计算 LRFD 式子中的 D_{cr}'' 时取 $P = P_{\mathrm{u}}$。橡胶支座设计满足要求，如果：

ASD：
$$\gamma_{c_{\mathrm{MCE}}} + \gamma_{s_{\mathrm{MCE}}} + 0.5\gamma_{r_{\mathrm{s}}} \leqslant 5.5 \tag{9-76a}$$

LRFD：
$$\gamma_{c_{\mathrm{MCE}}}^{\mathrm{u}} + \gamma_{s_{\mathrm{MCE}}}^{\mathrm{u}} + 0.5\gamma_{r_{\mathrm{s}}} \leqslant 7.0 \tag{9-76b}$$

ASD：
$$t_{\mathrm{s}} \geqslant \frac{1.65t}{0.8F_{\mathrm{y}} \dfrac{A_{\mathrm{r}}}{P_D + P_{SL_{\mathrm{MCE}}} + P_{E_{\mathrm{MCE}}}} - 2} \geqslant 1.5\ \mathrm{mm} \tag{9-77a}$$

LRFD：
$$t_{\mathrm{s}} \geqslant \frac{1.65t}{1.08F_{\mathrm{y}} \dfrac{A_{\mathrm{r}}}{P_{\mathrm{u}}} - 2} \geqslant 1.5\ \mathrm{mm} \tag{9-77b}$$

ASD：
$$\frac{P'_{\mathrm{cr_{MCE}}}}{P_D + P_{SL_{\mathrm{MCE}}} + P_{E_{\mathrm{MCE}}}} \geqslant 1.2 \tag{9-78a}$$

LRFD：
$$\frac{P'_{\mathrm{cr_{MCE}}}}{P_{\mathrm{u}}} \geqslant 1.0 \tag{9-78b}$$

ASD：
$$\frac{D_{\mathrm{cr}}}{\Delta_{E_{\mathrm{MCE}}}} \geqslant 1.2 \tag{9-79a}$$

LRFD：
$$\frac{D_{\mathrm{cr}}^{\mathrm{u}}}{\Delta_{E_{\mathrm{MCE}}}} \geqslant 1.0 \tag{9-79b}$$

式(9－77)中，如果折减或者重叠的黏结橡胶面积不包括中心孔的面积时，设定系数 α 等于 1.65。

本节所列方程可以确定橡胶支座构件的尺寸。橡胶层和钢板的最终尺寸由有经验的隔震器供应商来提供，然而在没有理论和试验证明下，与这些设计方程要求之间的偏差都不应被接受。应该在压力和剪力（如果设定的话，还有拉力）共同作用下，进行低速（使用荷载）和高速（地震荷载）的测试以证实每种类型支座的安全性。

9.12 橡胶支座端板的设计

9.12.1 简　　介

这里通过将端板看作成柱底板，介绍了以 LRFD 为基础的橡胶支座端板设计过程。本过程与滑移支座的设计过程相似，但是更为详细，因为存在某一个或多个螺栓受拉的可能性。

考虑图 9－16 所示的橡胶支座，其承受了一个轴向荷载 P 和侧向位移 u 。这时，为了在变形形态下达到平衡，其端部存在弯矩 M 。对于分析和设计端板有两种方法：

（1）轴向荷载 P 作用在整个折减的黏结面积上。折减面积等于支座上下面的橡胶重叠的面积。通过式（9－34）到式（9－36）能够求出这一折减面积。

（2）轴向荷载 P 和翻转弯矩 M 作用在端板的形心。

端板的分析和设计必须考虑到 DBE 和 MCE 震动的效应。一般来说，MCE 校核比较严格，因为折减的黏结面积较小，同时轴向压力、拉力的值较大。DBE 校核用于弹性响应，使用材料最小特征强度和强度折减系数。MCE 校核用于完全弹性响应，使用材料强度的期望值，并且没有强度折减系数（ $\phi = 1.0$ ）。

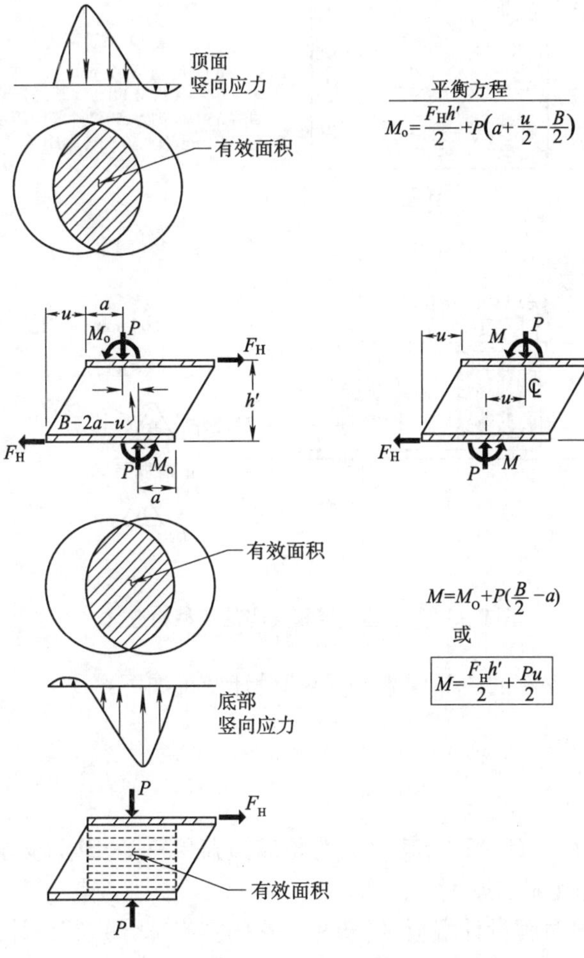

图 9－16　变形的支座和作用在端板上的力

轴向荷载 P 为设计极限荷载，包括恒荷载、活荷载以及地震响应；荷载系数通常参照规范或指南。弯矩 M 由下式确定：

$$M = \frac{F_{\mathrm{H}}h}{2} + \frac{Pu}{2} \qquad (9-80)$$

式中，F_{H} 为支座的剪力；h' 为支座的总高度。

9.12.2 折减面积设计过程

图 9－17 为一典型的橡胶支座的构造图（本例为一个铅芯－橡胶支座）。每个端板包括一块内板和一块安装板，二者用沉头螺栓连接。由于连接螺栓数目较多且螺栓往往具有足够的强度，因此两块板可以看作是一个整体，其厚度等于二者厚度之和（本例＝70 mm）。

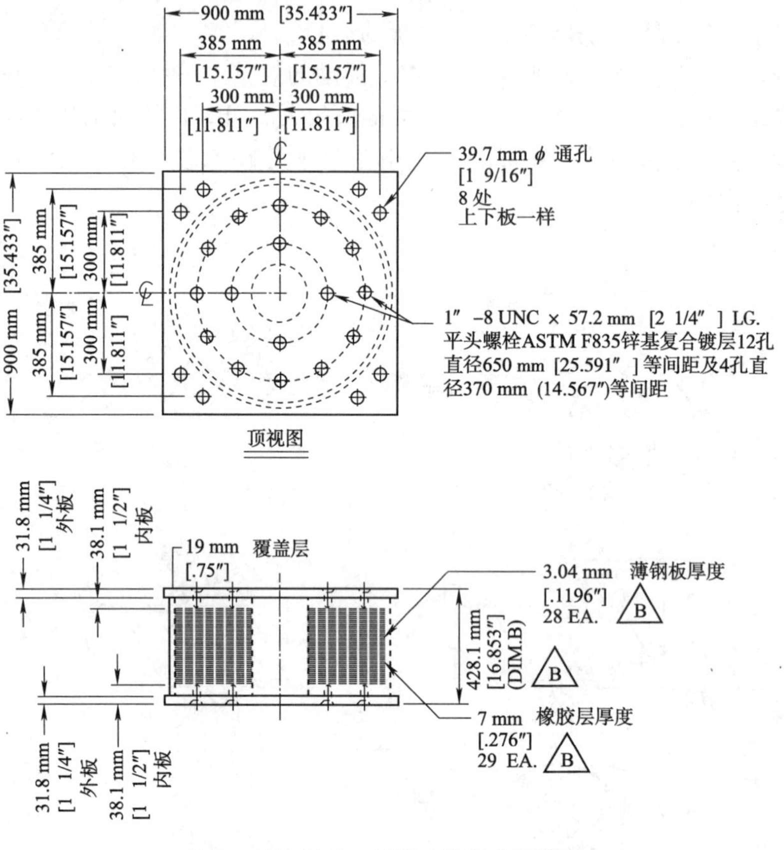

图 9－17 铅芯－橡胶支座的典型构造

图 9－18 显示了橡胶支座的内部构造，主要的设计变量如下：

（1）上安装板厚度，t_{tp}；

（2）下安装板厚度，t_{bp}；

（3）内部板厚，t_{ip}；

（4）黏结橡胶直径，$L = D - 2c_{\mathrm{s}}$，其中 c_{s} 为橡胶覆盖层厚度，D 为支座总的直径；

（5）支座上部和下部泥浆的厚度，t_{g}。

当采用折减面积计算过程设计端板时（图 9－16 的左半部分），其设计极限荷载 P 作用在整个折减黏结面上，并利用针对集中荷载作用下板设计的 LRFD 步骤。为了计算，折减黏结面

积假设为 $0.75L \times b$ 的矩形，L 为黏结橡胶的直径。

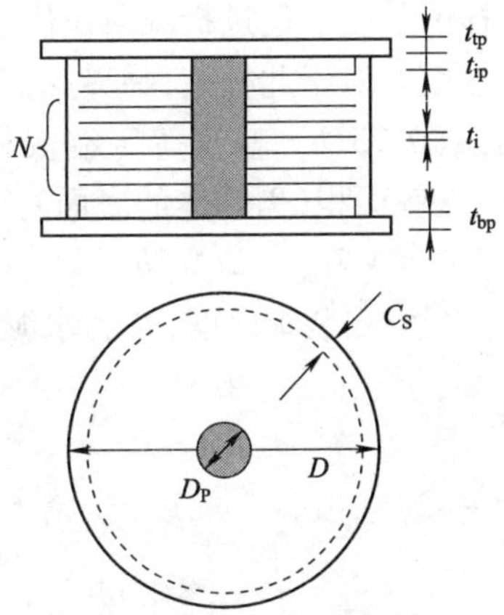

图 9－18　橡胶支座的内部构造

图 9－19 为针对极限设计荷载 P，位移 u 以及图 9－18 所示几何尺寸，支座端板厚度的校核过程。

(1) 计算折减黏结面积 A_r；如果折减面积覆盖了中心区域，则 A_r 包含铅芯面积（如果是铅芯－橡胶支座）。

(2) 计算折减黏结面积等效矩形的尺寸 b：

$$b = \frac{A_r}{0.75L} \tag{9-81}$$

(3) 计算设计混凝土支座的强度：

$$f_b = 1.7\phi_c f_c' \tag{9-82}$$

在式(9－82)中，如果使用 1.7，则要保证约束混凝土(灌浆)的混凝土面积至少为折减面积的两倍。

(4) 计算承受轴向荷载混凝土支座的尺寸 b_1：

$$b_1 = \frac{P}{0.75Lf_b} \tag{9-83}$$

根据标准实施过程，该计算假设支座压力均匀分在假设的矩形面积之下。Escobar 等(2006)发表了支撑在混凝土平面上的钢板，在中心荷载作用下，钢板下方应力分布的最新理论。

(5) 计算假设支座面积的等效长度：

$$r = \frac{b_1 - b}{2} \tag{9-84}$$

(6) 计算单位长度板上的弯矩：

$$M_u = \frac{f_b r^2}{2} \tag{9-85}$$

(7) 计算端板所需厚度：

$$t \geqslant \sqrt{\frac{4M_u}{\phi_b F_y}} \tag{9-86}$$

其中 F_y 对于 DBE 校核为最小屈服应力，对于 MCE 校核为期望屈服应力[根据 AISC 抗震保护条例(AISC，2005)表 I－6－1，对于 ASTM A36 板，$R_y = 1.3$，对于 ASTM A572－50 型板，

$R_y = 1.1$];对于 DBE 校核, ϕ_c 和 ϕ_b 分别为 0.65 和 0.9,对于 MCE 校核分别为 1.0 和 1.0。

锚固螺栓和混凝土必须分别进行受拉和承载校核。据第 9.12.3 节所列荷载 – 弯矩步骤计算锚固螺栓的力并确定所需螺栓的数量。通过折减面积传递的轴力在混凝土支座上引起的应力必须小于混凝土支座的设计强度。对于此校核,临界支撑面积等于 45°斜锥体底面面积,其上表面面积等于等价的折减面积(0.75*Lb*),高度等于端板和水泥浆的总厚度。(对于水泥浆也必须进行强度校核)。混凝土支座面积(斜锥体的底面)为:

$$A_c = (0.75L + 2t_{ip} + 2t_{bp} + 2t_g)(b + 2t_{ip} + 2t_{bp} + 2t_g) \tag{9-87}$$

式中, t_{ip} 为内板厚度; t_{bp} 为下(上)安装板厚度, t_g 为水泥浆厚度。如果满足下列条件,则支座应力满足要求

$$P_u \leqslant f_b A_c \tag{9-88}$$

其中混凝土支座强度由式(9-82)求出。

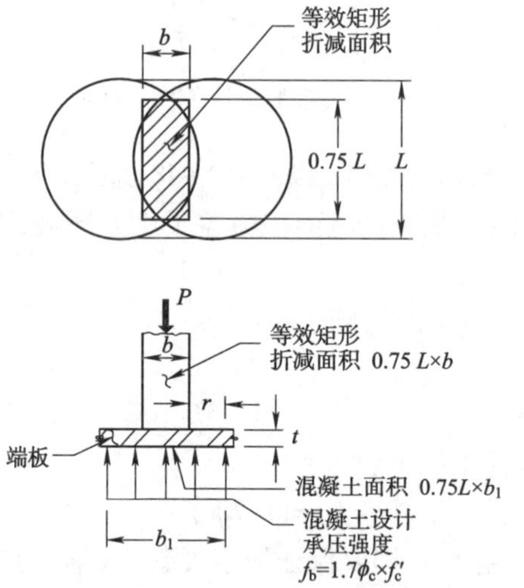

端板所受弯矩: $M_u = \frac{f_b \cdot r^2}{2}$

需要的板厚: $t \geqslant \sqrt{\frac{4M_u}{\phi_b F_y}}$

尺寸 b_1:

$\frac{P}{0.75L \cdot b_1} = f_b \rightarrow b_1 = \frac{P}{0.75 L f_b}$

力臂: $r = \frac{b_1 - b}{2}$

图 9-19　由折减面积进行的端板设计

9.12.3　荷载 – 弯矩设计过程

在荷载 – 弯矩设计过程中,确定了混凝土承载应力在安装板上的分布和螺栓力。设计过程参照对某一承受轴力和弯矩的柱底板的设计。

最初,我们假设无螺栓受拉。图 9-20 为一支座受力图。方形安装板,其平面尺寸为 *B* 。由竖向平衡方程和 *O* 点的弯矩平衡方程,得出尺寸 *A* 和应力 f_1。

$$A = \frac{3}{2}B - 3\frac{M}{P} \tag{9-89}$$

$$f_1 = \frac{2P}{AB} \leqslant f_b \tag{9-90}$$

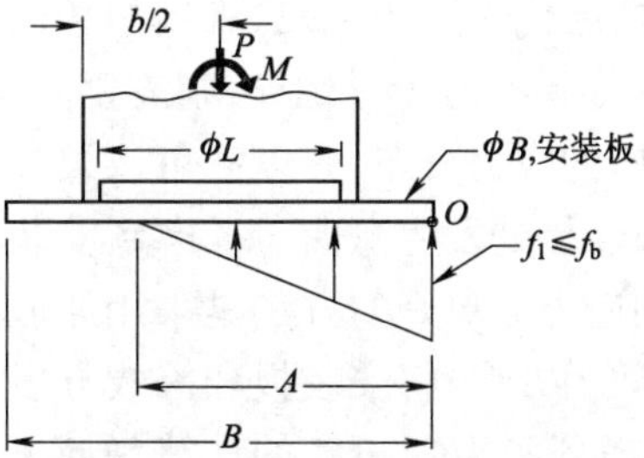

$$\left.\begin{array}{l} P-B\times A\times f_1/2=0 \\ M-\frac{PB}{2}+\frac{PA}{3}=0 \end{array}\right\} \begin{array}{l} A=\frac{3}{2}B-3\frac{M}{P} \\ f_1=\frac{2P}{AB}\leqslant f_b \end{array}$$

图 9－20　无受拉螺栓的端板受力图

f_1 小于或等于式(9－82)确定的混凝土设计强度,方程(9－87)和方程(9－88)有效。如果 A 大于 B,则假设的应力分布不正确,必须通过假设整个板上应力呈梯形分布,重新计算。当 M 与 P 比值很小并且无受拉螺栓时会出现这种情况。

若 f_1 大于 f_b,螺栓将会产生拉力,见图 9－21。f_b 为混凝土最大应力。由竖向平衡方程和 O 点的弯矩平衡方程可求得 A 尺寸和螺栓拉力 T:

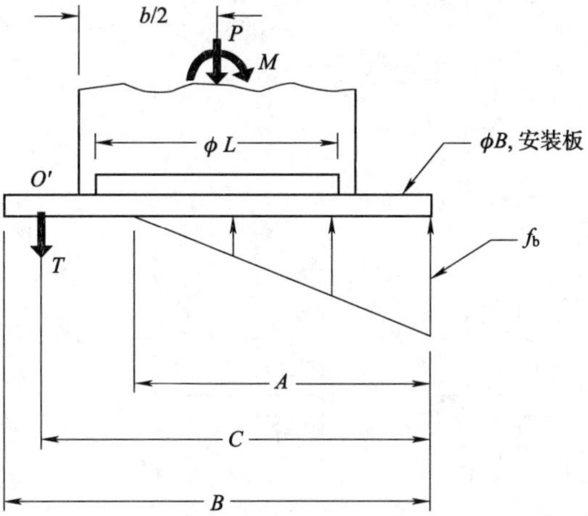

$$\left.\begin{array}{l} P+T-f_b\frac{AB}{2}=0 \\ f_b\frac{AB}{2}\left(C-\frac{A}{3}\right)-M-P\left(C-\frac{B}{2}\right)=0 \end{array}\right\}$$

$$A^2\left(\frac{Bf_b}{6}\right)-A\left(\frac{f_bB\,C}{2}\right)+\left(M-PC-\frac{PB}{2}\right)=0$$

$$T=\frac{f_bAB}{2}-P$$

图 9－21　螺栓受拉时端板受力图

$$A^2\left(\frac{Bf_b}{6}\right)-A\left(\frac{f_bBC}{2}\right)+\left(M-PC-\frac{PB}{2}\right)=0 \tag{9-91}$$

$$T=\frac{f_bAB}{2}-P \tag{9-92}$$

先由方程(9－89)求得 A,然后代入式(9－92)求得螺栓的受拉。这里拉力 T 表示与安装板边缘相距为 C 处的螺栓拉力,如果有若干排螺栓,则需要假设应力分布。

本分析可以确定混凝土支座的应力分布,并以此可以校核安装板的安全度。在螺栓受拉情况下,安装板一般会在与内板连接处发生弯曲。考虑到安装板一般是方形而内板一般为圆形,不能直接计算安装板的弯曲应力。更好的方法是采用屈服线理论来校核安装板。另外一种有些保守的方法是将内板等效为方形;将安装板和等效方板尺寸的差 r(见图 9－22),作为力臂来计算安装板的弯矩。考虑到对力臂长度的计算敏感性和计算的保守性,采用根据图 9－22 确定的等效方形边长 b 较为合理,该值稍大于根据面积等效原则确定的值($=\sqrt{\pi}L/2$),即 $b=0.93L$。

对于圆形安装板,该计算步骤必须进行修改来计算底(顶)板下的压力分布和弯矩。计算弯矩时,可采用第 6.4 节的步骤。

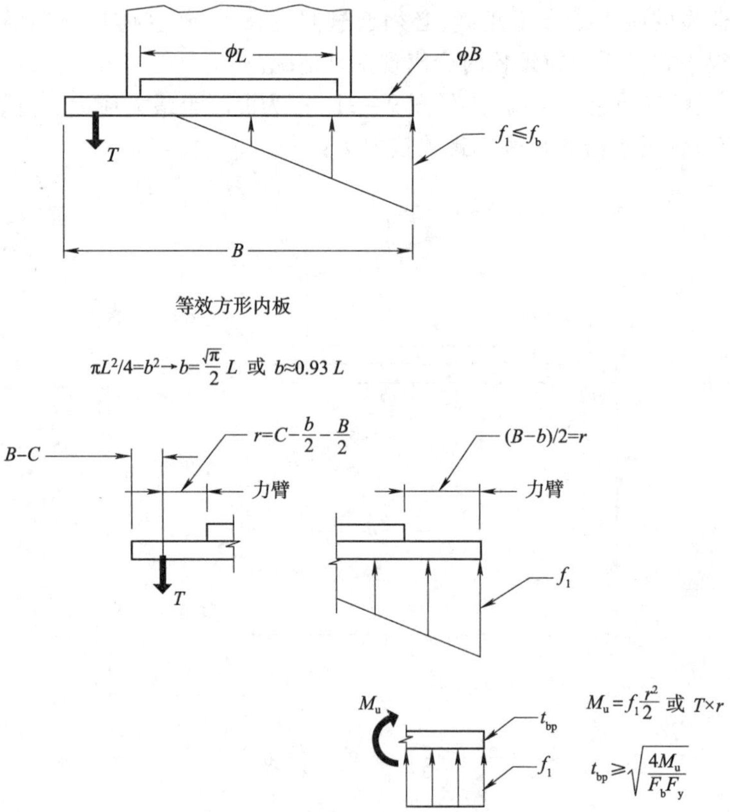

图 9－22　校核安装板的简化过程

9.12.4　设计示例

本节利用前几节的分析和设计方法给出了一个简单的设计示例。例如,采用了大量的重要图示来简化介绍，其中一小部分需要在设计实践中注意。

图9－17 所示支座，对于 MCE 振动设计极限荷载 $P_u = 6000\,\text{kN}$，位移 $u = 555\,\text{mm}$ 以及弯矩 $M_u = 1900\,\text{kN}\cdot\text{m}$。混凝土的抗压强度特征值 $f'_c = 27.6\,\text{MPa}$，仅限于此问题。钢材为 ASTM A36，屈服应力期望值为 $F_y = 1.3 \times 36 = 46.8\,\text{ksi}\ (=320\,\text{MPa})$。支座的几何尺寸为 $B = 900\,\text{mm}$，$L = 813\,\text{mm}$，$t_{ip} = t_{bp} = 31.8\,\text{mm}$ 同时 $t_g \geqslant 25\,\text{mm}$。

设计计算过程如下：

折减黏结橡胶面积——利用式(9－35)和式(9－36)：

$$\delta = 2\cos^{-1}\left(\frac{u}{L}\right) = 2\cos^{-1}\left(\frac{555}{813}\right) = 1.64$$

$$A_r = \frac{L^2}{4}(\delta - \sin\delta) = 105\,940\,\text{mm}^2$$

方程(9－79)用于计算 b：

$$b = \frac{A_r}{0.75L} = \frac{105\,910}{0.75 \times 813} = 174\,\text{mm}$$

由(9－82)来计算混凝土支座的强度：

$$f_b = 1.7\varphi_c f'_c = 1.7 \times 1 \times 27.6 = 46.9\,\text{MPa}$$

方程(9－83)、(9－84)、(9－85)和(9－86)用于校核板是否满足要求：

$$b_1 = \frac{P_u}{0.75Lf_b} = \frac{6\,000\,000}{0.75 \times 813 \times 46.9} = 210\,\text{mm}$$

$$r = \frac{b_1 - b}{2} = \frac{210 - 174}{2} = 18\,\text{mm}$$

$$M_u = \frac{f_b r^2}{2} = \frac{46.9 \times 18^2}{2} = 7\,598\,\text{N}\cdot\text{mm/mm}$$

$$t \geqslant \sqrt{\frac{4M_u}{\varphi_b F_y^{exp}}} = \sqrt{\frac{4 \times 7\,598}{1 \times 320}} = 10\,\text{mm} \leqslant t_{ip} + t_{bp} = 38.1 + 31.8 = 69.9\,\text{mm}$$

内板和安装板（总的，端板）满足要求。

方程(9－87)和方程(9－88)检验支座混凝土上的应力，如下：

$$\begin{aligned} A_c &= (0.75L + 2t_{tp} + 2t_{bp} + 2t_g)(b + 2t_{tp} + 2t_{bp} + 2t_g) \\ &= (0.75 \times 813 + 2 \times 38.1 + 2 \times 31.8 + 2 \times 25) \\ &\quad (174 + 2 \times 38.1 + 2 \times 31.8 + 2 \times 25) \\ &= 290\,900\,\text{mm}^2 \end{aligned}$$

$$\frac{P_u}{A_c} = \frac{6\,000\,000}{290\,900} = 20.6\,\text{MPa} \leqslant f_b = 46.9\,\text{MPa}$$，混凝土满足要求。

方程(9－89)和方程(9－90)计算螺栓的拉力。对于首次迭代，假设无螺栓拉力，然后再检验该假设。

$$A = \frac{3}{2}B - 3\frac{M}{P} = 1.5 \times 900 - 3 \times \frac{1\,900 \times 10^6}{6\,000\,000} = 400\,\text{mm}$$

$$f_1 = \frac{2P}{AB} = \frac{2 \times 6\,000\,000}{400 \times 900} = 33.3\,\text{MPa} \leqslant f_b = 46.9\,\text{MPa} \rightarrow$$在螺栓中无拉力

用图9－22 所示过程校核安装板。

$$b \approx 0.93L = 0.93 \times 813 = 756\,\text{mm}$$

$$r = \frac{B - b}{2} = \frac{900 - 756}{2} = 72\ \text{mm}$$

$$M_u = \frac{f_1 r^2}{2} = \frac{33.3 \times 72^2}{2} = 86\,313\ \text{N} \cdot \text{mm/mm}$$

$$t_{bp} \geqslant \sqrt{\frac{4M_u}{\phi_b F_y}} = \sqrt{\frac{4 \times 313}{1 \times 320}} = 32.8\ \text{mm} > 31.8\ \text{mm}$$

因此需要加大板厚。

第 10 章　被动阻尼装置的力学性能

10.1　引　　言

被动消能装置(广泛所知的如阻尼器)可吸收和消散地震以及风荷载在桥梁中产生的能量。这些阻尼器可应用于普通桥梁以及隔震桥梁上,同时通过使阻尼器两端产生相对位移来消散能量。

本章在第 10.2 节介绍位移型阻尼器和速度型阻尼器。液体黏滞阻尼器是一种速度型阻尼器。到目前为止,在美国桥梁上应用的只有液体黏滞阻尼器,本章重点也将放在这种阻尼器上。

第 10.3 节介绍了液体黏滞阻尼器的物理构造。第 10.4 节介绍了液体黏滞阻尼器的线性和非线性力学特性。第 10.5 节介绍了使用荷载和地震荷载对液体黏滞阻尼器响应力的影响。第 10.6 节介绍了锁定装置。第 10.7 节介绍了具有恢复力和阻尼的装置。第 10.8 节对液体黏滞阻尼器的老化和失效进行了讨论。

10.2　被动消能装置

10.2.1　位移型以及速度型能量消散装置

被动消能(阻尼)装置通常分为三种(Whittaker 和 Constantinou,2004):位移型、速度型以及其他。位移型或者滞回系统包括以金属的屈服和摩擦为机理的装置。图 2－14(a)为滞回阻尼器的力－位移曲线。速度型系统的例子包括由黏弹性固体材料组成的阻尼器,阻尼器的工作运行依靠黏弹性液体变形(如黏滞剪力墙),以及依靠迫使液体流经孔口的阻尼器(如黏滞液体阻尼)。图 2－14(b)表示了速度型系统的性能。不能归为某一基本类型的其他系统特性如图 2－14(a)或图 2－14(b)所示。例如由形状记忆合金、具有中心回复能力的摩擦－弹簧系统以及液体恢复力/减震阻尼器构成的阻尼器。对于这些阻尼器的详细信息,读者可以参阅 ATC(1993),Constantinou 等人(1998),EERI(1993),Soong 和 Constantinou(1994),Soong 和 Dargush(1997)以及 Hanson 和 Soong (2001)。

目前针对于地震和风荷载所使用的阻尼器主要类型为液体黏滞阻尼器。在本章随后的章节中会对液体黏滞阻尼器进行详细的讨论。一种可以安装在支撑塔上或者桥墩上的滞回阻尼器为屈曲约束支撑(BRB)。BRB 的构造和力学特性在第 10.2.2 节中进行了讨论。屈曲约束支撑可以代替传统的同心斜撑以改进桥墩的滞回响应。

10.2.2　屈曲约束支撑的构造和机械特性

屈曲约束支撑(BRB)是在 19 世纪 80 年代中期在日本产生(Watanabe 等,1988)并已应用在美国大量的建筑工程中。图 2－15 显示了由一个日本制造商制造 BRB 的主要元件,即一个采用低屈服钢材制成的十字交叉截面的焊接钢板，其在受拉和受压时均可屈服，以及一个圆形或者方形的外部钢管，其压屈荷载要大于内部十字截面钢板的压屈荷载。在内部十字形截面和钢管之间填充类似混凝土的材料来延缓十字交叉截面的局部压屈。使用专门材料将内部交叉截面与类似混凝土材料隔开。BRB 在设计上其抗拉强度和抗压强度大致相等，并且在概念上优于同心斜撑框架，因为人字支撑交点处的梁没有必要为过大的不平衡竖向力进行专门设计。图 10－1 为在伯克利（Mahin，2006）进行试验的 BRB 框架的图片以及在伯克利测得的某一 BRB 的力－位移关系（Black 等，2002）。

(a) BRB测试框架(Mahin, 2006)

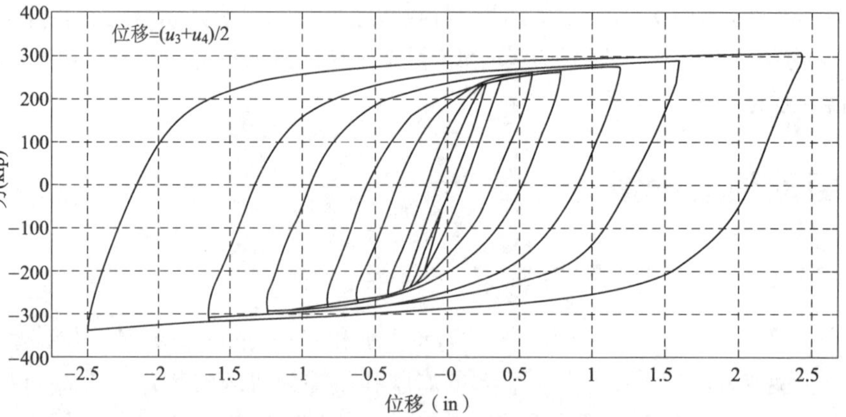

(b) BRB响应(Black等，2002)

图 10－1　屈曲约束支撑和框架

10.3　液体黏滞阻尼器的构造

图 10－2 是两种构造的液体黏滞阻尼器的剖面图。阻尼器的主要机械元件包括活塞杆、活塞头、阻尼器壁（圆筒）、密封以及以硅油为主的液体。

一些阻尼器中安装调节器，一是用来补偿由于密封处渗漏导致的阻尼器内部液体流失（图 10－2（b）中的油腔 1 和 2），二是用来调节由液体温度波动（Penton，2004）和/或单出杆阻尼器的使用引起的阻尼器内部压力的变化。在单出杆阻尼器中，活塞头一面有活塞杆。调节器的使用导致阻尼器产生恢复力（Constantinou 和 Symans，1992），但是效应大小只能通过足尺动力测试确定。此外，调节器对于阻尼器的寿命和可靠性都有不良影响，但该影响很难评估，只能通过长时间的现场观测确定。图 10－2（b）所示阻尼器最初用在布法罗分校的试验中（Constantinou 和 Symans，1992）。

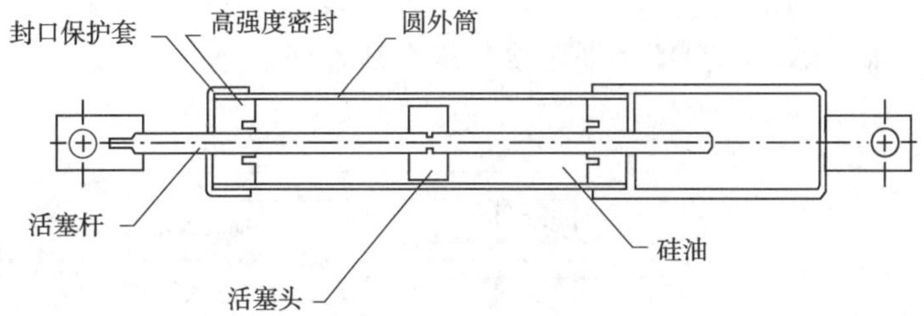

(a) 双出杆式活塞杆的阻尼器构造

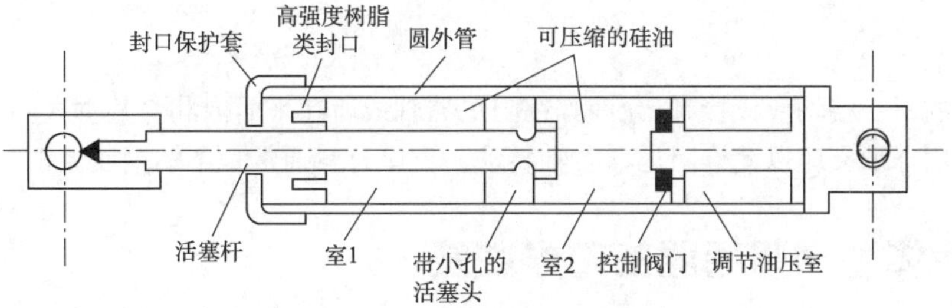

(b) 带调节油压室的阻尼器构造

图 10－2　液体黏滞阻尼器的构造

如图 10－2(a)所示的具有通长活塞杆的阻尼器构造，这是目前隔震设施和阻尼系统应用中一种典型的构造。应用此种构造可以确保阻尼器液体受压时无任何附加刚度。将在第 10.7 节讨论能够提供各种恢复力方式的射流装置。

阻尼器制造商们采用了各种各样的材料来制造活塞杆、活塞头、阻尼器外壳以及密封口。为了获取理想的抗腐性能(对于桥梁安装的阻尼器非常重要)，圆筒和活塞杆应使用不锈钢。镀钢也是可选的，但其抗腐蚀能力依赖于电镀材料的覆盖厚度和质量。活塞杆必须经过高度抛光，从而优化阻尼器的性能、延长密封的寿命以及最小化阻尼器的摩擦抗力；抛光面应该和活塞杆平行并且应指定活塞杆表面粗糙度最大值。为了延长寿命和提高可靠性，活塞杆最好由高抛光不锈钢制造。

美国职业安全与健康局(OSHA)认证的硅油是典型的应用于黏滞阻尼器的液体。阻尼器提供商对于油的类型的选取基于阻尼器力学性能的要求，包括温度对速度和压缩性的依赖。

迫使流体流过小孔可以获得纯黏滞性能(Constantinou 和 Symans，1993；Soong 和 Constantinou，1994；Soong 和 Dargush，1997)。小孔可以设置在活塞头内部或者由活塞头和圆筒之间的缝隙构成。图 10－3 是液体黏滞阻尼器活塞头的截面图——本例中液体通过以及环绕活塞头从一室流向另一室。具有特定流动特性的标准活塞头可以从与液压相关的供应商处购得。对于有特定要求的设备也可以采用订做的活塞头。通过改变活塞头边缘外形和保持活塞头与套筒之间的特定间隙可以控制从它周围流过的液体，然后这也就导致需要在活塞头周边使用特定的金属来提供热补偿，以保证活塞头和套筒在往复运动中不发生膨胀，并保持特定的间隙——此类活塞头的设计对于供应商来说一般具有工程针对性和专利性。有一些类型的液体黏滞阻尼器采用外部油管，使液体通过安装在活塞头两端的套筒上的阀门从一室流向另一室。总的来说，使用阀门降低了设备的稳定性和寿命。

液体黏滞阻尼器的密封随着供应商不同而不同，并且密封作用的压力范围很大，从低值

(0 ~ 20 psi, 0 ~ 0.14 MPa)至高值(>5000 psi, >34 MPa)。图 10 - 2 显示了高强聚甲醛树脂的封口——利用内部液体高的静压和动压将其压在活塞杆上,防止泄漏。

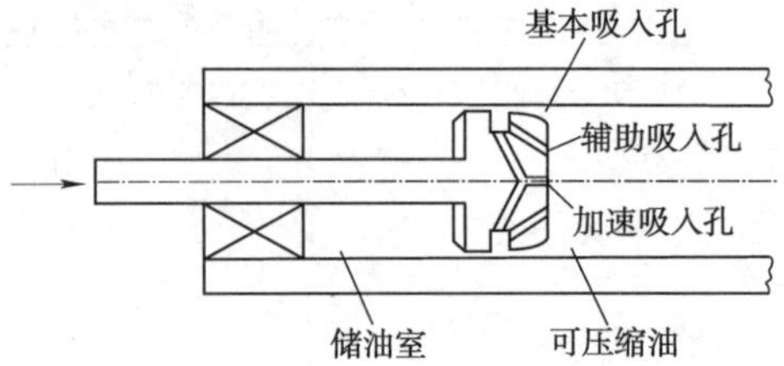

图 10 - 3　活塞头处孔口

阻尼器的每一端均应铰接,以允许其在阻尼器轴线所在平面内和与其垂直的平面内转动。这时通常使用球形支座以允许阻尼器多轴转动。支座材料通常是不锈钢或镀钢。

10.4　液体黏滞阻尼器的力学性能

由于活塞头两端的液压不同,造成阻尼器产生了轴向力;阻尼器的出力由下式计算:

$$F = A_1 p_1 - A_2 p_2 \tag{10-1}$$

式中, A_1 和 A_2 分别为活塞头在室 1 和室 2 中接触液体的面积,见图 10 - 2(b), p_1 和 p_2 分别为室 1 和室 2 的液压。对于图 10 - 2(b)所示的单出杆阻尼器(只在活塞头的一端有杆), A_1 和 A_2 的差值等于活塞杆的面积,活塞表面积的差别会引起不对称的力——位移循环关系。对于双出杆或者通长杆阻尼器[如图 10 - 2(a)所示的活塞两头均有杆], A_1 和 A_2 相等,此时式(10 - 1)化简为:

$$F = A_1 \Delta p \tag{10-2}$$

式中, Δp 表示活塞头两侧压降。Δp 与活塞头部相对于套筒的速度 $\dot{\Delta}$ 的关系由流过和/或流经活塞头部的流体来确定。

黏滞阻尼器的出力通常由下式确定:

$$F = C|\dot{\Delta}|^{\alpha}\mathrm{sgn}(\dot{\Delta}) \tag{10-3}$$

式中, C 为阻尼常数,由活塞头的面积决定; $\dot{\Delta}$ 定义如上; α 为一指数,从 0.1 至 2.0; sgn 为符号函数。最简单的形式为线性液体黏滞阻尼器,其指数等于 1.0。指数在 0.3 至 0.5 的非线性液体黏滞阻尼器,其经常用于限制速度超过设计速度时的阻尼器出力和增大在给定的峰值速度和峰值位移下的能量消耗。图 10 - 4 为试验得到的非线性黏滞阻尼器力 - 位移响应关系,该阻尼器在速度为 1 m/s 时输出力为 667 kN (150 kip),测试位移的幅值 177 mm (7 in)。

图 10 - 5 对两种液体黏滞阻尼器的力 - 位移关系进行了对比。每一种阻尼器在速度为 635 mm/s(25 in/s)设计的输出力为 2 223 kN(500 kip):对于线性阻尼器 $F = 20v$, F 为以 kip 为单位的力, v 为以 in/s 为单位的相对速度,对于非线性阻尼器,其指数为 0.3 即 $F = 190.4v^{0.3}$ 。当速度小于 635 mm/s(25 in/s)的时候,非线性阻尼器的输出力大于线性阻尼器的输出力。重要的是,当速度大于 635 mm/s(235 in/s)时,和线性阻尼器相比,非线性阻尼器的输出力增长非常的慢——这一设计特点用意在于,考虑地震时底面运动和预期响应的不确定性,阻尼器支撑系统的受力必须考虑到当超过目标速度时的情况。指数的不同体现在:(a)孔口的调整,或

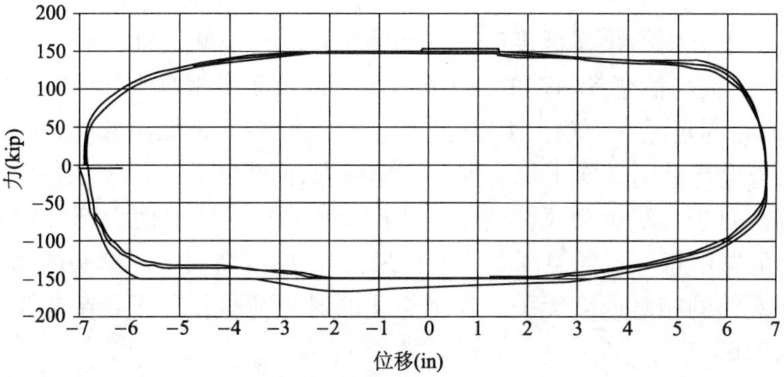

图 10－4　非线性液体黏滞阻尼器的力－位移响应
(1 kip = 4. 44 kN, 1 in = 25. 4 mm)

者环状或者直通活塞头；(b)使用安全阀或者调节室。后者的使用通常会影响设备的耐久性和寿命。

强非线性黏滞阻尼装置的使用(特别是速度指数非常低的阻尼器)会对非结构构件性能产生负面影响(Wolff 和 Constantinou, 2004；Pavlou 和 Constantinou, 2006)——只针对建筑结构而非桥梁。

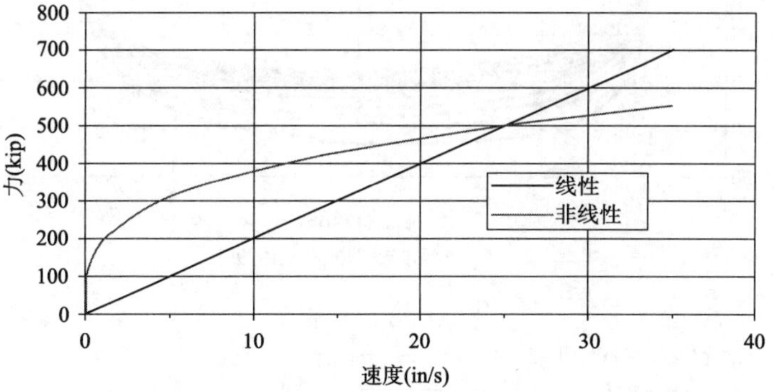

图 10－5　线性和非线性液体黏滞阻尼器的力－速度响应
(1 kip = 4. 44 kN, 1 in = 25. 4 mm)

10. 5　温度增高对液体黏滞阻尼器响应的影响

阻尼器液体运动时，温度的增长对黏滞力－速度－位移响应有两个主要的影响，即：(a)液体黏性的降低，造成有效阻尼常数 C 和阻尼器输出力的减少；(b)维持液体在阻尼器内的密封失效。图 10－6 为两个 1 067 kN(240 kip)的液体黏滞阻尼器在频率为 0. 5 Hz，位移为 ±304 mm(12 in)的正弦位移时程作用下，温度上升对其滞回响应的影响。两种阻尼器的输出力随着循环的重复而降低，类型 1 的阻尼器下降的百分比较大。

阻尼器中，硅胶液体的运行温度会随着周围温度的波动而上升或下降，同时也会由于工作风荷载(小幅位移，长期作用)以及地震动(大幅振动，短期作用)的能量输入而增加。液体黏滞阻尼器通过热量来消散能量，一些热量通过传导和对流消散在空气中，但大部分仍然保持在液体内

(对于地震振动条件下)。Makris(1998)和 Makris 等(1998)对液体黏滞阻尼器在小幅运动(风)和大幅运动(地震)下分别给出了温度升高的封闭解。对于小幅运动情况下黏滞液体的生热,Makris 证明温度的升高与活塞头两端的压力降(Δp)以及活塞相对于套筒的速度(v)成比例:压力降越小(同时在固定速度下输出力越小)稳定状态的温度越低。此外,Makris 表明在平衡位置处的小幅循环会导致活塞头上稳态温度增幅最大,但是随着离活塞头的距离增加,稳定状态温度急剧下降。对于大幅运动,阻尼器从一端运动到另一端,迫使大部分的液体流经孔口,Makris 等提出阻尼器中每一点的温度大体上较为相近,温度增长与活塞头两侧压差成比例,但与阻尼器相对于圆筒的相对速度无关。在理想化的时程荷载作用下(谐波和三角波运动)可以得到问题的封闭解。

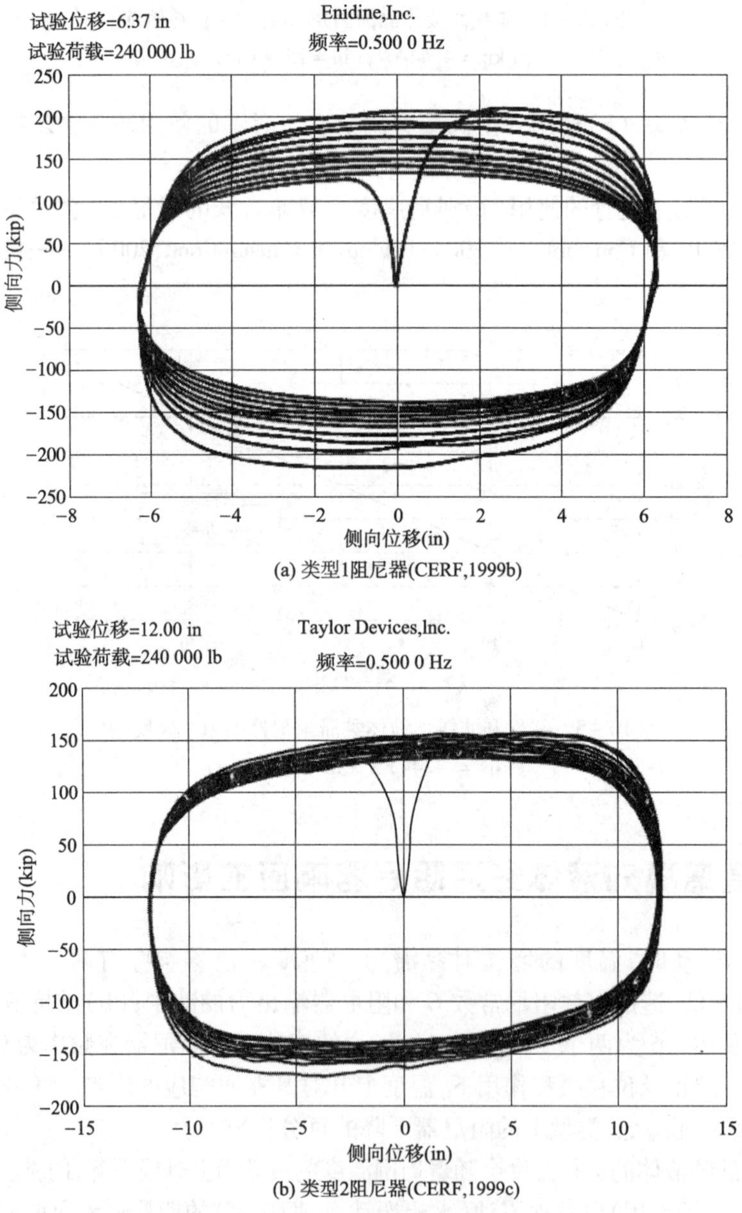

(a) 类型1阻尼器(CERF,1999b)

(b) 类型2阻尼器(CERF,1999c)

图 10-6 温度对液体黏滞阻尼器滞后响应的影响(1 kip = 4.44 kN,1 in = 25.4 mm)

Taylor(2006)注意到,Makris 所提封闭解在原型阻尼器测试中无效,同时液体和用于制造孔口材料的局部加热使封闭解难以控制。Taylor 强调阻尼器制造商需要通过选择液体(沸点、闪点和黏滞温度响应)、封口、液压、阻尼器总的尺寸、液体和金属的热质量,以及孔口尺寸和位置,来注意阻尼器的热效应以及其对滞回效应等方面的影响。

当应用于桥梁时,每一个阻尼器应该根据其设计寿命中最可能经历的荷载条件进行测试,因为(a)复杂受载条件下无封闭解;(b)在推导方程时作的假设对于所选择的阻尼设备可能不成立。对于原型测试、生产测试以及性能评估,应进行足尺动力测试来反映随着反复循环其滞回特征变化(力 - 位移响应)——虽然随着反复循环温度的上升是一个学术上的焦点,桥梁工程师最感兴趣的仍是滞回性能(能量消散或者阻尼)的改变。阻尼器测试的相关信息见第 13 章。

10.6 锁定装置

锁定装置是液体黏滞阻尼器的衍生物,它允许在低速度(温度荷载)下随意运动,在高速(地震荷载)下接近刚性。锁定装置用来连接(或者锁定)桥梁各部分(如多跨简支),使其形成一个整体,以一种预定的方式将工作荷载(如汽车制动)以及极端荷载(如地震荷载)沿桥梁轴向传至基础。图 10 - 7(摘自 Taylor,2000)为锁定装置概念上的应用,其目的是将桥梁的三部分刚性连接到桥台和桥墩上。该设备规格从数十千磅至数千千磅。

图 10 - 8 为双出杆锁定装置轴向的剖面示意图(Taylor,2000),其构造实质上和液体黏滞阻尼器相同,主要的区别在于活塞头内的孔口。除了工作介质可能是油灰类的材料而非硅油外,其他制造材料与液体黏滞阻尼器相同。因为所需位移能力(冲程)比较小,所以锁定转置一般都很紧凑。设备的工作原理与液体阻尼器相同,即,活塞头与套筒的相对运动强迫液体(或者油灰类型的材料)通过活塞头上的孔口从一个油室流向另一个油室。孔口一般都很小,孔长与孔径比非常大——低速的时候提供高的液体流动阻力。

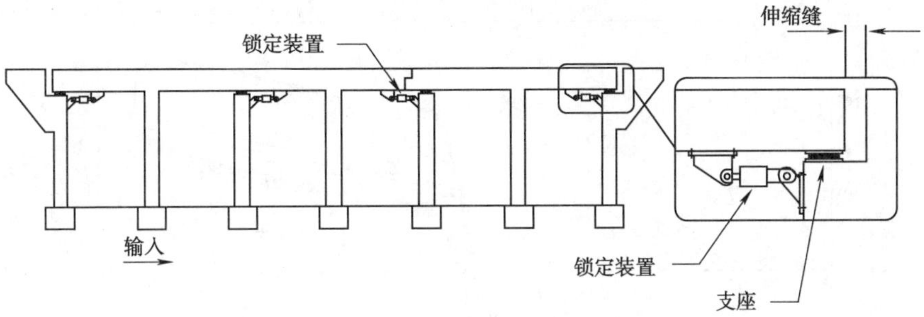

图 10 - 7　锁定装置的应用(摘自 Taylor,2000)

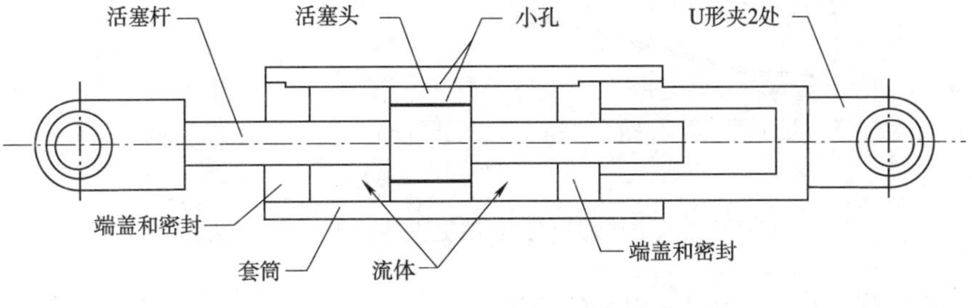

图 10 - 8　锁定装置的构造细节(摘自 Taylor,2000)

锁定装置的输出力可由式(10－3)计算。锁定装置的速度指数通常为1或者更大,装置在与热膨胀相对应的速度(如0.0025 mm/s)下,输出力比设备额定能力(力)的10%还小,同时当装置到达额定输出力时,其速度只有设计事件(如地震、风和制动)预期速度的1%到10%。锁定装置能量消散通常都非常小,在分析和设计过程中可以忽略。利用图10－5所示的例子,线性和非线性液体黏滞阻尼器分别是 $F = 20v$ 和 $F = 190.4v^{0.3}$(速度 v 的单位是kip/s和in/s),对于目标运动速度为635 mm/s(25 in/s),一个2220 kN(500)kip的锁定装置的力－位移关系,$F = 2000v$,速度 v 的单位为kip/s(in/s),速度 v =0.254 mm/s(0.01 in/s)时,输出力是89 kN (20 kip)(额定能力的4%),同时速度 v =6.3 mm/s(0.25 in/s)(目标运动速度的1%)时为2220 kN(500 kip)。

10.7 具有恢复力和阻尼的装置

Tsopelas和Constantinou(1994),Soong和Dargush(1996)以及Constantinou等人(1998)介绍了具有流体恢复力和阻尼的装置。这些设备在使用荷载作用下设计为刚性并在地震荷载条件下能够提供恢复力以及阻尼。这些装置能够用在公路桥梁和铁路桥梁中,其中在重力、交通、风荷载和离心力荷载作用下装置的刚度很高。图10－9是该装置的力－位移曲线,装置用于地震模拟测试的桥梁模型上(Tsopelas 和 Constantinou,1994)。设备为经过预压可提供预载荷的可压缩性液体弹簧。孔口用作产生黏滞阻尼力。工作原理如图10－10所示,一个充满液体的液压圆筒,面积为 A_r 的杆压入圆筒,从而液体的体积减少了 $A_r u$,这里 u 为杆的位移。圆筒的超压 p 为:

$$p = \frac{F}{A_r} \tag{10-4}$$

式中,F 为所施加的力。

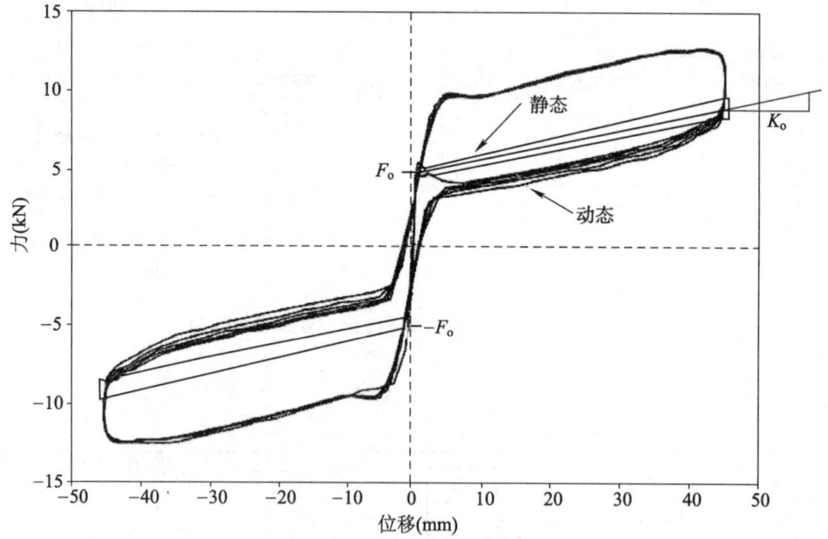

图10－9 小比例恢复力/阻尼设备的力－位移曲线

由于液体体积变化 $\Delta V = A_r u$ 引起的超压

$$p = K\frac{\Delta V}{V} \tag{10-5}$$

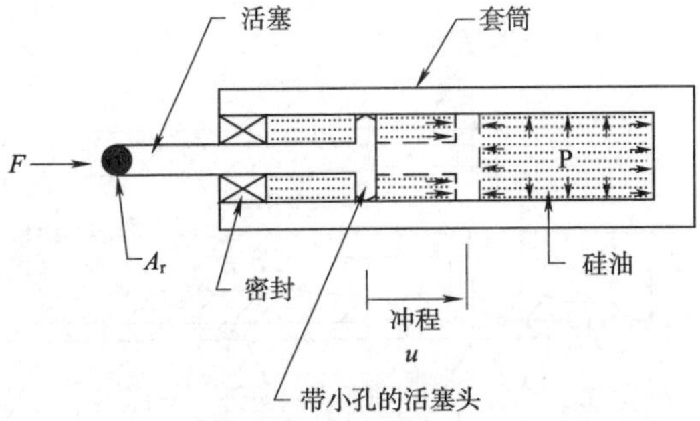

图 10－10　恢复力/阻尼设备的工作

式中，V 为液体体积；K 为液体的体积模量。方程(10－4)和方程(10－5)给出了力 F 的表达式。

$$F = \frac{KA_r}{V}u \tag{10-6}$$

此关系如图 10－11(a)所示。因为随着位移 u 增加液体体积的减少，其力－位移关系是刚化－非线性的。

孔口处的摩擦改变了力－位移关系，如图 10－11(b)所示。给设备施压一初始压强 p_0，产生的预压力为 F_0，其中

$$F_0 = A_r p_0 \tag{10-7}$$

只有超过预压力，活塞杆才会开始运动。预压过的力－位移关系如图 10－11(c)所示。液体流经活塞头产生一个黏滞力，其力与位移的关系如图 10－11(d)所示。从图 10－11(d)明显可以看出一个方向的阻尼力与另一个方向的阻尼力不同(这与图 10－9 测试设备的曲线相同)。该特性是由于只在一个方向上开设了附加的孔口面积。当大冲程下需要较大的阻尼力(如，为了减少位移需求)，而小冲程下需要较小的阻尼力(如，保证恢复能力)时，这一特性就会很理想。

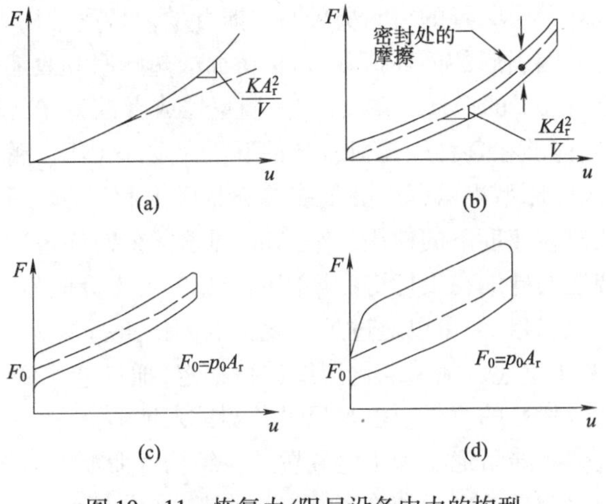

图 10－11　恢复力/阻尼设备中力的构型

压缩－恢复力和阻尼设备既可以单独承受也可以联合使用，使得在受压和受拉时都能起作用。图 10－12 为 Tsopelas 和 Constantinou(1994)测试中使用的设备的构造。此设备的输出

力可达到 1 500 kN，自从 1970 s 就已用作防御设施中。

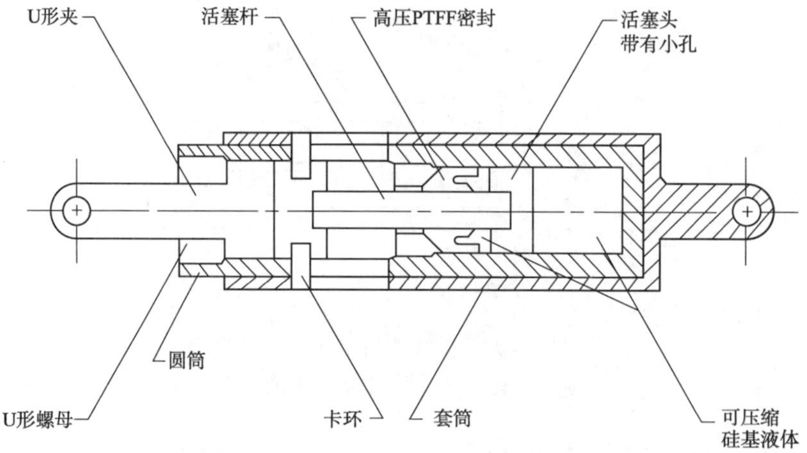

图 10－12　双出杆恢复力/阻尼设备的构造

10.8　液体黏滞阻尼器的使用寿命

液体黏滞阻尼器（锁定转置）的使用寿命受到金属元件的腐蚀、密封的失效以及工作介质（液体阻尼器的硅油以及锁定转置的硅油或者油灰）的老化的限制。

金属元件的腐蚀会导致液体直接从圆筒中漏出，或者因密封失效造成液体的泄漏（腐蚀的活塞杆在密封处运动）。选用合适种类的金属元件能够减少可能的腐蚀，不锈钢比镀钢有较长的使用寿命。可根据 ASTM 标准 B117 在盐雾室中进行加速腐蚀测试，规范给出了一个可控制的腐蚀环境来模拟加速的海洋型大气条件。试样的类型、室内暴露的时间以及可接受的标准必须由工程师确定。然而，正如第 4. 10 节所讨论那样，这种加速老化测试并不能真正模拟设备在腐蚀环境中承受 30 到 50 年的连续运动的情况，最好使用高抛光不锈钢活塞杆同时避免使用镀钢。

液体黏滞阻尼器或者锁定装置的密封失效是灾难性的。桥梁结构中的液体阻尼器和锁定装置每天都要经受各种原因引起的循环荷载，包括桥面板热膨胀和收缩，制动荷载以及交通变化：50 年内 20 000 次使用水平的循环。重要的是，阻尼器或者设备在其超过 50 年的设计使用寿命过程中，其密封必须能够在各种极端荷载条件下正常发挥作用。密封的质量至关重要，密封设计需要特别注意，同时原型测试程序必须能够满足压力和运动对密封的要求。为保证在速度大于桥梁热循环所对应速度下的使用水平测试，可能需要对锁定装置孔口尺寸进行修改。

阻尼器或者锁定装置的硅油在设计寿命期间的老化并不十分明显。虽然认为荷载循环引起的力学特性的变化可以忽略，但可以通过足尺设备的测试进行核定。对用于给定锁定装置的油灰，其力学特性的变化应通过加速老化测试进行核定，加速老化的试验结果应谨慎对待。循环荷载引起的油灰力学特性的改变应由足尺设备测试来评估。

目前还不能预测液体黏滞阻尼器和锁定装置的在结构寿命期内力学性能的改变。鉴于密封失效的灾难性可以通过合理的设计和恰当的选材来避免，分析和设计中采用的性能值的范围可以仅考虑材料属性自身的变异性。一般来说，名义值 ±15% 均能接受并将其用于上下边界的分析中。

第 11 章　阻尼系统的布置

11.1　引　　言

被动消能装置和锁定装置以多种布置方式安装在桥梁上。最优的布置是每单位造价获得的附加阻尼达到最大化。所有的布置都要求在阻尼器两端产生相对位移，从而消散能量并且所有的布置能够满足桥梁的热循环且只产生很小的力。

传统桥梁（非隔震）由于热胀冷缩引起的水平相对位移通常位于 ±50 mm 和 ±200 mm 之间。发生的位置位于桥梁上部结构各部分之间，以及上部结构各部分与桥墩之间的伸缩缝上（具体位置如图 10 – 7 所示）。液体黏滞阻尼器和锁定装置应该安置在这些位置上。液体黏滞阻尼器和屈曲约束支撑可以安置在如图 11 – 1 所示的桥墩上。

11.2　直线型支撑和对角型支撑布置

传统的阻尼器布置包括线型和对角型。线型布置如图 10 – 7 所示，阻尼器两端的相对位移等于相邻桥单元的相对位移。对角支撑布置为桥墩的立面与桥面构件底面的隅撑装置：本布置中阻尼器的伸长和收缩小于阻尼器两端的水平相对位移。

图 10 – 7 所示线型布置和之前描述的对角安装仅适用于流体黏滞阻尼器（或锁定装置），因为屈曲约束支撑在桥梁的热循环下会产生大的轴向力。

图 11 – 1　钢桥墩支撑

被动消能装置可安装在高桥墩上，以降低桥墩和被支撑的上部结构的响应。如果将位移相关型阻尼器（如，防压屈支撑）安装在桥墩之间，一种经济的方法是在平面内（如图 11－1 所示）对角布置或者人字形布置（支撑在跨越桥墩的梁的中点处相交）。图 11－2 为建筑中屈曲约束支撑人字形安装。

液体黏滞阻尼器可以和桥墩之间的支撑框架系统相平行（新建或者已建），但是阻尼器两端的相对水平位移一般较小。因此为获取中等水平的附加阻尼系统，需要有大的阻尼力。在按传统方法布置的系统中，阻尼器位移小于或等于阻尼器安装所在平面框架的相对水平位移。对于小冲程液体黏滞阻尼器，需要一些专门的零件，因此这大幅增加了阻尼器的体积和花费。

图 11－2　防屈曲支撑的人字形安装

布法罗分校的研究课题（如 Constantinou 和 Sigaher，2000；Constantinous 等，2001；Sigaher 和 Constantinou，2003）利用能够放大阻尼器位移的机械原理，将液体阻尼器的用途扩展到刚性结构系统以及一些小位移情况。这种放大机构使得所用的阻尼器具有较小的输出力（较小的阻尼体积），更大的冲程和降低的花费。两种布置为套索支撑和剪刀支撑，将在下文分别介绍。

11.3　其他的阻尼布置

套索布置如图 11－3 和图 11－4(a)所示。套索 *AB* 和 *BC* 构成了附加框架，同时二者布置成扁桁架形式。阻尼器安装时与 *AB* 套索垂直。如果阻尼器位于位置 1，该布置叫作下部套索；阻尼器位于位置 2 为上部套索。最有效的布置为上部套索。每一个布置中，*C* 点相对于 A 点的位移，等于平面位移 u，并会引起套索 *AB* 的转动。*B* 点和 *D* 点间距离的变化，以及 *B* 点和 *E* 点间距离的变化分别为阻尼器位移 u_{D1} 和 u_{D2}。通过简单的方程式，可以表明这些位移都与平面位移 u 有关。

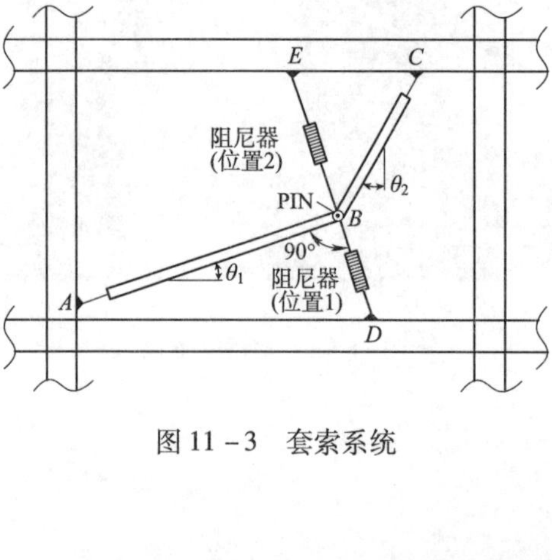

图 11－3　套索系统

套索系统的阻尼力很小，但是在扁桁架中可以进行放大，并通过支撑的轴力传递给框架系统。套索系统的杆件不受弯，有利于小截面和标准连接件的使用。结构很紧凑，同时可以安装在方形区域，方形一条边长等于柱高－桥墩的尺寸。对于较小的转动，同时阻尼器位于位置1时，阻尼器的位移和层间位移 u 有关，关系如下：

$$u_d = fu \tag{11-1}$$

阻尼器位于位置2，关系为：

$$u_D = (f + \sin\theta_1)u = f_u u \tag{11-2}$$

(a) 上部套索支撑

(b) 剪刀型支撑

图 11－4　布法罗分校振动台的套索支撑和剪刀型支撑

其中

$$f = \frac{\sin\theta_2}{\cos(\theta_1 + \theta_2)} \tag{11-3}$$

位移放大系数 f 和 f_u 主要与套索的倾斜度有关。尽管放大系数对于 θ_1 和 θ_2 的微小变化很敏感，但也能获得大位移放大值。很容易使放大系数在2到3之间，并且在这一区间其对 θ_1 和 θ_2 的变化不敏感。对于小转动并且在位置1处，阻尼力 F 与套索支撑施加在框架上的力 F_F 的关系如下：

$$F_F = fF \tag{11-4}$$

对于位置2

$$F_F = f_u F \tag{11-5}$$

对于对角安装或线型安装以及人字型支撑安装的阻尼器，其方程形式与式(11－1)到式(11－5)相同。

图11－4(b)和图11－5所示的反向套索和剪刀型系统为套索支撑系统的变体。针对反向套索系统和剪刀型支撑系统，给出了与前面所列套索系统方程相似的方程，详见图11－5。

为了说明套索支撑和剪刀型支撑系统对刚性结构的有效性，请见图11－5列出的平面框架及6种阻尼布置型式。对角和线型布置代表了传统的阻尼器布置。为了便于对比，假设平面结构的基本周期0.3s，线性液体黏滞阻尼器有阻尼常数 C，等于160kN/m，框架重1370kN，以及角 θ、θ_1、θ_2、θ_3 和 ψ 列于图11－5。

阻尼器的输出力 F，由下式给出：

$$F = C\dot{u}_D \tag{11-6}$$

式中，u_D 为阻尼器两端沿着阻尼器轴线的相对速度。阻尼系统施加在框架上的阻尼力 F_F，由下式确定

$$F_F = Cf^2\dot{u} \tag{11-7}$$

式中，$\dot{u}$ 为平面结构上端的相对速度，如果阻尼器位于图 11－3 索套支撑的位置 2，则 f 等于 f_u。重量为 $\overline{W}_1$，基本周期为 T_1，图 11－5 所示平面的阻尼比：

$$\beta_{v1} = \frac{Cf^2gT_1}{4\pi\overline{W}_1} \tag{11-8}$$

图 11－5 对一简单结构的不同阻尼器布置进行了对比，但该结构并不代表桥梁。对于传统的对角型和线型布置的阻尼比小于临界阻尼比的 5%，而索套和剪刀型系统的阻尼比要大于临界值的 23%。套索和剪刀型系统的位移放大系数大于 2.1。

虽然这些新的阻尼器布置还没有应用在桥梁上，但在建筑上已有四例应用，其中一个用于高地震危害区：位于旧金山市的 37 层的 Yerba Buena 塔安装的液体黏滞阻尼器按反套索布置。套索和阻尼器直接和梁柱节点相连，这种布置减少梁的附加弯矩并且易于计算放大系数。图 11－6 为安装在 Yerba Buena 塔上的一个索套支撑的照片。图 11－7 为安装在塞浦路斯的奥林匹克委员会大楼上的剪刀型支撑体系的照片。

对角	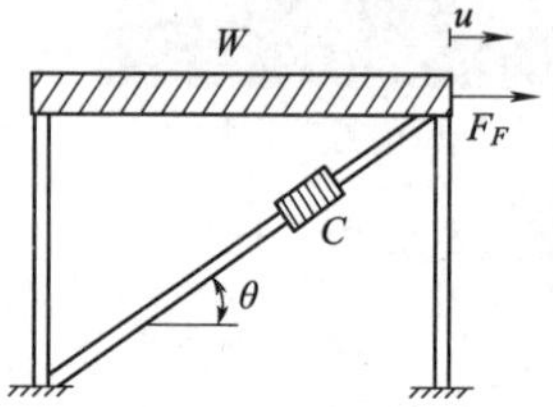	$f = \cos\theta$	$\theta = 37°$ $f = 0.799$ $\beta = 0.032$
线型	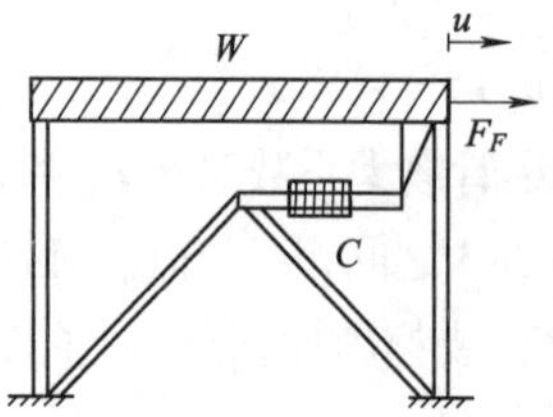	$f = 1.00$	$f = 1.00$ $\beta = 0.05$
下部套索	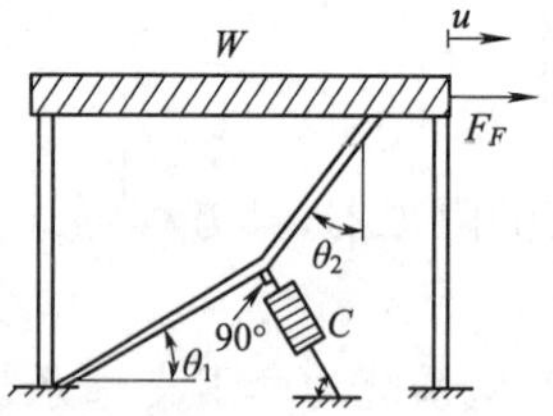	$f = \dfrac{\sin\theta_2}{\cos(\theta_1+\theta_2)}$	$\theta_1 = 31.9°, \theta_2 = 43.2°$ $f = 2.662$ $\beta = 0.344$
上部套索	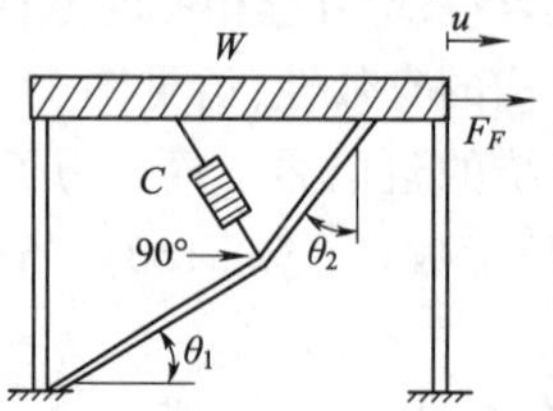	$f = \dfrac{\sin\theta_2}{\cos(\theta_1+\theta_2)} + \sin\theta_1$	$\theta_1 = 31.9°, \theta_2 = 43.2°$ $f = 3.191$ $\beta = 0.509$

图 11－5

反向套索	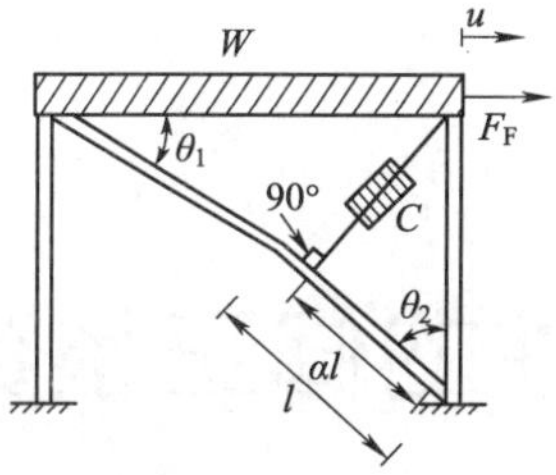	$f=\dfrac{\alpha\cos\theta_1}{\cos(\theta_1+\theta_2)}-\cos\theta_2$	$\theta_1=30°,\theta_2=49°$, $\alpha=0.7$ $f=2.521$ $\beta=0.318$
剪刀型	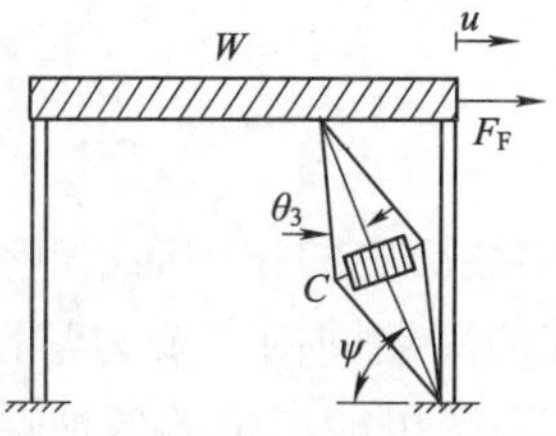	$f=\dfrac{\cos\psi}{\tan\theta_3}$	$\theta_3=9°,\psi=70°$ $f=2.159$ $\beta=0.233$

图 11－5　各种布置的阻尼器有效性

图 11－6　反套索支撑的安装

图 11－7　剪刀支撑系统的布置

这些可选的阻尼器布置方案的完整性及性能表现依赖于对套索支撑、阻尼器连接件与桥梁上部结构/下部结构的支撑的环境保护。对于套索支撑及连接件的保护应与液体黏滞阻尼器相当。

第 12 章　系统特性的修正系数

12.1 引　言

隔震支座的特性随着磨损、老化、暴露环境以及加载历史的作用而不断变化。虽然地震激励时支座的实际状况难以确定,但还是可以确定在其使用期间内主要力学性能可能的最大值和最小值。用最小值和最大值进行分析,以涵盖隔震系统可能产生的各种响应。

通过对属性分布的统计分析和对相关事件发生概率的考虑,可以确定其主要力学特性的最大值和最小值。包括:设计地震波。然而通过工程测试(如温度对滑移支座摩擦系数的影响)或者联合测试、合理的分析以及工程判断来确定某一作用对支座性能的影响更简单。本报告的这一章介绍了用于计算滑移支座和橡胶支座可能的材料特性的变化的方法以及这些构件特性的变化对隔震系统地震响应的影响。

本章列出了主要力学性能的默认最大值和最小值。这些数据可以通过合理的测试数据来更新。鼓励生产商提出整个系统性能修正因子的具体的复合及橡胶特性值。

12.2 系统特性修正系数

不管是通过过去的经验或是通过原型试验,认为隔震支座力学特性名义值是已知的。名义值通常适用于全新的并且有扰动的支座上面(也就是,支座已做过测试,已去除其原始影响),其温度为 20 ℃,一个特定的垂直荷载、频率(或者速度)以及应变(或者位移)。假定该数值为 H_n 。我们注意到名义数值通常是一个范围。例如:规定摩擦系数的名义值为 0.05,但实际情况中该数值会随着支座尺寸、轴向荷载、运动速度以及运动振幅而变化。对于滑移支座的摩擦系数其范围是 0.04 ~ 0.06。为了便于讨论,假设名义值的最低和最高边界值是 H_{nL} 和 H_{nU}。

生产商对力学性能数值的范围普遍能达到共识,这些数值是隔震装置规格、生产商合同、供应以及支座的性能的一部分。这个范围必须足够的宽松,以避免由于公差要求过严而使生产商无法满足以及为了满足过严的规格而进行的不可靠的生产方法和固化过程的试验无法进行,该属性的最小值和最大值分别为: H_{min} 、H_{max} ,该数值定义为名义数值与一系列系统特性修正系数,或 λ 系数,相乘得到的最低和最高界限,具体过程如下:

$$H_{max} = \lambda_{max} H_{nL} \tag{12-1}$$

$$H_{min} = \lambda_{min} H_{nU} \tag{12-2}$$

其中

$$\lambda_{max} = \lambda_{max,1} \times \lambda_{max,2} \times \cdots \times \lambda_{max,n} \tag{12-3}$$

$$\lambda_{min} = \lambda_{min,1} \times \lambda_{min,2} \times \cdots \times \lambda_{min,n} \tag{12-4}$$

每一个 $\lambda_{max,i}$ ($i=1$ 到 n)值都大于等于 1.0,每一个 $\lambda_{min,i}$ 都小于等于 1.0。同时每一个 λ

都与不同的因素相关,如磨损、污染、老化、加载历史、温度以及所暴露的环境。

例如,考虑温度对滑移支座摩擦系数的影响。结构寿命期内的温度范围建立在工程所在位置或者地理区域的基础之上。该范围并非一定是极端气温(最高和最低)。假设温度范围是从 -10 ℃到50 ℃。可在此温度限制范围内进行测试,同时 λ 为测试温度时的摩擦系数与参考温度(20 ℃)时的摩擦系数之比。例如: $\lambda_{min,t}$ 是建立在最高气温(50 ℃)的测试数据的基础上的, $\lambda_{max,t}$ 是建立在最低气温(-10 ℃)的基础上的。

另一个例子:考虑磨损对摩擦系数的影响,第 5.5 节根据桥梁的几何特性(跨度、梁高等)、平均的汽车通过率以及桥梁的使用期来确定累积行程。可根据试验来确定 λ 相应的数值。系数 $\lambda_{max,tr}$ 通常为在某个持续测试前后所进行的高速测试得到的摩擦系数的比值,其中的持续测试是在适当速度下(~1 mm/s)进行的,直到总行程等于计算行程。$\lambda_{min,tr}$ 可以根据相似的方法确定,但是其累积行程偏小,此时摩擦系数被最小化。

Warn 和 Whittaker(2006)研究了隔震桥梁上单个隔震装置力学特性的变化,据此分析了其对整个系统响应的影响,并提出了样本结果。采用一座简单隔震桥梁模型时程分析的结果、20 个标准隔震系统以及一系列修正系数来量化系统响应的变化:最大位移和最大剪力。所选择的时程分析的 λ 取值范围以 1999 AASHTO 隔震设计指导规程中针对标准桥梁隔震系统提出的这些数值为基础。系统响应的数据,更确切地说是最大剪力数据的变化,根据最大剪应力增加的百分比不同而转化成 λ 的阀值。这些阀值可作为工程师在进行界限分析之前提供的一个工具,以估算设计替换值。读者可以参阅 Warn 和 Whittaker(2006a,2006c)得到更多信息。

12.3 系统调整系数

系统特性调整系数可由式(12 -3)和式(12 -4)进行计算。虽然每一个因数只反映了对支座力学特性某一特定的影响(如,磨损),将式(12 -3)和式(12 -4)得到的每一个最大值和最小值相乘得到的系统修正系数非常保守:几个附加因素(如,低温、最大行程以及最大极限的腐蚀)与考虑最大地震作用同时发生的概率非常小。

可以调整系统特性修正系数来反映要求的保守程度。这个调整必须建立在对力学特性随时间变化的统计分析、节点事件发生的概率以及结构重要性的基础之上。对于实际操作来说还是需要一个简单调整 λ_{max} 和 λ_{min} 过程。

Constantinou 等(1999)介绍了该调整过程,同时写入了 1999 AASHTO 隔震设计指导规程。调整过程采用了调整系数 a ,过程如下:

$$\bar{\lambda}_{max} = 1 + (\lambda_{max} - 1)a \tag{12-5}$$

$$\bar{\lambda}_{min} = 1 + (\lambda_{min} - 1)a \tag{12-6}$$

式中, $\bar{\lambda}_{max}$, $\bar{\lambda}_{min}$ 分别为调整后的系统特性修正系数。a 等于 1.0 则不调整,也就是说在设计地震发生时,最大变化已经发生。

AASHTO 隔震设计指导规程指出对桥梁的调整系数:关键桥梁 1.0,重要桥梁 0.75,其他桥梁为 0.66——这些数值是建立在工程判断以及对关键桥梁设计所采用的保守方法的期望程度的基础上来确定。参数 a 的数值可以随着对隔震桥梁以及其他结构的多年观测而调整。方程(12 -5)和方程(12 -6)需要进行修正,以反映 λ 达到最大值和最小值所需要的时间。例如:老化效应在支座安装几年后就有所体现,因此计算 $\bar{\lambda}_{max}$ 时允许不下调 λ_{max} 。

12.4 滑移支座的特性修正系数

12.4.1 介　绍

本小节所提出的特性修正系数是建立在第 5 章的试验数据以及第 4 章对摩擦特性介绍的基础之上的。当条件与设计震动一致时，也就是高速运动，摩擦系数的名义值应该采用修正系数。对于影响范围的数值列于表中并给出了使用条件、安装细节以及材料的影响。

表 12－1 给出了三种滑动截面。

(1)未润滑 PTFE：所包含的未润滑 PTFE 界面由高抛光不锈钢和 PTFE 或者相似的复合材料(如用于 FP 支座的材料)接触组成。

(2)润滑 PTFE：所包括的润滑界面由高抛光奥氏体不锈钢和未填充的 PTFE 接触组成；由小凹槽中的油脂提供润滑。

(3)双金属界面：所包含的界面由不锈钢和铜(或者相似的金属或者合金)接触而成，可以有也可以没有类似于石墨、铅、PTFE 的固体润滑剂。该接触面的基本特点就是双金属接触，这种接触面受荷载间歇的影响巨大；此界面不包括不同的金属(如：碳钢和低合金钢与铜合金相接触)，这种情况应该避免。

12.4.2 老化的影响($\lambda_{max,a}$，$\lambda_{min,a}$)

对于不锈钢－PTFE 界面，其推荐值基于表面粗糙度对于摩擦系数的影响——这些数据在第 5 章中给出。如果数据没有给出的话，数值以工程判定为基础。对于双金属界面数值，以第 4.7 节介绍的荷载间歇的影响为基础，这个影响进行了腐蚀因素修正。

表 12－1 列出了 $\lambda_{max,a}$的数值，$\lambda_{min,a}$设定为 1.0。所提出的数据基于以下假设：(a)暴露时间为 30 年。(b)对于 PTFE 界面，不锈钢采用的是奥氏体 304。如第 5.7 节讨论，对于 316 不锈钢采用更低数值。(c)非密封支座更易曝露于水和盐，两者会加速腐蚀。(d)表 5－6 所列的 3 种安装类型以及 4 种环境环境条件可以简化成两种环境条件：正常(乡村和城市)以及恶劣(沿海和工业)。

表 12－1　滑动支座摩擦系数的时效影响系统特性修正因子 $\lambda_{max,a}$

界面	非润滑 PTFE		润滑 PTFE		双金属界面	
安装	密封	非密封	密封	非密封	密封	非密封
正常环境	1.1	1.2	1.3	1.4	2.0	2.2
苛刻环境	1.2	1.5	1.4	1.8	2.2	2.5

12.4.3 污染影响($\lambda_{max,c}$，$\lambda_{min,c}$)

表 12－2 给出了污染影响系数 $\lambda_{max,c}$的数值；设定 $\lambda_{min,c}$等于 1.0。$\lambda_{max,c}$的数值以第 5.8 节数据为基础。只考虑了滑移支座在使用时的污染，不考虑在建设场地支座的拆卸引起的污染。不锈钢面朝上的非密封支座最易受到污染，这里没有讨论这种安装方法，笔者认为不宜采用此种安装方式。

对于其他安装，污染引起的影响有限，污染因子 $\lambda_{max,c}$的范围为 1.0 到 1.1 之间，非密封润滑

PTFE 支座除外。对于此类支座,污染一般会引起润滑剂的硬化以及滑动摩擦系数的显著增加;$\lambda_{max,c}=3.0$ 证明了所看到的,使用非密封润滑 PTFE 支座的不被认可。表 12－2,$\lambda_{max,c}=1.1$ 是针对不锈钢朝上的密封支座而言的,它的污染来源于灰尘,或者从支座碳钢板上落在不锈钢面层上的油漆颗粒。如果对于使用寿命为 30 年的板,采取电镀或者油漆来防腐,$\lambda_{max,c}$ 可取 1.0。

12.4.4　累计运动或行程的影响($\lambda_{max,tr}$,$\lambda_{min,tr}$)

累计运动(或行程)影响的修正系数以第 5.5 节数据为基础,数据表明摩擦系数随短行程运动而减少,随着长距离运动而增加。增长的百分比依赖于不锈钢表面粗糙度以及滑动界面的组成。

表 12－2　滑动支座摩擦系数的污染效应特性修正因子 $\lambda_{max,c}$

安装方法	非润滑 PTFE	润滑 PTFE	双金属界面
密封不锈钢面朝下	1.0	1.0	1.0
密封不锈钢面朝上,电镀或油漆的有 30 年寿命的支座	1.0	1.0	1.0
密封不锈钢面朝上	1.1	1.1	1.1
非密封不锈钢面朝下	1.1	1.1	1.1
非密封不锈钢面朝上	不鼓励	不鼓励	不鼓励

累计行程推荐的修正系数以非填充 PTFE 和高抛光不锈钢接触的数据为基础的。这些数据表现出的趋势与做测试的 PTFE 复合材料相似(如图 5－19 和图 5－20 所示)。对于普遍使用的滑移界面,在累计行程超过 2 km 时,关于累积行程造成的影响相关资料有限,甚至有些无据可查。提出的相应数据也限制在 2 km 的行程之内。鼓励滑动支座的制造商根据复合材料的厚度、不锈钢刚度以及支座表面压力提供 $\lambda_{max,tr}$ 以及 $\lambda_{min,tr}$ 数值。

1999 AASHTO 隔震设计指导规程(AASHTO,1999)指出 $\lambda_{max,tr}=1.0$。经历较大行程之后非润滑 PTFE 支座最小值是 0.8～0.9,同时润滑 PTFE 支座为 1.0。对双金属界面数值,则缺乏确切的资料。表 12－3 列出了 $\lambda_{max,tr}$ 的数值。表中未列出数值为缺乏试验数据。

表 12－3　滑动支座摩擦系数的行程影响特性修正系数 $\lambda_{max,tr}$

累计行程(m)	未填充 PTFE	润滑 PTFE	双金属界面
1000	1.0	1.0	NA
2000	1.2	1.0	NA
>2000	NA	NA	NA

12.4.5　温度的影响($\lambda_{max,t}$,$\lambda_{min,t}$)

第 5.4 节和第 5.9 节测试结果表明了温度对摩擦系数的影响。一般来说,摩擦系数随着滑动界面的温度降低而升高。摩擦的增强依赖于试验开始时间,以及测试时间间隔内摩擦生热的多少。

以第 5.4 节的测试结果为基础,表 12－4 给出了未填充 PTFE 界面 $\lambda_{max,t}$ 数值。对于测试条件与第 5.4 节相同的 PTFE－复合界面,该数值同样适用,虽然温度效应对该界面的摩擦特性影响稍小。润滑支座的数值以第 5.9 节(Campbell 和 Kong,1980)以及表 5－7 和表 5－8 中的数据为基础的。

表 12－4 所列的 $\lambda_{max,t}$为参考温度为 20℃时的数值。在 50℃时，润滑及非润滑的 PTFE 界面的 $\lambda_{min,t}$分别为 0.9 和 0.8。

表 12－4 滑动支座摩擦系数的温度影响特性修正系数 $\lambda_{max,c}$

温度(℃)	非润滑 PTFE	润滑 PTFE	双金属界面
20	1.0	1.0	NA
0	1.1	1.3	NA
20	1.0	1.0	NA
0	1.1	1.3	NA
－10	1.2	1.5	NA
－30	1.5	3.0	NA
－40	1.7	NA	NA
－50	2.0	NA	NA

12.5 弹性隔震系统的系统特性修正

12.5.1 简　介

这里介绍了橡胶隔震系统的时效、温度、行程以及扰动的系统特性修正系数。

橡胶支座的制造混合了多种复合物同时 λ 也会因混合物不同而不同。1999 AASHTO 隔震设计指导规程(AASHTO,1999)所列数值基本上是以第 7.9 节的研究为基础。以下所列数值是以指导规程与 Thompson 等人(2000)和 Morgan 等人(2001)的研究报告为基础的。

12.5.2 老化的影响($\lambda_{max,a}$，$\lambda_{min,a}$)

由于橡胶基质持续的硫化，导致弹性体的时效硬化，从而引起弹性支座的屈服后刚度以及特征强度(或有效刚度)的增加。如果橡胶的自由硫在硫化过程中被消耗掉，刚度会因时效增加得很小，几乎为零。扰动特性和无扰动特性之间的差别(以及这些特性的恢复)表明硫化一直存在，并成为时效硬化的潜在因素。

表 12－5 列出了低阻尼和高阻尼橡胶支座的 $\lambda_{max,a}$数值。这里，阻尼大于 5% 的橡胶支座在 150% 剪切变形处，我们认为时效的影响与非扰动刚度和扰动刚度之间的区别有关，见表格下的标注。表中数值 1.1 和 1.2 以第 7.9 节的数据以及 Thompson 等人(2000)和 Morgan 等人(2001)的研究为基础；数值 1.3 以 Morgan 等人(2001)的研究报告为基础。

表 12－5 橡胶支座的时效影响统特性修正因子 $\lambda_{max,a}$

橡胶化合物	屈服后刚度 K_d	特征强度 Q_d
低阻尼	1.1	1.1
高阻尼－1	1.2	1.2
高阻尼－2	1.3	1.3

注：1. 定义低阻尼为小于等于临界值的 5% 。

2. 高阻尼－1 代表的橡胶化合物为在 150% 剪切变形处未扰动(第 1 个半圈)和扰动(第 3 圈)有效刚度之比小于等于 1.25；其他高阻尼橡胶定义为高阻尼橡胶－2。

12.5.3 扰动效应($\lambda_{max,sc}$,$\lambda_{min,sc}$)

橡胶支座的扰动效应在第7.7节里进行了介绍。如果橡胶隔震系统的名义特性以扰动特性为基础,系统特性修正系数可以用来估计初始性能。相应的,在适合的轴压和剪切应变的条件下的第1圈(初始)和第3圈的性能之比可以用来估算$\lambda_{max,sc}$。

表12-6列出了$\lambda_{max,sc}$的数值以第7.7节的数据为基础;令$\lambda_{min,sc}$等于1.0。$\lambda_{max,sc}$的数值为有效剪切模量以及剪切应变100%时有效阻尼的函数。(最近一些生产商采用低阻尼、低模量橡胶制造的铅芯橡胶支座的测试表明几乎没有扰动。)注意到提出的数值为默认的,并且只用于复合材料缺乏扰动数据时。

表12-6 橡胶支座的扰动恢复效应系统特性修正因子$\lambda_{max,a}$

100%剪切应变时的剪切模量(MPa)	100%剪切应变时的有效阻尼	屈服后刚度K_d	特征强度Q_d
≤0.45	>0.10	2.0	2.0
≤0.45	≤0.10	1.5	1.5
≥0.45	>0.10	1.5	1.5
≥0.45	≤0.10	1.2	1.2

12.5.4 温度效应($\lambda_{max,t}$,$\lambda_{min,t}$)

橡胶支座的力学特性受到低温以及在低温中暴露时间长短的影响。表12-7提供了以第7.6节和第8.3节数据为基础$\lambda_{max,t}$的数值。铅芯橡胶和低阻尼橡胶支座数据用于3级天然橡胶;对于高阻尼橡胶的数据采用表12-5所描述的高阻尼-1合成橡胶。

表12-7 橡胶支座温度影响效应的系统特性修正因子$\lambda_{max,t}$

	屈服后刚度K_d		特征强度Q_d	
温度(℃)	LDRB,LRB	HDRB	LDRB,LRB	HDRB
20	1.0	1.0	1.0	1.0
0	1.1	1.2	1.2	1.2
-10	1.1	1.4	1.4	1.4
30	1.3	2.0	1.8	2.3

注:1. LDRB-低阻尼橡胶支座;LRB-铅芯橡胶支座。
2. HDRB-高阻尼橡胶支座。

第 13 章　隔震支座和阻尼元件的测试

13.1 引　　言

与隔震系统与和被动阻尼系统的分析、设计以及使用相关的现行美国抗震规范和指南，如，1999AASHTO、2001 加州规范以及 ASCE 标准 7－05 指导着结构保护装置的原型测试以及产品检测。这些结构保护元件在减少地震响应方面起着重要作用，这些测试是必要的；大多数隔震器及阻尼器是根据用户定制设计和制造的；非传统的土木工程材料（如，复合材料、合成橡胶和液体）用于制造；同时一些部件涉及可动部分（如，力学系统）。现行文件中的测试方案（频率和循环数），总的来说可以追溯至 SEAONC（1986）和 AASHTO（1991）。

原型隔震以及阻尼器装置应是足尺制造的产品，即满足制造文件和规程对几何、材料和性能的要求。在设备订购之前应当进行原型测试并应满足要求。原型设备的测试非常严格，从而确保生产出来的设备满足制造文件和规程对于使用条件（如，重力、交通、风、制动）和极端荷载（如，地震）条件下的要求。原型测试不应免除，除非这些保护装置的供应者能够提供相同或者相似支座（阻尼器）的测试文件，对于力和位移（剪切应变）的要求应相近甚至应更为严格。

对相似的定义主要在于支座或者阻尼器的类型和构造。对于摩擦摆动支座，总构造和几何尺寸、低摩擦高负荷的复合材料、复合材料的黏结过程、不锈钢覆盖板以及不锈钢接触压力均应几乎相同。对于铅芯支座，总构造和几何尺寸（包括铅芯直径，塞子直径与黏结体直径之比以及形状系数）、硫化过程（和热剖面）以及轴压均应几乎相同。对于液体黏滞阻尼器，总的制造材料和几何尺寸，内部液体的压力，孔口以及密封应该几乎相同。对于设备生产商来说大部分这些信息属于专利性能，制造相似性是非常困难的甚至是不可能的。

隔震器及阻尼器的生产应当和原型支座（阻尼器）相同，应使用相同的材料和生产过程，以保证原型支座和生产支座的力学特性尽可能的相近。隔震器产品检测具有质量控制（和保证特定型号和尺寸的支座具有几乎相同的特性）以及力学特性检验（保证特性满足规程要求）的双重原因。1999 AASHTO 隔震设计指导规程（AASHTO，1999）介绍了作为质量控制的支座产品测试。

13.2 使用荷载下的测试

13.2.1 背　　景

在使用荷载条件下应当测试隔震支座的寿命和耐性，这是由于由温度（变化）以及活荷载引起桥面板和桥下部结构的受荷循环、制动力、活荷载引起的上部结构的转动。AASHTO（1999）指出，所进行的测试应能够反映不小于 30 年的热位移和转动荷载引起的运动。如果桥梁的设计寿命超出 30 年，应将预期的设计寿命期加在支座上。

桥梁日常的受热和受冷会在上部结构和下部结构产生热位移和转动。纵向位移和横梁的转动都会在支座处产生行程。在橡胶支座中行程引起合成橡胶小幅度的剪切应变,并导致支座的高频疲劳破坏。在滑移支座中,行程产生滑动界面的运动,可能会导致支座元件的疲劳破坏,以及滑动界面材料的过度磨损。

可以通过收集桥梁所在地点的日常气温的波动资料(经常是通过月最高和最低气温来表示)、桥梁受阳光直射的部位(这一点会影响桥梁的温度的波动)、跨度的长度、桥梁使用材料的热膨胀系数以及桥梁在活荷载(包括横向分布和作用)作用下的最大挠度来估计桥体的位移和转动数值。对于美国桥梁,AASHTO LRFD(AASHTO,2004)荷载和承载力系数设计规程第3.12.2.2节给出了需要考虑的温度范围。

第5.5节指出:对于一个普通桥梁,活荷载引起的位移和转动的量级大于日常温度波动引起的位移和转动。例如:跨度为100 ft的简支钢桥,跨高比为30,日常温度波动20 ℉,平均交通流动速度为60 km/h,每小时通过10次,使用寿命30年,累计行程为:

(1)热荷载:90 m(钢梁中点处测量);

(2)活(汽车)荷载:5 300 m(在钢梁的上部或下部)。

与汽车荷载相关的运动速度 V 约为1 mm/s。

累计行程会在橡胶支座中产生的横向位移和转动,这些都会产生剪切应变。每个循环中施加的位移 u 和转动 θ 分别产生的剪切变形如下:

$$\gamma_s = \frac{u}{T_r} \tag{13-1}$$

$$\gamma_\theta = \frac{B^2\theta}{2tT_R} \tag{13-2}$$

式中,T_r 为橡胶的总厚度;B 为环形(方形)支座的直径(边长);t 为每一层橡胶的厚度。由位移 u 引起的剪切应变沿着直径为一常数;由转动 θ 引起的剪切应变沿支座的直径线性分布,在支座边缘达到峰值。在摩擦摆动支座中,位移 u 引起铰接滑块在不锈钢板上的滑动;转角 θ 由铰接滑块的转动来调节。

1999 AASHTO 指导规程要求最小数值为1 600 m(1英里)作为行程(磨损)测试的基本要求。如果使用(累积)位移 u^T 超过最小值,测试必须采用使用位移。虽然转动可能会在橡胶支座中产生剪切应变的峰值并且超过位移 u 引起的剪切应变值,但指导规程关于支座的转动并没有明确的规定。支座转动 θ 可以加进橡胶支座的行程测试中,方法如下:

(1)在支座上部和测试设备的加荷板之间放一夹角为 α 的钢楔,以给支座施加支座转动。在适当的热剖面下给支座施加计算的累计行程(位移幅度为 u)。(夹角 α 可以取 0.5θ,因为由支座转动引起的剪切应变随着支座的直径线性变化。)

(2)将由 0.5θ 引起的剪切变形(因为由支座转动引起的剪切变形随着支座直径的线性变化)与位移 u 引起的剪切应变相加,从而计算行程测试的位移幅值 u^*。支座承受 n 个幅值为 u^* 的荷载循环,n 为使用累积位移 u^T 除以 $4u$。

对于第5.5节的钢桥,其 u 等于1 mm,并且 θ 等于0.002 rad。假设桥梁由直径为600 m的弹性支座支撑,橡胶总厚度为250 mm,每个橡胶层厚度为10 mm。由位移 u 引起的剪切应变为0.4%。由转角 θ 引起的剪切应变峰值为1.4%,是位移引起的应变3倍多。

行程测试应该在原型支座上进行,除非相似的支座(见第13.1节定义)做过相同或更严格的行程测试,这里以累计位移 u^T、加载速率和施加的压力来衡量。从实际出发,施加位移的速率应当尽可能的快(以减少测试持续时间),但不小于60 mm/min(大约2.4 in/min)——所有这些应避免由于速度产生的温度过度升高或支座的磨损。测试应在温度为室温的条件下，在预期使用条件下的平均压力下进行，其室温定义为(20 ±8)℃(68 ±15)℉(如，1999 AASHTO 指导规程)，压力为重力除以黏结橡胶面积(橡胶支座)或者滑移面积(FP 支座)。

低温情况下，行程对桥梁支座影响会加剧。如果安装支座的桥梁所在地为设计低温区域，则应或者将一定百分比的行程测试在低温下进行，或者增加指定的行程。1999 AASHTO 指导规程推荐：10% 的行程测试在低温下进行(并且根据低温面积提出了温度方面的指导)，按照对于室温测试，累计行程的距离增至使用位移的两倍并不小于 3 200 m。同样欧洲标准 N1337 (European，2004)给出了从 -50 ℃到 35 ℃的详尽的温度剖面图，总的运动行程为 20 km。EN1337 条文适用于滑动支座，该支座只是润滑支座，并且测试也只在外观接触面直径 3 in (75 mm) 没有在附加转动的小试件上进行。

13.2.2 隔震装置测试矩阵，测试描述及验收标准

对于隔震装置(支座)来说，累计行程测试一般不作为原型测试的一部分，更多的是在典型尺寸(几何尺寸)上进行这些测试，以获得独立于工程的信息，包括由使用荷载引起的可能的抗震性能的改变，以及隔震装置(支座)的使用寿命内的响应。隔震装置使用寿命测试矩阵列于表 13 -1 中，测试应按表中所列顺序进行。

隔震装置使用寿命内测试需要确定重力荷载、速度、位移以及测试的频率。由于使用寿命测试一般情况下是独立于工程进行，并且不作为原型测试的一部分，那就必须假设重力荷载、速度、位移和加荷频率。隔震装置的制造商熟悉其产品的使用，应该给出测试所需重力荷载(GL)、速度(v)、行程(位移)幅值(u)，使用(累积)位移 u^{T} 以及频率的保守(大)数值，以便于最大化的利用测试方案。如果位移和活荷载引起的转动的计算需要考虑100% 的活荷载，则需在隔震器上施加总的重力荷载，即 $GL = 1.0D + 1.0L$，这里 D 和 L 分别代表支座承受的恒荷载和活荷载。

以下介绍的使用寿命测试方案涉及到两个抗震特性测试，一个在使用寿命测试之前，一个在使用寿命测试之后。隔震装置制造商必须为抗震测试选择隔震设计位移(d)以及频率(f_1)的代表值，隔震装置的设计位移应为最大考虑地震(MCE)下的位移。

每一测试的详细描述列于本节表 13 -1 中，包括每个测试各自的 ID 号、目的、过程以及结论都已列出。

这里没有给出使用寿命测试的验收标准。本节给出了测试结果包括，在使用荷载和地震荷载下力学特性的改变，工程师在评估原型测试结果时需要把这些改变考虑进去。由于隔震支座的使用寿命测试引起的力学特性的改变，不能用于调整原型测试中不一致的结果，使其与规程一致，因为设计地震可能在桥梁使用寿命期间任何时候发生。

表 13 -1 隔震支座的使用寿命测试矩阵①

测试 ID	描述	轴向荷载②	温度(℃)	循环③	位移④	频率(Hz)
ST1	基本特性测试	GL	20 ±8	3	d	f_1
ST2	使用寿命测试⑤	GL	20 ±8	NA	u	NA
ST3	抗震特性测试	GL	20 ±8	3	d	f_1

①参考第 13.2.2 节中每一测试的详细描述。

②使用寿命测试 $GL = 1.0D + 1.0L$，这里 D 是恒荷载最大值，L 为活荷载最大值。

③正弦加载的频率等于隔震结构有效频率 f_1 。

④正弦荷载幅值：d = 测试位移幅值(= 设计位移的峰值，不计腐蚀的作用)；u (或 u^*) = 桥梁活荷载引起的位移。

⑤幅值为 u (或 u^*)的往复正弦(或常速度)运动直到总的横向位移等于累积行程 u^{T} 。

试验 ST1:基本特性测试

目的:提供隔震器(支座)的动力响应相关信息。

过程:向测试机构提供原始的(无扰动的)隔震器,并将其安装在试验机上。施加大小等于100% 的重力荷载(= GL)的轴向力,试验室温及支座温度为(20 ± 8)℃。施加 3 个正弦荷载循环,侧向位移幅值为 d,加荷频率为 f_1 , f_1 为隔震桥梁的计算有效频率(有效周期的倒数)。位移的幅值为在最大地震下的计算位移(D_M),不计扭转效应。连续记录和输出在测试中竖向和横向力以及位移的时程。绘出试验侧向力 - 侧向位移关系图。记录并输出试验开始时的气温。

注解:该测试提供了原始无扰动支座的力 - 位移响应方面的基准(Benchmark)数据。参与测试的试件均不应事先由制造商进行过任何测试,即使是制造商作为质量控制的方案的一部分的测试。如果测试是非工程性能的,应使用隔震支座的 d 和 f_1 的代表值。根据 Warn 和 Whittaker 的研究(2004),确定施加 3 个位移循环。他们证明对于强度与支撑重量之比(Q_d/W)大于或等于 0.06,以及根据屈服后刚度确定的周期大于或等于 2.5 s 的隔震系统,可使用最大位移处的 3 个以下的循环。

测试 ST2:使用寿命(行程)测试

目标:模拟隔震支座使用期内运动的影响。

过程:施加轴向压力等于 100% 的重力荷载(= GL)。测试的周围温度以及支座的温度为(20 ± 8)℃。施加用户指定的幅值为 u 、循环次数为 n 的正弦或者锯齿状荷载, n 等于计算累计行程 u^T 除以 $4u$ 。测试频率不应超过 0.1 Hz。平均速度应大于使用者规定速度 V 或者 60 mm/min。连续记录和报告整个试验过程中的竖向和横向的力及位移的时程。至少每隔总行程的十分之一绘制一次三个循环的侧向力与位移的关系曲线。测试过程中每隔一小时记录并报告一次周围的温度。报告并且将隔震装置所有构件的磨损量化。

如果隔震支座同时受到 θ 角的转动(在端板之间)和侧向位移 u ,则应或者在支座上部和加荷板之间放置夹角为 0.5θ 到 θ 的楔块,或者如第 13.2.1 节所述增大位移时程的幅值从 u 到 u^* 。

如果被测试类型的隔震支座安装在低温区(根据 AASHTO 划分温度区域 A、B、C、D),1999 AASHTO 指导规程指出,或者相应于温度区域 A、B、C、D 区域,10% 的使用寿命测试分在 20、5、-5、-25 ℉(-7、-15、-21、-26 ℃)下进行;或者累计行程翻番至 $2u^T$,并且试验温度均为(20 ± 8)℃。European 标准 EN1337 第二部分(European 2004)列出了滑移测试的长期温度曲线图,测试大多是在恒温 20 ℃下进行的,但也覆盖了从 35 ℃ ~ -50 ℃的几挡。如果试验是在 20 ℃下进行,整个支座必须要冷却至目标温度,并且要在重新开始试验前保持目标温度至少 1 h。应该使用经过校正的热电耦来监测支座内部和外部的温度,然而,必须认识到内部热电耦的安装以及在这么长的测试中固定是非常困难的。

注解:该项测试的目的是得到在使用寿命期内隔震装置响应的有关信息。这样的信息是非常重要的,因为隔震支座必须象普通桥梁支座一样工作,并且承受上部结构的日常活荷载和热循环。建议测试频率的上限为 0.1 Hz,以避免单位时间内过多的能量输入——在使用条件下并没有这些能量输入。应根据平均速度 V 以及活荷载引起的支座(滑动)位移幅值 u 来确定荷载的频率。(热位移超过 u 时,如果仍采用热位移幅值和桥梁活荷载平均速度 V 进行支座使用寿命测试,则偏于保守。)

安装楔形板是给隔震支座施加转动最简单并且使用最广泛的方法。规定最小夹角为 0.5θ，因为在引起转动的一个活荷载循环过程中，转动引起的剪切应变在 0 到 θ 之间变化。

除了在室温下进行隔震支座测试之外，其他温度下非常困难，因为通常情况下，隔震支座尺寸大而且热质量大(如，需要很长时间去冷却一个复合橡胶或者具有钢支撑的滑移支座的芯部至冷却点之下)。不仅是把隔震支座统一冷却至冰点以下非常困难，而且支座在测试过程中保持很长一段时间的低温以及支座芯部温度的监测也同样困难。需要对标准试验机器进行改进以提供隔震支座进行低温测试所需设备。

在使用寿命测试中，橡胶或者滑动隔震支座的破坏或者磨损可以通过观测循环荷载滞回响应的变化得到。不管怎样，滑动或者转动界面应该在使用寿命测试之后进行磨损观测。磨损应该通过厚度的测量以及使用寿命测试前后拍照来记录。通过比较测试总行程的十个等分点处的侧向力与位移的关系，来表征隔震支座在使用期行程中的力学特性变化。

测试 ST3：特性测试

目的：提供隔震器(支座)的动力响应方面的相关信息。

过程：施加大小等于 100% 的重力荷载($=GL$)的轴向力，试验室温及支座温度为(20 ±8)℃。在侧向施加 3 个正弦荷载循环，横向位移幅值为 d，加荷频率为 f_1，f_1 为隔震桥梁的计算有效频率。连续地记录和输出加载期间的竖向和侧向荷载以及位移的情况。试验绘出横向力－横向位移关系图。记录并输出试验开始时的温度。对比试验 ST1 和 ST3 的侧向力和侧向位移关系。

注解：该测试表征了转动和累积行程对隔震支座与地震荷载相关性能的影响。隔震装置(支座)的抗震性能的变化可以通过测试 ST1 和 ST3 的结果对比得到。作为技术资料的任何性能上的改变都应详细准备并记录，以便在联系到具体工程的原型测试时采用非工程的测试结果。

13.2.3 液体黏性阻尼器

由于使用荷载会引起上部结构的位移和转动，液体黏性阻尼器应该测试其在使用荷载作用下的寿命和耐性。和隔震支座相同，所进行测试应能够表征在不少于 30 年设计期内，与热位移和活荷载转动相关的运动。阻尼器的使用位移与其相对于上部结构中性轴的位置有关：如果阻尼器位于上部结构中性轴上，端点转动不会引起其位移；如果放置于其他位置，距离中性轴一定的距离会在阻尼器中产生由端点转动引起的位移。液体黏性阻尼器的运动会因活塞杆在密封口处的过度运动引起密封的破坏(也就是阻尼器的破坏)。测试的方式和以上所描述的隔震装置的测试类似。然而这样的测试不能反映密封处活塞杆的影响。随着时间的流逝，活塞杆会在密封处产生永久变形，进而在已变形处的相对运动引起液体外漏。活塞杆对密封处的压力可能来自阻尼器支撑点之间的跨度(通常是从阻尼器端部到铰接支座安装点)，但该压力可以通过合理的设计、支座的防护或者预备措施来减轻或消除。

1999 AASHTO 指导规程要求，如果阻尼器位于上部结构的中性轴上，行程(磨损)测试的基础至少应为 1 600 m(1 英里)。如果计算使用位移超过最小值，测试应采用计算使用位移。如果阻尼器位于上部结构(或者隔震器)的底面，测试位移最小值增至 3 200 m。

行程测试应该在原型阻尼器上进行，除非相似的阻尼器(见上部脚标)进行过相同或更严格的行程测试，这里以施加位移、加载速率和施加的压力来衡量。基于以上原因，位移施加速度应该尽可能的快(减少测试持续时间)，同时不少于 60 mm/min(大概 2.4 ft/min)——所有这些都是为了不要引起阻尼器液体温度过度地升高，或者阻尼器密封的磨损。试验在室温

(20 ± 8) ℃下进行,并且阻尼器测试中的支承条件应和使用条件一致(以避免和减小活塞杆在密封口产生人为的支撑应力)。

低温情况下,桥梁阻尼器上使用荷载产生的影响会加剧,并伴随着液体的黏滞性和密封性能的改变。如果安装阻尼器的桥梁位于低温区域,和隔震支座相同:一定百分比的行程测试在低温下进行,或者增加指定的行程。1999 AASHTO 指导规程推荐:10% 的行程测试在低温下进行(并且给出了指导温度作为低温面积的函数),或者对于室温测试,累计行程的距离增至使用位移的两倍并不小于 3 200 m。

有一种可能的使用荷载测试在下面的测试没有包括。它包括活塞杆与密封口的接触界面以及万向铰轴承在与活塞杆所在轴向相垂直的平面内的高频测试。对于液体阻尼器安装在离桥梁支撑较远的伸缩缝处的情况,跨过伸缩缝的车辆交通会引起阻尼器两端相对竖向位移数百万次的循环,在阻尼器两端的万向铰轴承上产生转动,并且把活塞杆压入阻尼器密封内,这样分别会导致万向铰轴承的高频破坏以及阻尼器的漏油。应该通过结构设计细节给阻尼器提供足够的重力支撑,并设计合理的内部构造细节来减缓这些影响。如果这些细节不能够满足,应设计使用寿命测试(以具体工程为基础)来探求万向铰轴承和阻尼器密封口的疲劳寿命。如果这些细节不能够满足,应当审查万向铰轴承和阻尼器密封口的疲劳寿命来制定使用寿命测试(以具体工程为基础)。

13.2.4 液体阻尼器测试矩阵、测试描述和验收标准

与隔震支座相同,液体黏滞阻尼器的累计行程测试一般不作为原型测试方案的一部分。更多的是在普通尺寸(几何尺寸)上进行这些测试,以获得独立于工程的信息,包括由使用荷载引起的可能的抗震性能的改变,以及隔震装置(支座)的使用寿命的响应。阻尼器使用寿命测试矩阵列于表 13 - 2 中。测试应按表中所列顺序进行。

阻尼器使用寿命测试需要确定速度、位移以及测试的频率。既然使用寿命测试一般情况下是独立于工程进行,而且不作为原型测试的一部分,那么就需要假设速度、位移和加荷频率。阻尼器的制造商熟悉其产品的使用,应该给出测试所需速度(V)、行程(位移)幅值(u)、使用(累积)位移 u^T 以及频率的保守(大)数值,以便最大程度地利用测试方案。

以下介绍的使用寿命测试方案涉及到两个抗震特性测试,一个在使用寿命测试之前,一个在使用寿命测试之后。阻尼器制造商必须为抗震测试选择隔震设计位移(d)以及有效频率(f_1)的代表值。设计位移推荐选取 MCE 中的位移。

每一测试的详细描述列于本节表 13 - 2 中。每个测试都有各自的 ID 号、目的、过程以及结论都已列出。

表 13 - 2 液体黏滞阻尼器的使用寿命测试矩阵①

测试 ID	描述	轴向荷载②	温度(℃)	周期②	位移③	频率(Hz)
ST1	基本特性测试	GL	20 ± 8	3	d	f_1
ST2	使用寿命测试④	GL	20 ± 8	NA	u	NA
ST3	抗震特性测试	GL	20 ± 8	3	d	f_1

①参考第 13.2.2 节中每一测试的详细描述。

②正弦加载的频率等于隔震结构有效频率 f_1 。

③正弦荷载幅值: d = 测试位移幅值(= 设计位移的峰值,不考虑扭转作用); u (或 u^*) = 桥梁活荷载引起的位移。

④幅值为 u (或 u^*)的往复正弦(或常速度)运动直到总的横向位移等于累积行程 u^T 。

这里没有给出使用寿命测试的验收标准。本节给出了测试结果,包括在使用荷载和地震荷载下力学特性的改变,工程师在评估原型测试结果时需要把这些改变考虑进去。由于阻尼器的使用寿命测试引起的力学特性的改变,不应为了表明符合规程,而调整原型测试中不一致的结果,因为设计地震可能在桥梁使用寿命期间任何时候发生。

试验 ST1:基本特性测试

目的:提供黏滞阻尼器的动力响应相关信息。

过程:将阻尼器提供给试验方,并按照使用时的布置将其安装在试验机上。试验室温及阻尼器温度为(20 ±8)℃。施加 3 次正弦荷载循环,每次位移幅值为 d ,加载频率为 f_1 ,其中 f_1 为隔震桥梁的计算有效频率(有效周期的倒数)。位移的幅值为最大考虑地震下的计算位移,并且不计扭转作用(D_M)。连续的记录和输出加载期间的竖向和横向荷载以及位移的时程。试验绘出水平力 - 水平位移关系图。记录并输出试验开始时的气温。

注解:该测试提供了液体黏滞阻尼器的力 - 位移响应方面的的基准(Benchmark)资料。参与测试的试件均不应事先接受过测试,无论此种测试是否被制造商作为质量控制的一部分。如果测试是独立于工程的,应使用阻尼器的 d 和 f_1 的代表值。

测试 ST2:使用寿命(行程)测试

目标:模拟阻尼器上使用期的运动的影响。

过程:按照使用时的布置将阻尼器安装到试验机上。测试时环境温度以及阻尼器的温度为(20 ±8)℃。施加用户指定的幅值为 u 、循环次数为 n 的正弦或者锯齿状荷载, n 等于计算累计行程 u^T 除以 $4u$ 。测试频率不应超过 0. 1 Hz。平均速度应大于使用者规定速度 V 或者 60 mm/min。连续记录和报告整个试验过程中的竖向和横向的力及位移的时程。在测试中,至少以总位移的十等分点的位移为间隔,绘制三个荷载循环的轴向力 - 轴向位移关系曲线。每小时记录并报告测试过程中的环境温度。报告阻尼器所有元件的磨损情况。

如果被测试的阻尼器类型被安装在低温区(根据 AASHTO 划分温度区域 A、B、C、D),1999 AASHTO 指导规程指出:(a)对应于温度区域 A、B、C、D 区域,10% 的使用寿命测试分在 20、5、-5、-15 ℉(-7、-15、-21、-26 ℃)时进行,或者(b)累计行程翻番至 2 u^T ,且试验温度始终为(20 ±8)℃。欧洲规范 EN1337 第二部分(European 2004)列出了长期滑移测试的温度曲线图,测试大多是在恒温 20 ℃下进行,但是在测试的最初和最终阶段涉及从 20 ℃降至 -50 ℃并最终回至 20 ℃的温度曲线图。如果试验是在 20 ℃下进行,整个阻尼器必须要冷却至目标温度,并且在重新开始试验前必须要保持目标温度至少 15 min。使用经过校正的热电耦来监测阻尼器的温度(经常将其安装在阻尼器外部靠近活塞头中性位置处)。

注解:该项测试的目的是为了得到在使用寿命期内液体黏滞阻尼器响应的有关信息。该信息非常的重要,因为阻尼器必须适应桥梁上部结构的日常活荷载和热循环。建议测试频率的上限为 0. 1 Hz,以避免单位时间能量输入过量——在使用条件下,是没有这么多能量输入的。应根据平均速度 V 以及活荷载引起的阻尼器位移幅值 u 来确定荷载的频率。当热位移超过 u 时,如果采用热位移幅值和桥梁活荷载平均速度 V 进行阻尼器使用寿命测试便偏于保守。

在使用寿命测试中,通过观测循环荷载滞回响应的变化,可以得到液体黏滞阻尼器的破坏或者磨损。不管怎样,在使用寿命测试之后都应该进行滑动或者转动界面的磨损审查。磨损应该通过使用寿命测试前后拍照来记录。在测试中,至少以总位移的十等分点的位移为间隔,绘制 3 个荷载循环的轴向力 - 轴向位移关系曲线，以此来表征液体黏滞阻尼器在使用期行程中的力学特性的变化。

测试 ST3：特性测试

目的：提供液体黏滞阻尼器动力响应方面的相关信息。

过程：按照使用时的布置将阻尼器安装到试验机上。试验时，环境温度及阻尼器温度为(20 ±8)℃。施加 3 个横向位移幅值为 d 的正弦荷载循环，加荷频率为 f_1，其等于隔震桥梁的计算有效频率。连续的记录和输出加载期间的竖向和横向荷载以及位移的时程。试验绘出横向力 - 横向位移关系图。记录并输出试验开始时的气温。对比试验 ST1 和 ST3 的横向力和横向位移关系。

结论：该测试表征了累积行程对阻尼器与地震荷载相关的性能影响。阻尼器抗震特性的变化可以通过测试 ST1 和 ST3 的结果对比得到。作为技术资料的任何性能上的改变都应详细准备并记录，以便在联系到具体工程的原型测试时采用非工程的测试结果。

13.3　罕遇地震条件下的测试

13.3.1　罕遇（大震）的地震震动

对于为上部结构的重力提供支承（仅限于支座），消耗地震产生的能量（支座和阻尼器）来说，隔震支座以及液体黏滞阻尼器的鲁棒性能对于承受罕遇地震动的结构安全来说非常重要。通过原型测试和产品测试，我们对隔震器与阻尼器承受强烈振动时的响应充满信心。

隔震支座支撑的上部结构在地震振动中会在支座中引起剪力、轴力以及变形。剪力和变形沿着上部结构的横轴和纵轴同时产生，其大小由地震时地面运动特性（不在本书讨论范围）和支座的力学特性决定。安装有液体黏滞阻尼器的结构，其地震震动只在阻尼器中产生轴力，并且惯性力平行于阻尼器的纵轴。

罕遇地震的定义根据不同的规范和不同的制定机构而变化。重要的是，罕遇是一个相对值——在美国中部和东部加速度峰值为 0.2g 时称为罕遇地震，然而在 Rock Mountains 的西部，加速度大于 0.4g 可能也不是罕遇地震。为了分析和设计隔震的桥梁、建筑和基础设施，剧烈的振动经常对应着具有低超越概率的地面运动平均值或中位值。例如，隔震建筑校核时采用的地面运动平均值在 50 年内超越概率为 2%（即再次发生的时间间隔为 2475 年）。一些关键结构校核时采用的地震动再现间隔更长——对于核结构应能够安全应对间隔期为 1000 年的地震振动。

读者必须注意到最大考虑地震动引起的平均地面运动并非最大振动，而且可能在隔震装置和阻尼器中产生的不是最大位移。对于一个给定的重现间隔，地震震动可能会稍大于平均地震动。进一步来说，增加重现间隔或者间隔期（如：减少规定时间内的超越概率）会增加地面震动的平均水准。AASHTO 隔震设计指导规程（AASHTO，1999）给出了 50 年内超越概率 10%（即重现间隔或间隔期为 475 年）地面运动为最大振动（根据加速度反应谱确定）。AASHTO 将此地面运动指定为设计值，并且隔震器和阻尼器尺寸的确定建立在对设计振动的分析和设计的基础之上。重要的是，指导规程的注释指出：必须认识到有可能比设计值更为严重的振动。其他的规范和规程对于隔震装置和阻尼器（针对非桥梁结构）的设计要求在承受

50 年内超越概率为 2%（即重现间隔或间隔期为 2475 年）的地面震动情况下仍能正常工作。

13.3.2 原型测试和产品测试的变量

隔震支座和阻尼器的原型测试和产品测试，一般需要荷载、速度以及位移的数值，以及上部结构在设计振动下的有效频率 f_1 。

由重力引起的竖向恒荷载（D）和活荷载（L）——只针对隔震装置；

地震引起的轴向荷载（E）——隔震装置（竖向）和阻尼器（水平）；

制动力（B）——隔震装置和阻尼器；

风荷载（W）——隔震装置和阻尼器；

地震速度（V）——隔震装置和阻尼器；

地震产生的位移（d）——隔震装置和阻尼器。

为进行隔震装置和阻尼器的动力测试，需计算在设计地震动下引起的地震速度峰值。

13.4 隔震支座和阻尼器的原型测试

13.4.1 隔震装置的测试矩阵

一系列的规范和指导条文，包括 AASHTO（1999）、HITEC（2002）和 ASCE（2005），列出了隔震装置原型测试的方案。列于表 13－3 的测试矩阵大部分是以这些文件为基础。测试方案、顺序以及每个测试的加载循环次数都已确定，（a）因为对于每一个尺寸的隔震装置来说一般只有两个足尺隔震装置用于测试，（b）为了方便进行响应的直接对比（如，动力响应特性和静力响应特性）。

表 13－3 的测试方案假定隔震支座的力学性能是没有方向性的（如，橡胶支座是圆形而非方形），且隔震装置没有安装保护性约束。如果这些条件不满足，读者可参阅 HITEC（2002）第 2.4 节中的附加试验，试验将说明隔震支座和牺牲约束的力学特性。

原型支座测试矩阵包括核心测试和辅助测试。对于隔震装置的核心测试，这里标记为 IC*，每个工程都应进行（除非在相似支座进行过相同的或者更严格的测试）。隔震支座补充试验，这里标记为 IS*，只有在隔震支座处于 AASHTO 荷载和承载力系数设计规程（AASHTO，2004）规定的低温环境中，并且/或者在设计地震下产生轴向拉力才进行该测试。

原型测试一般情况是针对特定工程进行的，需要计算其在设计地震下的荷载、速度、位移以及频率。隔震装置原型测试的轴向力有三个层次，即：（a）合理的最大压力来测试单个隔震支座的稳定性；（b）合理的最大拉力（如果有的话）以测试单个隔震装置的整体性；（c）关键点的重力荷载以测试隔震系统的响应。这些轴向力按下式计算：

最大轴向压力（MCL）：$1.2D + SLL + |E|$；

最大轴向拉力（MTL）：$0.9D - |E|$；

关键点轴向压力（GL）：$D + SLL$。

这里 D 、SLL 和 E 分别为恒荷载、地震活荷载和设计地震效应。地震活荷载是设计地震中起作用的活荷载一部分。对于每种类型/尺寸的原形隔震支座都应该计算这些荷载。对于每种类型/尺寸的隔震支座，恒荷载和活荷载采用平均（期望）值。设计地震效应 E 采用每种类型隔震支座设计地震下的预测值，包括竖向地震作用。

选择的位移 d 应为 *MCE* 中的位移，此位移被认为是最大位移 D_M。位移 d^* 应被认为是包括了腐蚀影响的 *MCE* 位移：一般认为是总的最大位移 D_{TM}。

13.4.2 隔震支座测试描述

这里对表 13－3 所列的各项测试进行了详细的描述，由核心（IC）和辅助（IS）测试构成。每一项测试都有自身的 ID 号，给出了它的目的、过程以及结论。

测试 IC1：使用阶段测试——风荷载和制动力

目的：模拟使用荷载对隔震支座上的影响。

过程：给试验提供原始的（未扰动）的隔震支座，并将其安装在试验机上。施加的轴向压力等于使用重力荷载（＝*GL*）最佳估计值，试验室温及支座温度为（20±8）℃。施加横向静力荷载 $F/2$，其中 F 为风荷载设计值和制动力设计值的较大者。施加 1 000 个幅值为 $F/2$、频率大于或等于 0.5 Hz 横向荷载循环。循环测试之后，维持幅值 $F/2$ 10 min。移去横向荷载并监测10 min 隔震支座的运动。连续记录和输出整个测试过程的竖向和横向力以及位移，包括移去横向荷载的 10 min。记录和输出测试开始时的环境温度，输出残余位移。

表 13－3 隔震支座的原型测试矩阵①

测试 ID	描述	轴力②	温度（℃）	循环③	位移④	频率（Hz）
IC1	使用水准测试－风荷载和制动力	*GL*	20±8	1 000	NA	≥0.5
IC2	动力测试	*GL*	20±8	3	d	f_1
IS1	温度测试	*MCL*	T⑤	3	d	f_1
IC3	稳定测试	*MCL*	20±8	1	d^*	f_1
IS2	张拉测试	*MTL*	20±8	2	d	f_1

①见第 13.4.2 节对每一测试的详细描述。
②见第 13.4.1 节对于轴向荷载的定义。
③正弦加载的频率等于隔震结构有效频率 f_1。
④正弦荷载位移幅值：d＝设计位移的峰值，未考虑腐蚀的作用；d^*＝设计位移的峰值，考虑了腐蚀的作用。
⑤根据隔震桥所在地的工程记录来确定温度比较合适。

注释：本项测试的目的是确认隔震支座抵抗制动力和风荷载的抗剪能力。横向荷载维持 10 min 用来判断隔震支座在持续风荷载作用下的性能。隔震支座的位移响应在测试之后应至少观测 10 min 以观察其是否回位。

测试 IC2：动力测试

目的：提供在设计地震作用下隔震支座的动力响应相关信息。

过程：施加轴向压力等于使用重力荷载（＝*GL*）的最可能数值。测试时，环境温度和支座温度为（20±8）℃。施加 3 个位移幅值为 d，加载频率为 f_1 的正弦荷载循环，其中 f_1 为隔震结构的有效频率（有效周期的倒数）。连续不断的记录和输出整个测试过程中的竖向和横向力和位移。绘制所有循环的横向力和横向位移的关系曲线。记录和输出测试开始时的周围温度。

注释：该测试提供了在设计地震下隔震装置的动力响应方面的资料。荷载的三个循环依据 Warn 和 Whittaker(2004)年提出的基于能量考虑确定的。对测量出的响应根据工程规范中设定好的界限值进行检查。

测试 IC3:稳定测试

目的:提供当位移超过最大考虑地震下总设计位移时,隔震支座的动力响应的相关信息。

过程:施加轴向压力至最大压力,包括设计地震动效应(= *MCL*)。测试时,环境温度及支座温度为(20 ±8)℃。施加 1 次正弦荷载循环,位移幅值为 d^* ,加载频率为 f_1 ,其中 f_1 为隔震桥梁的计算有效频率(有效周期的倒数)。连续不断的记录和输出整个测试过程中的竖向和横向力和位移。绘制侧向力与侧向位移的关系曲线。记录和输出测试开始时的环境温度。

注释:本测试提供了隔震支座在由 *MCE* 计算的最大位移和设计极限竖向荷载共同作用下的动力响应的资料。考虑到竖向荷载 *MCL* 为一持续时间很短的设计极限荷载,一个循环的运动就足够评价支座的稳定性了。

测试 IS1:温度测试

目的:提供在温度低于 20 ℃时,隔震支座动力响应的相关信息。

过程:调整隔震支座使整个隔震支座的温度统一为 T 。对于橡胶支座(或者支座含有橡胶元件),保持支座在温度 T 下的天数至少应为 AASHTO 荷载和承载力系数设计规程 LRFD (AASHTO,2004)所规定的连续低于冰点的最大天数。对于全金属滑动支座(如,摩擦摆支座)维持温度 T 下至少 12 h。利用热电耦来检测橡胶支座内部或者滑动支座滑动界面附近的温度。施加的轴向压力等于使用重力荷载(= *GL*)的最佳估计值。施加 3 个位移幅值为 d ,加载频率为 f_1 的正弦荷载循环,其中 f_1 为隔震结构的有效频率(有效周期的倒数)。连续不断地记录和输出整个测试过程中的竖向力、横向力和位移。记录和输出测试开始时的环境温度。

注释:温度特性测试提供了隔震支座在设计地震作用下,温度远低于 20 ℃时的动力特性相关资料。对测量出的响应根据规范中设定好的界限值进行验证并用来建立温度效应系统特性修正系数。

AASHTO 荷载和承载力系数设计规程 LRFD(AASHTO,2004)根据 50 年内的低温划定了温度区域 A、B、C、D 和 E。AASHTO 指导规程推荐对于安装在低温区域的隔震装置,对 A、B、C、D 区域,应分别在 -7、-15、-21 和 -26 ℃下进行试验。这些数值作为 T 的默认值。

在非室温下进行隔震支座原型测试存在难度,因为隔震支座一般情况下体积比较大而且具有较大的热质量。支座必须先冷却并且维持温度 T 很长一段时间(对于橡胶支座以天来计)。关键是如果支座离开试验机来冷却,那么保持支座的温度 T 直至测试是非常困难的。

测试 IS2:拉力测试

目的:提供隔震装置在设计地震动下达到总设计位移时拉力作用下的动力响应相关信息。

过程:施加轴向拉力至最大拉力,包括设计地震的震动效应(= *MTL*)。测试时,环境温度及支座温度为(20 ±8)℃。在侧向施加两个位移幅值等于设计地震总设计位移 d 的正弦荷载循环,加载频率为隔震结构的有效频率 f_1 。连续不断的记录和输出整个测试过程中的竖向力、侧向力和位移。绘制整个循环的侧向力与侧向位移关系曲线。记录和输出测试开始时的周围温度。

注释:隔震支座可能受到转动弯矩和/或竖向地震动作用产生的净拉力。这个测试用于表征隔震支座在拉力和剪力共同作用下的力与位移响应以及稳定性。虽然随着水平位移行程从 $-d$ 到 $+d$,隔震支座上的轴向力可以从压变到拉(反之亦然),但保持轴向力为常数 MTL 以简化测试过程。只有当 $|E|$ 大于 $0.9D$ 且设计采用受拉支座时,才进行支座的受拉试验。由于滑动支座受拉会脱离,因此不进行此试验。

13.4.3 隔震支座原型测试验收标准

原型测试的验收标准应该根据具体工程来确定,同时应符合为分析和设计隔震系统而假设的剪力－侧向位移之间关系的界限。该界限是为了适应材料特性的变化,其在原型测试中无法得以体现。图 13－1 给出了剪力－位移关系为双线性的隔震支座的样本界限。图中阴影部分为原型隔震装置响应可以接受区域。应注意,当确定在罕遇地震荷载和使用荷载作用下的可接受的性能时,需要给出剪力－侧向位移响应的两个界限。默认的验收标准如下。

测试 IC1:使用状态测试——风荷载和制动力

验收标准:(1)根据实测剪力－横向位移关系计算得到非负的侧向切线刚度。(2)施加动力荷载 F 引起的位移,且小于注册工程师的设定值。(3)施加 10 min 风荷载引起的位移,应小于注册工程师的设定值。(4)移除设计风荷载后,记录的残余变形小于注册工程师的设定值。(5)隔震装置无结构破坏,包括橡胶或滑动材料的分层以及覆盖层橡胶裂缝宽度大于 5 mm。

测试 IC2:动力测试

验收标准:(1)根据实测剪力－横向位移关系计算得到非负的侧向切线刚度。(2)实测剪力－横向位移,其响应位于注册工程师针对不同动力荷载循环圈数设定的极限值以内(如图 13－1 所示的样本剪力－横向位移曲线中的阴影部分,根据具体工程进行调整)。(3)隔震支座无结构破坏,包括橡胶或滑动材料的分层以及覆盖层橡胶裂缝宽度大于 5 mm。

测试 IC3:稳定测试

验收标准:(1)根据实测剪力－横向位移关系计算得到非负的侧向切线刚度。(2)隔震支座无结构破坏,包括橡胶或滑动材料的分层以及覆盖层橡胶裂缝宽度大于 5 mm。

测试 IS1:温度测试

验收标准:(1)根据实测剪力－横向位移关系计算得到非负的侧向切线刚度。(2)实测剪力－横向位移,其响应位于注册工程师针对不同动力荷载循环圈数设定的极限值以内(如图 13－1 所示的样本剪力－横向位移曲线中的阴影部分,根据具体工程进行调整)。(3)隔震支座无结构破坏,包括橡胶或滑动材料分层以及覆盖层橡胶裂缝宽度大于 5 mm。

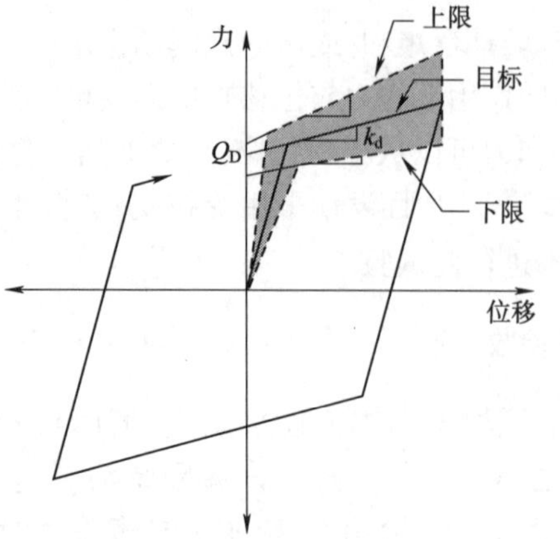

图 13－1　隔震支座原型测试力－位移响应的样本界限

测试 IS2：拉力测试

验收标准：(1)根据实测剪力－横向位移关系计算得到非负的横向切线刚度。(2)实测剪力－横向位移，其响应位于注册工程师针对不同动力荷载循环圈数设定的极限值以内(如图 13－1 所示的样本剪力－侧向位移曲线中的阴影部分，根据具体工程进行调整)。(3)隔震装置无结构破坏，包括橡胶或滑动材料分层以及覆盖层橡胶裂缝宽度大于 5 mm。

13.4.4　液体黏滞阻尼器测试矩阵

在其他抗震规范和指导条文中，HITEC(2002)和 ASCE(2005)列出了液体黏滞阻尼器原型测试的方案。表 13－4 中的测试矩阵大部分是以这些文件为基础的。测试矩阵的内容和重点与表 13－3 针对隔震支座所列内容相似。测试应按表中所列顺序进行。如果某项测试由于某种原因漏做，测试应立即从漏做试验处重新开始。

表 13－4 所列荷载循环次数基于假设阻尼器与隔震系统平行安装。如果液体黏滞阻尼器安装在结构的其他部位，循环次数应根据 Warn 和 Whittaker(2004)所述从能量方面考虑往上调整。

根据 CERP 关于大型隔震支座和阻尼器测试的报告中所列术语，原型支座测试矩阵包括核心测试和辅助测试。核心测试，这里用 DC^* 表示，对任一项工程都要进行(除非相似阻尼器进行过相同的或者更严格的测试)。阻尼器补充试验，这里用 DS^* 表示，只有在阻尼器处于 AASHTO 荷载和抵抗系数设计 LRFD(AASHTO，2004)规定的低温时才进行。

阻尼器原型测试通常针对具体的工程。工程的荷载峰值、速度峰值 V、位移峰值 d 以及需要根据设计地震计算得到的隔震结构的有效频率 f_1。注意到工程中已用的阻尼器，其地震响应并不是简谐的，且在循环中速度峰值 V 和位移幅值 d 不会同时达到，因此原型测试加载(正弦)频率的确定以 V 和 d 为基础的，而非 f_1。

选择的位移 d 应为 MCE 中的位移，此位移一般被认为是最大位移 D_M。位移 d^* 应被认为是考虑了扭转影响的 MCE 位移，一般认为是总的最大位移 D_{TM}。

13.4.5　液体黏滞阻尼器测试描述

表 13.4 列出了每项测试的细节，包括了核心测试 DC^* 和辅助测试 DS^*。给出了每项测

试各自的 ID 号、目的、过程以及结论。

测试 DC1：动力测试

目的：提供阻尼器在设计地震作用下的动力响应方面的信息。

过程：按照使用时的情况将足尺阻尼器安装在测试机上。测试时，环境以及阻尼器的温度为(20±8)℃。给阻尼器施加均布静力荷载，达到其自重的150%。施加三周的正弦荷载，其频率为 $V/(2\pi d)$ 位移幅值为 d，其中 V 为设计荷载条件下阻尼器两端相对速度峰值。连续不断地记录和输出测试过程中的轴力、速度和位移。绘制所有循环中轴力与轴向位移的关系。绘制轴力与速度的关系曲线。记录和输出测试开始的温度。报告阻尼器任何液体泄露。在随后的测试之前，将阻尼器冷却，使其内部温度为(20±8)℃。

表 13-4　液体黏滞阻尼器的使用寿命测试矩阵①

测试 ID	描述	温度(℃)	循环②	速度③	位移③	频率(Hz)
DC1	动力测试	20±8	3	v	d	$v/(2\pi d)$
DS1	温度测试	T⑤	NA	v	d	$v/(2\pi d)$
DC2	鲁棒性测试	20±8	3	$1.2v$	d^*	$1.2v/(2\pi d)$

①见第 13.4.5 节对每一测试的详细描述。
②正弦循环荷载的频率由峰值速度 v 和位移 d 确定。
③正弦荷载的峰值速度：v = 速度设计值的峰值。
④正弦荷载位移幅值：d = 位移设计值的峰值，不包括扭转的作用；d^* = 设计位移的峰值，考虑了扭转的作用。
⑤由工程师确定的温度与安装有阻尼器的桥梁所在地相近。

结论：本测试给出了液体黏滞阻尼器在设计地震下动力响应的相关资料。原型阻尼器的节点和支撑条件应与使用条件一样。假设阻尼器水平安装，对阻尼器施加的附加重力荷载(等于阻尼器重力的50%)是用来考虑其在设计地震中的竖向动力响应。默认的增加幅度为50%。如果结构动力分析表明荷载增幅更大，则在测试中必须施加较大荷载增幅。

应对实测力-位移以及力-速度关系根据工程规范确定的界限值进行校核。

测试 DC2：鲁棒性测试

目的：提供当速度超过设计地震动峰值时，液体黏滞阻尼器动力响应的信息。

过程：按照使用时情况将足尺阻尼器安装在测试机上。测试时，环境以及阻尼器的温度为(20±8)℃。给阻尼器施加均布静力荷载，达到其自重的150%。施加三周的正弦荷载，其频率为 $1.2v/(2\pi d)$ 位移幅值为 d^*，其中 v 为设计荷载条件下阻尼器两端相对速度峰值。连续不断地记录和输出测试过程中的轴力、速度和位移。绘制所有循环中的轴力和轴向位移的关系。记录和输出测试开始的温度。报告阻尼器任何液体泄露。在随后的测试之前，将阻尼器冷却，让阻尼器内部温度为(20±8)℃。

注释：本测试提供了液体黏滞阻尼器在 *MCE* 计算的最大位移和极限速度下的动力响应相关的数据。

测试 DS1：温度测试

目的：提供液体黏滞阻尼器在低于20℃时动力响应的相关信息。

过程:冷却阻尼器使其外部(内部)温度均为 T。维持阻尼器温度 T 至少 12 h。利用热电耦来检测阻尼器外壳上的温度。给阻尼器施加均布的静力荷载,达到阻尼器自重的 150% 。施加三周的正弦荷载,其频率为 $1.2v/(2\pi d)$ 位移幅值为 d^* ,其中 V 为设计荷载条件下阻尼器两端相对速度峰值。连续不断地记录和输出测试过程中的轴力、速度和位移。绘制所有循环中的轴力和轴向位移的关系。绘制所有循环中轴力和速度的关系曲线。记录和输出测试开始的温度。报告阻尼器任何液体泄露。

注释:温度测试提供了在环境温度低于 20 ℃的情况下,液体黏滞阻尼器在设计地震动作用下的动力响应相关资料。应对实测响应根据规范中设定的界限值进行校核。

AASHTO 荷载及抗力设计规程 LRFD(AASHTO,2004)根据 50 年内的低温划定了温度区域 A、B、C、D 和 E。AASHTO 指导规程推荐:计划安装在低温区域的隔震装置,对应 A、B、C、D 区域,应分别在 -7℃、-15℃、-21℃和 -26 ℃下进行试验。这些数值作为 T 的默认值。

13.4.6 液体黏滞阻尼器验收标准

原型阻尼器的验收标准应根据具体工程来确定,同时应符合为分析和设计隔震系统而假设的剪力 - 位移之间关系的界限。该界限是为了适应材料特性的变化,其在原型测试中无法得以体现。图 13 - 2 给出了力 - 速度为线性关系的液体黏滞阻尼器的样本界限。图中阴影部分为原型阻尼器响应可接受范围。应注意,在罕遇地震荷载和使用荷载作用下,应要求在上下界限处的剪力 - 侧向位移的响应处于可接受性能。默认的验收标准如下。

通过对液体黏滞阻尼器中孔口的设计和制造,获得所需的针对整个速度范围的力 - 速度关系,其中速度的上限含设计地震动速度峰值。想要在峰值速度(1 000 mm/s)和 1/4 峰值速度处(250 mm/s)获得相同的力与速度关系曲线,那孔口的设计和制造就会非常的困难,甚至是不可能。应将注意力转移到明确在 25% 至 100% 峰值速度时期望的力与速度关系,并限制阻尼器在速度低于 25% 峰值时的输出力与 25% 峰值时的输出力相当。

测试 DC1:动力测试

验收标准:(1)实测力 - 位移响应,应位于注册工程师针对不同动力荷载循环圈数设定的极限值以内(如图 13 - 2 所示样本力 - 位移关系曲线中的阴影部分,根据具体工程进行调整)。(2)无液体漏出。(如工程师认可,微量的液体泄露量除外)。(3)任何阻尼器元件均无结构破坏。

测试 DC2:鲁棒性测试

验收标准:(1)无液体漏出。(工程师确定可接受的微少的液体泄露量)。(2)任何阻尼器元件均无结构破坏。

测试 DS1:温度测试

验收标准:(1)实测力 - 位移响应位于注册工程师针对所有动力荷载循环设定的极限值以内(如图 13 - 2 所示样本力 - 位移曲线中的阴影部分,根据具体工程进行调整)。(2)无液体漏出。(如工程师认可,微量的液体泄露量除外)。(3)任何阻尼器元件均无可见破坏。

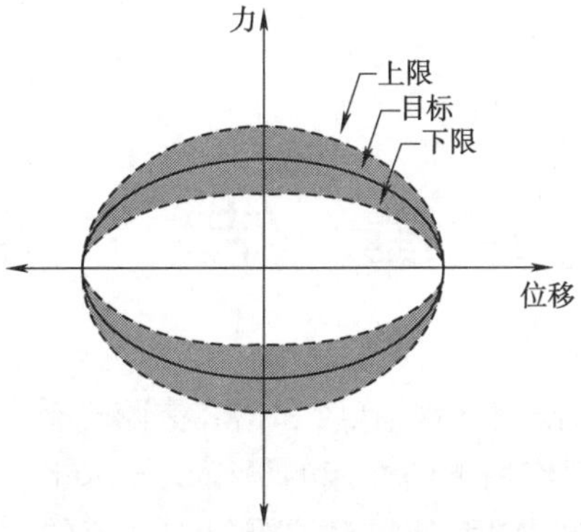

图 13－2　阻尼器原型测试力－位移响应的样本界限

13.5　隔震支座和阻尼器的产品(质量控制)测试

在阻尼器或隔震支座运离工厂之前,应对每件产品进行抗震质量控制测试。其他的与抗震无关的质量控制测试可能也需要进行,但是这些测试在这里不予讨论。

每个隔震支座都应进行 QCI 测试同时每个阻尼器都应进行 QCD 测试。质量控制测试的目的是验证隔震支座/阻尼器能够满足规范对抗震性能的要求。下面给出了质量控制测试和验收标准的简要说明。

测试 QCI:隔震支座动力测试

目的:质量控制测试用于保证隔震支座性能满足针对设计地震动的规范要求。

过程:施加轴向压力,使其等于使用重力荷载($=GL$)的最佳估计值。测试时,环境温度及支座温度为(20±8)℃。在侧向施加 3 个位移幅值为 d ,频率为 f_1 的正弦荷载循环,其中 f_1 为隔震结构的有效频率, d 为最大(MCE)位移 D_M。连续地记录和输出测试期间的竖向和横向荷载以及位移。绘出所有循环的横向力－横向位移关系图。记录并输出试验开始时的温度。

验收标准:(1)实测剪力－侧向位移响应位于注册工程师针对不同动力荷载循环圈数设定的极限值以内。(2)无结构破坏。

测试 QCD:阻尼器动力测试

目的:质量控制测试用于保证阻尼器性能满足针对设计地震动的规范要求。

过程:按照使用时的情况将足尺阻尼器安装在测试设备上。测试时,环境以及阻尼器的温度为(20±8)℃。施加三周的正弦荷载,其频率为 $1.2v/(2\pi d)$,位移幅值为 d ,其中 v 为设计荷载条件下阻尼器两端相对速度峰值, d 为最大(MCE)位移 D_M 。连续不断地记录和输出测试过程中的轴力、速度和位移。绘制所有循环中的轴力和轴向位移的关系。绘制所有循环中的轴力和速度的关系。记录和输出测试开始的温度。报告阻尼器任何的液体泄露。

验收标准:(1)实测力－位移响应位于注册工程师针对不同动力荷载循环圈数设定的极限值以内。(2)无液体漏出(工程师确定可接受的微少液体泄露量)。(3)任何阻尼器元件均无结构破坏。

第 14 章　结　　论

本书(报告)反映了对现行隔震支座(橡胶和铅芯橡胶隔震支座;滑动隔震支座)以及液压阻尼器在使用荷载和地震荷载作用下的性能的最新认知水平。通过考虑温度、加载历史、磨损、腐蚀、污染、硫化以及老化的作用,使得对抗震保护系统的地震响应进行可靠的预测成为可能。

本研究在获悉隔震支座和阻尼器在使用荷载和地震荷载作用下的性能过程中,认识到了一些重要的不足之处,包括:

(1)老化可以在很大程度上影响隔震支座的力学性能。关于老化的现场和试验室资料非常有限。老化的基本原理还没有研究清楚。只有了解了老化的力学和化学原理,才能充分利用加速老化试验。

(2)低温以及暴露于低温环境的时间长短对所有类型隔震支座的影响需要一个系统的研究。

(3)对于抗震保护系统装置整个寿命期内性能的了解还不完全,局限于所选构件,而不是整个系统。对于改进的系统,寿命期内的性能几乎一无所知(如自适用性,半自动,智能材料等等)。

(4)在原子/纳米级水平,对摩擦的机理了解还不够多。提高对摩擦的认识有利于可选滑动界面的发展。

(5)受约束的铅和无约束的铅在静力荷载和动力荷载作用下的力学性能没有被充分了解。需要材料科学和工程研究进一步地认知铅的性能。

(6)设计和测试支座比例模型的原理和步骤必须得到进一步的发展,从而取代原型支座的动力测试,消除这些测试在物理上的不可行性,以及使得工程师能够根据相似支座的动力测试资料评价新尺寸的支座。

(7)对于一些特定类型的隔震支座,加载历史(如行程)的影响非常明显。对于所有类型的隔震支座在长距离累积行程前后的性能需要更仔细的研究。

(8)在具有抗震保护系统的桥梁的设计和分析中,需要一种系统的方法来考虑加载历史、老化以及环境对装置性能的影响。这就需要一组采用合理方法建立的系统属性修正参数,从而考虑加载过程中出现的前面所提的因素。这里用系统特性调整系数的形式来综合前面提及的加荷历史等因素的影响。该方法应与荷载和承载力系数设计规程(LRFD)过程中荷载组合系数的确定相一致。目前使用的系统属性修正系数多以工程判断为基础,科学成分很少,这很可能导致远远高估了极端条件对装置性能的综合影响。

(9)需要从单纯的试验资料收集发展到对一些现象有深入的了解,只有这样才能预测寿命期内的性能,进而通过试验和观测给予证实。

参 考 文 献

[1] Al-Hussaini T M, Zayas V A and Constantinou M C. Seismic Isolation of Multistory Frame Structures Using Spherical Sliding Isolation Systems, NCEER-94-0007[M]. Buffalo, New York: National Center for Earthquake Engineering Research, 1994.

[2] American Association of State Highway and Transportation Officials. Guide Specifications for Seismic Isolation Design[M]. Washington, D. C. : American Association of State Highway and Transportation Officials, 1991.

[3] American Association of State Highway and Transportation Officials. Guide Specifications for Seismic Isolation Design[M]. Washington, D. C. : American Association of State Highway and Transportation Officials, 1999.

[4] American Association of State Highway and Transportation Officials. Standard Specifications for Highway Bridges 17th Edition[M]. Washington, D. C. : American Association of State Highway and Transportation Officials, 2002.

[5] American Association of State Highway and Transportation Officials. AASHTO LRFD Bridge Design Specifications[M]. Washington, D. C. : American Association of State Highway and Transportation Officials, 2004.

[6] American Institute of Steel Construction, Inc. Load and Resistance Factor Design: Manual for Steel Construction [M]. 13th Edition. Chicago, Illinois: American Institute of Steel Construction, Inc. , 2006.

[7] American Institute of Steel Construction, Inc. Seismic Design Manual[M]. Chicago, Illinois: American Institute of Steel Construction, Inc. , 2005.

[8] American Society of Civil Engineers. ASCE/SEI 7-05 Minimum Design Loads for Buildings and Other Structures [S]. Reston, Virginia, American Society of Civil Engineers, 2005.

[9] American Society for Metals. Metals Handbook, Properties and Selection: Nonferrous Alloys and Pure Metals [M]. 9th Edition. Metals Park, Ohio: American Society for Metals, 1979.

[10] American Society for Metals. Friction, Lubrication, and Wear Technology, ASM Handbook[M]. Metals Park, Ohio: American Society for Metals, 1992.

[11] American Society of Mechanical Engineers. Surface Texture: Surface Roughness, Waviness, and Lay. ANSI/ASME B46. 1-1985[M]. New York, NY: American Society of Mechanical Engineers, 1985.

[12] American Society for Testing and Materials. Rubber: Section 9[S]. Philadelphia, PA, 1988.

[13] Applied Technology Council. NEHRP Guidelines for the Seismic Rehabilitation of Buildings and NEHRP Commentary on the Guidelines for the Seismic Rehabilitation of Buildings. FEMA 273 and 274[M]. Washington, D. C. : Prepared 396 for the Building Seismic Safety Council and Published by the Federal Emergency Management Agency, 1997.

[14] Applied Technology Council. Proceedings of Seminar on Seismic Isolation, Passive Energy Dissipation, and Active Control, Report No. ATC-17-1[C] // Applied Technology Council (ATC). Proceedings of Seminar on Seismic Isolation, Passive Energy Dissipation, and Active Control, Redwood City, CA: March, 1993.

[15] Applied Technology Council. Improvement of Nonlinear Static Seismic Analysis Procedures, FEMA-440[M]. Washington, D. C. : Federal Emergency Management Agency, 2005.

[16] ASTM International. Annual Book of ASTM Standards. Vol. 03. 01[M]. West Conshohocken, PA: ASTM International, 2005.

[17] Bayer R G. Mechanical Wear Prediction and Prevention[M]. New York, NY: Marcel Dekker, Inc. , 1994.

[18] Benzoni G and Seible F. Design of the Caltrans Seismic Response Modification Device (SRMD) Test Facility [C] // Proceedings of the U. S. -Italy Workshop on Seismic Protective Systems for Bridges. Multidisciplinary Center for Earthquake Engineering Research, Buffalo, NY, 1999.

[19] Black C, Makris N and Aiken I D. Component Testing, Stability Analysis and Characterization of Buckling Restrained Unbonded Braces, Report No. PEER 2002/08[R]. Berkeley, CA: Pacific Earthquake Engineering Research Center, University of California, 2000.

[20] Bondonet G, Filiatrault A. Frictional Response of PTFE Sliding Bearings at High Frequencies[J]. Bridge Engng., ASCE, 1997, 2(4): 139-148.

[21] Bowden F P, Tabor D. The Friction and Lubrication of Solids: Part I[M]. Oxford, UK: Oxford University Press, 1950.

[22] Bowden F P, Tabor D. The Friction and Lubrication of Solids: Part II[M]. Oxford, UK: Oxford University Press, 1964.

[23] Bowden F P, Tabor D. Friction: an Introduction to Tribology[M]. UK: Heinemann, 1973.

[24] Buckle I G, Liu H. Critical Loads of Elastomeric Isolators at High Shear Strain, Report NCEER-94-0009 [C] // Proc. 3rd US-Japan Workshop on Earthquake Protective Systems for Bridges. Buffalo, NY: National Center for Earthquake Engineering Research, 1994.

[25] Buckle I, Nagarajaiah S, Ferrell K. Stability of Elastomeric Isolation Bearings: Experimental Study[J]. Journal of Structural Engineering, ASCE, 2002, 128(1): 3-11.

[26] British Standards Institution. Commentary on Corrosion at Bimetallic Contacts and its Alleviation PD 6484:1979 [M]. London, UK: British Standards Institution, 1983.

[27] British Standards Institution. Steel, Concrete and Composite Bridges. Part 9. Bridge Bearings, Section 9. 1 Code of Practice for Design of Bridge Bearings. BS5400: Section 9. 1: 1983[S]. British Standards Institution, London, UK, 1990.

[28] Brown R. Physical Testing of Rubber[M]. 3rd Edition. London: Chapman and Hall, 1996.

[29] Building Seismic Safety Council (BSSC). NEHRP Recommended Provisions for Seismic Regulations for New Buildings and Other Structures, 2003 Edition, Report Nos. FEMA 450[R]. Washington, D. C.: Federal Emergency Management Agency, 2003.

[30] California Buildings Standards Commission. 2001 California Building Code[S]. California, Sacramento: California Buildings Standards Commission, 2001.

[31] Campbell T I, Fatemi M J. Further Laboratory Studies of Friction in TFE Slide Surface of a Bridge Bearing, Report ME-89-06[R]. Ontario, Canada: Ministry of Transportation and Communications, 1989.

[32] Campbell T I, Kong W L. TFE Sliding Surfaces in Bridge Bearings, Report ME-87-06[R]. Ontario, Canada: Ministry of Transportation and Communications, 1987.

[33] Campbell T I, Kong W L. Laboratory Studies of Friction in TFE Slide Surfaces of Bridge Bearings, Report ME-89-04[R]. Ontario, Canada: Ministry of Transportation and Communications, 1989.

[34] Campbell T I, Pucchio J B, Roeder C W and Stanton J F. Frictional Characteristics of PTFE Used in Slide Surfaces of Bridge Bearings. Proc., Vol. 2 of Preprints, 847-870[C] // 3rd World Congress on Joint Sealing and Bearing Systems for Concrete Structures. Toronto, Ontario, Canada: the National Center for Earthquake Engineering Research, Buffalo, NY, 1991.

[35] Carslaw H S, Jaeger J C. Conduction of Heat in Solids[M]. 2nd Edition. London, UK: Oxford University Press, 1959.

[36] CERF. Evaluation Findings for Earthquake Protection Systems, Inc. Friction Pendulum Bearings, CERF Report #40370[R]. Washington, D. C.: Civil Engineering Research Foundation, 1998.

[37] CERF. Evaluation Findings for Scougal Rubber Corporation High Damping Rubber Bearings, CERF Report #

40373[R]. Washington, D. C. : Civil Engineering Research Foundation, 1998.

[38] CERF. Evaluation Findings for Dynamic Isolation Systems, Inc. Elastomeric Bearings, CERF Report #40369 [R]. Washington, D. C. : Civil Engineering Research Foundation, 1998.

[39] CERF. Evaluation Findings for Skellerup Base Isolation Elastomeric Bearings, CERF Report #40376[R]. Washington, D. C. : Civil Engineering Research Foundation, 1998.

[40] CERF. Summary of Evaluation Findings for the Testing of Seismic Isolation and Energy Dissipating Devices, CERF Report #40404[R]. Washington, D. C. : Civil Engineering Research Foundation, 1999.

[41] CERF. Evaluation Findings for Enidine, Inc. Viscous Damper, Technical Evaluation Report HITEC 99-02[R]. Reston, VA: Civil Engineering Research Foundation, American Society of Civil Engineers, 1999.

[42] CERF. Evaluation Findings for Taylor Devices Fluid Viscous Damper, Technical Evaluation Report HITEC 99-03[R]. Reston, VA: Civil Engineering Research Foundation, American Society of Civil Engineers, 1999.

[43] Chalhoub M S, Kelly J M. Effect of Compressibility on the Stiffness of Cylindrical Base Isolation Bearings[J]. International Journal of Solids and Structures, 1990, 26(7): 743-760.

[44] Cho D M, Retamal E. The Los Angeles County Emergency Operations Center on High Damping Rubber Bearings to Withstand an Earthquake Bigger than the Big One, Proc. ATC-17-1[C] // Applied Technology Council, Redwood City, CA. Seminar on Seismic Isolation, Passive Energy Dissipation, and Active Control. San Francisco, CA: March, 1993.

[45] Clark P W, Kelly J M and Aiken I D. Aging Studies of High-Damping Rubber and Lead-Rubber Seismic Isolators[C] // The Public Works Research Institute, Ministry of Construction. Proc. 4th U. S. -Japan Workshop on Earthquake Protective Systems for Bridges, Japan as Technical Memorandum No. 3480, 75-89. Buffalo, New York: the Public Works Research Institute, Ministry of Construction, 1996.

[46] Clarke C S J, Buchanan R and Efthymiou M. Structural Platform Solution for Seismic Arctic Environments-Sakhalin II Offshore Facilities, Paper OTC-17378-PP[C] // Society of Petroleum Engineers. Offshore Technology Conference Houston, Texas, 2005.

[47] Constantinou M C. Application of Seismic Isolation Systems in Greece[C] // Structural Engineers World Congress(SEWC), Proc. Structural Engineers World Congress, San Francisco, CA, July, 1998.

[48] Constantinou M C, Kartoum A and Kelly J M. Analysis of Compression of Hollow Circular Elastomeric Bearings [J]. Engineering Structures, 1992, 14(2): 103-111.

[49] Constantinou M C, Mokha A S and Reinhorn A M. Experimental and Analytical Study of a Combined Sliding Disc Bearing and Helical Steel Spring Isolation System, Report NCEER-90-0019[R]. Buffalo, NY: National Center for Earthquake Engineering Research, 1990.

[50] Constantinou M C, Mokha A S and Reinhorn A M. Teflon Bearings in Base Isolation II: Modeling[J]. Structural Engng. , ASCE, 1990, 116(2): 455-474.

[51] Constantinou M C, Quarshie J K. Response Modification Factors For Seismically Isolated Bridges, MCEER-98-0014[R]. Buffalo, NY: Multidisciplinary Center for Earthquake Engineering Research, University at Buffalo, State University of New York, 1998.

[52] Constantinou M C, Sigaher N. Energy Dissipation System Configurations for Improved Performance[C] // ASCE, Proc. 2000 Structures Congress. Philadelphia, PA: ASCE, May, 2000.

[53] Constantinou M C, Soong T T and Dargush G F. Passive Energy Dissipation Systems for Structural Design and Retrofit, Monograph[M]. Buffalo, NY: National Center for Earthquake Engineering Research, 1998.

[54] Constantinou M C, Symans M D. Experimental and Analytical Investigation of Seismic Response of Buildings with Supplemental Fluid Viscous Dampers, NCEER-92-0032[R]. Buffalo, NY: National Center for Earthquake Engineering Research, 1992.

[55] Constantinou M C, Tsopelas P, Hammel W, Sigaher A N. Toggle-Brace-Damper Seismic Energy Dissipation

Systems[J]. Journal of Structural Engineering, ASCE, 2001, 127(2): 105-112.

[56] Constantinou M C, Tsopelas P, Kasalanati A and Wolff E D. Property Modification Factors for Seismic Isolation Bearings, MCEER-99-0012[R]. Buffalo, NY: Multidisciplinary Center for Earthquake Engineering Research, 1999.

[57] Constantinou M C, Tsopelas P, Kim Y-S and Okamoto S. NCEER Taisei Corporation Research Program on Sliding Seismic Isolation Systems for Bridges: Experimental and Analytical Study of a Friction Pendulum System (FPS), NCEER-93-0020[R]. Buffalo, NY: National Center for Earthquake Engineering Research, 1993.

[58] Conversy F. Appareils d'Appui en Caoutchouc Frette[J]. Annales des Ponts et Chaussies, 1967, VI, Nov.-Dec.

[59] Computers and Structures, Inc. Analysis Reference Manual for SAP2000[M]. Berkeley, CA: Computers and Structures Inc. , 1997.

[60] Davison R W, DeBold T and Johnson M J. Corrosion of Stainless Steels, in Metals Handbook, Vol. 13, Corrosion[M]. 9th Edition. Metals Park, Ohio: American Society for Metals, 1987.

[61] Den Hartog J P. Forced Vibrations with Combined Coulomb and Viscous Friction[J]. Transactions of the American Society of Mechanical Engineers, 1931, 53(9): 107-115.

[62] DeWolf J T and Ricker D T. Column Base Plates, Steel Design Guide Series 1[M]. Chicago, Illinois: American Institute of Steel Construction, 1990.

[63] Dolce M, Cardone D and Croatto F. Frictional Behavior of Steel-PTFE Interfaces for Seismic Isolation[J]. Bulletin of Earthquake Engineering, 2005, 3(1): 75-99.

[64] Du Pont. Teflon-Mechanical Design Data[Z]. E. I. du Pont de Nemours & Co. , Polymer Products Department, Wilmington, Delaware, 1981.

[65] EERI. Theme Issue: Passive Energy Dissipation[J]. Earthquake Spectra, 1993, 9: 319-636.

[66] Eggert H, Kauschke W. Structural Bearings[M]. Berlin: Ernst & Sohn, 2002.

[67] Engesser F. Zentr[M]. Bauverwaltung, 1891, II, 483.

[68] EPS. Composite Bearing Liner Materials in Friction Pendulum Bearings, Technical Report[R]. Earthquake Protection Systems, Richmond, CA, 2001.

[69] European Committee for Standardization. European Standard EN 1337 Structural Bearings[S]. Brussels: European Committee for Standardization, 2004.

[70] European Committee for Standardization. Design of Structures for Earthquake Resistance, Part 2: Bridges. Eurocode 8, EN1998-2, draft[S]. European Committee for Standardization, August, 2005.

[71] Federal Emergency Management Agency. FEMA 356 Prestandard and Commentary for the Seismic Rehabilitation of Buildings[S]. Washington, D. C. : Federal Emergency Management Agency, 2000.

[72] Fenz D, Constantinou M C. Behavior of Double Concave Friction Pendulum Bearing[J]. Earthquake Engineering and Structural Dynamics, 2006, 35(11): 1403-1424.

[73] Garlock Bearings, Inc. DU Self-Lubricating Bearings. Catalog 781-C[Z]. Thorofare, New Jersey, 1987.

[74] Gent A N. Elastic Stability of Rubber Compression Springs[J]. Journal of Mechanical Engineering Science, 1964, 6(4): 318-326.

[75] Gent A N. Cavitation in Rubber: a Cautionary Tale[C] // American Chemical Society. Charles Goodyear Medal Address, 137th Meeting, Rubber Division. Washington, D. C. : American Chemical Society, G49-G53, 1990.

[76] Gent A N. Engineering with Rubber[M]. Cincinnati, Ohio: Hanser Publishers, 2001.

[77] Gent A N, Lindley P B. The Compression of Bonded Rubber Blocks[J]. Proc. Institution of Mechanical Engineers, 1959, 173: 111-222.

[78] Gent A N, Meinecke E A. Compression, Bending and Shear of Bonded Rubber Blocks[J]. Polymer Engineer-

ing and Science, 1970, 10(1): 48-53.

[79] Grigorian C E and Popov E P. Slotted Bolted Connections for Energy Dissipation[C] // Applied Technology Council. Proc. Seminar on Seismic Isolation, Passive Energy Dissipation, and Active Control, ATC-17-1. Redwood City, CA: Applied Technology Council, 1993, 2, 545-556.

[80] Guruswamy S. Engineering Properties and Applications of Lead Alloys[M]. New York: Marcel Dekker, Inc., 2000.

[81] Hamburger R O, Rojahn C, Moehle J P, Bachman R, Comartin C D and Whittaker A S. Development of Next-generation Performance-based Earthquake Engineering Design Criteria for Buildings[C] // International Association for Earthquake Engineering (IAEE). Proceedings, 13th World Conference on Earthquake Engineering, Paper 1819, Vancouver, B. C., Canada, 2004.

[82] Haringx J A. On Highly Compressible Helical Springs and Rubber Rods, and Their Application for Vibration-free Mountings[R]. Philips Research Reports, Parts I, II and III, 1948.

[83] Heaton H T, Hall J F, Wald D J and Halling M W. Response of High-rise and Base-isolated Buildings to a Hypothetical Mw 7.0 Blind Thrust Earthquake[J]. Science, 1995, 267: 206-211.

[84] Hibbitt, Karlsson and Sorensen, Inc. ABAQUS Analysis User's Manual[M]. Version 6.4. Pawtucket, Rhode Island, 2004.

[85] Hills D A. Heat Transfer and Vulcanization of Rubber[M]. New York: Elsevier Pub. Co., 1971.

[86] HITEC Highway Innovative Technology Evaluation Center. Guidelines for the Testing of Seismic Isolation and Energy Dissipation Devices, CERF Report HITEC 96-02[R]. Reston, VA: Civil Engineering Research Foundation, 1996.

[87] HITEC Highway Innovative Technology Evaluation Center. Guidelines for Testing Large Seismic Isolation and Energy Dissipation Devices, CERF Report 40600[R]. Reston, VA: Civil Engineering Research Foundation, 2002.

[88] Hwang J S, Chang K C and Lee G C. Quasi-Static and Dynamic Sliding Characteristics of Teflon-Stainless Steel Interfaces[J]. Structural Engineering, ASCE, 1990, 116(10): 2747-2762.

[89] Hyakuda T, Saito K, Matsushita T, Tanaka N, Yoneki S, Yasuda M, Miyazaki M, Suzuki A and Sawada T. The Structural Design and Earthquake Observation of a Seismic Isolation Building Using Friction Pendulum System[C] // Anti-Seismic Systems International Society (ASSISi). Proceedings, 7th International Seminar on Seismic Isolation, Passive Energy Dissipation and Active Control of Vibrations of Structures, Assisi, Italy, 2001.

[90] Imbsen R A. Use of Isolation for Seismic Retrofitting Bridges[J]. Bridge Engineering, ASCE, 2001, 6(6): 425-438.

[91] International Nickel Company. Corrosion Resistance of the Austenitic Chromium-Nickel Stainless Steels in Atmospheric Environments[M]. Chromium-Nickel Stainless Steel Data, Section III, Bulletin B, Suffern, NY, 1970.

[92] Jacobsen F K. TFE Expansion Bearings for Highway Bridges, Report FHWA-IL-PR-71[R]. Illinois Department of Transportation. Springfield, Illinois: Illinois Department of Transportation, April, 1977.

[93] Kani N, Takayama M and Wada A. Performance of Seismically Isolated Buildings in Japan, Paper 2181[C] // Earthquake Engineering Research Institute. Proceedings, 8th National Conference on Earthquake Engineering. San Francisco, CA: Earthquake Engineering Research Institute, 2006.

[94] Kartoum A. A Contribution to the Analysis of Elastomeric Bearings[M]. M. S. Thesis, Department of Civil Engineering, Drexel University, Philadelphia, PA, 1987.

[95] Kasalanati A and Constantinou M C. Experimental Study of Bridge Elastomeric and Other Isolation and Energy Dissipation Systems With Emphasis on Uplift Prevention and High Velocity Near Source Seismic Excitation, Technical Report MCEER-99-0004[R]. Buffalo, NY: Multidisciplinary Center for Earthquake Engineering

Research, State University of New York at Buffalo, 1999.
[96] Kasalanati A and Constantinou M C. Testing and Modeling of Prestressed Isolators[J]. Journal of Structural Engineering, ASCE, 2005, 131(6): 857-866.
[97] Katsaras C P, Panagiotakos T B and Kolias B. Evaluation of Current Code Requirements for Displacement Restoring Force Capability of Seismic Isolation Systems and Proposals for Revision[M]. DENKO Consultants, Greece, Deliverable 74, LESSLOSS European Integrated Project, 2006.
[98] Kauschke W and Baigent M. Improvements in the Long Term Durability of Bearings in Bridges, Especially of PTFE Slide Bearings, Publication SP-94, Vol. 2, 577-612[C] // American Concrete Institute. Proc. 2nd World Congress on Joint Sealing and Bearing Systems for Concrete Structures, Detroit, Michigan: American Concrete Institute, 1986.
[99] Kim D K, Mander J B and Chen S S. Temperature and Strain Effects on the Seismic Performance of Elastomeric and Lead-rubber Bearings, Publication SP-164, Vol. 1, 309-322[C] // American Concrete Institute. Proc. 4th World Congress on Joint Sealing and Bearing Systems for Concrete Structures, American Concrete Institute, Farmington Hills, Michigan, 1996.
[100] Kelly J M. Dynamic and Failure Characteristics of Bridgestone Isolation Bearings, Report No. UCB/EERC-91/04[R]. Berkeley: Earthquake Engineering Research Center, College of Engineering, University of California, 1991.
[101] Kelly J M. Earthquake-Resistant Design with Rubber[M]. London : Springer-Verlag, 1993.
[102] Kelly J M. Tension Buckling in Multilayer Elastomeric Bearings[J]. Engineering Mechanics, ASCE, 2003, 129(12): 1363-1368.
[103] Koh C G. and Kelly J M. Effects of Axial Load on Elastomeric Bearings, Report No. UCB/EERC-86/12[R]. Berkeley: University of California, Earthquake Engineering Research Center, 1987.
[104] Kojima H and Fukahori Y. Performance and Durability of High Damping Rubber Bearings for Earthquake Protection[R]. Bridgestone Corp., Japan, 1989.
[105] Kulak R F, Coveney V A and Jamil S. Recovery Characteristics of High-Damping Elastomers Used in Seismic Isolation Bearings[M]. Washington, D. C.: Seismic, Shock and Vibration Isolation, ASME Publications PVP 1998 Vol. 379, American Society of Mechanical Engineers, 1998.
[106] Krim J. Friction at the Atomic Scale[J]. Scientific American, 1996, 275(4): 74-80.
[107] Lee D E. The Base Isolation of Koeberg Nuclear Power Station 14 Years after Installation[C] // Proc. Post-SMiRT Conference Seminar on Isolation, Energy Dissipation and Control of Vibrations of Structures. Capri, Italy, August, 1993.
[108] Lee D J. Recent Experience in the Specification, Design, Installation, and Maintenance of Bridge Bearings, Publication SP-70, Vol. 1, 161-175[C] // American Concrete Institute. Proc. World Congress on Joint Sealing and Bearing Systems for Concrete Structures. Detroit, Michigan, 1981.
[109] Lide D R. Handbook of Chemistry and Physics[M]. 74th Edition. Boca Raton, Florida: CRC Press, 1993.
[110] Lin Y Y, Miranda E and Chang K C. Evaluation of Damping Factors for Estimating Elastic Response of Structures with High Damping[J]. Earthquake Engineering and Structural Dynamics, 2005, 34(11): 1427-1443.
[111] Long J E. The Performance of PTFE in Bridge Bearings[J]. Civil Engineering and Public Works Review, 1969, 64(754): 459-462.
[112] Long J E. Bearings in Structural Engineering[M]. New York: Wiley & Sons, 1974.
[113] Makison K R and Tabor D. The Friction and Transfer of Polytetrafluoroethylene[J]. Proc. Royal Society A, 1964, 281: 49-61.
[114] Makris N. Viscous Heating of Fluid Dampers. I: Small-amplitude Motions[J]. Journal of Engineering Mechanics, 1998, 124(11): 1210-1216.

[115] Makris N, Roussos Y, Whittaker A S and Kelly J M. Viscous Heating of Fluid Dampers. I: Large-amplitude Motions[J]. Journal of Engineering Mechanics, 1998, 124(11): 1217-1223.

[116] Makris N and Constantinou M C. Analysis of Motion Resisted by Friction: II. Velocity-Dependent Friction[J]. Mech. Struct. & Mach., 1991, 19(4): 501-526.

[117] Malik A H. Replacement of Twenty-Year Old Elastomeric Bearings, Vol. 2 of Preprints, 1109-1120[C] // Proc. 3rd World Congress on Joint Sealing and Bearing Systems for Concrete Structures. Toronto, Ontario, Canada, National Center for Earthquake Engineering Research, 1991.

[118] Manning D and Bassi K. Bridge Bearing Performance in Ontario, publication SP-94, Vol. 2, 1017-1050[C] // American Concrete Institute. Proc. 2nd World Congress on Joint Sealing and Bearing Systems for Concrete 405 Structures, Detroit, Michigan, 1986.

[119] Marioni A. Development of a New Type of Hysteretic Damper for the Seismic Protection of Bridges ,SP-1-164, Vol. 2, 955-976[C] // American Concrete Institute. Proc. Fourth World Congress on Joint Sealants and Bearing Systems for Concrete Structures. American Concrete Institute, 1997.

[120] Mayrbaurl R M. High Cycle Bearing Tests for the Manhattan Bridge Publication SP-94 Vol. 1, 343-370[C] // American Concrete Institute. Proc. 2nd World Congress on Joint Sealing and Bearing Systems for Concrete Structures, Detroit, Michigan: American Concrete Institute, 1986.

[121] Mellon D and Post T. Caltrans Bridge Research and Applications of New Technologies[C] // Multidisciplinary Center for Earthquake Engineering Research. Proceedings of U. S. -Italy Workshop on Seismic Protective Systems for Bridges. Buffalo, NY: Multidisciplinary Center for Earthquake Engineering Research, 1999.

[122] Military Standards. Dissimilar Metals. MIL-STD-889B[S]. Washington, D. C.: Department of Defense. July, 1976.

[123] Moehle J P. A Framework for Performance-based Earthquake Engineering, Report ATC-15-9[C] // Applied Technology Council. Proceedings, Tenth U. S. -Japan Workshop on Improvement of Building Seismic Design and Construction Practices. Redwood City, California: Applied Technology Council, 2003.

[124] Moghe S R and Neft H F. Elastic Deformations of Constrained Cylinders[J]. Applied Mechanics, ASME, 1971, 38: 393-399.

[125] Mokha A S, Constantinou M C and Reinhorn A M. Experimental Study and Analytical Prediction of Earthquake Response of a Sliding Isolation System with a Spherical Surface, Report NCEER-90-0020[R]. Buffalo, NY: National Center for Earthquake Engineering Research, 1990.

[126] Mokha A S, Constantinou M C and Reinhorn A M. Teflon Bearings in Base Isolation. I: Testing[J]. Structural Engng, ASCE, 1990, 116(2): 438-454.

[127] Mokha A S, Constantinou M C and Reinhorn A M. Teflon Bearings in Aseismic Base Isolation: Experimental Studies and Mathematical Modeling, Report NCEER-88-0038[R]. Buffalo, NY: National Center for Earthquake Engineering Research, 1988.

[128] Mokha A S, Constantinou M C and Reinhorn A M. Further Results on Frictional Properties of Teflon Bearings [J]. Structural Engineering, ASCE, 1991, 117(2): 622-626, 406.

[129] Morgan T, Whittaker A S and Thompson A. Cyclic Behavior of High-Damping Rubber Bearings[C] // American Concrete Institute. Proceedings, 5th World Congress on Joints, Bearings and Seismic Systems for Concrete Structures. Rome, Italy: American Concrete Institute, October , 2001.

[130] Mosqueda G, Whittaker A S and Fenves G L. Characterization and Modeling of Friction Pendulum Bearings Subjected to Multiple Components of Excitation[J]. Journal of Structural Engineering, ASCE, 2004, 130 (3): 433-442.

[131] Muller-Rochholz J F W, Fiebrich M and Breitbach M. Measurement of Horizontal Bridge Movements due to Temperature, Wind and Traffic, publication SP-94, 1986a, Vol. 1, 409-418[C] // American Concrete In-

stitute. Proc. 2nd World Congress on Joint Sealing and Bearing Systems for Concrete Structures. Detroit, Michigan: American Concrete Institute, 1986.

[132] Muller-Rochholz J F W, Fiebrich M and Breitbach M. Short Time Field Measurements on Bearings of a Steel Bridge, publication SP-94, Vol. 1, 453-464[C] // American Concrete Institute. Proc. 2nd World Congress on Joint Sealing and Bearing Systems for Concrete Structures, Detroit, Michigan: American Concrete Institute, 1986.

[133] Mullins L. Softening of Rubber by Deformation[J]. Rubber Chemistry and Technology, 1969, 42(1): 339-362.

[134] Murota N, Goda K, Suzuki S, Sudo C and Suizu Y. Recovery Characteristics of Dynamic Properties of High Damping Rubber Bearings, Report No. NCEER-94-0009[C] // National Center for Earthquake Engineering Research, Buffalo, NY. Proc. 3rd U. S. -Japan Workshop on Earthquake Protective Systems for Bridges. Berkeley, CA: National Center for Earthquake Engineering Research, January, 1994.

[135] Naeim F and Kelly J M. Design of Seismic Isolated Structures[M]. New York: Wiley & Sons, 1999.

[136] Nagarajaiah S and Sun X. Response of Base-isolated USC Hospital Building in Northridge Earthquake[J]. Journal of Structural Engineering, ASCE, 2000, 126(10): 1177-1186.

[137] Nagarajaiah S and Ferrell K. Stability of Elastomeric Seismic Isolation Bearings[J]. Journal of Structural Engineering, ASCE, 1999, 125(9), 946-954.

[138] Nagarajaiah S, Reinhorn A M and Constantinou M C. Nonlinear Dynamic Analysis of Three Dimensional Base Isolated Structures (3D-BASIS), Technical Report NCEER-89-0019[R]. Buffalo, NY: National Center for Earthquake Engineering Research, State University of New York at Buffalo, 1989.

[139] Nakano O, Nishi H, Shirono T and Kumagai K. Temperature-Dependence of Base-Isolation Bearings, Technical Memorandum No. 3196[C] // Tsukuba Science City. Proc. 2nd U. S. -Japan Workshop on 407 Earthquake Protective Systems for Bridges. Japan: Public Works Research Institute, 1993.

[140] Nelson W. Accelerated Testing[M]. New York: Wiley & Sons, 1990.

[141] Ozisik M N. Boundary Value Problems of Heat Conduction[M]. New York: Dover Publications, Inc. , 1989.

[142] Ozisik M N. Heat Conduction[M]. 2nd Edition. New York: John Wiley and Sons, Inc. , 1993.

[143] Pavlou E and Constantinou M C. Response of Elastic and Inelastic Structures with Damping Systems to Near-Field and Soft-Soil Ground Motions[J]. Engineering Structures, 2004, 26: 1217-1230.

[144] Pavlou E and Constantinou M C. Response of Nonstructural Components in Structures with Damping Systems [J]. Journal of Structural Engineering, ASCE, 2006, 132(7): 1108-1117.

[145] Pavot B and Polust E. Aseismic Bearing Pads[J]. Tribology International, 1979, 13(3): 107-111.

[146] Paynter F R. Investigation of Friction in PTFE Bridge Bearings[J]. The Civil Engineer in South Africa, 1973, 15(8): 209-217.

[147] Pekcan G, Mander J B and Chen S S. Design and Retrofit Methodology for Buildings Structures with Supplemental Energy Dissipating Systems, Technical Report MCEER-99-0021[R]. Buffalo, NY: Multidisciplinary Center for Earthquake Engineering Research, University at Buffalo, State University of New York, 1999.

[148] Penton. Fluid Power Handbook & Directory[M]. 2004-2005 Edition. Penton Media Inc. , 2004.

[149] Predicting Bearing Wear. Reprint No. 34, The Journal of Teflon[Z]. E. I. du Pont de Nemours and Company, Wilmington, Delaware, 1968.

[150] Rabinowicz E. Friction and Wear of Materials[M]. New York: Wiley & Sons, Inc. , 1995.

[151] Ramirez O M, Constantinou M C, Kircher C A, Whittaker A, Johnson M, Gomez J D and Chrysostomou C Z. Development and Evaluation of Simplified Procedures of Analysis and Design for Structures with Passive Energy Dissipation Systems, Technical Report MCEER-00-0010, Revision 1[R]. Buffalo, NY. 408: Multidisciplinary Center for Earthquake Engineering Research, University of Buffalo, State University of New York, 2001.

[152] Roark R J. Formulas for Stress and Strain[M]. New York: McGraw-Hill Book Co. , 1954.
[153] Roeder C W, Stanton J F and Taylor A W. Performance of Elastomeric Bearings, Report No. 298[R]. Washington, D. C. : National Cooperative Highway Research Program, Transportation Research Board, 1987.
[154] Roeder C W, Stanton J F and Campbell T I. Rotation of High Load Multirotational Bridge Bearings[J]. Journal of Structural Engineering, ASCE, 1995, 121(4): 746-756.
[155] Romanoff M. Underground Corrosion[M]. National Bureau of Standards, Circular 579. Washington, D. C. : Department of Commerce, 1957.
[156] Roussis P C, Constantinou M C, Erdik M, Durukal E and Dicleli M. Assessment of Performance of Seismic Isolation System of Bolu Viaduct[J]. Journal of Bridge Engineering, ASCE, 2003, 8(4): 182-190.
[157] Salazar A. On Thermal Diffusivity[J]. European Journal of Physics, 2003, 24: 351-358.
[158] Sarkar A D. Friction and Wear[M]. London, UK: Academic Press, 1980.
[159] Sato M, Nishi H, Kawashima K and Unjoh S. Response of On-Netoh Bridge during Kushiro-Oki Earthquake of January 1993, Report NCEER-94-0009[C] // National Center for Earthquake Engineering Researc. Proceedings, 3rd U. S. -Japan Workshop on Earthquake Protective Systems for Bridges. Buffalo, NY: National Center for Earthquake Engineering Research, 1994.
[160] Shames I H and Cozzarelli F A. Elastic and Inelastic Stress Analysis[M]. Englewoods Cliffs, New Jersey: Prentice Hall, 1992.
[161] Sigaher A N and Constantinou M C. Scissor-Jack-Damper Energy Dissipation System[J]. Earthquake Spectra, 2003, 19(1): 133-158.
[162] Skinner R I, Robinson W H and McVerry G H. An Introduction to Seismic Isolation[M]. Chichester, UK: John Wiley and Sons, 1993.
[163] Soong T T and Constantinou M C. Passive and Active Structural Vibration Control in Civil Engineering[M]. Springer-Verlag, Wien- New York, 1994.
[164] Soong T T and Dargush G F. Passive Energy Dissipation Systems in Structural Engineering[M]. London, UK. 409: Wiley & Sons, 1997.
[165] Stanton J F and Roeder C W. Elastomeric Bearings Design, Construction, and Materials, NCHRCP Report 248[R]. Washington, D. C. : Transportation Research Board, 1982.
[166] Stevenson A and Price A R. A Case Study of Elastomeric Bridge Bearings After 20 Years Service, publication SP-94, Vol. 1, 113-136[C] // American Concrete Institute. Proc. 2nd World Congress on Joint Sealing and Bearing Systems for Concrete Structures. Detroit, Michigan: American Concrete Institute, 1986.
[167] Steward J P, Conte J P and Aiken I D. Observed Behavior of Seismically Isolated Buildings[J]. Journal of Structural Engineering, ASCE, 1999, 125(9): 955-964.
[168] Structural Engineers Association of Northern California-SEAONC. Tentative Seismic Isolation Design Requirements[S]. San Francisco, CA, 1986.
[169] Swanson Analysis Systems, Inc. ANSYS User's Manual[M]. Version 5. 3. Houston, PA, 1996.
[170] Tabor D. Friction-The Present State of Our Understanding[J]. Lubrication Techn, ASME, 1981, 103: 169-178.
[171] Taylor D. Fluid lock-up devices - a Robust Means to Control Multiple Mass Structural Systems Subjected to Seismic or Wind Inputs[C] // Proceedings, 71st SAVIAC Shock and Vibration Symposium, Arlington, VA, 2000.
[172] Taylor A W, Lin A N and Martin J W. Performance of Elastomers in Isolation Bearings: A Literature Review [J]. Earthquake Spectra, Earthquake Engineering Research Institute, Oakland, CA, 1992, 8(2): 279-303.
[173] Taylor M E. PTFE in Highway Bridge Bearings, Report LR 491[R]. Transport and Road Research Laboratory, Department of the Environment, UK, 1972.

[174] Thompson J B, Turrell G C and Sandt B W. The Sliding Friction of Teflon[J]. SPE Journal, 1955, 11 (4): 13-14.

[175] Thompson A C T, Whittaker A S, Fenves G L and Mahin S A. Property Modification Factors for Elastomeric Seismic Isolation Bearings[C] // Proceedings, 12th World Congress in Earthquake Engineering, New Zealand, 2000.

[176] Timoshenko S P and Gere J M. Theory of Elastic Stability[M]. New York: McGraw-Hill, 1961.

[177] Transportation Research Board. Bridge Bearings, NCHRP Report 41[R]. Washington, D. C., 1977.

[178] Transportation Research Board. Pot Bearings and PTFE Surfaces. Research Results Digest, No. 171[R]. Washington, D. C., September, 1989.

[179] Tsai C S, Chiang T C and Chen B J. Experimental Evaluation of Piecewise Exact Solution for Predicting Seismic Responses of Spherical Sliding Type Isolated Structures[J]. Earthquake Engineering and Structural Dynamics, 2005, 34 (9): 1027-1046.

[180] Tsopelas P, Okamoto S, Constantinou M C, Ozaki D and Fujii S. NCEER-Taisei Corporation Research Program on Sliding Seismic Isolation Systems for Bridges: Experimental and Analytical Study of a System Consisting of Sliding Bearings, Rubber Restoring Force Devices and Fluid Dampers, Report NCEER-94-0002[R]. Buffalo, NY: National Center for Earthquake Engineering Research, 1994.

[181] Tsopelas P and Constantinou M C. NCEER-Taisei Corporation Research Program on Sliding Seismic Isolation Systems for Bridges: Experimental and Analytical Study of a System Consisting of Sliding Bearings and Fluid Restoring Force/Damping Devices, Report NCEER-94-0014[R]. Buffalo, NY: National Center for Earthquake Engineering Research, 1994.

[182] Tsopelas P and Constantinou M C. Study of Elastoplastic Bridge Seismic Isolation System[J]. Journal of Structural Engineering, ASCE, 1997, 123(4): 489-498.

[183] Tsopelas P, Constantinou M C, Kim Y S and Okamoto S. Experimental Study of FPS System in Bridge Seismic Isolation[J]. Earthquake Engineering and Structural Dynamics, 1996 , 25: 65-78.

[184] Tsopelas P, Constantinou M C, Kircher C A and Whittaker A S. Evaluation of Simplified Methods of Analysis For Yielding Structures, Report No. NCEER-97-0012[R]. Buffalo, NY: National Center for Earthquake Engineering Research, State University of New York, 1997.

[185] Tsopelas P, Constantinou M C, Okamoto S, Fujii S and Ozaki D. Experimental Study of Bridge Seismic Sliding Isolation Systems[J]. Engineering Structures, 1996 , 18(4): 301-310.

[186] Tsopelas P, Okamoto S, Constantinou M C, Ozaki D and Fujii S. NCEER-Taisei Corporation Research Program on Sliding Seismic Isolation Systems for Bridges: Experimental and Analytical Study of Systems Consisting of Sliding Bearings, Rubber Restoring Force Devices and Fluid Dampers, Report NCEER-94-0002[R]. Buffalo, NY. National Center for Earthquake Engineering Research, 1994.

[187] Tsopelas P C, Roussis P C, Constantinou M C, Buchanan R and Reinhorn A M. 3D-BASIS-ME-MB: Computer Program For Nonlinear Dynamic Analysis of Seismically Isolated Structures, Report No. MCEER-05-0009[R]. Buffalo, NY: Multidisciplinary Center for Earthquake Engineering Research, 2005.

[188] Touaillon J. Improvement in Buildings[P]. United States Patent Office, Letters Patent No. 99, 973, February 15, 1870.

[189] Tyler R G. Dynamic Tests on PTFE Sliding Layers under Earthquake Conditions[J]. Bulletin of the New Zealand National Society for Earthquake Engineering, 1977, 10(3): 129-138.

[190] Uang C M and Bertero V V. Implications of Recorded Earthquake Ground Motions on Seismic Design of Building Structures, Report No. UCB/EERC-88/13[R]. Berkeley: Earthquake Engineering Research Center, University of California, Berkeley, 1988.

[191] United Kingdom Highways Directorate. Design Requirements for Elastomeric Bridge Bearings[Z]. Technical

Memorandum BE 1/76, Department of Environment, 1976.
[192] Van Vlack L H. Elements of Materials Science & Engineering[M]. 4th Edition. Boston, Massachusetts: Addison-Wesley Publishing Company, 1980.
[193] Warn G P and Whittaker A S. Performance Estimates in Seismically Isolated Bridge Structures[J]. Engineering Structures, 2004, 26: 1261-1278.
[194] Warn G P and Whittaker A S. Property Modification Factors for Seismically Isolated Bridges[J]. Journal of Bridge Engineering, ASCE, 2006, 11(3): 371-378.
[195] Watanabe A, Hitomi Y, Saeki E, Wada A and Fujimoto M. Properties of Brace Encased in Buckling Restrained Concrete and Steel Tube[C] // Japan Association for earthquake disaster prevention. Proceedings, Ninth World Conference on Earthquake Engineering. vol. 4, 719-723. Tokyo, Japan, 1988.
[196] Whittaker A S, Aiken I, Bergman D, Clark P, Cohen J, Kelly J and Scholl R. Code Requirements for the Design and Implementation of Passive Energy Dissipation Devices[C] // Applied Technology Council (ATC). Proceedings of Seminar on Seismic Isolation, Passive Energy Dissipation, and Active Control, Report No. ATC-17-1. Redwood City, CA: March, 1993.
[197] Whittaker A S, Uang C M and Bertero V V. Implications of Recent Research on Current Seismic Regulations Pertaining to Steel Dual Systems[C] // 412 Proceedings, Conference on Tall Buildings in Seismic Regions, Council for Tall Buildings and Urban Habitat, Los Angeles, CA, February, 1988.
[198] Winters C W and Constantinou M C. Evaluation of Static and Response Spectrum Analysis Procedures of SEAOC/UBC for Seismic Isolated Structures, Report No. NCEER-93-0004[R]. Buffalo, N. Y:National Center for Earthquake Engineering Research, State University of New York, 1993.
[199] Wolff E D. Frictional Heating in Sliding Bearings and an Experimental Study of High Friction Materials[D]. M. S. Thesis, University at Buffalo, Buffalo, NY, 1999.
[200] Wolff E D and Constantinou M C. Experimental Study of Seismic Isolation Systems with Emphasis on Secondary System Response and Verification of Accuracy of Dynamic Response History Analysis Methods, Report No. MCEER-04-0001[R]. Buffalo, NY: Multidisciplinary Center for Earthquake Engineering Research, 2004.
[201] Xanthakos P P. Theory and Design of Bridges[M]. New York: John Wiley & Sons, 1994.
[202] Yakut A and Yura J A. Parameters Influencing Performance of Elastomeric Bearings at Low Temperatures[J]. Journal of Structural Engineering, ASCE, 2002, 128(8): 986-994.
[203] Yoshizawa H and Israelachvilli J. Fundamental Mechanisms of Interfacial Friction Ⅱ, Stick-Slip Friction of Spherical and Chain Molecules[J]. Phys. Chem., 1993, 97: 11300-11313.
[204] Computers and Structures Inc. SAP2000: Integrated Finite Element Analysis and Design of Structures[M]. Version 11. 0. 8. Berkeley, CA, 2007.
[205] Constantinou M C, Whittaker A S, Fenz D M and Apostolakis G. Seismic Isolation of Bridges[M]. Buffalo, NY: University at Buffalo, 2007.
[206] Fenz D M and Constantinou M C. Mechanical Behavior of Multispherical Sliding Bearings, Report No. MCEER-08-0007[R]. Buffalo, NY: Multidisciplinary Center for Earthquake Engineering Research, 2008.
[207] Fenz D M and Constantinou M C. Spherical Sliding Isolation Bearings with Adaptive Behavior: Theory[J]. Earthquake Engineering and Structural Dynamics, 2008, 37(2): 163-183.
[208] Fenz D M and Constantinou M C. Spherical Sliding Isolation Bearings with Adaptive Behavior: Experimental Verification[J]. Earthquake Engineering and Structural Dynamics, 2008, 37(2):185-205.
[209] Fenz D M and Constantinou M C. Modeling Triple Friction Pendulum Bearings for Response-History Analysis [J]. Earthquake Spectra, 2008, 24(4): 1011-1028.
[210] Fenz D M and Constantinou M C. Development, Implementation And Verification Of Dynamic Analysis Models for Multispherical Sliding Bearings, Report No. MCEER-08-0018[R]. Buffalo, NY: Multidisciplinary

Center for Earthquake Engineering Research, 2008.

[211] Morgan T A. The Use of Innovative Base Isolation Systems to Achieve Complex Seismic Performance Objectives [D]. Department of Civil and Environmental Engineering, University of California, Berkeley, 2007.

[212] Nagarajaiah S, Reinhorn A M and Constantinou M C. Nonlinear Dynamic Analysis of Three Dimensional Base Isolated Structures (3d-Basis), Report NCEER-89-0019[R]. Buffalo, NY: National Center for Earthquake Engineering Research, State University of New York, 1989.

[213] Satake N, Suda K, Arakawa T, Sasaki A and Tamura Y. Damping Evaluation Using Full-Scale Data of Buildings In Japan[J]. Structural Engineering, ASCE, 2003, 129 (4): 470-477.

[214] Sarlis A A, Tsopelas P C, Constantinou M C and Reinhorn A M. 3D-BASIS-ME-MB: Computer Program for Nonlinear Dynamic Analysis of Seismically Isolated Structures, Element for Triple Pendulum Isolator and Verification Examples, Supplement to MCEER Report 05-009 [R]. Buffalo, NY: Multidisciplinary Center for Earthquake Engineering Research, State University of New York, 2009.

[215] Tsopelas P C, Constantinou M C and Reinhorn A M. 3d-Basis-Me: Computer Program for Nonlinear Dynamic Analysis of Seismically Isolated Single and Multiple Structures and Liquid Storage Tanks, Report NCEER-94-0010[R]. Buffalo, NY: National Center for Earthquake Engineering Research, State University of New York, 1994.

附录 A　三层摩擦摆隔震支座在 SAP2000 中的应用

A.1　引　　言

本附录介绍了如何在 SAP2000 中模拟三层摩擦摆隔震支座，其中主要包括：

(1)针对三层摩擦摆隔震支座性能的简要介绍；

(2)三层摩擦摆隔震支座的并联模型介绍；

(3)在 SAP2000 中建立并联模型；

(4)在 SAP2000 中采用直接积分法和快速非线性分析法进行分析；

(5)在 SAP2000 中隔震结构全局阻尼的模拟；

(6)在 SAP2000 中通过里兹向量模态准确捕捉隔震结构响应的显著意义；

(7)在 SAP2000 中采用直接积分法和快速非线性分析法对隔震支座 $P-\Delta$ 效应的探讨；

(8)采用并联和串联模型建立三层摩擦摆模型，输入数据文件进行案例验证。

尽管本附录研究的重点是三层摩擦摆隔震支座，但所讨论的问题，如阻尼的确定，里兹向量法，以及 $P-\Delta$ 效应同样适用于其他隔震系统。此外，尽管本附录是以 SAP2000 程序为例作介绍，但这些概念，除了快速非线性分析，同样可以转换到与 SAP2000 具有相同特性的 ETABS 程序中。

A.2　三层摩擦摆隔震支座描述

随着位移幅值的增加，三层摩擦摆隔震支座的刚度和强度都表现出多层次的变化。关于这种支座性能的详细资料，如试验数据，振动台试验和数值计算与试验数据的对照，可以参考 Morgan(2007)与 Fenz 与 Constantinou(2008a 到 2008e)。

支座的力与位移滞回曲线很复杂，滞回曲线包含多个随支座尺寸和摩擦属性而变化的转折点。图 A－1 给出了一个三层摩擦摆隔震支座的几何尺寸。支座的属性通过半径 R_1、R_2、R_3 和 R_4(通常 $R_1=R_4$ 和 $R_2=R_3$)，高度 h_1、h_2、h_3 和 h_4(通常和 $h_1=h_4$ 和 $h_2=h_3$)，距离(关系到位移能力)d_1、d_2、d_3 和 d_4(通常 $d_1=d_4$ 和 $d_2=d_3$)和摩擦系数 μ_1、μ_2、μ_3 和 μ_4(通常 $\mu_2=\mu_3$)。每一个滑动面其实际的位移能力可由下式得出：

$$d_i^* = \frac{R_{\text{effi}}}{R_i} d_i, i = 1,2,3,4 \tag{A-1}$$

式中，R_{effi} 为表面的有效半径。

$$R_{\text{effi}} = R_i - h_i, i = 1,2,3,4 \tag{A-2}$$

图 A－2 给出了三层摩擦摆隔震支座侧向力与位移的滞回曲线，其包含了 5 种不同的滞回关系，其对应着 5 种不同的位移区域。滞回曲线中涉及的参数与支座的几何尺寸、摩擦属性以及支座所承受的重力荷载值 W 有关，读者可参见 Fenz 和 Constantinou(2008a 和 2008b)。通常将三层摩擦摆隔震支座设计成在Ⅰ到Ⅳ位移区域内运动,区域Ⅴ留为支座的位移储量。当运动到Ⅴ区域内,支座已经消耗了其位移量 d_1 和 d_4,支座只能在表面 2 和表面 3 滑动(如图 A－1所示)。

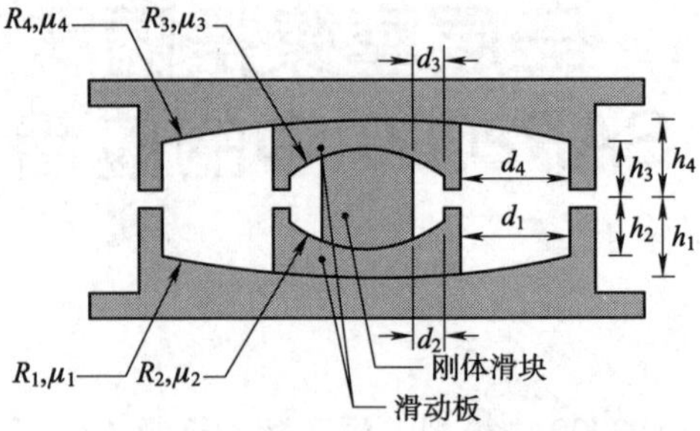

图 A－1　三层摩擦摆支座尺寸及摩擦属性

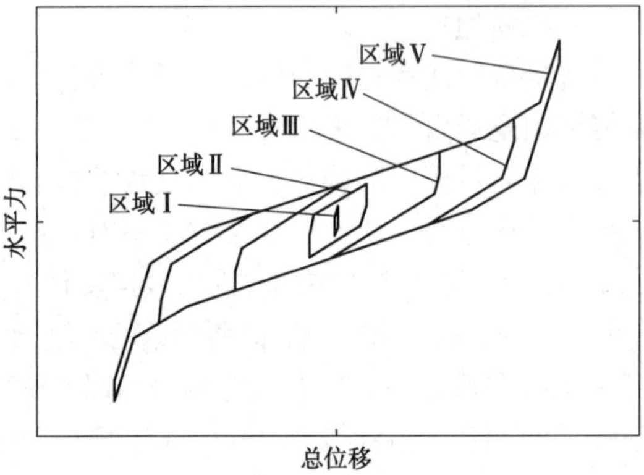

图 A－2　三层摩擦摆隔震支座的力与位移滞回曲线

表 A－1(摘自 Fenz 和 Constantinou,2008a)给出了三层摩擦摆隔震支座在 5 个位移区域运行时的力与位移关系的总结。注意,$F_{fi}=\mu_i W$ 代表的是表面 i 的摩擦力,W 为作用到支座上的轴向压力。考虑某一特殊情况,其中 $R_{eff1}=R_{eff4}$,$R_{eff2}=R_{eff3}$,$d_1^*=d_4^*$,$d_2^*=d_3^*$,$\mu_1=\mu_4$ 和 $\mu_2=\mu_3$,此外认为支座运动不会达到区域Ⅴ。由此得到的结果如图 A－3 所示,为一具有三线性滞回特性的摩擦摆隔震支座。需要注意的是,这一特殊情况代表了三层摩擦摆隔震支座的一种典型配置。

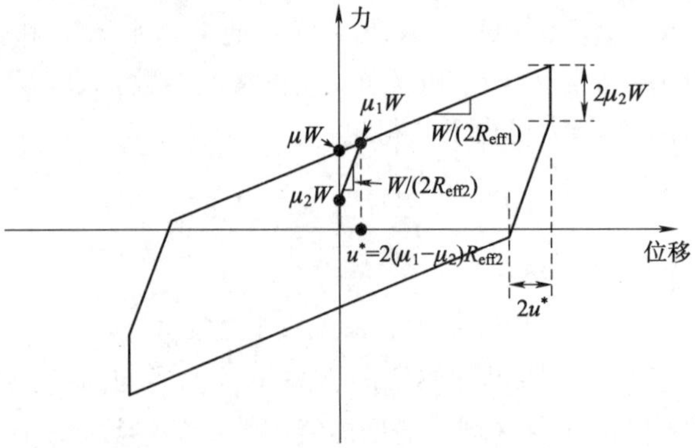

图 A－3　特殊情况下三层摩擦摆隔震支座的力与位移滞回关系

在特殊情况下，三层摩擦摆隔震支座的力与位移关系可以写成：

$$F=\frac{W}{2R_{\mathrm{eff1}}}u+\left[\mu_1-(\mu_1-\mu_2)\frac{R_{\mathrm{eff2}}}{R_{\mathrm{eff1}}}\right]W \tag{A-3}$$

当侧向力和位移未达到以下数值时，均可利用公式(A－3)进行计算：

$$F=\frac{W}{R_{\mathrm{eff1}}}d_1^*+F_{\mathrm{f1}} \tag{A-4}$$

$$u=u^*+2d_1^*=2(\mu_1-\mu_2)R_{\mathrm{eff2}}+2d_1^* \tag{A-5}$$

$$u^*=u^{**}=2(\mu_1-\mu_2)R_{\mathrm{eff2}} \tag{A-6}$$

当位移等于零时，有

$$\mu W=\left[\mu_1-(\mu_1-\mu_2)\frac{R_{\mathrm{eff2}}}{R_{\mathrm{eff1}}}\right]W \tag{A-7}$$

表 A－1　三层摩擦摆支座性能汇总

位移区域	概　述	力与位移的关系
Ⅰ	只在2,3表面滑动	$F=\frac{W}{R_{\mathrm{eff1}}+R_{\mathrm{eff2}}}u+\frac{F_{\mathrm{f2}}R_{\mathrm{eff2}}+F_{\mathrm{f3}}R_{\mathrm{eff3}}}{R_{\mathrm{eff2}}+R_{\mathrm{eff3}}}$ 直到 $F=F_{\mathrm{f1}},u=u^*=(\mu_1-\mu_2)R_{\mathrm{eff2}}+(\mu_1-\mu_3)R_{\mathrm{eff3}}$
Ⅱ	表面2上滑动停止； 在表面1和3上滑动	直到 $F=F_{\mathrm{f4}},u=u^{**}=u^*+(\mu_4-\mu_1)(R_{\mathrm{eff1}}+R_{\mathrm{eff3}})$
Ⅲ	表面2和3上滑动停止； 在表面1和4上滑动	$F=\frac{W}{R_{\mathrm{eff1}}+R_{\mathrm{eff4}}}u+\frac{F_{\mathrm{f1}}(R_{\mathrm{eff1}}-R_{\mathrm{eff2}})+F_{\mathrm{f2}}R_{\mathrm{eff2}}+F_{\mathrm{f3}}R_{\mathrm{eff3}}+F_{\mathrm{f4}}(R_{\mathrm{eff4}}-R_{\mathrm{eff}})}{R_{\mathrm{eff1}}+R_{\mathrm{eff4}}}$ 直到 $F=F_{\mathrm{dr1}}=\frac{W}{R_{\mathrm{eff1}}}d_1^*+F_{\mathrm{f1}}$， $u=u_{\mathrm{dr1}}=u^{**}+d_1^*\left(1+\frac{R_{\mathrm{eff4}}}{R_{\mathrm{eff1}}}\right)-(\mu_4-\mu_1)(R_{\mathrm{eff1}}+R_{\mathrm{eff4}})$
Ⅳ	滑动在表面1上达到极限； 表面3无滑动； 在表面2和4上滑动	$F=\frac{W}{R_{\mathrm{eff2}}+R_{\mathrm{eff4}}}(u-u_{\mathrm{dr1}})+\frac{W}{R_{\mathrm{eff1}}}d_1^*+F_{\mathrm{f1}}$ 直到 $F=F_{\mathrm{dr4}}=\frac{W}{R_{\mathrm{eff4}}}d_4^*+F_{\mathrm{f4}}$， $u=u_{\mathrm{dr4}}=u_{\mathrm{dr1}}+\left[\left(\frac{d_4^*}{R_{\mathrm{eff4}}}+\mu_4\right)-\left(\frac{d_1^*}{R_{\mathrm{eff1}}}+\mu_1\right)\right](R_{\mathrm{eff2}}+R_{\mathrm{eff4}})$
Ⅴ	滑动在表面1和4上达到极限； 在表面2和3上滑动	$F=\frac{W}{R_{\mathrm{eff2}}+R_{\mathrm{eff3}}}(u-u_{\mathrm{dr4}})+\frac{W}{R_{\mathrm{eff4}}}d_4^*+F_{\mathrm{f4}}$

注：表中参数含义如图 A－1 所示。

假设：

(1) $R_{\mathrm{eff1}}=R_{\mathrm{eff4}}\gg R_{\mathrm{eff2}}=R_{\mathrm{eff3}}$；(2) $\mu_2=\mu_3<\mu_1<\mu_4$；(3) $d_1^*>(\mu_4-\mu_1)R_{\mathrm{eff1}}$；(4) $d_2^*>(\mu_1-\mu_2)R_{\mathrm{eff2}}$；(5) $d_3^*>(\mu_4-\mu_3)R_{\mathrm{eff3}}$

A.3 三层摩擦摆隔震支座在 SAP2000 中的建模

A.3.1 简　　介

为了模拟三层摩擦摆隔震支座在 5 个位移区域的属性，Fenz 和 Constantinou（2008d，2008e）建立了一个串联模型。虽然该模型不能反映支座内部构件的运动情况，但它确实可以精确地模拟三层摩擦摆隔震支座的属性，三层摩擦摆隔震支座的运动与串联到一起的单层摩擦摆支座也的确相近。然而，串联模型需要在支座的铰接点处引入虚拟质量，同时每个支座都存在大量的自由度。通常由此产生的影响包括：

（1）增加分析的计算量；

（2）分析得到的结果对模型中的一些次要参数值很敏感，比如连接单元的质量，有效刚度和弹性刚度；

（3）增加了用于快速非线性分析的里兹向量的阶数。

并联模型作为一个更为简单的模型，能够模拟三层摩擦摆隔震支座在特殊情况下的性能，其中 $R_{eff1} = R_{eff4}, R_{eff2} = R_{eff3}, d_1^* = d_4^*, d_2^* = d_3^*, \mu_1 = \mu_4, \mu_2 = \mu_3$，且支座运动不涉及最后一个区域（刚化）。并联模型最初由 Sarlis 等人（2009）提出，其在 3D－BASIS 计算机程序中有所应用（Nagarajaiah 等，1989；Tsopelas 等，1994、2005）。本文介绍了该模型在 SAP2000 中的应用（同时，也容易适用于 ETABS）。

该模型由一组并联布置的摩擦摆单元组成，用于取代单元的串联布置。其局限性包括：

不能准确地获取三层摩擦摆隔震支座内部构件的运动情况，但除了非常小的位移，通过 Fenz 和 Constantinou（2008a，2008b）给出理论可推得支座内部构件的运动。

以上的局限性导致不能精确描述摩擦系数与速度的关联性。通过 Fenz 和 Constantinou（2008a，2008b）给出的理论，将总的支座运动分成两个主要的滑移面，可以忽略这一局限性。这样一来，除了非常小的变形以外，该模型能够很好地描述摩擦系数的速度相关性。

该模型不能模拟支座在图 A－2 所示的位移区域 V（刚化区域）内的特性。

三层摩擦摆隔震支座每一个滑移面具有不同的摩擦系数，并联模型已经扩展到对其进行更为一般化的模拟，但由于在特定情况下，摩擦摆隔震支座简单且使用广泛，所以本文的重点放在这种情况下。至于扩展模型，这里称作管束模型，将在其他文章中给予介绍。

A.3.2 并联模型

并联模型由两个并联放置的摩擦摆隔震支座组成，由相同的两节点连结。第一个单元（称作支座 1）表示平板滑块，第二个单元（称作支座 2）为一个单摩擦摆隔震支座。两单元相互重叠，节点重合，如图 A－4 所示。顶部节点与上部结构相连，底部节点固定在地面上或与下部结构刚接。基于这种布置形式，如果两个单元具有相同的轴向刚度，则两个单元分担相同的外荷载。图 A－5 给出了这两个单元各自应具有的属性，以便使该模型能够表示三层摩擦摆隔震支座的属性（下文将给出各参数的详细情况）。

将两个单元重叠布置，使得该模型扭转刚度为零，这正确表示了支座的实际情况。注意，之前提出的并联模型（Sarlis 等，2009）将两个单元隔开一定距离布置，这样使得该模型具有了一个虚拟转动刚度。这一刚度可能会影响分析结果的精确度。

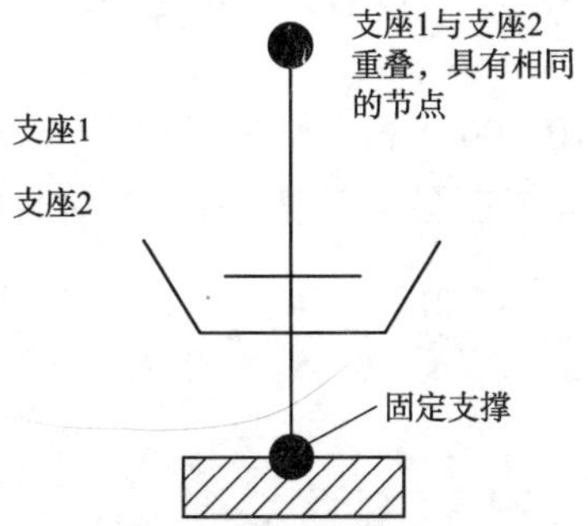

图 A－4　SAP2000 中使用的并联模型

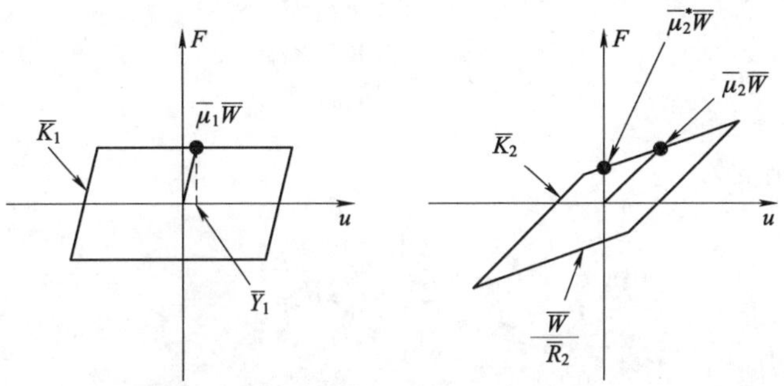

(a) 支座1　　(b) 支座2

图 A－5　并联模型中两支座各自的力与位移滞回关系

A.3.3　并联模型参数

1. 限定位移

并联模型并不能模拟三层摩擦摆隔震支座的刚化属性,因此当时程响应分析的位移超过限定值(如表 A－1 所示)时,不能在使用该模型。

$$u_{dr4} = 2[(\mu_1 - \mu_2)R_{eff_2} + d_1^*] \tag{A－8}$$

2. 摩擦系数

计算确定单元 FP1 和 FP2 的摩擦系数(如图 A－5 所示),FP1 和 FP2 单元组合后的合力等于图 A－3 中所示的实际受力。

$$\mu_2 W = \overline{\mu_1}\,\overline{W} + \overline{K_2}\,\overline{Y_1} \tag{A－9}$$

$$\mu_1 W = \overline{\mu_1}\,\overline{W} + \overline{\mu_2}\,\overline{W} \tag{A－10}$$

式中,$\overline{\mu}_1$ 为 FP1 单元的摩擦系数;$\overline{\mu}_2$ 为 FP2 单元的摩擦系数;$\overline{W}$ 为 FP1 和 FP2 的轴向力,等于 $W/2$;$\overline{K}_1$ 为 FP1 的弹性刚度;$\overline{K}_2$ 为 FP2 的弹性刚度;$\overline{R}_2$ 为 FP2 的曲率半径;$\overline{Y}$ 为 FP1 的屈服位移,为一很小的值,通常假设为 0.01 in 或更大些(参见后文给出的计算实例);μ_i 为三层摩擦摆隔震支座第 i 层表面的摩擦系数,其中 $i = 1,2,3,4$;W 为该模型支座承受的轴向力。

假设在 SAP2000 中 FP1 的屈服位移很小,并且 $\overline{W} = W/2$,则

$$\overline{\mu}_1 = 2\mu_2 \tag{A－11}$$

$$\overline{\mu}_2 = 2(\mu_1 - \mu_2) \tag{A－12}$$

该摩擦系数针对的是速度较快的情况(与 SAP2000 中快速参数相关)。对于低速情况,摩擦系数(与 SAP2000 中慢速参数相关)可以假设为快速时的一半。

3. 曲率半径

FP1 为一个平板滑块(在 SAP2000 中这种情况采用半径为零表示)。对于 FP2 而言,其弹性后刚度(Post-Elastic Stiffness)等于三层摩擦摆支座的后弹性刚度,即:

$$\frac{W}{2R_{eff1}} = \frac{\overline{W}}{\overline{R}_2} = \frac{W}{2\,\overline{R}_2} \tag{A-13}$$

由此可以看出

$$\overline{R}_2 = R_{\text{eff1}} \tag{A-14}$$

4. 弹性刚度

当支座运动到位移区域Ⅱ时,支座的弹性刚度与并联模型支座 2 的弹性刚度相同。

$$\overline{K}_2 = \frac{W}{2R_{\text{eff}_2}} \tag{A-15}$$

支座 1 的弹性刚度为

$$\overline{K}_1 = \frac{\mu_2 W}{2\overline{Y}_1} - \frac{W}{2R_{\text{eff2}}} \tag{A-16}$$

5. 零位移时的力

将零位移对应的力除以轴向荷载(即零位移处的摩擦系数)得:

$$\overline{\mu}_2^{\,*} = \overline{\mu}_2 - \frac{\overline{\mu}_2 W}{K_2 R_2} = 2(\overline{\mu}_1 - \overline{\mu}_2)\frac{R_{\text{eff1}} - R_{\text{eff2}}}{R_{\text{eff1}}} \tag{A-17}$$

$$\overline{\mu}_1^{\,*} = \overline{\mu}_1 = 2\mu_2 \tag{A-18}$$

6. 率参数

为对应于表面 1(或 4)和表面 2(或 3)的摩擦系数 $\overline{\mu}_1$ 和 $\overline{\mu}_2$ 设定的率参数应等于摩擦系数 μ_1 和 μ_2 设定的率参数的一半。这样设定的原因是该并联模型仅限于模拟特殊情况下的支座,即 $\mu_1 = \mu_4$,$\mu_2 = \mu_3$,且支座在表面 1 和 4 上的滑动位移和滑动速度等于总位移和速度的一半(这只是对小位移的一个估算)。

7. 有效刚度

为了将隔震系统中阻尼的遗漏降到最低,应设定偏低的有效刚度。在快速非线性分析中,SAP2000 通过非线性隔震系统中连接单元设定的有效刚度,形成总的阻尼矩阵。相应地,在隔震系统中引入了虚拟黏滞阻尼单元。设定偏小的有效刚度降低了虚拟阻尼对于计算结果的影响,同时抑制了在非线性分析中随着单元产生低于有效刚度初始设定值的瞬时有效刚度,阻尼的放大效应。尽管可能仍需要一些尝试和误差验证来保证阻尼的遗漏降到最低,但本附录推荐采用将有效刚度设为每个单元的后弹性刚度。注意在计算里兹向量时也会用到有效刚度,因此该值对快速非线性计算又产生了额外的影响。在后文将介绍,如果里兹向量阶数选取适当,则有效刚度带来的影响可以忽略,快速非线性的结果会很精确。

8. 竖向刚度

在并联模型中，FP1 和 FP2 应具有相同的竖向刚度。这一点很重要，因为它们要平等地分担支座轴向荷载，否则该模型无效。

对于三层摩擦摆隔震支座，计算竖向刚度时可以将其等效成一个圆柱，计算圆柱的轴向刚度。该圆柱与支座同高，直径等于内滑块直径，同时其弹性模量等于钢的弹性模量的一半，以此来考虑支座的有限柔度。将求得刚度值平分给支座 1 与支座 2。

9. 剪切变形位置

剪切变形的位置应设定在 FP1 与 FP2 两端节点的中间位置。其重要性仅体现在支座传给上部结构和下部结构的弯矩的计算上（如果考虑 $P-\Delta$ 效应，则包括 $P-\Delta$ 弯矩）。将变形点设在中间位置仅适用于本附录所考虑的特殊情况。（当两个主滑移面的摩擦系数不相等时，剪切变形点位置的选择应依据支座位移的比例关系——理论见 Fenz 和 Constantinou，2008a 和 2008c。该位置偏向具有最大摩擦力的表面。）

10. 单元高度

单元高度应等于隔震支座的总高度，包括上下凹型板的厚度，以此来正确地计算作用在支座底板的弯矩（如考虑 $P-\Delta$ 效应，则包括 $P-\Delta$ 弯矩）。

11. 转动刚度（R2、R3 自由度）

支座 1 和支座 2 的转动刚度应设为零。鉴于两单元处在相同的位置，模型的组合转动（弯曲）刚度为零。这与支座的真实情况十分接近。实际支座对于转动的阻力很弱（该阻力来源于内滑移面产生的摩擦牵引力）。

12. 扭转刚度（R1 自由度）

支座 1 和支座 2 单元的扭转刚度应设为零。支座不具有显著的抗扭转力。

13. 连接单元质量

对于 FP1 和 FP2，我们推荐其单个质量等于支座总质量的一半。使用更大的连接单元质量可能会加快分析速度，而对结果的影响可能不大。

14. 连接单元转动惯性矩

为了使程序合理运行，必须为 FP1 和 FP2 单元设定转动惯性矩。我们推荐采用公式（A－19）来近似计算支座的惯性矩，然后将惯性矩平分给两个支座。使用更大的连接单元惯性矩可能会加快分析速度，而对结果的影响可能不大。

$$I_{FP}=\frac{m_{isolator}\cdot(D_R^2+h^2)}{12} \tag{A-19}$$

式中，$m_{isolator}$ 为支座的质量；D_R 为支座内滑块直径；h 为支座的高度。

15. 为并联模型添加 Gap 单元

为了模拟支座在位移区域Ⅴ的刚化属性，添加与并联模型相并联的 Gap 单元似乎是比较直接的方法。然而，这并不能完全模拟支座的属性，因为事实上 SAP2000 中 Gap 单元开启和闭合都有一个特定的距离（间隙距离），这在支座变形中却不存在。利用 Gap 单元是能够模拟真实的刚化效应，但在滞回曲线的下降段又有错误出现。当采用其他近似方法模拟三层摩擦摆隔震支座时（比如双线性滞回模型），采用 Gap 单元同样会出现这一问题。仅串联模型能够真实地模拟支座的这一属性。然而，当在 $\mu_1=\mu_2=\mu_3=\mu_4$ 这一极特殊情况下时，添加与并联模型相并联的 Gap 则能够真实地模拟三层摩擦摆隔震支座的属性。

表 A－2 给出了并联模型两单元的属性。

表 A-2　并联模型中支座 1 和支座 2 的属性

	FP1	FP2
支撑重量 $\overline{W}$	$\frac{W}{2}$	$\frac{W}{2}$
弹性刚度 $\overline{K}_1,\overline{K}_2$	$\frac{\mu_2 W}{2Y_1}-\frac{W}{2R_{\text{eff2}}}$	$\frac{W}{2R_{\text{eff2}}}$
摩擦系数	$2\mu_2$	$2(\mu_1-\mu_2)$
零位移处的归一化力截距 $\bar{\mu}_1^*,\bar{\mu}_2^*$	$2\mu_2$	$2(\mu_1-\mu_2)\left(\frac{R_{\text{eff1}}-R_{\text{eff2}}}{R_{\text{eff1}}}\right)$
率参数 $\bar{a}$	$a_1/2$	$a_1/2$
曲率半径 $\overline{R}_1,\overline{R}_2$	0(平板)	R_{eff1}
单元高度	h	h
剪切变形位置	$\frac{h}{2}$	$\frac{h}{2}$
转动刚度(R_2,R_3)	0	0
扭转刚度(R_1)	0	0
连接单元质量①	$m_{\text{isolator}}/2$	$m_{\text{isolator}}/2$
转动惯性矩①	$I_{\text{FP}}=\frac{m_{\text{isolator}}(D_{\text{R}}^2+h^2)}{24}$	$I_{\text{FP}}=\frac{m_{\text{isolator}}(D_{\text{R}}^2+h^2)}{24}$

①最小值,可以取较大些的值;
D_{R} = 内滑块直径,h = 支座高度,$\overline{Y}_1$ = 屈服位移,约为 0.01 in 或更大

A.3.4　SAP2000 全局分析中的参数

1. 快速非线性分析中的阻尼

在对隔震结构(非线性隔震单元)的抗震分析中,为结构指定阻尼似乎处于次要位置。然而,如果设定不合理,那么阻尼可能会影响很大。

当建立隔震结构模型时,除了隔震系统的阻尼外,结构自身阻尼的设定依赖于结构类型(高度,材料,建造方法)和预期变形程度。对于一栋隔震建筑物,我们大体知道它的上部结构的阻尼比。比如,可以从 Satake 等(2003)给出的数据中选取隔震结构的上部结构阻尼比。需要注意的是,当把针对传统结构的阻尼数据用到隔震结构上时,底部固定结构每阶振型都对应着隔震结构的两阶振型。比如,隔震结构的上部的纵向第一和第二阶振型与非隔震结构的第一阶振型基本上相同。相应地,当选取了针对非隔震结构第一阶振型的阻尼比时,它对应着三维隔震结构的前六阶振型(两个主方向和扭转方向的第一和第二阶振型)。注意,当采用隔板约束时这是适用的,只是计算时更复杂些(见下文针对完全隔震振型的讨论)。

SAP2000 程序形成整体阻尼矩阵,其中涵盖隔震系统的自由度。计算整体阻尼矩阵需要指定每个隔震单元的有效刚度,和处于隔震支座与上部结构间的质量和惯性矩(比如,隔震支座上面的筏基)。这样做导致在隔震系统中加入了虚拟黏滞单元。我们称这种现象为"隔震系统的阻尼渗透"。这种虚拟的阻尼如同在隔震系统中加入了黏滞阻尼器,这可能会强烈地影响隔震支座位移量的计算。例如,假设某隔震系统具有双线性滞回特性,其屈服位移为1 in。每阶振型的临界阻尼比为 5%,每个隔震支座的有效刚度等于其弹性刚度(也就是说,有效刚

度上牵制了 5% 的阻尼）。在动力分析时，假设支座超过了屈服位移，其幅值达到 20 in。此时有效阻尼等于 $0.05\sqrt{20/1}=0.224$，有效阻尼经过延性比的平方根的放大，效果显著（举例参见 ASCE－7 第 18 章，针对建筑物和其他结构的最小设计荷载，2010）。

在快速非线性分析中，基于隔震单元有效刚度的刚度矩阵保持不变。隔震单元的非线性力被视作运动方程式右端的荷载。这就让使用者能通过指定给隔震器一个很小的有效刚度来控制渗入到隔震系统的阻尼量值。当指定了一个很小的有效刚度时，则可识别下列里兹向量振型。

（1）完全隔震振型：图 A－6 为一个完全隔震里兹向量法的例子。在该模型中，上部结构响应接近于刚体响应。根据结构离散化的程度确定完全隔离里兹向量模态数。当每层楼板采用隔板约束，并将结构的总质量集中到各个质量点上时，对于二维模型分析振型数降低到一阶模态，对于三维模型分析降低到三阶模态。

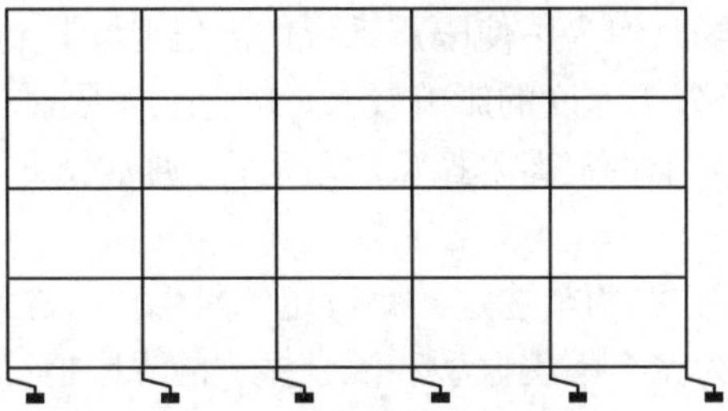

图 A－6　完全隔离里兹向量模态

（2）混合振型：混合模态指的是上部结构与隔震系统的混合响应。当对所有楼板采用隔板约束，且所有质量指定到集中节点质量时，对于二维模型其混合模态的阶数等于楼层数，对于三维模型其混合模态的阶数等于 3 倍的楼层数。图 A－7 为一个混合模态的例子。

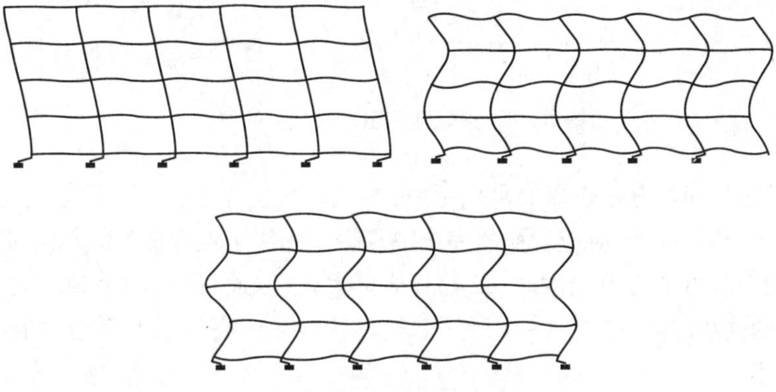

图 A－7　混合里兹向量模态

（3）局部或竖向振型：高频模态大多数含有构件的局部响应，或隔震器上的结构的竖向响应。通常这些振型会给数值计算造成困难。然而，这些振型在计算诸如加速度、构件内部受力和支座拉力时却是非常重要的。图 A－8 给出了一局部振型的例子。

当在相对低频的混合振型中出现竖向振型时或在同一振型中混合了水平与竖向振型时，振型间的差异会变得十分复杂。在这些情况下，应将振型划归为混合振型而非局部振型。

在 SAP2000 中采用以下方法设定阻尼：

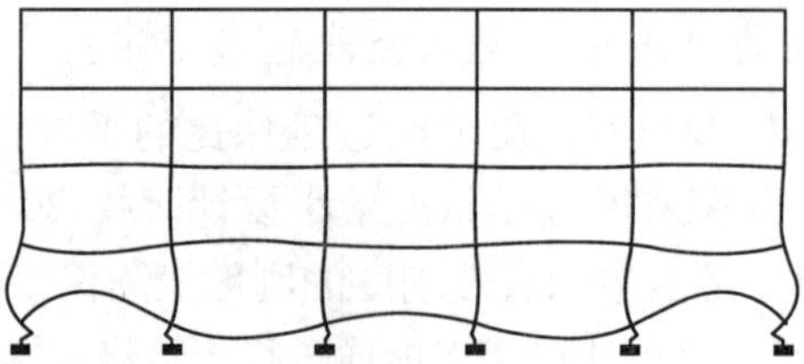

图 A-8　局部里兹向量模态

(1)所有振型均采用统一阻尼

针对所有振型设定某一常数阻尼和一偏小的有效刚度,这是减少阻尼泄漏的最为简单的方法,但不能完全消除。注意,在这一方法中,每一振型的阻尼比都相同。

(2)自定义常阻尼

这一方法与上一方法类似,但为了使隔震系统的阻尼泄漏降到最低,将对应纯隔震振型的阻尼设定为零。该方法对于分析速度的影响较大,实际上,当隔震支座数目较少时才可能会采用该方法。然而,用户可能为了指定高阶振型的阻尼比(通常偏大),而采用该方法。

(3)瑞利阻尼

瑞利阻尼的设定基于的是在两个选定频率设定的阻尼比。选定这两频率的一个比较简单的方法是:设定这两个频率为完全隔震振型和混合振型的界限值,如图 A-9 所示。

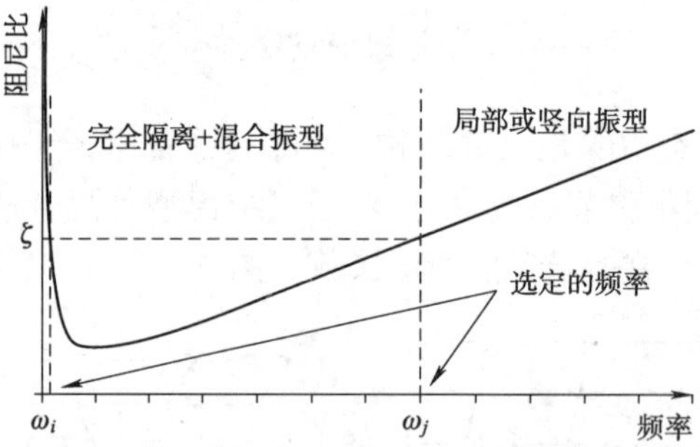

图 A-9　设定瑞利阻尼时频率的选定

在设定瑞利阻尼时,有两点需要重点考虑:

①指定的两个频率应该对应着初始完全隔震振型和终了混合振型。相应地,频率 ω_i 和 ω_j 相差很大(当设定较低的有效刚度时,二者差值更大)。因此,位于两个频率之间的振型的阻尼应该比设定的值小的多,如图 A-9 所示。通常这会导致高估了上部结构的响应(加速度,位移和支座抬起)。

②瑞利阻尼具有为高阶振型指定较高阻尼的优点。这样做既符合事实也提高了计算效率,因为高阻尼减弱了数值计算的困难并提高了计算速度。

(4)自定义瑞利阻尼

该方法与瑞利阻尼方法类似,只是提高了其可控性。当结构中隔震支座数目较大,且对计算速度有要求时,该方法是为隔震结构指定阻尼最为有效的方法。

该方法要求能够识别完全隔震振型,混合振型和局部振型。当隔震单元采用较低的有效刚度时,识别起来相对容易。通过混合振型的最低和最高频率求得瑞利系数。对于低于最低频率的振型(完全隔震振型),在 SAP2000 覆盖选项中设定其阻尼为零(或非常低的值)。图

A－10 为基于这一方法设定的阻尼比。

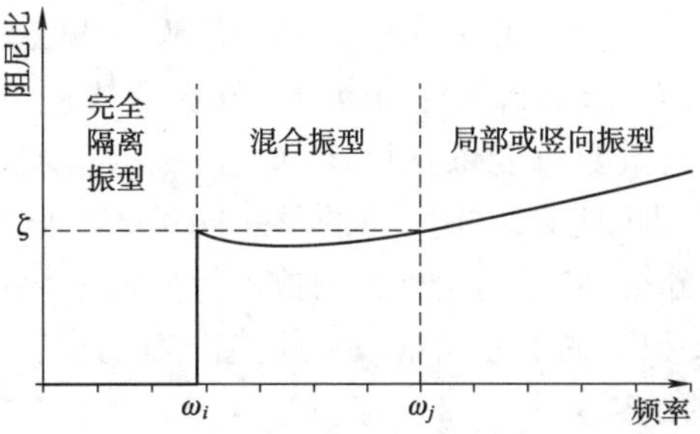

图 A－10　自定义瑞利阻尼

自定义瑞利阻尼方法的优点在于频率 ω_i 和 ω_j 相距很近，中间频率对应的振型，它们的阻尼比与这两个频率的阻尼比减小的不大。该方法的计算速度与瑞利阻尼方法相近，同时由于阻尼自定义，其对于阻尼泄漏的控制较好。

（5）插值阻尼

在该方法中，对于各种频率的区段设定不同的阻尼比。因此，用户可以为完全隔震振型对应的频率段设定零或接近于零的阻尼，为局部振型设定较高的阻尼。对于局部振型，既可以设定一较高的常量阻尼比，也可设定一线性变化直到最大值的阻尼比。如图 A－11 所示。

在降低阻尼泄漏和提高上部结构响应的精度上，该方法得到的结果与自定义常量阻尼结果和自定义瑞利阻尼结果相近，同时具有更快的分析速度。

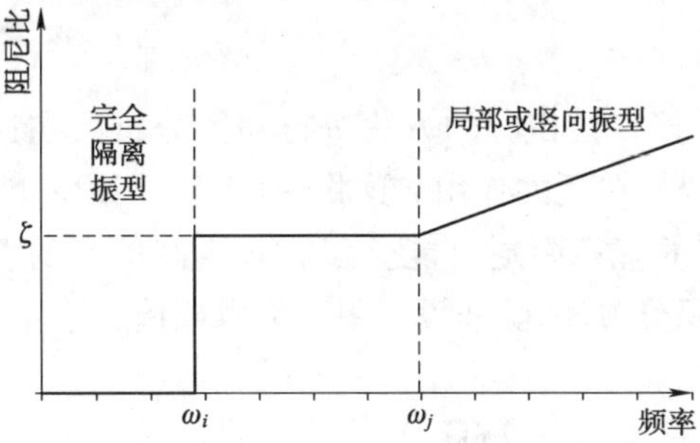

图 A－11　线性插值阻尼

2. 里兹向量法

在快速非线性分析中需要指定里兹向量的数量。为了保证结构响应分析的准确性需要设定足够的里兹向量。当里兹向量过大时，可能会将高频部分的里兹向量考虑进来，这往往会加大数值计算的困难。在这种情况下，设定阻尼时最常用的方法是自定义瑞利阻尼法。

在选择里兹向量数目时，需要着重考虑作用在支座上的重力荷载（这对于滑动支座十分重要）。在快速非线性分析和开始抗震分析之前，对结构施加重力荷载，其相当于随时间增长的竖向地面加速度。如果里兹向量的数目不足，不能完整地体现重力荷载效应，则关于滑动支座的分析将等效为一个承受竖向稳定下降加速度的结构。这会使得支座位移被高估。图 A－12 给出了一个桥梁结构的例子［Constantinou 等（2007）中的一个例子］。图上给出了作用在支座上的轴向力合力（等于桥的总重），它是一个时间和里兹向量数的函数。在进行结构动态时程分析之前，随着竖向加速度的不断增大，轴向荷载也不断增加。结构的总重为 6 000 kip。它需要至少33个里兹向量来准确描述重力荷载。通常情况下，三倍的支座加上刚性能量的数目，作为最少使用的里兹向量数目。在本例中本应需要30个里兹向量就可以了。注意，当里兹向量数不足以描述支座重力荷载时，构件力也将同样被低估，这将影响结构分析的准度。同时需要注意的是，所需里兹向量数可能依赖计算重力荷载的斜坡函数的形式。也就是说，图A－12所示的10 s的截断时间可能会影响所需的里兹向量数。此外，应先确定出所需的里兹向量数，然后依据此数进行分析，同时选用更大的数进行分析来判断结构响应对于所使用里兹向量数的敏感度。可能需要很小的里兹向量数目就能准确地描述外荷载，但在动力分析中需要更多的模态来获取准确的结果。

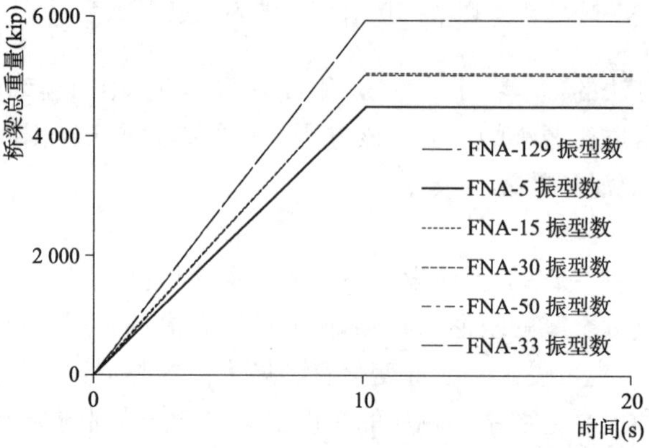

图 A－12　作用在支座上的轴向力随时间和里兹向量数的变化

3. 直接积分

在SAP2000中，可以选择直接积分的方法进行动力分析。在这种方法中，通过采用瞬时刚度和阻尼矩阵来考虑非线性单元的作用。这将使得程序用户不能有效地控制隔震系统的阻尼泄漏。事实上，阻尼系统的虚拟阻尼可能会随着非线性单元的瞬时刚度变化而剧烈波动。一般我们不推荐使用直接积分方法，除非设定阻尼为零或接近于零。

A.4　隔震支座的 $P-\Delta$ 效应

A.4.1　简　　介

隔震支座的 $P-\Delta$ 效应对结构的偏移和加速度有很大的影响。图A－13为某双层或三层摩擦摆隔震支座的受力（与橡胶支座类似）。弯矩 $P-\Delta_1$ 使得支座上方的柱子产生了转动，同时增加了建筑底层的偏移量。

在SAP2000的动力分析中，通过采用直接积分的方法可以考虑 $P-\Delta$ 效应，但在快速非线性分析中没有直接考虑 $P-\Delta$ 效应的方法。

A.4.2　快速非线性分析中近似考虑 $P-\Delta$ 效应

在快速非线性分析中，并不能对 $P-\Delta$ 效应进行明确地分析，但可通过进行以下两个分析，近似考虑 $P-\Delta$ 效应。

首先忽略 $P-\Delta$ 效应进行动力时程分析，由此可以得到每个支座的轴向力和位移时程。计算得

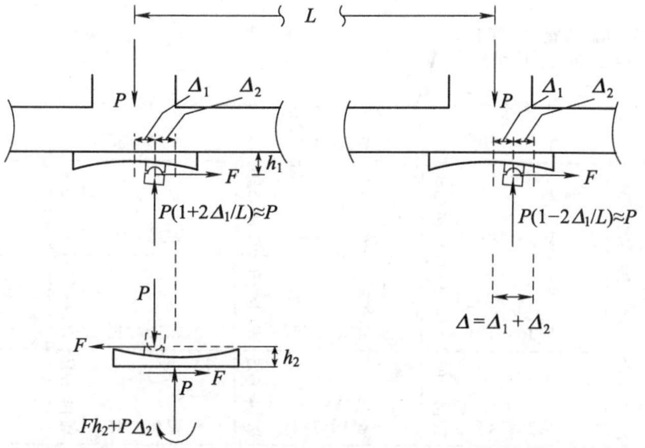

图 A－13　双层或三层摩擦摆隔震支座的受力

到每个支座顶部的 $P-\Delta$ 弯矩(对于三层摩擦摆隔震支座或橡胶隔震支座,该弯矩等于轴向力乘以位移。注意程序分析时已经考虑了剪力乘以支座高度得到的弯矩分量,在这里不予考虑)。

将计算得到的 $P-\Delta$ 弯矩作为时程函数施加到每个支座的顶部和底部节点,并确保施加的弯矩产生的剪力与支座位移方向一致。需要注意的是,当支座底部直接支承在地面时,无需对支座底部施加该弯矩。

以上所描述的过程仅是众多近似考虑 $P-\Delta$ 效应的方法之一。工程师们已尝试过其他近似考虑这一效应的方法,比如先进行时程响应分析,然后进行静力分析求得 $P-\Delta$ 弯矩。通过这种方法,可以得出这一效应对结构偏移的影响,但不能得出对加速度的影响。

A.5　并联模型的精度验证

A.5.1　平面结构和验证方法介绍

本附录选取了某四层隔震框架结构,来说明以上介绍的建模和分析过程。该建筑物为真实的二维单榀框架。该结构由 6 个隔震支座支撑,框架节点均为刚接。假设每个支座支撑的重量为 900 kip,则支撑的总重量为 5 400 kip。在分析模型中,将重量均布到每个节点上,如图 A－14 所示。

表 A－3 给出了当上部结构与地面固接时它的前四阶振动周期。

表 A－3　底部固接上部结构的自振周期

阶　数	周期(s)
1	0.776
2	0.253
3	0.138
4	0.093

在隔震模型中,设定所有模态的阻尼比为 2%(常阻尼模型)。每个隔震支座的有效刚度等于其后弹性刚度。分析使用的地震波为 1999 年台湾 Chi－Chi 地震 TCU－065－E 段。

分析中使用的支座参数如表 A－4 所示。

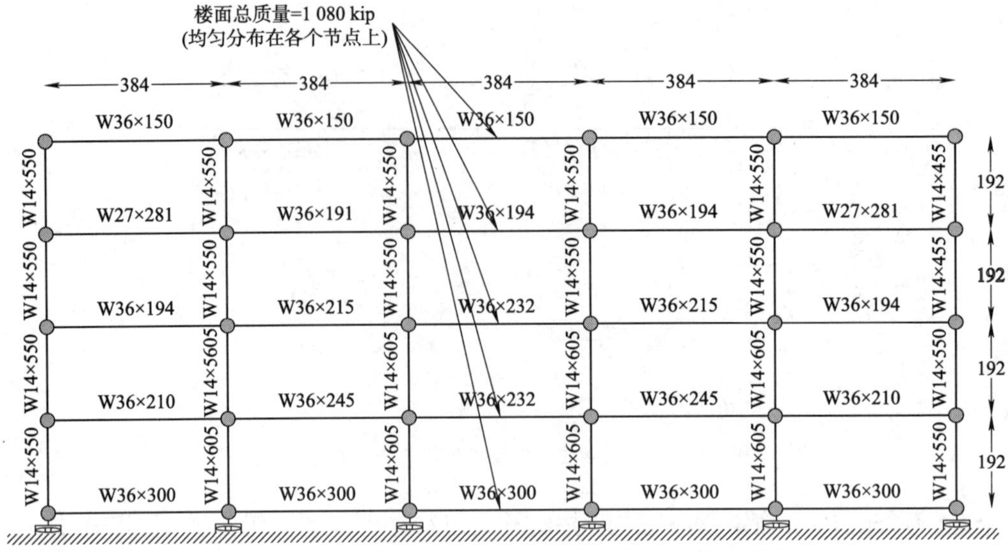

图 A－14　四层平面框架示意图(单位:in)

表 A－4　三层摩擦摆隔震支座的属性参数

$R_{\text{eff1}} = R_{\text{eff4}}$ (in)	82.5
$R_{\text{eff2}} = R_{\text{eff3}}$ (in)	7.5
$d_1^* = d_4^*$ (in)	17.8
$d_2^* = d_3^*$ (in)	0.94
$\mu_1 = \mu_4$	0.108
$\mu_2 = \mu_3$	0.030
$a_1 = a_2 = a_3 = a_4$ (s/in)	2.54
以上参数都针对高速情况下 $=f_{\max}$	

为了验证并联模型的分析精度,在此对本文提出的并联模型和 Fenz 与 Constantinou 提出的串联模型进行了对照分析。假定串联模型能够精确地模拟三层摩擦摆隔震支座。图 A－15 给出了在 SAP2000 中建立的串联模型。

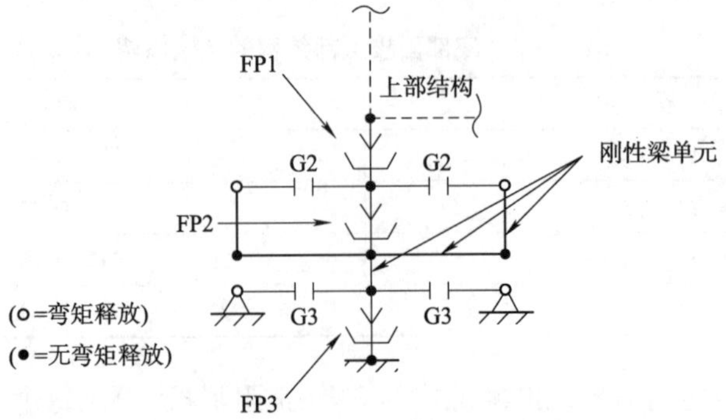

图 A－15　SAP2000 中建立的三层摩擦摆隔震支座模型

表 A－5 给出该三层摩擦摆支座串联模型的参数

表 A－5 串联模型参数

单元	摩擦系数	曲率半径	GAP 位移	弹性刚度	率参数
支座 1	$\mu_2 = \mu_3$	$\overline{R}_{\text{eff1}} = R_{\text{eff2}} + R_{\text{eff}_3}$	NA	$K = \frac{\mu_2 W}{2Y}$	$\frac{1}{2}\frac{(a_2 + a_3)}{2}$
支座 2	μ_1	$\overline{R}_{\text{eff}_2} = R_{\text{eff}_1} - R_{\text{eff}_2}$	$\frac{R_{\text{eff}_1} - R_{\text{eff}}}{R_{\text{eff}_1}} d_1$	$K = \frac{\mu_1 W}{2Y}$	$\frac{R_{\text{eff}_1}}{R_{\text{eff}_1} - R_{\text{eff}_2}} a_1$
支座 3	μ_4	$\overline{R}_{\text{eff}_3} = R_{\text{eff}_4} - R_{\text{eff}_3}$	$\frac{R_{\text{eff}_4} - R_{\text{eff}_3}}{R_{\text{eff}_4}} d_4$	$K = \frac{\mu_4 W}{2Y}$	$\frac{R_{\text{eff}_4}}{R_{\text{eff}_4} - R_{\text{eff}_3}} a_4$
屈服位移 $Y = 0.01$ in					

表 A－6 给出了 SAP2000 中使用的串联模型和并联模型各参数的具体数值。

图 A－16～图 A～20 为两个模型的分析结果对比。采用快速非线性分析方法，为并联模型选取了 53 阶振型，为串联模型选取了 77 阶振型。二者也是 SAP2000 所支持的最大里兹向量数量。很明显，从各实用项上看，结果几乎完全相同。其中的少量不同是由于两模型的结构阻尼模型和摩擦系数的速度相关性不同造成的。

表 A－6 并联模型和串联模型性能参数值

	串联模型			并联模型	
	支座 1	支座 2	支座 3	支座 1	支座 2
单元高度(in)	8	2	8	16	16
剪切变形位置(in) (从顶点到支座的距离)	8	2	0	8	8
单元质量($\text{kip}\cdot\text{s}^2/\text{in}$)	0.001	0.001	0.001	0.0025	0.0025
支撑重量(kip)	900	900	900	450	450
竖向刚度*(kip/in)	213530	213530	213530	35588.4	35588.4
弹性刚度*(kip/in)	1350	4860	4860	807.9	54.55
屈服位移*(kip/in)	0.01	0.01	0.01	0.0155	—
有效刚度*(kip/in)	60	12	12	0	5.45
慢速下摩擦系数	0.015	0.054	0.054	0.030	0.0709
高速下摩擦系数	0.030	0.108	0.108	0.060	0.1418
半径(in)	15	75	75	0	82.5
率参数*(in/s)	1.27	2.794	2.794	1.27	1.27
转动/扭转刚度(R_1, R_2, R_3)	0	固定	固定	0	0
转动惯性矩($\text{kip}\cdot\text{in}\cdot\text{s}^2$)	1.0	0	0	0.5	0.5

*详细计算见附录 B。

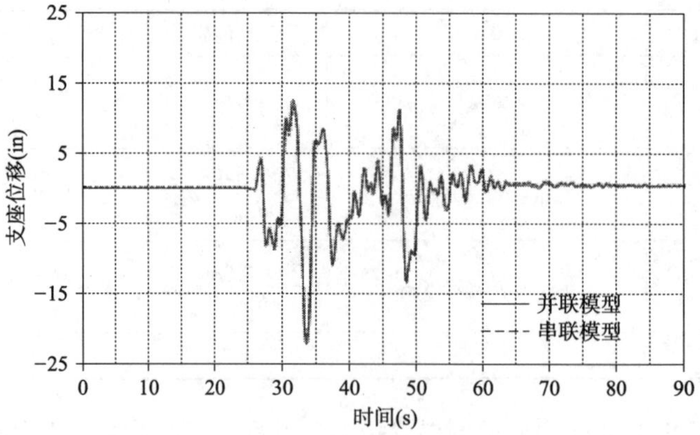

图 A－16　支座位移结果对比

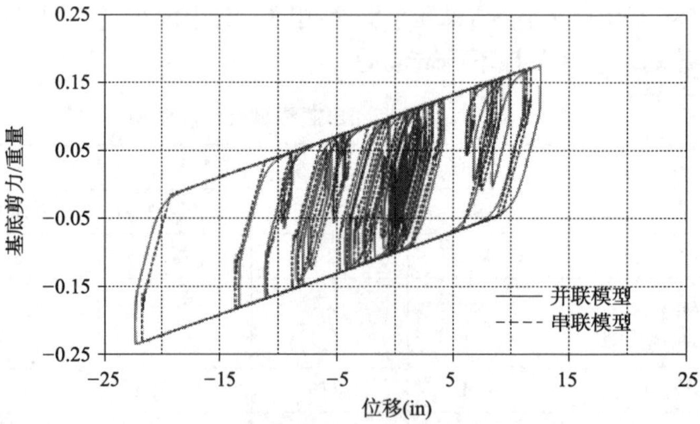

图 A－17　两模型基底剪力－位移滞回关系

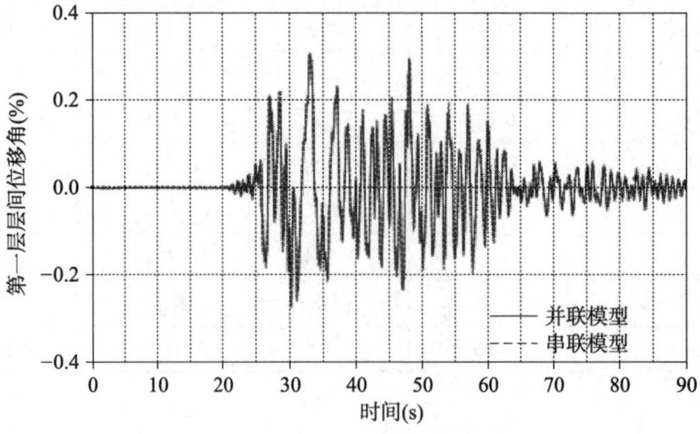

图 A－18　第一层层间位移角对比

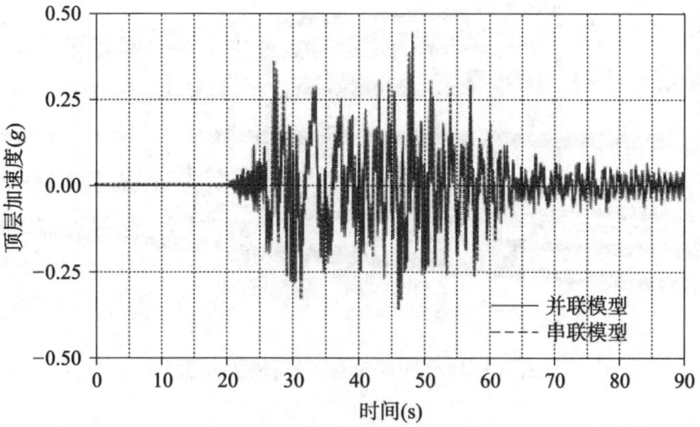

图 A－19　顶层加速度对比

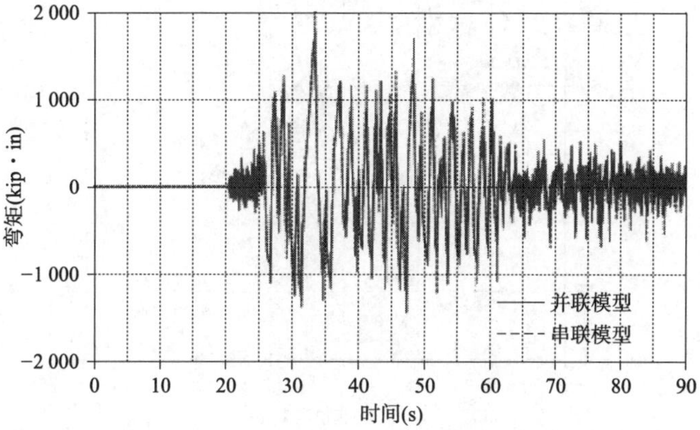

图 A－20　支座顶部弯矩对比

A. 5. 2　三维结构模型分析与验证

在图 A－14 所示为在二维模型的基础上建立三维模型。每跨间距为 384 in，所有节点视为刚接，其三维模型如图 A－21 所示。在建筑的两个主方向上施加 1999 年台湾 Chi－Chi地震 TCU－065－E 和 TCU－065－N 段地震波。结构每阶振型的阻尼设为 2%（常阻尼模型）。18 个支座，每个支座的有效刚度等于其后弹性刚度。每个支座的建模数据如表 A－4 ~ 表 A－6 所示。采用快速非线性分析方法，为并联模型和串联模型分别选取 196 阶和 200 阶振型，计算结果如图 A－22 ~ 图 A－25 所示。很明显，两模型的各项实用指标结果基本吻合。

图 A－21　四层框架空间模型示意图

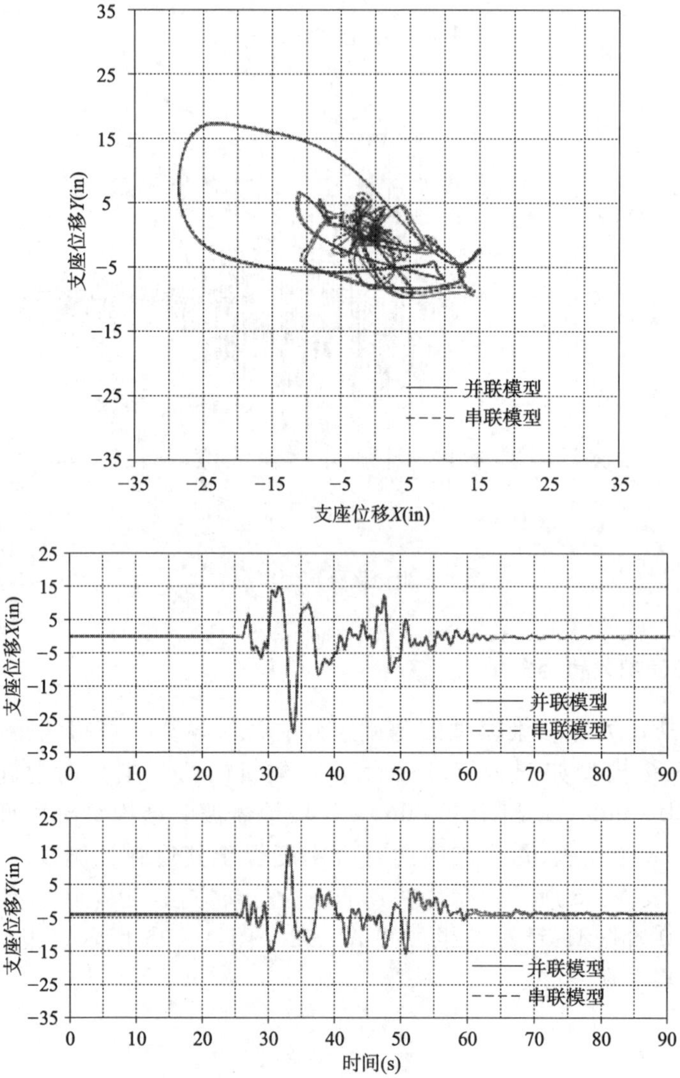

图 A－22　两支座模型位移轨迹和时程对比

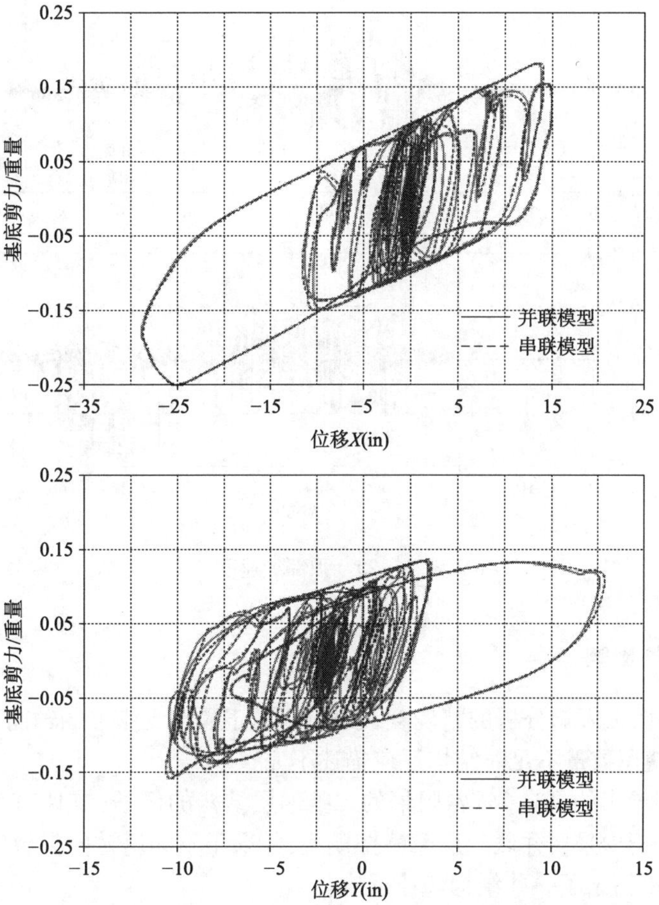

图 A－23　在正交方向上支座力与位移滞回关系

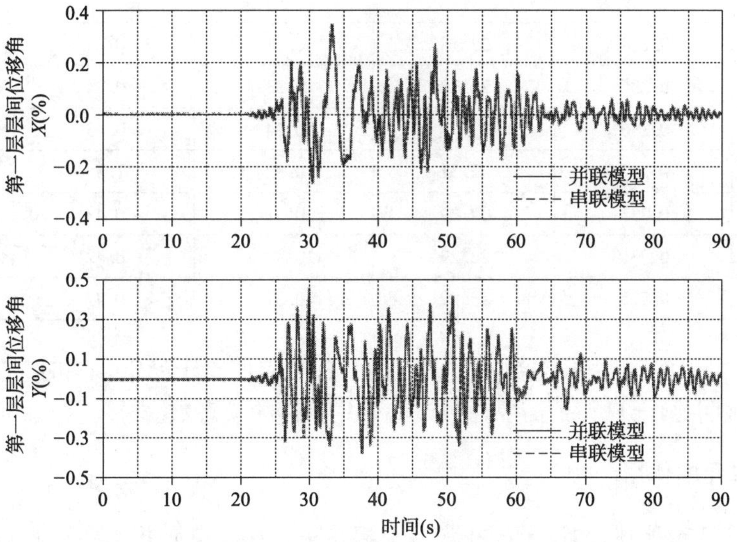

图 A－24　第一层层间位移角对比

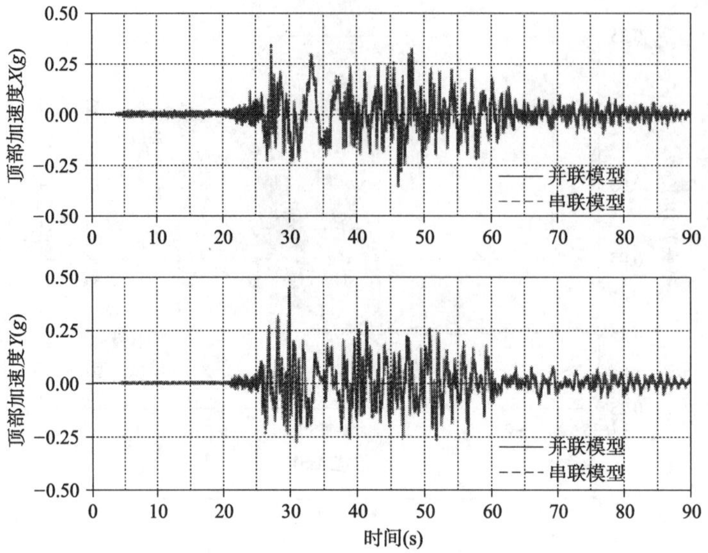

图 A-25 顶部加速度

A.5.3 里兹向量的影响

里兹向量振型数量影响分析的精确度,表现在:对于隔震支座上的轴向荷载以及结构构件性能影响;当振型使用数量不足时结构反应描述不完整。

第 A.5.1 节中给出的具有 2% 常阻尼的二维四层结构的例子(支座有效刚度指定为后弹性支座刚度),在分析中采用并联三层摩擦摆模型,并采用不同里兹向量数的快速非线性法进行分析。表 A-7 中给出了一些结构峰值反应。

表 A-7 里兹向量振型数对二维模型的峰值响应结果的影响

里兹向量阶数	基底剪力/重量	隔震支座位移(in)	第一层层间转角(%)	顶层加速度(g)	CPU 时间(s)
2	0.234	22.18	0.18	0.24	14
5	0.235	22.22	0.33	0.34	17
10	0.236	22.38	0.34	0.43	84
20	0.235	22.31	0.32	1.55	158
30	0.235	22.29	0.31	0.43	188
40	0.235	22.29	0.31	0.42	229
50	0.235	22.29	0.31	0.42	257

从表 A-7 可以发现,当模态数超过 30 以后,各响应值趋于稳定。同时,加速度对于模态数十分敏感。很明显作分析时,需要通过试验确定所需的模态数。

A.5.4 Gap 单元的作用

正如第 A.3.3 节所述,增设了与并联模型相并联的 Gap 单元并不能真实地模拟三层摩擦摆隔震支座的性能属性。在此,为了说明这样做的目的,对第 A.5.1 节所述的二维模型进行了分析。施加的地震波为 1999 年台湾 Chi-Chi 地震波 TCU-065-E 段,但乘以了放大系数

1.4，使得支座位移能够到达区域Ⅴ。通过第 A.5.1 节所述的并联模型加上 Gap 单元来模拟支座，利用公式（A－8）计算 Gap 单元的打开间隙。当单元闭合后其刚度可以采用公式（A－20）进行计算。注意，Gap 单元刚度等于并联模型后弹性刚度之和，当在表面 2 和 3 同时发生滑动时，Gap 单元刚度等于摩擦摆隔震支座的刚度。

$$K_{gap} = \frac{W}{2R_{eff2}} - \frac{W}{2R_{eff1}} \tag{A－20}$$

此外，为了说明 Gap 单元的作用，认为表面 2 和 3 的位移可以无穷大。

图 A－26 对由串联模型（精确）以及由外加 Gap 单元的并联模型得到的隔震系统力与位移滞回曲线作了比较。从放大图中可以看出错误使用 Gap 单元导致的误差。不管怎样，隔震系统的计算位移实际上未受到影响。

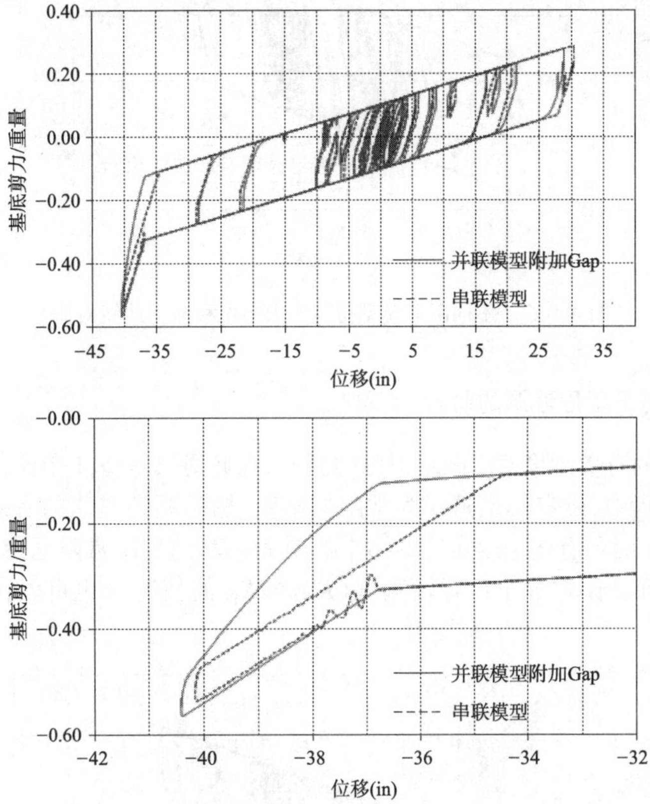

图 A－26　由串联模型和由外加了 Gap 单元的并联模型得到的结果比对

图 A－26 的放大图说明了由 Gap 单元带来的误差。Gap 单元按照单元参数中设定的值以相同的位移量打开与闭合。但三层摩擦摆隔震支座的刚化属性开始和结束的距离并不相等，它依赖于支座的几何尺寸与摩擦属性。此外，图 A－26 所示的串联模型得到结果中，那些波动曲线是在积分过程中数值问题造成的。

A.6　阻尼效应的研究

本附录将采用图 A－14 所示的二维模型来进一步阐述第 A.3.4 节所提到的阻尼指定效应。

A.6.1 阻尼泄漏

图 A－27 比较了第 A.5.1 节中的二维模型在两种不同阻尼下的支座位移。一种是将模型设定为 2% 的常量阻尼模型,一种是将模型阻尼设定为零。两种模型中其他参数保持不一致。注意已设定每个支座的有效刚度等于其后弹性刚度。

在图 A－27 中,两支座峰值位移的差值主要源于采用 2% 常阻尼隔震系统的阻尼泄漏。当然,在本例中,二者差值不是很大,但当设定 5% 的阻尼时,这一差值将更加明显。

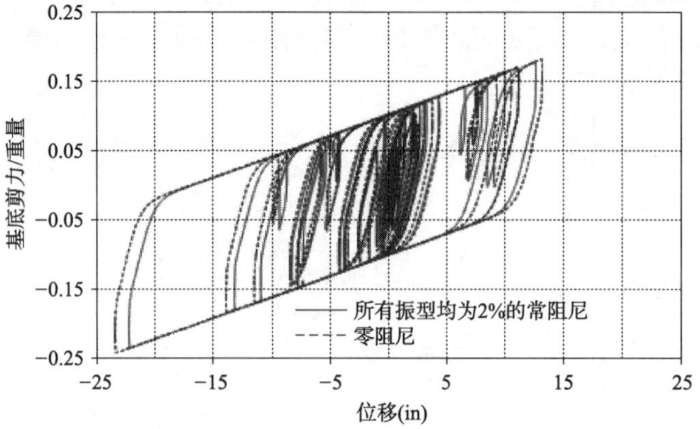

图 A－27　不同阻尼模型得到的力与位移滞回曲线对比

A.6.2 有效刚度对于阻尼泄漏的影响

为了说明设定的有效刚度对于阻尼泄漏的影响,在此对第 A.5.1 节给出的二维模型进行了分析。在分析过程中,设定模型阻尼为常阻尼不变,然后调整支座的有效刚度。图 A－28 给出了常阻尼为 2% 时各有效刚度对应的结果。图 A－29 给出了常阻尼为 5% 时的结果。设定有效刚度时,既可以让它等于后弹性刚度($K_{EFF}=K_{PE}$ 的情况),也可以让其等于弹性刚度($K_{EFF}=K_{EL}$的情况)。

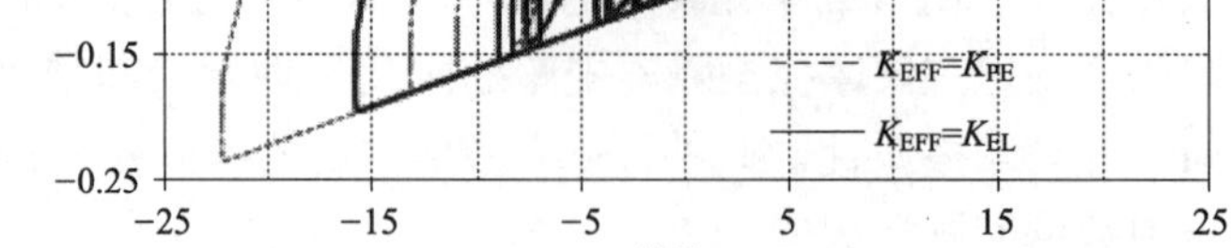

图 A－28　2% 常阻尼比情况下采用两种有效刚度(等于后弹性刚度或等于弹性刚度)得到的支座力与位移滞回曲线

图 A－28 所示的结果表明,当采用较大的有效刚度时,其影响还是比较显著的。正如之前所讨论的，峰值位移间存在的巨大差距源于泄漏到隔震系统中的有效阻尼的放大效应，并随着支座发生非弹性变形而进一步放大。

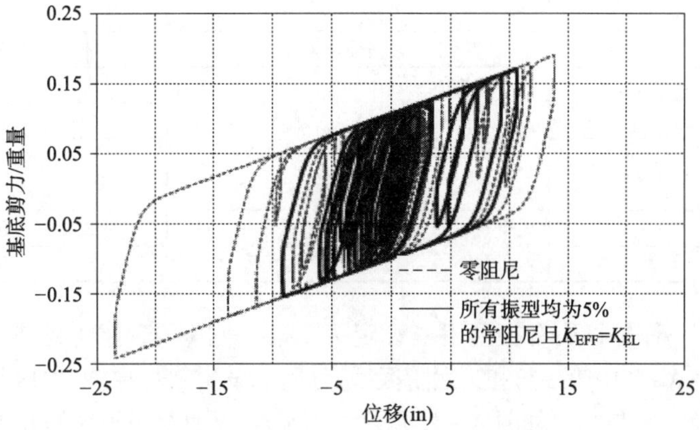

图 A－29　在零阻尼情况下和在5%阻尼且有效刚度等于弹性刚度情况下得到的支座力与位移滞回曲线

图 A－29 所示的结果表明阻尼设定不正确（尽管表面上很合理）可能会导致完全错误的结果。设定的有效刚度不正确导致大量的阻尼泄漏到隔震系统中，这将会导致隔震支座的峰值位移少于真实值的一半。

A. 6. 3　自定义常阻尼的运用

图 A－30 对第 A. 5. 1 节给出的二维模型在零阻尼情况下和在2%的常阻尼但一阶振型阻尼设为零、有效刚度等于后弹性刚度的自定义常阻尼情况下得到的结果作了比较。从各实用项看，两种阻尼模型的结果相同。注意，第 A. 3. 4 节所述的自定义常阻尼方法很适合为隔震结构设定阻尼。在本例中，虽然设定了非零阻尼，但该方法阻止了阻尼泄漏到隔震系统中。

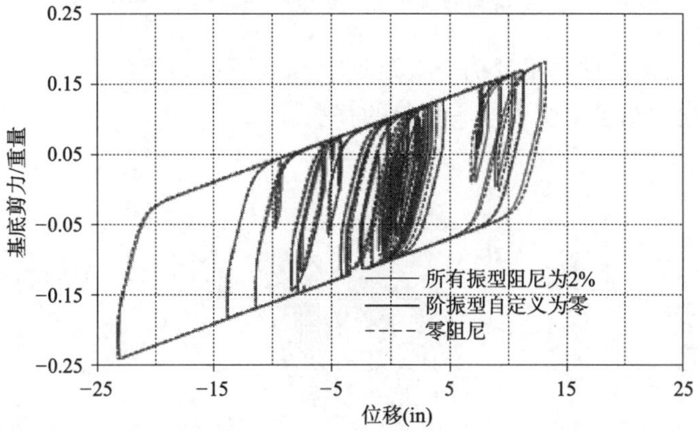

图 A－30　在零阻尼情况下和在2%自定义常阻尼且有效刚度等于后弹性刚度情况下得到的支座力与位移滞回曲线

A. 6. 4　瑞利阻尼的运用

表 A－8 给出了4层隔震结构的各阶振型信息。通过第 A. 3. 4 节对各阶振型变形的描述来识别各阶振型。

表 A－8　4 层隔震结构的各阶振型

振　型	振型识别	周期(s)
1	完全隔离	4.167
2	混合振型	0.462
3		0.216
4		0.131
5		0.091
6	局部或竖向振型	0.0885
7		0.0884

在设定阻尼时,一种是将所有振型阻尼设定为 2%,一种是采用瑞利阻尼将频率 0.24 Hz 和 11.1 Hz(这对应着表 A－8 中第一阶和第六阶振型)处阻尼设为 2%。在两种情况下,支座的有效刚度都设为后弹性刚度。比较结果如图 A－31 所示。很显然,两种指定阻尼的方法得出的结果一样。

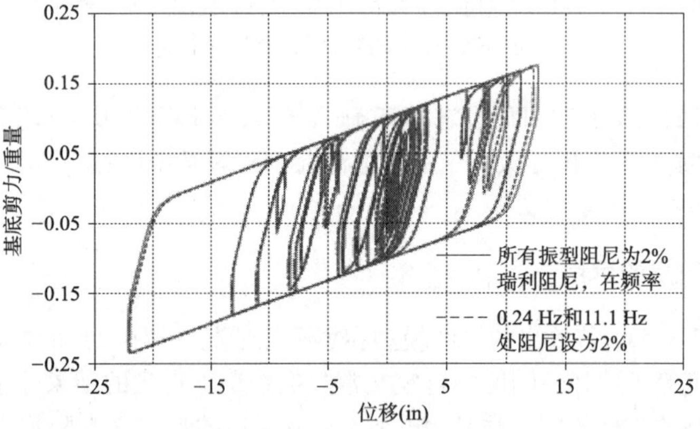

图 A－31　有效刚度等于后弹性刚度时,在 2% 常阻尼情况下和在 2% 瑞利阻尼情况下得到的支座力与位移滞回曲线

不管怎样,采用 2% 的瑞利阻尼仍会有阻尼泄漏到隔震系统中去。图 A－32 通过比较零阻尼和 2% 瑞利阻尼的结果说明了这一现象的存在。

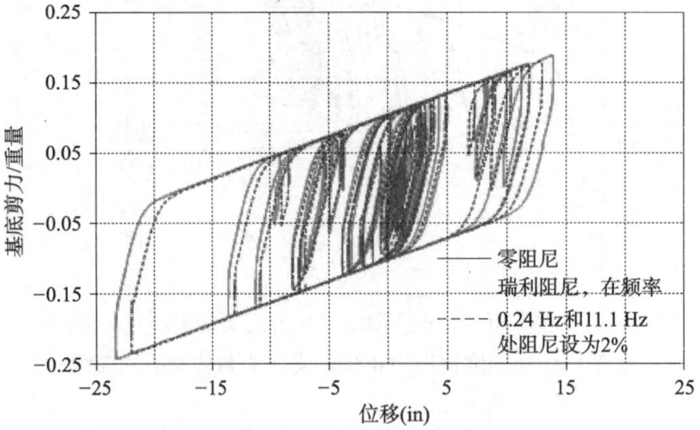

图 A－32　有效刚度等于后弹性刚度时,在零阻尼情况下和在 2% 瑞利阻尼情况下得到的支座力与位移滞回曲线

采用第 A. 3. 4 节所描述的瑞利阻尼可能会大幅地增加计算速度。图 A－33 对 2% 常阻尼和 2% 瑞利阻尼两种情况下，随着计算中里兹向量的增加 CPU 所需的分析时间作了比较。

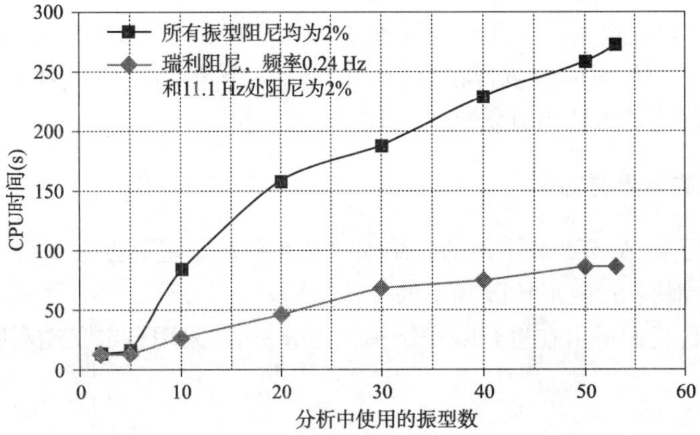

图 A－33　采用常阻尼方法和瑞利阻尼方法分析所需的 CPU 时间对比

采用瑞利阻尼可以减少 CPU 时间，因为瑞利阻尼为高频振型指定了较大的阻尼比，这样做有效地消除高频的影响和减少了高频响应带来的数值问题。尽管在计算速度上存在差距，但实际上两种方法得到的结果相同，如图 A－31 所示。

A. 6. 5　自定义瑞利阻尼的运用

图 A－34 对第 A. 5. 1 节给出的二维模型在两种不同阻尼设定情况下的分析结果作了对比：(a)采用自定义瑞利法，在频率 $f_i = 2.16$ Hz 和 $f_j = 11.1$ Hz 处设定阻尼比为 2%，同时将一阶振型(完全隔震振型)阻尼自定义为零；(b)采用零阻尼。对于这两种情况，支座的有效刚度设定为后弹性刚度。

注意，这里使用零阻尼是为了得出最为精确的隔震系统位移结果，因为在零阻尼情况下，不会出现阻尼泄漏的现象，然而指定零阻尼会影响加速度和支座太高位移的计算，通常会被高估。

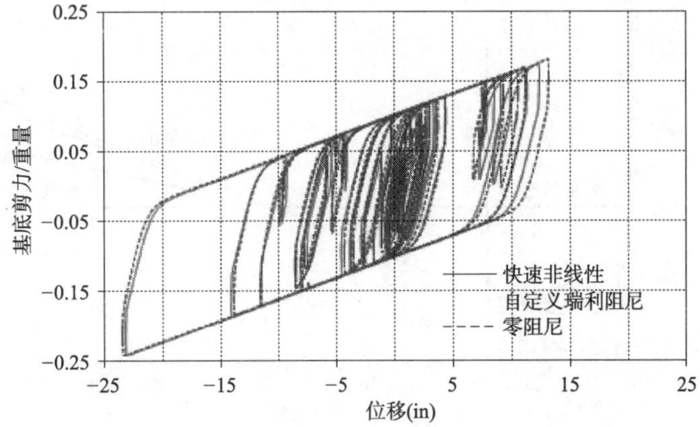

图 A－34　在零阻尼情况下和在频率 $f_i = 2.16$ Hz 和 $f_j = 11.1$ Hz 处阻尼为 2%，且第一振型阻尼为零的自定义瑞利阻尼情况下得到的支座力与位移滞回曲线

A.6.6 线性插值阻尼的运用

在本例中,将阻尼设定为三个区段:(a)低于频率 2.13 Hz 时,阻尼为零;(b)频率在 2.13 Hz 和 11.1 Hz 之间时,阻尼设为 2%;(c)在频率 11.1 Hz 至频率 1 515 Hz 之间时,阻尼从 2% 到 40% 线性变化。1 515 Hz 对应着包含在分析中的最后一阶振型。结果对比如图 A-35 所示。实际上,两种设定阻尼的方法得到的结果一致。

A.6.7 各种情况的结果对比

表 A-9 比较了第 A.5.1 节给出的二维模型在 5 种设定阻尼方法下得到的峰值响应。图 A-36 比较了 5 种情况下,阻尼比随频率的变化过程。

基于这些结果,我们得出在进行隔震结构抗震分析时,采用自定义瑞利阻尼和线性插值阻尼最为合适。

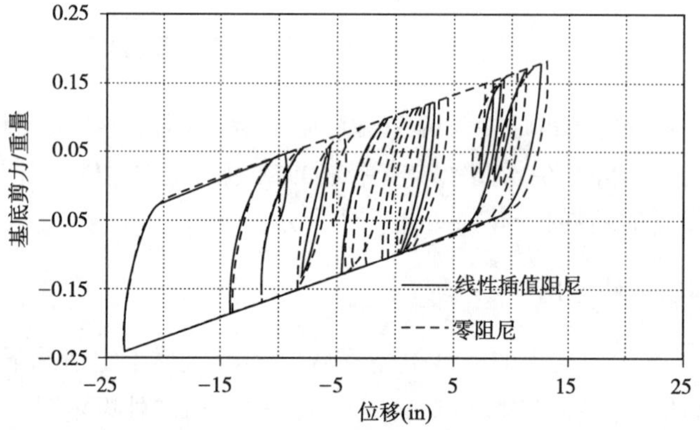

图 A-35 在线性插值阻尼情况下和零阻尼情况下得到的支座力与位移滞回曲线

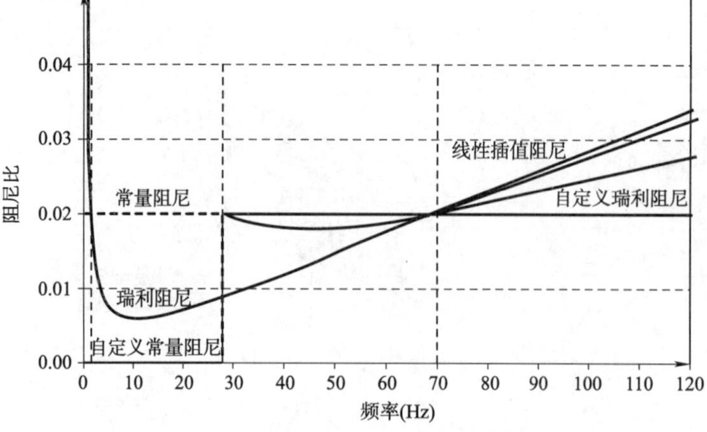

图 A-36 不同设定阻尼方法中,阻尼比随频率的变化情况

表 A-9　不同阻尼设定情况下得到的峰值响应结果

	常量阻尼 2%	自定义常量阻尼 2%	瑞利阻尼 2%	自定义瑞利阻尼 2%	线性插值阻尼	零阻尼
基底剪力/重量	0.235	0.242	0.235	0.241	0.241	0.242
隔震支座位移(in)	22.3	23.4	22.2	23.3	23.3	23.4
第一层层间位移角(%)	0.31	0.32	0.32	0.32	0.32	0.34
顶层加速度(g)	0.42	0.42	0.48	0.43	0.42	0.51

A.7　直接积分法

直接积分(DI)的分析方法被认为是能够得出最为精确的结果,同时也经常用来验证通过快速非线性方法得出的结果。然而众所周知,直接积分和快速非线性方法得出的结果一般并不相同,在这里本书也要加以说明。我们将指出,实际上快速非线性方法允许用户对分析程序进行更好的控制,同时在多数情况下,快速非线性方法得到的结果比直接积分的方法更为精确。

在直接积分方法中,阻尼矩阵在积分过程中被连续更新。然而在快速非线性方法中,阻尼矩阵保持不变。很显然,只有当阻尼为零时,两种分析方法得到的结果才具有可比性。图 A-37 和图 A-38 比较了第 A.5.1 节给出的二维模型在阻尼设为零时,由直接积分法和快速非线性法得到的计算结果。采用直接积分时,其时间步等于激励时间步的十分之一(积分时间步长等于 0.0005 s)。采用快速非线性分析时,选取了 53 阶里兹向量振型。两种方法得到的结果相同。

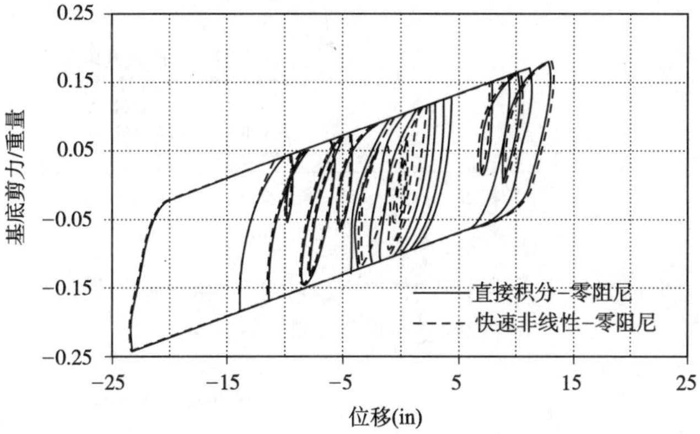

图 A-37　在零阻尼情况下,由直接积分和快速非线性方法得到的支座力与位移滞回曲线

图 A-39 比较了相同的结构在阻尼不为零时,由直接积分法(积分时间步长为 0.0005 s)和快速非线性法(53 阶里兹向量振型)得到的计算结果。采用瑞利阻尼法,其限定频率

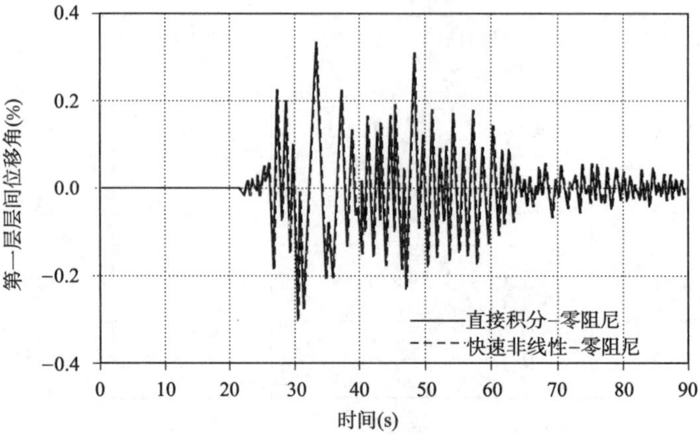

图 A－38　在零阻尼情况下，由直接积分和快速非线性方法得到的第一层层间位移角

0.24 Hz 和 11.1 Hz（第一和第六阶振型）处的阻尼比为 2%。在本例中，由直接积分法得到支座位移结果偏低。这可能是由于在直接积分中有更多的阻尼泄漏到了隔震系统中造成的，而不是由快速非线性法产生的误差。基于这些实例，本文的笔者认为：

（1）当合理地运用快速非线性方法时，求得的结果具有足够的精度。

（2）为了证实分析模型的准确，比较由直接积分法和快速非线性法求得的结果，这一做法既不可靠也不推荐。

（3）当需要证实分析模型的准确性时，应采用其他程序。比如可采用 3D－BASIS 程序（Nagarajaiah 等，1989；Tsopelas 等，1994 和 2005；Sarlis 等，2009）

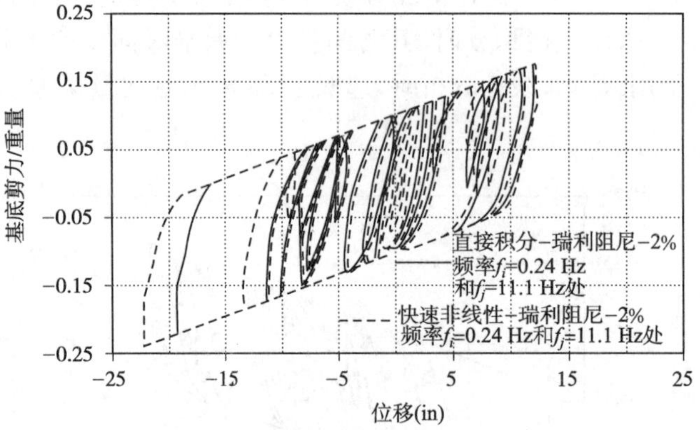

图 A－39　在 2% 阻尼的情况下，直接积分和快速非线性分析得到的支座力与位移滞回曲线

A.8　在 SAP2000 中支座 $P-\Delta$ 效应的模拟

A.8.1　简　　介

为了说明如何在分析中考虑支座 $P-\Delta$ 效应，在此使用了第 A.5.1 节所介绍的二维结构。同时，为了更好地阐述 $P-\Delta$ 效应，把支座上方的柱子截面尺寸由原来的 W36×300 换为

W27×217,并把输入的地震波放大1.2倍。

对 $P-\Delta$ 效应的精确分析需要利用直接积分的方法。也可使用快速非线性法对 $P-\Delta$ 效应进行近似分析。由于两种方法设定阻尼时存在差异,因此为了使结果具有可比性,令阻尼为零。

A.8.2 $P-\Delta$ 效应的精确分析与近似分析的比较

在SAP2000中采用直接积分法进行分析,开始先不考虑 $P-\Delta$ 效应,之后再激活 $P-\Delta$ 效应。当激活 $P-\Delta$ 效应时,将求得的 $P-\Delta$ 弯矩平分到各支座的两个端点上。图A-40比较了先后两种情况下求得的第一层层间位移角。在这种情况下,支座的 $P-\Delta$ 效应对于位移角有一定影响。

如第A.4节所述,分两步进行了 $P-\Delta$ 效应的近似分析。在动力分析中,先不考虑 $P-\Delta$ 效应,得到支座的位移时程,然后求出 $P-\Delta$ 弯矩时程。将求得的 $P-\Delta$ 弯矩时程作为时程函数,作用在每个支座的上表面上。这需要为每个支座引入独立的荷载形式,独立的时程和独立点弯矩。在 $P-\Delta$ 弯矩时程和加速度时程作用下,重新进行动力分析。

图A-41比较了采用直接积分通过精确考虑 $P-\Delta$ 效应和采用快速非线性通过两步法近似考虑 $P-\Delta$ 效应得到的第一层层间位移角的时程结果,结果相近。

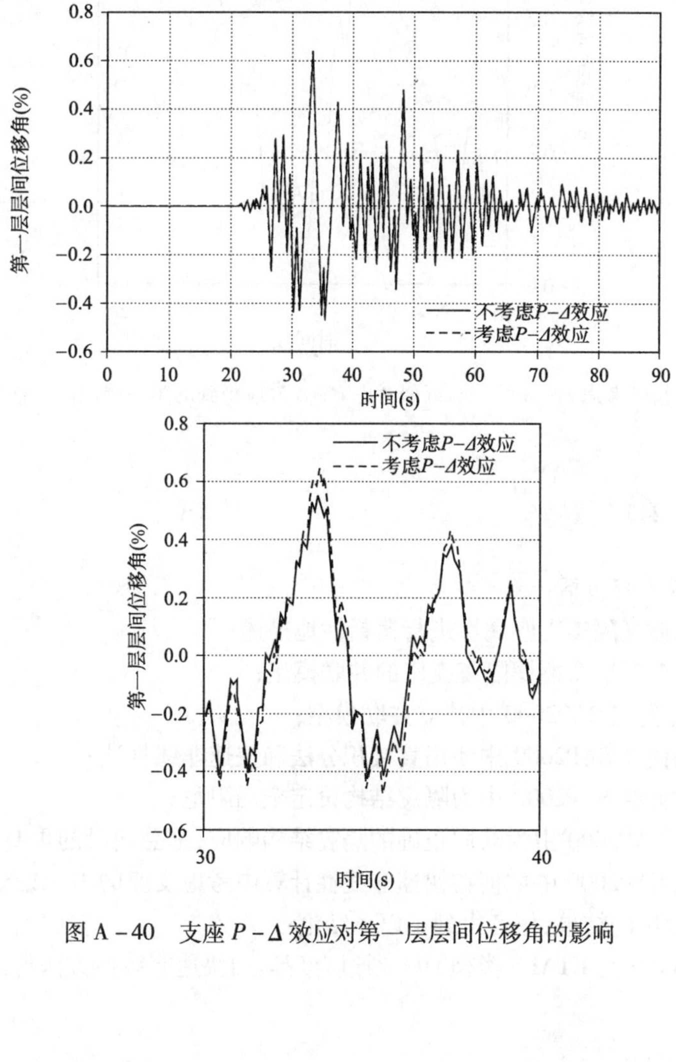

图A-40 支座 $P-\Delta$ 效应对第一层层间位移角的影响

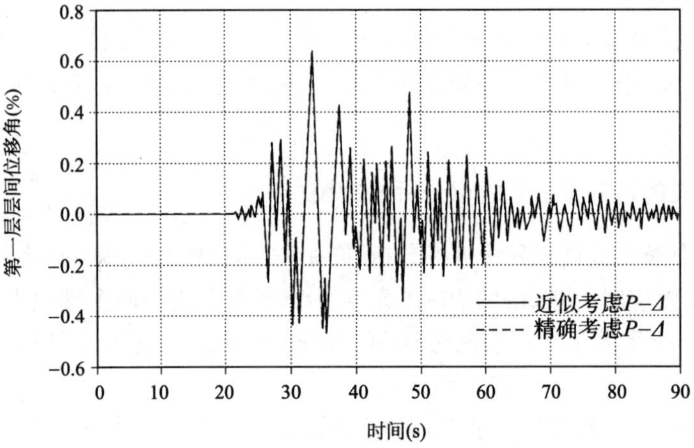

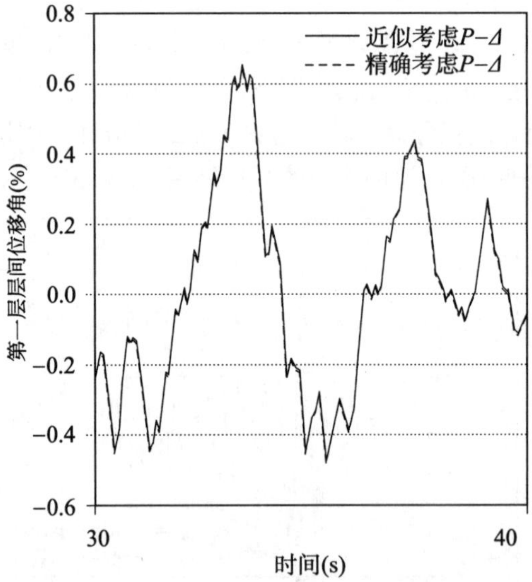

图 A-41　精确考虑 $P-\Delta$ 效应与近似考虑 $P-\Delta$ 效应得到的第一层层间位移角时程曲线

A.9　结　　论

本文所涉及的内容包括：

(1)对三层摩擦摆隔震支座属性进行概括性地描述；

(2)介绍了针对三层摩擦摆隔震支座的并联模型；

(3) 给出了如何在 SAP2000 中建立并联模型；

(4)给出了如何在 SAP2000 中使用直接积分法和快速非线性法；

(5)给出了如何在 SAP2000 中为隔震结构设定全局阻尼；

(6)说明了在 SAP2000 中为获取正确的隔震结构响应,里兹向量的重要性；

(7)介绍了在 SAP2000 中如何在快速非线性计算中考虑支座的 $P-\Delta$ 效应。

基于文中所给出的结果,作者得到了以下结论：

(1) 在 SAP2000(与 ETABS 类似)中,通过合理运用快速非线性方法得到的隔震结构响应结果精确度可以接受；

(2)在快速非线性分析中,直接积分不应作为验证分析模型正确性的一种方法,除非此时结构阻尼设定为零。

(3)在运用快速非线性方法时,里兹向量的数目和阻尼的设定应作为重点考虑内容。

(4)确定最少所需里兹向量数目的一条准则,是应保证在动力时程分析之前,在初始竖向加速度施加过程中,作用在支座上的竖向荷载达到准确值。然而为正确进行动力分析,可能需要更大的里兹向量数。

(5)阻尼的设定可以采用多种方法,其中自定义常量阻尼法和自定义瑞利阻尼法能够控制隔震系统中的阻尼泄漏问题。通常运用自定义瑞利阻尼法,计算时间最短。

(6)不管采用何种设定阻尼的方法,设定的支座有效刚度应较低,从而能够保证阻止或减少隔震系统中的阻尼泄漏。我们推荐采用后弹性刚度(或一个更小的值)作为有效刚度,同时配以较低的阻尼比。

附录 B　模型参数的计算

B.1　串联模型

B.1.1　竖向刚度

支座竖向刚度可采用 AE/h 近似求取,其中 A 为中心滑块的面积(直径为 10 in 的圆),E 为表征模量(鉴于支座整体的柔性,通常假定为钢模量的一半,本例设为 14 500 ksi)和 h 为支座高度(16 in)。其竖向刚度等于 $\pi \times 5^2 \times 14\,500 \times 16 = 71\,176.7$ kip/in。

串联模型中的三个单元,每个的竖向刚度为 K,这样总刚度为 71 176.7 kip/in。也就是说 $(1/K+1/K+1/K)^{-1} = 71\,176.7$ kip/in,则 $K = 213\,530$ kip/in。

B.1.2　弹性刚度(表 A-5)

支座 1 的弹性刚度: $K_1 = \dfrac{\mu_2 W}{2Y} = \dfrac{0.03 \times 900}{2 \times 0.01} = 1\,350$ kip/in

支座 2 的弹性刚度: $K_2 = \dfrac{\mu_1 W}{2Y} = \dfrac{0.108 \times 900}{2 \times 0.01} = 4\,860$ kip/in

支座 3 的弹性刚度: $K_3 = \dfrac{\mu_4 W}{2Y} = \dfrac{0.108 \times 900}{2 \times 0.01} = 4\,860$ kip/in

B.1.3　有效刚度(表 A-5)

支座 1 的有效刚度: $K_1 = \dfrac{W}{R_{\text{eff1}}} = \dfrac{W}{R_{\text{eff2}} + R_{\text{eff3}}} = \dfrac{900}{7.5 + 7.5} = 60$ kip/in

支座 2 的有效刚度: $K_2 = \dfrac{W}{R_{\text{eff2}}} = \dfrac{W}{R_{\text{eff1}} - R_{\text{eff2}}} = \dfrac{900}{82.5 - 7.5} = 12$ kip/in

支座 3 的有效刚度: $K_3 = \dfrac{W}{R_{\text{eff3}}} = \dfrac{W}{R_{\text{eff4}} - R_{\text{eff3}}} = \dfrac{900}{82.5 - 7.5} = 12$ kip/in

B.1.4　率参数(表 A-5)

支座 1 的率参数: $\dfrac{1}{2}\dfrac{a_2 + a_3}{2} = \dfrac{2.54 + 2.54}{4} = 1.27$ s/in

支座 2 的率参数: $\dfrac{R_{\text{eff1}}}{R_{\text{eff1}} - R_{\text{eff2}}} a_1 = \dfrac{82.5}{82.5 - 7.5} \times 2.54 = 2.794$ s/in

支座 3 的率参数: $\dfrac{R_{\text{eff4}}}{R_{\text{eff4}} - R_{\text{eff3}}} a_1 = \dfrac{82.5}{82.5 - 7.5} \times 2.54 = 2.794$ s/in

B.2 并联模型

B.2.1 竖向刚度

在并联模型中，支座 1 和支座 2 的总竖向刚度为 71 176.7 kip/in。也就是说每个支座的竖向刚度为 35 588.4 kip/in。

B.2.2 弹性刚度(表 A－2)

$$\overline{K}_1=\frac{\mu_2 W}{2\overline{Y}_1}-\frac{W}{2R_{\mathrm{eff2}}}=\frac{0.03\times900}{2\times0.0155}-\frac{900}{2\times7.5}=807.9\ \mathrm{kip/in}$$

注意，这里假设屈服位移 $\overline{Y}_1=0.0155$ in，使得并联模型的弹性刚度等于串联模型的弹性刚度(见下文说明)。通常，屈服位移 $\overline{Y}_1$ 可以任意假定成大于或等于 0.01 in 的数。

支座 2 的弹性刚度：$\overline{K}_2=\frac{W}{2R_{\mathrm{eff2}}}=\frac{900}{2\times7.5}=60\ \mathrm{kip/in}$

在 SAP2000 中，并不将该值设为 60 kip/in，而是等于 60 kip/in 减去单元的后弹性刚度(SAP2000 将弹性刚度设定值与后弹性刚度求和的值作为单元的弹性刚度)。

$$\overline{K}_2=\frac{W}{2R_{\mathrm{eff2}}}-\frac{W}{2R_{\mathrm{eff1}}}=\frac{W(R_{\mathrm{eff1}}-R_{\mathrm{eff2}})}{2R_{\mathrm{eff2}}R_{\mathrm{eff1}}}=54.55\ \mathrm{kip/in}$$

注意通过选取屈服位移 $\overline{Y}_1$ 的值，能够使支座并联模型的弹性刚度等于串联模型的弹性刚度。也就是说两模型满足条件：

$$\overline{K}_1+\overline{K}_2=\left(\frac{1}{K_1}+\frac{1}{K_2}+\frac{1}{K_3}\right)^{-1}$$

式中，K_1、K_2 和 K_3 为串联模型三个单元的弹性刚度。

$$\left(\frac{1}{K_1}+\frac{1}{K_2}+\frac{1}{K_3}\right)^{-1}=\left(\frac{1}{1350}+\frac{1}{4860}+\frac{1}{4860}\right)^{-1}=867.9\ \mathrm{kip/in}$$

$$\overline{K}_1+\overline{K}_2=807.9+60=867.9\ \mathrm{kip/in}$$

注意，针对串联模型三个单元的弹性刚度的计算，SAP2000 也会如之前所述那样自动执行(SAP2000 将弹性刚度设定值与后弹性刚度的差值作为弹性刚度)。然而，由于串联模型中三个单元的弹性刚度非常大，这种调整带来的影响不是很明显且可以忽略。比如在 SAP2000 中，串联模型支座 3 的弹性刚度设定值应为：

$$\overline{K}_3=\frac{\mu_4 W}{2Y}-\frac{W}{R_{\mathrm{eff}_4}-R_{\mathrm{eff}_3}}=\frac{0.108\times900}{2\times0.01}-\frac{900}{82.5-7.5}=4860-12=4848\ \mathrm{kip/in}$$

4 848 kip/in 与 4 860 kip/in 之间差值不大且可以忽略。

B.2.3 有效刚度

将有效刚度设定为每个单元的后弹性刚度。对于支座 1，其后弹性刚度为零(平板滑块)。对于支座 2，其后弹性刚度为：

$$\frac{W}{2R_{\mathrm{eff1}}}=\frac{900}{2\times82.5}=5.45\ \mathrm{kip/in}$$

注意这些值与串联模型中指定的值相同。对于并联模型，总的有效刚度为 0 + 5.45 =

5.45 kip/in，对于串联模型，总的有效刚度为

$$\left(\frac{1}{K_1}+\frac{1}{K_2}+\frac{1}{K_3}\right)^{-1}=\left(\frac{1}{60}+\frac{1}{12}+\frac{1}{12}\right)^{-1}=5.45\ \text{kip/in}。$$

B.2.4 率 参 数

基于滑动面(针对表面 1 和表面 4)上滑动速度相同的假设，两个单元的率参数相同，均为 2.54/2 = 1.27 s/in。